Defending APIs
API 보안 전략

정보문화사
Information Publishing Group

Defending APIs
API 보안 전략

초판 1쇄 인쇄 | 2024년 8월 20일
초판 1쇄 발행 | 2024년 8월 30일

지 은 이 | 콜린 도모니
옮 긴 이 | 류광

발 행 인 | 이상만
발 행 처 | 정보문화사

책 임 편 집 | 노미라
편 집 진 행 | 명은별
교 정 · 교 열 | 오현숙

주 소 | 서울시 종로구 동숭길 113
전 화 | (02)3673 – 0114
팩 스 | (02)3673 – 0260
등 록 | 1990년 2월 14일 제1 – 1013호
홈 페 이 지 | www.infopub.co.kr

I S B N | 978 – 89 – 5674 – 982 – 2

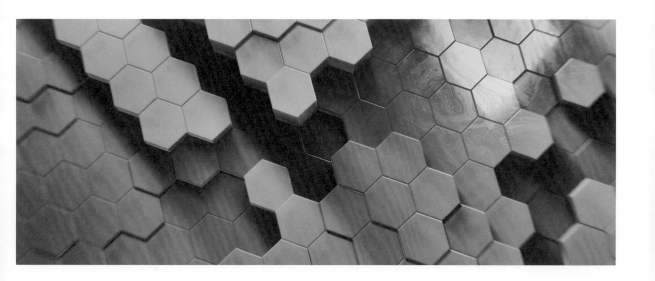

Defending APIs

API
보안 전략

콜린 도모니 지음 | 류광 옮김

정보문화사
Information Publishing Group

소프트웨어를 개발하거나 보안을 담당하는 모든 분께:
여러분에게는 막중한 책임이 있습니다.
본서는 그 책임을 조금이나마 덜어드리기 위한 책입니다.

돌아가신 아버지 애설 도모니Athol Domoney께 이 책을 바친다.
선친은 내가 어릴 적부터 공부에 전념하도록 격려해 주셨다.
나의 성취를 아주 대견해 하셨을 것이다.

콜린 도모니

추천사

API에 전적으로 의존하는 디지털 세상에서 API 보안 역량을 갖추는 것은 선택이 아니라 필수이다. 모든 조직은 인터넷 기술에 의존해서 운영된다. 그리고 그 기술은 해당 조직의 개발자 또는 기술 공급업체의 개발자가 만든 API에 의존한다. 그러나 API를 보호하는 방법을 개발자들이(심지어는 개발자들과 협력하는 보안 전문가들조차) 잘 알지 못하는 것이 현실이다. 우리 모두는 그러한 지식 부족의 폐해를 매일 목격하고 있다. 데이터 유출 사고나 랜섬웨어 사고는 항상 발생한다. 그런 사고들의 주된 원인 중 하나는 조직의 데이터나 네트워크, 트랜잭션을 인터넷과 공격자에 노출하는 취약점을 가진 API이다.

콜린 모도니의 **API 보안 전략**을 여러분께 소개하게 되어 영광이다. 이 책은 오늘날의 상호 연결된 환경에서 API 보안이 얼마나 중요한지를 잘 보여준다. 소프트웨어 개발 및 보안 분야에서 풍부한 경험을 쌓은 콜린은 API의 세계를 깊게 파헤친다. API 취약점, 공격 전략, 튼튼한 방어 메커니즘의 복잡다단한 사정을 상세하게 탐색하는 이 책에서 필수 지식은 물론이고 큰 깨달음도 얻게 될 것이다. 이 책은 단순히 이론을 설명하는 데 그치지 않는다. 현실의 시나리오를 반영해서 실용적인 통찰과 해법을 제공한다.

어떤 기술의 보안을 이해하려면 그 기술의 기본적인 설계 및 구현 방식을 이해하는 것이 매우 중요하다. 이 책의 **제1부**에서는 API 보안의 기초를 닦는다. API 보안의 전체적인 상을 살펴본 후에는 프로토콜과 데이터 형식 같은 핵심 구성요소들을 분석한다. 또한, OWASP의 10대 API 보안 위험을 상세히 소개한다. 이를 통해 일반적인 취약점들과 유명 침해 사례에 대한 통찰을 얻게 될 것이다.

API 보안을 위해서는 API 설계 및 구현에서 흔히 볼 수 있는 보안 허점을 공격자가 어떻게 악용하는지 이해할 필요가 있다. **제2부**에서는 API 공격에 초점을 두고 주요 공격 기법과 도구를 설명한다. 이런 지식은 강력한 API 방어 체계를 구축하는 데 꼭 필요하다.

제1부에서 배운 API의 기술적 메커니즘과 제2부에서 배운 실제 공격 기법들을 바탕으로, 마지막 부인 제3부는 실질적인 API 방어를 위한 지침을 제시한다. API 개발 수명 주기 전반에 쓰이는 보안 관련 도구 및 기술을 살펴보고, 점점 인기를 끌고 있는 마이크로서비스 아키텍처에서 API 보안이 어떤 모습이어야 하는지 탐색한다.

안전한 소프트웨어 설계를 주장하고 지지하는 데 경력을 바친 사람으로서 나는 콜린이 이 책에 사용한 접근 방식이 특히나 매력적이라고 생각한다. 이 책은 문제의 이해와 효과적인 솔루션 구현 사이의 간극을 메워준다. 그런 만큼, 이 책은 보안 전문가와 소프트웨어 개발자 모두에게 가치 있는 자료가 될 것이다.

API 보안 전략을 읽는 것은 복잡다단한 API 보안의 세계를 노련한 전문가의 안내로 탐험하는 여정과도 같다. 콜린의 이 책은 단순히 정보를 제공하는 데 그치지 않고, 우리의 공유 디지털 인프라를 보호하는 방법에 관한 새로운 시각과 영감을 제공한다.

디지털 보안이 무엇보다도 중요한 이 시대에 이 책은 보다 안전한 디지털 미래로 가는 길에서 등대 역할을 할 것이다. 자신이 몸담은 조직에서 API 보안을 이해하고 보호하는 데 진심인 모든 사람에게 이 책을 강력히 추천한다.

크리스 와이소펄 Chris Wysopal
Veracode 공동창업자/CTO

추천사

마크 안드레센Marc Andreessen의 유명한 말처럼, 소프트웨어는 이 세상을 먹어 치우고 있다. 그런 세상에서 API는 다양한 시스템의 데이터 출입구 역할을 한다. 은행에서부터 최신 세탁기까지 그야말로 모든 것이 API를 통해서 데이터를 주고받는다. 데이터는 '새로운 석유'로 불린다. 그런 만큼, API가 수많은 사이버 공격의 표적이 되는 것도 당연하다면 당연하다.

42Crunch 창업 초기에 우리는 사람들에게 API가 새로운 공격 대상임을, 더욱 중요하게는 기존 공격 대상들과는 다른 공격 대상임을 설득해야 했다. API 기반 아키텍처는 기존 아키텍처와 다르다. 따라서 보호하는 방법도 달라야 한다. 네트워크 엣지에서의 전통적인 보호 조치들이나 개발 주기 막바지에서 코드 분석을 통한 취약점 탐지 등은 API 기반 응용 프로그램에는 통하지 않으며, 규모 변화에 따른 확장성도 없다.

5년이 지난 지금 API 보안은 IT 업계에서 가장 뜨거운 주제 중 하나이다. 모든 기업은 API 개발 수명 주기를 보호하는 데 부단한 노력을 기울여야 함을 깨닫고 있다.

콜린은 수많은 42Crunch 고객을 도와 견고한 API 개발 전략을 수립했다. 또한 42Crunch의 API 보안 성숙도 모델을 작성했다. 이 책에는 공격자와 방어자 양쪽의 관점에서 문제를 바라본 콜린의 경험이 농축되어 있다. API 보안 계획(security program)을 새롭게 구축하려는 CISO나 탄력 있는 고품질의 API를 만드는 방법을 배우려는 개발자에게 이 책이 도움이 될 것이다.

API 보안의 멋진 여정을 **API 보안 전략**과 함께하길 기원한다.

이자벨 모니 Isabelle Mauny
42Crunch 공동창업자/CTO

서문

오늘날의 '초연결(hyper-connected)' 디지털 세상에서 API는 필수이다. 시스템과 서비스를 연결하는 지점에는 거의 예외 없이 API가 있다. 거의 모든 개발자가 직접 API를 만들거나 솔루션의 일부로 API를 소비한다. 그러다 보니 API의 수가 기하급수적으로 늘고 있다. 하지만 안타까운 일은 공격자들이 API를 최우선 공격 대상으로 삼고 있다는 점이다. API 침해 사고가 놀랄 만큼 늘고 있다는 것은 개발자가 안전하고 견고한 API를 제작하는 데 어려움을 겪고 있다는 증거이다.

이 책은 안전한(secure) API를 구축하려는 개발자와 API 보안의 고유한 난제들을 파악하려는 보안팀을 위한 기본 참고서로 기획되었다. 이 책은 다양한 예제 코드와 도구 및 기술, 실제 API 침해 사례 등을 통해 실무에 도움이 되는 지식과 통찰을 제공한다.

이 책은 API와 API 보안의 기초를 설명하는 것으로 시작한다. 이때 일반적인 API 취약점들도 소개한다. 그다음에는 API 공격으로 초점을 전환한다. API를 방어하려면, 여러분의 반대편에 있는 공격자들의 공격 방법을 파악하는 것이 필수이다. 공격자들이 주로 사용하는 기술과 기법들을 알면 API의 일반적인 결함과 취약점을 상세하게 테스트하는 데 도움이 된다. 그다음으로는 다시 API 방어로 눈길을 돌려서, '왼쪽 이동(shift-left)' 접근 방식의 일부인 선제적 보안 설계 방법에서부터 '오른쪽 보호(shield-right)' 접근 방식의 일부인 최신 실행 시점 보호에 이르기까지 API 방어의 전 면모를 살펴본다.

마지막 주제는 API 보안 전략이다. 대규모 소프트웨어 보안 계획을 구축한 나의 경험을 바탕으로, API 보안 계획을 수립하고 전개하는 데 필요한 통찰과 전략을 제시하는 것으로 책을 마무리한다.

API 보안 세계로의 이 흥미로운 여정을 나와 함께 하기 바란다. 여정을 마치면, 여러분의 API에 공격자가 군침을 흘리는 취약점은 남아 있지 않을 것이다.

이 책의 대상 독자

이 책은 API 보안을 책임지는 보안 전문가들에게 완벽한 동반자가 될 것이다. 독자가 앱 보안(AppSec) 팀의 일원이라면, 보안 도구 활용 및 통합에 관한 내용과 API 보안을 위한 앱 보안 계획 구축에 대한 지침이 유용할 것이다. 보안 운영(SecOps) 팀이라면 실행 중인 API 보호와 모니터링을 상세히 설명하는 부분에 눈길이 갈 것이다.

API 개발자에게는 이 책이 참고서(reference)로 작용할 것이다. 이 책은 API가 어떤 위협과 공격에 직면하는지 설명한다. 일반적인 유형의 공격들을 왼쪽 이동에 초점을 둔 API 우선 설계를 통해서 근본적으로 방어하는 방법을 개발자가 이해하는 데에도 이 책이 도움이 된다.

마지막으로, 시스템 아키텍트들은 안전한 API 설계와 구현을 위한 모범관행(best practice)들에 흥미를 느낄 것이다.

이 책의 내용

제1장 'API 보안이란?'은 API 보안이 무엇이고 왜 중요한지, 일반적인 웹 앱 보안과는 무엇이 다른지 설명한다. API 보안의 핵심 요소와 목표, 흔히 쓰이는 데이터 형식 등 API 보안의 기본 지식을 제공한다.

제2장 'API의 이해'는 HTTP 프로토콜의 기초를 설명하고, 현재 쓰이는 여러 API 유형을 소개한다. 이 책 전반에 계속 등장하는 인증과 권한 부여를 개괄하고, 그와 관련된 키와 토큰도 살펴본다.

제3장 '흔히 발견되는 API 취약점들'은 OWASP의 10대 API 보안 위험(2019 버전과 2023 버전 모두)으로 선정된 취약점들을 상세히 살펴본다. 취약점이 오남용 사례와는 무엇이 다른지, 비즈니스 로직의 취약점이 API를 통해 어떻게 노출되는지도 배우게 될 것이다.

제4장 '최근 침해 사례 분석'은 최근 몇 년 사이에 발생한 가장 중요한 API 보안 침해 사고 몇 가지를 통찰력 있게 분석한다. 사례마다 무엇이 잘못되었고 향후 어떻게 예방할 수 있는지 설명한다.

제5장 'API 공격의 기초'는 API 공격의 기초를 다룬다. 공격자들이 주로 사용하는 공격 방법과 도구, 기술을 소개한다.

제6장 'API 발견'은 공격자들이 API를 발견하는 데 흔히 사용하는 여러 수동적, 능동적 방법을 살펴본다. 또한 공격자가 API의 구현을 파악하고 일반적인 방어 수단을 회피하는 데 사용하는 여러 정찰 방법도 소개한다.

제7장 'API 공격'은 실질적인 API 공격 방법들을 좀 더 자세히 살펴본다. 인증 및 권한 부여 공격, 데이터 기반 공격, 주입 공격을 비롯한 여러 일반적인 공격 방법을 구체적으로 설명한다.

제8장 'API 보안을 위한 왼쪽 이동'은 API 보안을 개발 주기의 좀 더 왼쪽 단계로 이동하는 데 필요한 핵심 활동들에 초점을 둔다. OpenAPI 정의서와 양성 보안 모델 활용, API 위협 모델링, CI/CD 파이프라인 내부의 API 보안 자동화 등을 배우게 될 것이다.

제9장 '주요 취약점 방어'는 흔히 발견되는 취약점들과 관련해서 API를 방어하는 데 사용할 수 있는 방어 패턴과 기법의 핵심 요소들을 다룬다. 인증 및 권한 부여 관련 취약점들과 데이터 관련 취약점들, 구현 관련 취약점들을 식별하고 제거하는 방법을 배우게 될 것이다.

제10장 '프레임워크와 구현 코드 수준의 보안'은 API의 구현에 쓰이는 프로그래밍 언어와 프레임워크로 초점을 옮겨서, 언어와 프레임워크의 보안을 '설계 우선' 접근 방식으로 강화하는 방법을 살펴본다. 코드 생성 도구 활용, 주요 프레임워크들을 이용한 OpenAPI 정의서 생성, 프레임워크 보안 강화 패턴 등을 배우게 될 것이다.

제11장 '실행 시점 보호를 통한 API 오른쪽 보호'는 소위 '오른쪽 보호' 접근 방식을 위한 기술들에 초점을 둔다. 보안 강화 환경, API 보호를 위한 WAF, API 게이트웨이와 APIM 포털, API 방화벽, 실행 시점 API 모니터링 등을 소개하고 그 중요성을 논의한다.

제12장 '마이크로서비스 보안'은 마이크로서비스 아키텍처 내부의 흥미로운 API 세계를 살펴본다. 마이크로서비스 아키텍처의 기본과 연결 구조, 접근 제어를 중점적으로 논의한다.

제13장 'API 보안 전략 구현'은 API 보안 전략 구축을 위한 지침을 제시하는 것으로 API 보안 여정을 마무리한다. API 보안 전략의 목표와 KPI 선택, 보안 계획 수립 및 실행 등을 논의한다.

예제 및 실습 관련 참고사항

이 책에는 다양한 예제가 등장한다. 예제들을 여러분 컴퓨터의 호스트 OS에서 직접 실행할 수도 있고, 컨테이너 형태로 실행할 수도 있다. 호스트에서 직접 실행하려면 관련 컴파일러와 SDK, 프레임워크를 미리 설치해 두어야 한다. 컨테이너로 실행하려면 도커 실행 환경을 갖추어야 한다.

또한, VS Code의 확장 프로그램에 기반한 예제들을 위해서는 VS Code를 실행할 수 있고 VS 마켓플레이스에 있는 다양한 확장 프로그램을 설치할 수 있는 환경이 필요하다. 인터넷 연결은 당연히 필요하고, 예제 파일에 접근하기 위한 깃허브 계정도 필요하다.

예제 코드 다운로드

이 책의 예제 코드 파일들을 깃허브 저장소 https://github.com/PacktPublishing/Defending-APIs 에서 내려받을 수 있다. 이후 코드가 갱신되면 이 저장소에 올리겠다.

독자 지원

오탈자/오역을 발견했거나 기타 문의 사항이 있으면 정보문화사 도서문의 게시판(http://www. infopub.co.kr/new/sub06_03/sub06_03.asp) 또는 옮긴이 웹사이트(https://occamsrazr.net)를 이용해 주세요.

옮긴이의 글

오늘날의 디지털 세상에서 데이터의 가치와 중요성은 높아져만 갑니다. 오죽하면 데이터를 '제2의 원유'라고 부를 정도입니다. 그리고 현대적인 시스템과 서비스에서 대부분의 데이터는 API를 거칩니다. 그런 만큼, 악성 해커 혹은 '검은 모자(black hat)' 해커들의 주된 공격 대상이 API인 것은 당연한 일입니다. 개발자들 사이에서는 개발 업무를 물류·운송 업계의 특정 업무에 비유하기도 하는데, 보안의 관점에서 볼 때 API와 데이터를 다루는 일은 무법자들이 활개 치는 미국 서부 개척 시대에서 포장마차로 금괴를 실어 나르는 것만큼이나 위험한 일일 수 있겠습니다.

API를 지키고 보호하는 것이 무엇보다 중요해지고 있는 지금, 데브섹옵스DevSecOps 분야에서 오랜 경험을 쌓은 전문가가 쓴 훌륭한 책을 국내 독자에게 소개하게 되어 무척이나 기쁩니다. 보안 관련 서적 중에는 해킹 기법들을 설명하는 데 주력하는 책도 있습니다. 물론 방어를 위해서는 공격자의 행동 방식을 이해하는 것이 중요합니다. 하지만 본서 API 보안 전략은 한 걸음 더 나아가, 그런 공격에 대비하는 좀 더 근본적이고 체계적인 접근 방식과 보안 전략을 강조합니다. 이 책을 통해 API 보안의 핵심 개념과 주요 방어 기법을 습득하고 체계적인 보안 전략과 계획을 수립한다면, 포장마차가 아니라 현금 수송차 같은 특수장갑차량을 타고 쾌적하게 서부를 달리게 될 것입니다.

번역하면서 원서의 간결하고 압축적인 서술 방식을 따르려 했지만, 독자가 다소 불친절하다고 느낄 만한 부분은 과감한 의역을 시도하기도 했습니다. 오타/오역을 발견했거나 질문 또는 논의할 사항이 있다면, 이 번역서를 위해 제 웹사이트 류광의 번역 이야기(https://occamsrazr.net)에 마련한 페이지를 활용해 주세요('번역서 정보' 페이지에서 찾을 수 있습니다). 책에 나온 참고 자료 링크들을 모은 섹션도 있으니 URL을 일일이 입력하는 번거로움을 피할 수 있을 것입니다.

감사의 말로 옮긴이의 글을 마무리하고자 합니다. 무엇보다도 제가 번역에 전념할 수 있도록 전 과정을 원활하게 진행해 주신 정보문화사 노미라 과장님께 감사드립니다. 그리고 원서보다 훨씬 매력적인 모습과 느낌의 책을 만들어 주신 남현 디자이너님, 여러 중요한 오탈자를 지적해 주신 명은별 편집자님 고맙습니다. 끝으로, 이번에도 원고의 구석구석을 살펴서 중요한 오역과 오타를 무수히 잡아낸 교정·교열 전문가이자 제 아내 오현숙에게 감사와 사랑의 마음을 전합니다.

재미있게 읽으시길!

—옮긴이 **류광**

01 API 보안의 기초

02 API 공격

03 API 방어

API 보안의
기초

제1부의 목표는 **API**(Application Programming Interface; 응용 프로그래밍 인터페이스) 보안을 구성하는 핵심 요소들을 살펴보면서 API 보안의 기초를 닦는 것이다. 제1부는 우선 API가 해커의 주요 공격 대상이 된 현 상황에서 API 보안에 대한 전일적인 접근 방식이 필요한 이유를 설명한다. 그런 다음에는 프로토콜, 데이터 형식, 인증, 권한 부여 같은 API 보안의 구성요소들을 살펴보고 API 보안에서 그런 요소들이 어떤 역할을 하는지 논의한다. 다음으로는 OWASP 10대 API 보안 위험 목록을 통해서 가장 흔한 취약점들을 살펴본다. 마지막으로, 최근 주목받은 주요 침해 사고 몇 가지를 분석한다.

제1부의 장(chapter)들은 다음과 같다.

- 제1장 'API 보안이란?'
- 제2장 'API의 이해'
- 제3장 '흔히 발견되는 API 취약점들'
- 제4장 '최근 침해 사례 분석'

제**01**장
API 보안이란?

사실 API 보안(API security) 같은 것은 없다고 생각하는 사람들도 많다. 즉, API 보안이라는 것은 단지 지난 20년간 우리가 실천해 온 응용 프로그램 보안이 진화한 것일 뿐이라는 것이다. 하지만 나는 API 보안이 그 자체로 독립적인 중요한 분야라고 생각한다. 이 책을 통해서 API 보안의 세계를 탐험해 보자.

API는 현시대 디지털 경제의 근간이다. 서로 다른 시스템이 중요한 데이터를 교환하면서 연동할 수 있는 것은 API 덕분이다. API는 지난 10년 동안 디지털 혁신을 촉발하고 추동했다. 디지털 세상에서 API가 핵심적인 역할을 하는 만큼, API의 보안은 매우 중요한 문제이다. 이번 장에서는 보안과 관련된 사항들에 중점을 두어서 API의 기본 개념들을 설명한다.

먼저 이번 장에서는 API 보안이 **정확히** 무엇인지 살펴보고, 흥미로운 신흥 보안 분야인 API 보안의 핵심 요소들을 소개한다. 특히, 다음과 같은 주제들을 다룰 것이다.

- API 보안의 중요성
- API의 기초
- 다양한 API 데이터 포맷
- API 보안의 구성요소와 목표

1.1 API 보안이 중요한 이유

OWASP(Open Worldwide Application Security Project)는 2019년 12월에 첫 번째 10대 API 보안 위험을 발표했다. 그후로 API 보안 공동체가 빠르게 성장했다. API 보안 스타트업이 상당한 투자를 유치하고 있고, 보안 실무자들과 개발자들이 API 보안 자료에 보이는 관심도 높아지고 있다. 하지만 안타깝게도 API 관련 보안 사고 역시 발생 건수가 유래 없이 많아졌다. 최근 분석에 따르면 API 공격이 681%나 증가했으며, API 관련 보안 사고를 겪은 조직이 전체의 50%에 가깝다.

어떤 면에서 **API는 자신의 성공에 치였다**고 말할 수도 있겠다. API의 사용이 빠르게 확산되었고 API가 보호하는 데이터의 경제적 가치가 높다 보니, 현재 API가 공격자들에게 가장 인기 있는 공격 대상이 되어버렸다.

그럼 이제부터 이른바 API 경제(API economy)가 어떤 모습인지, 그리고 API의 수가 거의 기하급수적으로 증가함에 따라 API가 공격자들이 가장 선호하는 공격 벡터(attack vector)가 되면서 조직들이 어떤 어려움을 겪고 있는지 살펴보자.

1.1.1 API 경제의 성장

API 보안의 중요성을 제대로 이해하려면 이른바 API 경제가 얼마나 성장했는지 파악할 필요가 있다. API 경제라는 용어 자체를 좀 더 살펴보자. 포브스Forbes 지는 API 경제가 "**비즈니스 또는 조직을 플랫폼으로 전환하는 추동 요인**"이라고 정의한다. 하나의 플랫폼platform에서 API는 다음과 같은 용도로 쓰인다.

- 서비스와 데이터를 소비자에게 유료로 제공한다.
- 다른 제공업체의 서비스와 데이터를 활용해서 자신의 비즈니스를 개선한다.

API 경제란?

API 혁명 덕분에 Twilio[역주] 같은 'API 우선(API-first)' 비즈니스가 등장했다. 그리고 여러 조직이 API를 통해서 자사의 핵심 서비스를 노출할 수 있게 되었다(구글 지도가 좋은 예이다). API 경제의 파괴적(disruptive) 특성을 가장 잘 보여주는 것은 금융 서비스 산업이다. 대체로 금융 서비스는 혁신에 저항해온 산업이다. 규제와 규정 준수 요건이 엄격했기 때문이다. 하지만 API 덕분에 금융 산업도 혁신을 이루고 있다. API를 이용해서 핵심 서비스의 일부만 선택적으로 노출함으로써, 기존 시스템을 파괴하지 않고도 새로운 모델을 수용할 수 있었던 것이다. **오픈 뱅킹 API**Open Banking API 같은 증명 가능한(certifiable) 개방 표준(open standard)들을 채용한 덕분에 은행들은 거래(트랜잭션) 무결성을 보장하면서도 상호운용성을 얻을 수 있었다. 온라인 송금 서비스 업체 Wise사는 B2B 및 B2C 서비스를 제공하는 데 API를 활용하고 있으며, 자사 API를 협

[역주] 이 번역서는 회사명이나 제품명 같은 고유명사를 원문 그대로 표기하기도 하고(Twilio 등) 한글 음차로 표기하기도 한다(구글, 포스트맨 등). 기계적으로 일관성을 강제하기보다는, 기존 관례와 가독성, 변별력, 출현 빈도, 한국어 버전 공식 표기 등 다양한 요인을 고려해서 유연하게 선택했음을 밝혀 둔다. —옮긴이

력사(서드파티)들에 대여하는 **BaaS**(banking-as-a-service; 서비스형 은행 업무) 영업도 펼치고 있다.

API 경제의 장점

다음은 API 경제의 주요 이점 몇 가지이다.

- **시장 출시 시간(TTM) 단축**: 조직은 스스로 서비스를 개발하는 대신 API를 통해서 타사의 서비스를 활용할 수 있다. 그러면 개발 수명 주기가 단축된다.
- **가치 창출**: 조직은 새롭고 혁신적인 서비스를 API로 노출해서 새로운 시장을 개척할 수 있다.
- **경쟁력 향상**: 기업이 시장 출시 시간을 단축하고 API를 이용해 혁신을 추진하면 경쟁력이 높아진다.
- **효율성 개선**: IT 팀은 API를 노출함으로써 가치를 즉시 전달할 수 있다. 모바일 앱이나 웹 앱을 만들어서 배포할 때까지 기다릴 필요가 없다.
- **보안**: 모바일 앱과 웹 앱은 공격자에게 노출되는 공격 표면이 대단히 크다. API에 초점을 두고 개발을 진행하면 그런 공격 표면이 줄어들어서 보안을 챙기는 데 필요한 시간이 절약된다. 절약된 시간은 API 자체의 보안에 투자할 수 있다.

정리하자면, API를 수용함으로써 조직은 더 많은 가치와 기능을 제공할 수 있으며, 그러면서도 비용과 시장 출시 시간은 줄어든다.

API 경제의 규모

API 경제의 규모를 정확히 추정하기란 어려운 일이다. 게다가, 이 분야가 거의 기하급수적으로 성장하다 보니 정확한 추정이 가능하다고 해도 추정치가 순식간에 무의미해진다. API 커뮤니티인 Nordic APIs는 API 경제의 규모에 관한 설문조사를 실시했다(https://nordicapis.com/20-impressive-api-economy-statistics/). 다음은 몇 가지 주요 수치이다.

- 전체 개발자의 **90%** 이상이 API를 사용한다.
- 인기 있는 API 테스트 플랫폼 포스트맨Postman에 수집된 API가 **4천6백만** 종이 넘는다.
- 전체 인터넷 트래픽의 **83%**가 API 요청/응답에 속한다.
- 깃허브의 API 저장소(repository)는 **2백만** 개가 넘는다.
- APIM 산업의 가치는 2023년 기준으로 **51억 달러**이다.
- 통신 서비스 제공업체의 **93%**가 OpenAPI 명세를 사용한다.
- **91%**의 조직들이 API 보안 사고를 겪은 적이 있다.

API 경제가 성장하면서 투자자들이 API 도구 제공업체와 관리 플랫폼, 보안 도구 시장에 막

대한 자본을 들이붓고 있다.

API 경제의 난제들

API의 빠른 확산이 장점만 제공하는 것은 아니다. 풀기 어려운 도전 과제들도 여럿 제기된다. 첫째 난제는 보유목록 혹은 재고(inventory) 관리 문제이다. API는 구축과 배포(deployment)가 쉬운데다가 수명이 유한하기 때문에, 조직이 보유한 API들을 추적하기가 쉽지 않다. 그래서 있는 줄도 모르는 '그림자 API(shadow API)'나 진작 폐기했어야 할 '좀비 API(zombie API)'가 생긴다.

둘째 난제는 거버넌스_governance 문제이다. API가 급증하면서 조직들은 API를 개발하고 배포하는 과정에서 데이터와 개인정보보호 요건들을 준수하고 요람에서 무덤까지 API의 수명 주기 (life cycle) 전체에서 API를 철저하게 관리하는 데 어려움을 겪고 있다.

그러나 최대의 난제는 바로 보안이다. 앞에서 언급했듯이 API는 조직의 전체 공격 표면을 축소하는 효과를 낸다. 하지만 여기에는 새로운 보안 패러다임이라는 비용이 따른다. 즉, API 자체가 새로운 공격 표면이 되며, 이전과는 다른 방식으로 위협을 받는다. 이 보안상의 난제들을 다음 절들에서 좀 더 자세히 살펴보기로 하자.

1.1.2 API는 개발자들에게 인기가 많다

개발자들은 API를 사랑한다. 거의 모든 개발자가 API를 다룬다. 거의 모든 현대적 아키텍처가 API를 중심으로 구축된다. 컨테이너화(containerization) 때문에 모놀리스 아키텍처가 물러나고 마이크로서비스 아키텍처가 떠올랐는데, 마이크로서비스들 사이의 연결 조직을 형성하는 것이 바로 API이다.

API가 개발자에게 제공하는 장점은 무수히 많다. 다음은 그중 몇 가지이다.

- 서비스들 사이의 추상층을 형성한다. API 덕분에 기능성의 캡슐화(encapsulation)가 가능해진다.
- 명확한 인터페이스를 정의한다. API에 대한 계약(contract)으로서의 OpenAPI 명세를 통해서 인터페이스를 명확하게 정의할 수 있다.
- 진정한 폴리글랏_polyglot; 다언어 환경이 가능해진다. 서로 다른 API를 주어진 과제에 가장 적합한 프로그래밍 언어로 구현할 수 있다.
- 데이터 교환이 간단해진다. 일반적으로 API들은 JSON이나 XML, YAML 같은 표준 데이터 포맷을 사용하기 때문이다.

- 테스트가 쉬워진다. 포스트맨 같은 도구나 API 기능의 유효성을 OpenAPI 명세를 기준으로 검증해 주는 도구를 활용할 수 있다.
- 개발이 쉬워진다. API 개발 생태계에는 API의 개발 및 테스트를 위한 강력한 도구들이 넘쳐난다. 또한, 완전한 기능을 갖춘 API 프레임워크가 대부분의 최신 프로그래밍 언어에 대해 제공된다.

이런 장점 때문에 소위 **API 우선**(API-first) 패러다임이 크게 인기를 끌게 되었다. API 우선 패러다임에서는 제일 먼저 API들을 만들고, 그런 다음 비즈니스 로직을 만들고, 마지막으로 **사용자 인터페이스**(user interface, UI)를 만든다.

1.1.3 API는 공격자들에게도 점점 더 인기를 얻고 있다.

개발자들이 API를 좋아하는 것은 의심의 여지가 없다. 하지만 API는 공격자들에게 훨씬 더 인기가 많다. 가트너Gartner의 한 보고서에 따르면 2021년에 사이버 범죄자들이 가장 많이 사용한 공격 벡터가 바로 API이다. 거의 매주 API 침해 사고나 취약점이 보고되었다.

API가 공격자들에게 인기 있는 공격 대상인 이유는 많다. 다음은 핵심적인 이유 몇 가지이다.

- **API는 접근이 공개되어 있을 가능성이 크다**: 애초에 API는 다른 시스템과의 상호 연결을 위한 것이므로, 공용 네트워크(public network; 공인망)[역주]에 노출할 필요가 있다. 접근이 공개된 API는 공격자가 발견하기도 쉽고 공격하기도 쉽다.
- **API는 문서화가 잘 되어 있는 경우가 많다**: 좋은 API는 개발자들이 익히기 쉽고 다른 시스템과 통합하기도 쉬워야 한다. 그러려면 **스웨거 UI**Swagger UI 같은 도구를 이용해서 API를 잘 문서화할 필요가 있다. 하지만 안타깝게도 그런 문서화는 공격자가 API의 작동 방식을 파악하는 데에도 매우 유용하다.
- **API 공격을 자동화할 수 있다**: API 상호작용은 소위 **헤드리스**headless 방식이다 즉, UI나 인간의 상호작용이 필요하지 않다. 따라서 스크립트나 전용 공격 도구를 이용해서 손쉽게 자동화할 수 있다. 많은 경우 API가 모바일 앱이나 웹 앱보다 공격하기 쉽다.
- **API는 가치 있는 데이터를 노출한다**: 가장 중요한 점은 애초에 API가 핵심 데이터 자산(asset), 그러니까 개인식별정보(PII)나 금융 정보, 시장 자료 같은 데이터 자산에 대한 접근을 제

[역주] 공용 네트워크는 다수 대중이 접근할 수 있는 네트워크를 통칭하는 개념이지만, 이 책의 대부분의 맥락에서는 공인 IP 주소(public IP address)를 통해 접근할 수 있는 인터넷의 부분집합을 뜻한다. 이 점을 반영한 '공용 인터넷(public internet)'이라는 용어도 종종 등장한다. API(의 주소)가 공개적으로 노출되어 있다는 것이 곧 API가 제공하는 자료나 서비스에 제약 없이 접근할 수 있다는 뜻은 아니라는 점도 유념하자.
—옮긴이

공하기 위한 것이라는 점이다. 그런 데이터는 공격자에게 군침이 도는 커다란 보상일 가능성이 크다. 실수로 필요 이상의 데이터를 노출하거나 대량의 데이터 유출을 허용하는 API를 공격자가 공격하는 사례가 점점 늘고 있다. 잘 설계된 UI에서는 그런 일이 별로 일어나지 않는다.

1.1.4   기존 보안 도구들은 API의 보안에 적합하지 않다

API가 앱들을 연결하는 사실상 표준 수단이 된 것은 비교적 최근의 일이다. 그러다 보니 보안팀이나 테스터가 API 보안에 적응하는 데 상당한 어려움을 겪고 있다. **응용 프로그램 보안**(application security), 줄여서 **앱 보안**(AppSec)을 위한 기존 도구는 대부분 보호해야 할 주된 자산이 웹 앱이던 시절에 만들어졌다. **SAST**(static application security testing; 정적 응용 프로그램 보안 테스트)나 **DAST**(dynamic application security testing; 동적 응용 프로그램 보안 테스트), **SCA**(software composition analysis; 소프트웨어 구성 분석) 같은 흔히 쓰이는 보안 도구들은 웹 앱이나 모바일 앱을 평가하는 데에는 좋지만, API를 평가하는 데에는 훨씬 덜 효과적이다.

네트워크 방화벽이나 **웹 앱 방화벽**(web application firewall, **WAF**) 같은 전통적인 주변 경계 보호(perimeter protection) 도구들은 API 보호에 효과적이지 않다. API의 경우에는 그런 도구들이 가정하는 인터페이스와 예상된 요청 및 응답 트래픽의 맥락이 부족하기 때문이다. API에 대해서는 이런 도구들의 오탐률이 높다. 거짓 양성과 거짓 음성 둘 다 높게 나오는 경향이 있다.

어느 정도 규모가 있는 API를 운영하려면 좀 더 현대적인 API 기술이 필요하다. 이를테면 **APIM**(API Management; API 관리) 포털이나 게이트웨이gateway 같은 것이 필수이다. 하지만 API 방어의 측면에서 APIM이나 게이트웨이로는 충분하지 않다. 이런 기술들이 보안 기능을 제공하긴 하지만, 모든 공격 벡터에 대응하지는 않는다.

핵심은, 이런 도구들이 방어 전략의 일부로서 중요하기는 하지만, 탄탄한 방어 설계와 코딩 기법을 통해서 보강할 필요가 있다는 점이다. 이 점을 이 책의 마지막 부분에서 중점적으로 다룬다.

1.1.5   개발자가 API 보안을 잘 모를 때가 많다.

보안 문제를 해결하려면, 애초에 안전하지 않은(insecure; 비보안) 코드가 존재하는 이유부터 이해할 필요가 있다.

본질적으로 개발자는 어려운 문제에 도전하길 즐기는 창의적인 문제 해결사이다. 하지만 그런 성향이 **과도한 낙관주의**로 이어질 수 있으며, 그러면 편법이나 성급한 최적화에 빠져들 수도 있고 비현실적인 납기 일정에 맞춰 무리하게 작업을 진행하게 될 수도 있다. 개발자가 자신의 코드가 잘못되어서 공격자가 악용할 수 있음을, 그래서 때로는 끔찍한 결과를 초래할 수 있음을 충분히 인식하지 못하고 코드를 짜는 것을 **꽃길** 코딩 혹은 **행복한 경로**(happy path) 코딩이라고 부르기도 한다.

과도한 낙관주의가 **과도한 자신감**(over-confidence)과 결합하면 문제가 더 심각해진다. 개발자들은 흔히 자신이 문제를 완전히 이해했다고 가정하지만, 실제로는 핵심적인 세부사항이나 미묘한 문제점을 간과했을 수 있다. 그러면 보안에 악영향이 미친다. 예를 들어 새로운 API 프레임워크를 도입하고는 기본 설정을 세심하게 살펴보지 않고 제품을 배포해서 취약점이 있는 제품이 실무에 쓰이기도 한다.

나쁜 일은 다른 사람에게만 일어날 뿐 자신에게는 일어나지 않는다고 믿는 개발자들도 드물지 않다. 잘 알려진 침해 사고를 직접 목격하고도, 그런 불행이 자신에게는 일어나지 않을 거로 생각하는 개발자가 많다. 이러한 일반적인 현상을 샤덴프로이데 효과(schadenfreude effect)라고 부른다.

개발 과정에서 납기일에 맞춰 제품을 전달해야 한다는 압박이 지속되면 개발자는 스트레스를 받는다. 그러다 보면 납기일 엄수를 위해 구현상의 미진한 점을 그냥 넘어가려는 유혹에 빠진다. 예를 들어 오류 처리 코드나 데이터 검증을 다음 릴리스에서 구현하기로 하고 이번 릴리스에서는 생략하는 경우가 그렇다. 시간에 쫓기면 이런 일이 (드물게라도) 발생한다. 그러면 코드가 불완전한 상태로 남는 경우가 많다.

기술 부채(technical debt)나 **구식 코드**(legacy code)가 담긴 코드 베이스를 개발자가 선임자로부터 물려받아서 유지보수해야 하는 경우도 많다. 시스템을, 그리고 시스템의 복잡성과 결점을 완전히 이해하지 못한 채로 코드 베이스를 변경하는 것은 쉽지 않은 일이다. 개발자는 혹시라도 시스템이 깨질까 봐 코드 변경을 꺼리게 된다.

1.2 API 보안을 구성하는 요소들

API를 보호하는 방법을 이해하려면 먼저 API 보안의 구성요소들을 자세히 살펴볼 필요가 있다. 이번 절에는 암복호화, 해싱, 서명, 부호화, 전송 계층 보안 등등 다소 까다로운 주제들이 등장한다. 아주 자세히 파고들지는 않겠지만, 이후 논의를 위해 여러분이 기본적으로 알아두어야 할 사항들이다.

속도 제한

공용 API(public API)[역주]는 인터넷에 직접 노출된다. 따라서 공격자들이 쉽게 발견한다. 그런 공용 API에는 흔히 속도 제한(rate limiting)이 적용된다. API에 대한 가장 간단한 공격 방법은 자동화 도구를 이용해서 특정 API에 반복적이고 지속적으로 접근하는 것이다. **DoS**(denial-of-service), 즉 **서비스 거부 공격**이 바로 그것이다. DoS 공격이 지속되면 서버의 자원이 고갈되어서 API 장애가 발생할 수 있다. 특히, 다른 사용자들의 적법한 API 접근이 DoS 공격 때문에 거부되는 현상이 흔히 발생한다.

무차별 대입(brute-force)을 통한 **계정 탈취**(ATO, account takeover) 공격도 흔히 일어난다. 이것은 로그인 종단점(엔드포인트endpoint)이나 패스워드 재설정 종단점에 패스워드들을 무작정 입력해서 패스워드를 알아내는 시도이다. 좀 더 구체적으로, 공격자들은 흔히 쓰이는 패스워드들의 목록을 이용한 **단어 사전 공격**(dictionary attack) 기법을 즐겨 사용한다.

두 종류의 공격 모두, 특정 IP 주소에서 특정 API로 반복해서 접근하는 시도를 적절히 제한하는 속도 제한 기술을 이용해서 완화할 수 있다. 일정 시간 동안 한 IP의 접근 요청이 특정 횟수 이상이면 **429 Too Many Requests** 오류를 반환하는 식이다.

암복호화

암복호화(cryptography)는[역주] 디지털 데이터 보안의 근본 요소이다. 아주 간단하게 말하면 암복호화는 데이터에 적용하는 수학적 변환이다. 일반적인 과정은 주어진 **평문**(cleartext; 암호화되지 않은 텍스트)을 알고리즘과 키를 이용해서 **암호문**(cyphertext; 암호화된 텍스트)으로 변환하는 것이다. 암호문만 보고는 원래의 텍스트를 알 수 없다. 동일한 알고리즘과 키를 이용해서 역변환(복호화)을 거쳐야 평문이 나온다. 제대로 된 암복호화 기술이라면, 그러한 복호화 과정 없이 역설계(reverse-engineering; 역공학)만으로 암호문으로부터 평문을 얻을 수는 없어야 한다.

암복호화에 구체적으로 어떤 알고리즘을 사용하느냐는 응용 분야에 따라 달라진다. 흔히 쓰이는 알고리즘은 크게 다음 두 부류로 나뉜다.

[역주] 공용 API는 기본적으로 누구나 접근할 수 있는 API이다. 단, 일정한 등록 절차나 사용 조건이 요구될 수 있다. 특히, 유료 API도 공용 API일 수 있음을 주의하자. 사설망이나 내부망이 아닌 공인망(공용 네트워크)를 통해 접속할 수 있는 API라고 생각해도 크게 틀리지 않을 것이다. —옮긴이

[역주] 관련 개념인 cryptology와의 구별을 위해, 메시지의 암호화 및 복호화를 뜻하는 cryptography는 '암복호화'로 옮기기로 한다. 암복호화는 암호해독(cryptoanalysis)과 함께 암호학(cryptology)을 구성한다. —옮긴이

- **대칭 알고리즘**(symmetric algorithm): 대칭 키 알고리즘이라고도 하는 이 유형의 암복호화 알고리즘은 데이터의 암호화(encryption)와 복호화(decryption)에 동일한 키를 사용한다. 대칭 알고리즘을 이용한 대칭 암호(symmetric cypher)의 장점은 빠르다는 것이다. 하지만 보안을 위해서는 공통의 키를 당사자들이 안전하게 공유하는 문제를 해결해야 한다. 흔히 쓰이는 대칭 키 알고리즘으로 DES와 AES, IDEA가 있다.
- **비대칭 알고리즘**(asymmetric algorithm): 비대칭 키 알고리즘이라고도 하는 이 유형의 암복호화 알고리즘은 암호화와 복호화에 서로 다른 키를 사용한다. 이를테면 암호화에는 공개 키(public key)를, 복호화에는 개인 키(private key)를 사용하는 식이다. 흔히 쓰이는 비대칭 키 알고리즘으로는 DDS와 RSA, ElGamal이 있다.

암복호화에서 근본적인 과제 하나는 두 당사자 사이의 **키** 교환(그리고 관리)이다. 이를 위해 전송 중인 키를 누군가가 훔쳐볼 수 없게 하는 안전하고 견고한 키 교환 프로토콜이 개발되었다. 가장 많이 쓰이는 교환 프로토콜은 디피-헬먼 프로토콜Diffie-Hellman protocol이다.

암복호화의 주된 용도는 다음과 같다.

- **인증**(authentication): **공개 키 암복호화**(public-key cryptography)를 이용하면 요청자의 신원을 확인할 수 있다. 요청자는 응답자가 보낸 메시지를 자신의 개인 키로 암호화해서 응답자에게 보낸다. 응답자가 그 암호문을 요청자의 공개 키로 복호화한 결과를 원래의 메시지와 비교하면, 해당 요청자가 정말로 그 사람(공개 키의 소유자)인지 알 수 있다. 공개 키 자체의 유효성은 **인증서**(certificate)를 이용해서 확인한다. **TLS**(Transport Layer Security; 전송 계층 보안)는 바로 이러한 기술을 바탕으로 한다.
- **부인 방지**(nonrepudiation): 암복호화 원리들을 이용하면 거래나 문서를 감사(auditing)할 때 누가 해당 자원에 접근했는지를 확인할 수 있다. 이를 통해 문서 수신자가 수신 사실을 부인하는 것을 방지할 수 있다. 흔히 은행 거래나 문서 서명에 이런 기술이 쓰인다.
- **기밀성**(confidentiality) 보장: 암복호화의 가장 명백한 용도는 데이터(전송 중이든, 저장 중이든)를 비밀로 부치는 것이다. 암호화된 데이터는 오직 유효한 키를 가진 사람만 복호화해서 읽을 수 있다.
- **무결성**(integrity) 보장: 마지막으로, 암복호화를 데이터의 무결성을 확인하는 데 사용할 수 있다. 즉, 전송 도중에 데이터가 변조되지는 않았는지를 암복호화 기술을 이용해서 확인할 수 있는 것이다. 데이터를 전송할 때 데이터로부터 생성한 **지문**(fingerprint)을 함께 보낸다. 데이터를 받은 수신자는 같은 방식으로 지문을 생성해서 전송자가 보낸 지문과 비교한다.

1.2.3 해시, HMAC, 서명

앞에서 말했듯이 암복호화 원리의 중요한 용도 하나는 전송 중인 메시지의 무결성을 확인하는 것이다. 그럼 데이터 무결성과 관련된 개념들을 살펴보자.

해싱(hashing)은 가장 기초적인 기법이다. 하나의 데이터 블록에 특정한 알고리즘을 적용해서 그 데이터의 요약본 혹은 **다이제스트**digest를 만든다. 보통의 경우 다이제스트는 입력 데이터보다 훨씬 짧은 고정 길이 문자열이다. 그것을 흔히 해시hash라고 부르고, 해시를 생성하는 알고리즘을 해싱 알고리즘이라고 부른다. 흔히 쓰이는 해싱 알고리즘으로는 SHA-2와 MD5가 있다. 해싱 알고리즘에 쓰이는 해시 함수는 반드시 **단방향 함수**(one-way function) 혹은 비가역적(irreversible) 함수이어야 한다. 즉, 다이제스트로부터 원래의 입력 데이터를 복원할 수는 없어야 하고, 서로 다른 두 데이터 블록에서 동일한 다이제스트가 만들어져서도 안 된다. 데이터의 무결성을 확인하는 데 이러한 해시가 쓰인다.

HMAC(hash-based message authentication code; 해시 기반 메시지 인증 코드)도 데이터 무결성 확인에 쓰이는 기술이다. 생성한 해시를 대칭 알고리즘을 이용해서 암호화한 후 수신자에게 보내면, 올바른 키를 가진 수신자는 그것을 복호화해서 데이터의 무결성 확인에 사용한다. 데이터의 무결성과 함께 출처(발신자의 신원)도 확인할 수 있다.

마지막으로 **서명**(signature)이 있다. HMAC처럼 서명도 다이제스트를 적절한 알고리즘을 이용해서 암호화한다. 단, 비대칭 알고리즘을 사용한다는 점이 다르다. 암호화에는 발신자의 개인 키를 사용한다. 수신자는 발신자의 공개 키로 암호문을 해독해서 데이터의 무결성과 발신자의 신원을 확인한다. 공개 키의 유효성과 신뢰성은 **PKI**(public key infrastructure; 공개 키 기반구조)의 견고한 원칙들이 보장한다.

이 세 가지 다이제스트 유형의 차이점이 [표 1.1]에 정리되어 있다.

표 1.1 다이제스트 유형들의 비교.

목적	해시	HMAC	서명
무결성	V	V	V
인증		V	V
부인 방지			V

전송 보안

TLS 프로토콜은 전송 계층에서 작용하는 암복호화 프로토콜이다. TLS 프로토콜의 목적은 TCP/IP 네트워크의 보안 통신(secure communication)을 보장하는 것이다. 공격자가 네트워크에서 데이터나 토큰을 도청할 수 없게 하고 클라이언트가 서버의 신원을 검증(validation; 유효성 검사)할 수 있게 하는 전송 계층 암호화는 API 보안에 꼭 필요한 요소이다. 예전에는 기업과 조직에서 인증서를 관리하기가 쉽지 않았다. 하지만 Let's Encrypt 같은 공급업체가 등장하면서 인증서 배포와 관리가 훨씬 간단해졌다.

1.2.5 **인코딩**

API의 마지막 구성요소는 **인코딩**encoding 또는 부호화이다. 인코딩은 저장이나 전송을 위해 데이터의 표현(representation)을 바꾸는 작업을 말한다. 흔히 입력 데이터의 문자 집합(character set)을 안전한 저장과 전송을 위해 다른 형식으로 변환한다. 한편 **디코딩**decoding 또는 복호화는 그러한 데이터를 원래의 형식으로 복원한다.

흔히 쓰이는 예 몇 가지를 보면 이런 개념을 잘 이해할 수 있을 것이다.

- **HTML 인코딩**: HTML에서 <나 > 같은 문자는 특별한 의미로 쓰인다. 이런 문자를 그대로 HTML 문서의 텍스트에 포함시키면, HTML 문서가 작성자의 의도와는 다른 구조로 렌더링될 수 있다. HTML 렌더링 결과에 이런 문자들이 제대로 나오게 하려면 원래와는 다른 형태의 문자열(<와 >)로 문서에 저장해야 한다.
- **URL 인코딩**: URL에도 인코딩이 필요하다. 원래 URL에는 ASCII 문자 집합만 사용할 수 있다. 또한, HTML과 비슷하게 일부 문자들은 특별한 의미로 쓰인다. 유효한 URL을 만들려면 비 ASCII 문자들과 일부 특수 문자들을 URL 인코딩 방식에 따라 표현해야 한다. 예를 들어 빈칸(space) 문자는 %20으로 표현하는 식이다.
- **ASCII, UTF-8, 유니코드**: 텍스트를 표현하는 형식(format)은 플랫폼에 따라, 그리고 사용자의 로캘locale에 따라 여러 가지이다. 그리고 서로 다른 형식 사이의 변환도 가능하다.
- **Base64**: 이진 데이터를 HTTP 전송에 적합한 텍스트 데이터로 변환할 때 흔히 Base64 인코딩을 사용한다.

암호화(encryption)와는 달리 인코딩은 데이터 변환 시 키를 사용하지 않는다. 그냥 고정된 알고리즘을 따를 뿐이다. 따라서, 알고리즘만 알면 누구라도 인코딩된 텍스트를 디코딩해서 원래의 텍스트를 얻을 수 있다.

> **인코딩 대 암호화**
>
> 인코딩과 암호화의 차이를 잘 모르는 사람이 많다. 그 둘은 아주 다른 주제이다. 푸는 문제가 서로 다르다.
>
> 인코딩은 데이터를 고정된 알고리즘을 이용해서 한 표현에서 다른 표현으로 변환한다. 여기에는 키가 전혀 쓰이지 않으며, 따라서 인코딩된 데이터를 누구라도 원래의 형태로 복원할 수 있다. 인코딩에는 무결성이나 기밀성과 관련된 기능이 전혀 없다.
>
> 반면에 암호화는 키를 이용해서 데이터를 변환한다. 변환 결과는 원래의 데이터와는 전혀 다른 모습이며, 암호화에 쓰인 바로 그 키[역주]를 이용해서 역변환(복호화)을 수행해야 원래의 데이터를 얻을 수 있다. 암호화는 데이터의 표현이나 문자 집합을 변환하지 않는다.

1.3 여러 가지 API 데이터 형식

마지막으로 이번 절에서는 API에 흔히 쓰이는 데이터 형식(data format) 몇 가지를 살펴본다. REST API들은 정보를 보통의 텍스트 형식으로 전송한다(정보 자체는 다른 어떤 형태로 인코딩되어 있을 수 있다). API 요청에 대한 응답은 일반적으로 하나의 상태 코드와 응답 본문으로 구성되는데, 응답 본문은 생략될 수도 있다.

XML

XML(eXtensible Markup Language; 확장성 마크업 언어)은 오래전부터 인터넷 데이터 저장 및 전송에 쓰인 다소 무거운 데이터 형식이다. XML은 자료형(데이터 타입)과 독립적이도록, 그리고 내용과 표현을 분리하도록 설계되었으며, 이름에서 짐작하듯이 확장성이 있다.

몇 년 전까지는 XML이 지배적이었지만, 몇 가지 중요한 단점 때문에 점점 덜 쓰이고 있다. 특히, 너무 복잡하고 용량이 크다는 것이 문제이다. 이 때문에 자원이 제한된 시스템에서는 XML 데이터를 처리하고 해석하기가 어려웠다. 여전히 XML을 많이 사용하는 분야가 남아 있지만, API에서는 XML이 그리 많이 쓰이지 않는다.

[역주] 이것은 대칭 암호의 경우이다. 비대칭 암호에서는 암호화를 위한 키와 복호화를 위한 키가 다르다. 그러나 두 방식 모두, '키(열쇠)'라는 비밀값(secret)이 필요하다는 점은 동일하다. ─옮긴이

다음은 XML을 구성하는 태그들과 값들의 기본 구조를 보여주는 예이다.

```
<note>
  <to>Colin</to>
  <priority>High</priority>
  <heading>Reminder</heading>
  <body>Learn about API security</body>
</note>
```

JSON

현재 HTTP로 전송되는 데이터 형식으로 지배적인 것은 **JSON**(Javascript Object Notation; 자바스크립트 객체 표기법)이다. 특히 REST API에서 JSON이 많이 쓰인다. JSON은 무거운 XML 형식에 대한 가벼운 대안으로 출발했다. 전송 대역폭 측면과 클라이언트 쪽 처리 측면에서 특히나 효율적이다.

JSON에서 데이터는 키-값 쌍들로 표현되는데, 키는 항상 문자열이고 값은 정수, 부울형 (boolean), 문자열 또는 널 값이다. 키는 문자열이므로 반드시 큰따옴표로 감싸야 한다. 한 데이터 항목에 다른 데이터 항목을 포함할 수 있다. 또한 같은 타입의 데이터 항목들의 배열도 지원한다.

다음은 JSON의 키-값 쌍 구조를 보여주는 간단한 예이다.

```
{
  "name": "Colin",
  "age": 52,
  "car": null
}
```

YAML

YAML(YAML Ain't Markup Language의 재귀적 약자이다)도 흔히 쓰이는 인터넷 데이터 형식으로, 설계 목표가 JSON과 비슷하다. YAML은 JSON에 비해 몇 가지 처리 기능이 추가되었다. 그리고 YAML 데이터에 JSON 데이터를 포함할 수 있다는 점에서 JSON의 포함집합(superset)이라고 할 수도 있겠다. JSON 데이터를 YAML 데이터로 변환하기도 쉽다. 둘 중 어떤 것을 선택하느냐는 단지 개인적인 선호도 문제일 때가 많기 때문에, 둘 다 지원하는 API들도 많다. 특히, OpenAPI 명세는 JSON으로 작성할 수도 있고 YAML로 작성할 수도 있다.

다음은 앞에 나온 예의 JSON 데이터를 YAML로 표현한 것이다.

```
---
name: Colin
age: 52
car:
```

OpenAPI 명세

여러분이 반드시 알아야 할 데이터 형식으로 **OpenAPI 명세**(OpenAPI Specification; 또는 OpenAPI 규격)가 있다. **OAS**로 줄여 쓰기도 하는 OpenAPI 명세는 API의 행동을 정의하기 위한, 사람이 읽기 쉬운(물론 컴퓨터도 읽을 수 있는) 표준 규격이다. OpenAPI 명세는 OpenAPI Initiative의 후원하에 운영되는 개방형 표준(open standard)이다. 원래는 스웨거Swagger라는 이름의 명세였는데(특히 스웨거 버전 2가 널리 알려졌다), 이후 하나의 개방형 표준으로 공식화되었다. 최신 버전은 3.1이지만, 이 책에서는 널리 쓰이고 있는 버전 3.0을 기준으로 한다.

OAS에 따라 API를 정의할 때는 YAML을 사용해도 되고 JSON을 사용해도 된다. OpenAPI 명세 기반 API 정의 문서(이하 간단히 'OpenAPI 정의서[역주])는 [그림 1.1]과 같은 여러 항목으로 구성된다.

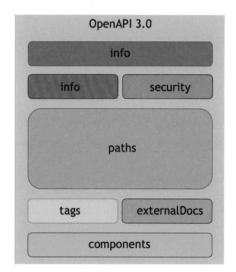

그림 1.1 OpenAPI 정의서의 항목들.

[역주] 참고로 원서는 OAS defintion이라는 용어를 주로 사용하지만, 영어 문서들에 좀 더 많이 등장하는 용어는 OpenAPI defintion이다. 번역서에서는 한국어 문서들에서 OpenAPI defintion의 번역어로 흔히 쓰이는 'OpenAPI 정의서'를 사용하기로 한다. —옮긴이

OpenAPI 정의서부터 만든 후에 API의 개발과 운영을 진행하는 방식을 **설계 우선**(design-first) 접근 방식이라고 부른다. 다음은 설계 우선 접근 방식의 주요 장점이다.

- **정의서 검증 및 린팅**linting: 파서나 감사(audit) 도구가 자동으로 정의서를 검증해서 그 정확성과 완전성을 확인할 수 있다.
- **데이터 검증**: API 정의에서 요청 및 응답 데이터 형식을 완전하게 서술해 두면, 실행 시점에서 API의 행동이 유효한지를 검사할 수 있다.
- **문서화 생성**: 정의로부터 API 문서화를 자동으로 생성할 수 있다. 특히, 개발자가 API를 연습해 보는 데 도움이 되는 테스트 UI까지도 자동으로 생성할 수 있다.
- **코드 생성**: 정의로부터 다양한 언어의 서버 쪽 코드와 클라이언트 코드를 생성하는 도구들이 있다. 그런 도구들을 이용하면 개발자의 부담이 덜어진다.
- **GUI 편집기**: 모든 기능을 갖춘 GUI 편집기를 이용하면 OAS 기반 API 정의 문서를 대화식으로, 직관적인 방식으로 설계할 수 있다.
- **모의 서버**: 실제 API 백엔드backend(뒷단)의 동작을 시뮬레이션하는 모의 서버(mock server)를 OpenAPI 정의서로부터 만들어낼 수 있다. 그런 서버는 API 개발 및 통합의 초기 단계에서 특히나 유용하다.
- **보안 분석**: 이 책의 목적에서 가장 중요한 것은 OpenAPI 정의서가 제공하는 보안상의 이점이다. 적절한 도구를 이용하면, OpenAPI 정의서에 보안상의 제약 조건(인증, 권한 부여 등)이 잘 갖추어져 있는지, 부족한 부분은 무엇인지를 확인할 수 있다. 또한, 데이터 구조를 잘 서술해 두면 데이터 검증도 자동화된다. 그러면 불필요하게 많은 정보가 노출되는 일을 막을 수 있다.

그럼 간단한 OpenAPI 정의서의 예를 살펴보자. 이 예는 API가 갖추어야 할 최소한의 요소들만 담은 정의이다. 먼저, OpenAPI 정의서의 처음 부분인 헤더 섹션은 다음과 같은 요소를 포함해야 한다.

- OpenAPI 버전(openapi)
- API 정보 메타데이터(info)
- 호스트 URL을 포함한 서버 정보(servers)

```
{
    "openapi": "3.0.0",
    "info": {
        "version": "1.0.0",
        "title": "Swagger Petstore",
        "license": {
            "name": "MIT" }
    },
    "servers": [
    {
      "url": http://petstore.swagger.io/v1
    }],
        ..
```

OpenAPI 정의서의 헤더 섹션 다음에는 종단점들을 서술하는 섹션(paths)이 온다. 각 종단점은 다음과 같은 요소들로 구성된다.

- 종단점 경로(path) 이름
- 사용할 HTTP 메서드
- 요청 매개변수들(parameters)
- 상태 코드들
- 응답 형식(responses)

```
"paths": {
"/pets": {
    "get": {
        "summary": "List all pets",
        "operationId": "listPets",
        "parameters": [
        { "name": "limit",
          "in": "query",
          "description": "Maximum items (max 100)",
          "required": false,
          "schema": {
            "type": "integer",
            "format": "int32"
          } } ],
        "responses": {
        "200": {
          "description": "A paged array of pets",
          "headers": {
            "x-next": {
                "description": "Next page",
                "schema": {
                 "type": "string
```

```
                } } },
            "content": {
            "application/json": {
             "schema": {
              "$ref": "#/components/schemas/Pets"
            } } } },
                                ..
```

이상으로 API의 구성요소들와 관련 데이터 형식들을 살펴보았다. 그럼 API 보안의 계층별 핵심 요소들로 넘어가자.

1.4 API 보안의 계층별 핵심 요소

API 보안은 다양한 요소로 구성된 복잡한 주제이다. API 보안 계획(security program 또는 security initiative)이 성공을 거두려면 데브옵스DevOps(개발/운영) 관행들과 균형 잡힌 앱 보안(AppSec) 계획의 탄탄한 토대가 필요하다. 집을 지을 때와 마찬가지로, 전체적인 구조의 강도는 토대가 얼마나 탄탄한가에 따라 결정된다. 그런 토대 없이 API 보안 계획을 진행하면 여러 가지 어려움이 발생할 수 있다.

좋은 보안은 다층 시스템(multi-layer system)을 바탕으로 한다. 이를 **다층 방어**(defense in-depth) 접근 방식이라고 부른다.

비록 API 보안이 웹 앱 보안에서 파생되었지만, 웹 앱 보안과는 상당히 다르다는 점을 이해하는 것이 중요하다. 이는 기존 도구와 관행만으로는 안전한 API를 만들기에 충분하지 않을 수 있다는 뜻이다. API에 특화된 최적의 보호 범위(coverage)와 보호 기능을 제공하려면, 기존의 앱 보안 도구뿐만 아니라 전용 API 보안 솔루션을 사용할 필요가 있다.

[그림 1.2]는 API 보안의 핵심 요소를 계층별로 표시한 것이다.

API 거버넌스			
API 게이트웨이		API 보안 플랫폼	
APIM		왼쪽 이동	오른쪽 보호
SAST	DAST	SCA	WAF
개발(Dev)		운영(Ops)	

그림 1.2 API 보안의 요소들.

그럼 API 보안의 각 계층을 간략하게나마 살펴보자.

1.4.1 데브옵스

개발/운영 혹은 데브옵스DevOps는 현대적인 소프트웨어 시스템의 개발과 운영을 촉진하기 위한, 잘 정립된 관행(practice)들의 집합이다. 데브옵스는 특히 개발팀과 운영팀의 긴밀한 관계를 강조한다. 일반적으로 데브옵스는 **소프트웨어 개발 수명 주기**(Software Development Lifecycle, SDLC)의 여러 주요 영역을 지속적으로 개선하는 프로세스로 간주된다(그림 1.3).

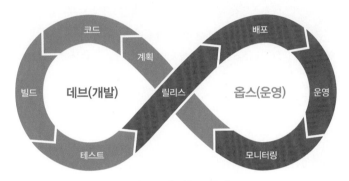

그림 1.3 데브옵스 주기.

데브옵스는 소프트웨어의 성공적인 전달(delivery)에 다음과 같은 여러 이점을 제공한다.

- 협업이 개선되고 신뢰도가 높아진다.
- 릴리스 주기가 빨라진다.
- 장애 복구 시간이 줄어든다.
- 자동화 수준이 높아진다.
- 테스트와 배포에 표준적인 프로세스를 사용한다.

API 보안의 관점에서 데브옵스의 핵심 이점은 API를 표준 프로세스를 통해서 '결정론적인' 방식으로 구축할 수 있다는 것이다. 표준적인 **CI/CD**(Continuous Integration/Continuous Delivery; 지속적 통합/지속적 전달) 파이프라인을 이용하면 API 보안 테스트 및 검증 도구를 빌드 프로세스 안에 넣을 수 있다. 그러면 API가 주어진 보안 점검들을 통과한 경우에만 실무에 배포되도록 프로세스를 제어하는 것이 가능해진다. API는 그 특성상 자동화된 테스트에 매우 적합하다. 그리고 그런 자동화된 테스트를 수행하기에 이상적인 장소가 바로 CI/CD 파이프라인이다.

1.4.2 SAST, DAST, SCA, WAF

SAST(static application security testing; 정적 응용 프로그램 보안 테스트)와 **DAST**(dynamic application security testing; 동적 응용 프로그램 보안 테스트), **SCA**(software composition analysis; 소프트웨어 구성 분석), **WAF**(web application firewall; 웹 응용 프로그램 방화벽)의 조합은 전통적인 응용 프로그램 보안 계획의 선봉장 역할을 한다.

그 어떤 종류의 소프트웨어라도 이 도구들을 적절히 사용함으로써 보안을 개선할 수 있다. 다음은 이들의 주된 용도이다.

- SAST로는 개발 단계에서 소스 코드의 기본적인 결함을 검출할 수 있다.
- DAST로는 실행 시점에서 응용 프로그램의 취약점을 검출할 수 있다.
- SCA로는 소프트웨어를 구성하는 구성요소나 라이브러리 중 취약점이 있는 것을 검출할 수 있다.
- WAF는 특정 종류의 공격을 어느 정도까지 막아준다.

SAST로 API 소스 코드에서 일반적인 코딩 취약점(주입 결함 등)을 잡아낼 수는 있다. 하지만 API에 특화된 결함(이를테면 인증이나 권한 부여 관련 결함)을 검출하지는 못한다. 이는 기존 SAST 엔진에 바탕 API 코드의 특성에 맞는 맥락(context) 정보가 없기 때문이다. 마찬가지로, DAST로 API의 특정 취약점(속도 제한 부재)을 탐지할 수는 있지만, API 요청 및 응답을 이해할 수 있는 맥락 정보가 없기 때문에 완전하지 못하다.

WAF는 오래 전부터 웹 앱의 보호에 쓰인 성숙한 기술이다. API에도 어느 정도 보호 기능을 제공한다. 소위 **허용 목록**(allow list)을 기반으로 WAF를 운영하는 경우, WAF는 허용 목록에 등록된 신뢰할 수 있는 트래픽만 통과시키고 그밖의 트래픽은 악성 트래픽으로 간주해서 차단한다. WAF를 모니터 모드(수동적)로 작동하도록 설정할 수도 있고 차단 모드(능동적)로 작동하도록 설정할 수도 있다.

일반적으로 조직들은 개발 부서 안에 이런 도구를 배포하고 운영하는 전담 보안팀을 둔다. 앞에서 언급했듯이 이 도구들이 API 보안에 특화된 것은 아니므로, 보안팀은 전용 API 보안 도구들을 평가해서 이 도구들의 부족한 점을 보완할 필요가 있다.

1.4.3 **APIM 포털과 게이트웨이**

API 게이트웨이gateway는 API 산업의 주 동력이라고 할 수 있다. API 게이트웨이는 공용 클라이언트(public client)[역주]들에 대한 통일된 외부 인터페이스로 작용한다. 주어진 트래픽을 적절히 변환해서 해당 내부 API 백엔드에 전달하는 것이 주된 임무이다. 또한 게이트웨이는 SSL 종료, 속도 제한, IP 주소 제한, 부하 분산 같은 네트워크 수준의 제어도 담당한다. JWT 검증이나 신원(identity) 관리 같은 보안 기능을 게이트웨이에서 구현하기도 한다.

다음은 API 게이트웨이와 관련해 주의할 점 몇 가지이다.

- API 게이트웨이는 API 트래픽을 위한 단일 진입점을 제공하므로, 인프라로 들어가는 **앞문**(front door)에서는 문지기 역할을 잘 수행한다. 하지만 그 문을 통과한 이후의 위협은 잘 방어하지 못한다.
- OWASP 10대 API 보안 위험 중에는 게이트웨이로는 효과적으로 보호할 수 없는 취약점들이 있다.
- 게이트웨이는 트래픽 조사 같은 보안 처리 기능을 제공하는 데 비효율적일 수 있다.

흔히 조직들은 이러한 API 게이트웨이 위에 APIM 계층으로서의 APIM(API Management) 포털을 구축한다. APIM 포털이 제공하는 API 카탈로그를 통해서 조직은 API 보유 목록, 버전 지정 방식, 수명 주기, 최종 사용자 경험을 제어할 수 있다.

다음은 APIM 포털의 주의사항 두 가지이다.

- APIM 포털은 조직이 보유한 API들을 한 눈에 파악할 수 있는 장소이자 API 정책을 일관되게 적용할 수 있는 단일한 배포 지점(point of deployment)으로 작용해야 한다. 너무 많은 기능으로 포털을 복잡하게 만들지는 말아야 한다.
- APIM이 유용하려면 개발팀이 설계 우선 접근 방식을 받아들이고, API들을 규율 있게 중앙 APIM 포털에 등록해야 한다.

APIM 포털과 게이트웨이 둘 다 API 보안 전략의 핵심 요소이지만, 전체적인 전략을 만들 때 이들의 한계와 주의사항을 반드시 염두에 두어야 한다.

[역주] 공용 클라이언트는 공용 네트워크(공인망)을 통해 접근하는 클라이언트를 말한다. '공용'의 이러한 의미는 공용 인터페이스, 공용 종단점 등에도 적용된다. —옮긴이

1.4.4 API 보안 플랫폼

API가 많이 쓰이게 되면서 API 보안을 최우선 과제로 둔 API 보안 전용 플랫폼들이 등장했다. 이런 플랫폼들은 다양한 관점에서 API 보안에 접근한다. 몇 가지 접근 방식을 들면 다음과 같다.

- API 트래픽을 지속적으로 모니터링하면서, ML(기계학습) 및 AI(인공지능) 기술을 이용해서 새로운 위협을 탐지한다.
- OpenAPI 계약을 강제하는 전용 API 방화벽으로 API를 보호한다. 이것은 다음 절에서 다룰 양성 보안 모델에 해당한다.
- API들을 스캐닝해서 API의 행동이 OpenAPI 계약서(contract)[역주]에 부합하는지 검증한다.
- OpenAPI 계약이 데이터와 보안을 위한 모범관행들과 부합하는지 확인하는 감사 도구를 제공한다.

전용 API 보안 도구는 API 보안의 마지막 계층에 꼭 필요한 요소이다. 이렇게 해서 API 보안의 여러 계층과 핵심 요소를 살펴보았다. 다음으로는 API 보안의 목표를 설정하는 문제를 살펴보는 것으로 이번 장을 마무리하겠다.

1.5 API 보안 목표 설정

이번 장의 마지막 절인 이번 절에서는 API 보안 계획을 수립할 때 반드시 고려해야 하는 보안 목표를 살펴본다. 보안 우선순위는 조직마다 비즈니스 우선순위에 따라 다를 수 있다. 예를 들어 금융 서비스 조직은 높은 수준의 보안과 엄격한 거버넌스를 선호한다. 반면에 소셜 미디어 포털은 보안 요구수준이 좀 더 낮은 대신에 더 많은 기능을 전달하는 데 관심이 있다. 따라서 API 보안의 목표는 조직마다 다르기 마련이다.

1.5.1 보안의 세 기둥

API 보안은 범위가 넓은 용어이다. 그래서 사람마다 받아들이는 의미가 다르다. 전통적으로 IT 보안 업계는 시스템에 대한 위험을 *CIA*라는 세 글자로 특징지었다. **CIA**는 **Confidentiality**(기밀성), **Integrity**(무결성), **Availability**(가용성)을 뜻한다.

[역주] OpenAPI 계약서 혹은 OAS 계약은 앞에서 소개한 OpenAPI 정의서와 사실상 같은 것이다. OpenAPI 정의서가 API 제공자(서버)와 사용자(클라이언트)가 반드시 지켜야 할 약속이라는 점을 강조할 때 흔히 계약서 또는 계약이라는 용어를 사용한다. —옮긴이

- **기밀성**: API 보안에서 기밀성은 API 요청 및 응답 데이터가 보안 전송 채널(보통은 TLS)을 통해 전송되는 것과 오직 허용된 클라이언트만 자신의 자원에 접근할 수 있게 하는 것(접근 제어를 통해서)을 뜻한다.
- **무결성**: API 보안에서 무결성은 권한이 없는 누군가가 데이터를 수정하거나 변조할 수 없게 하는 것을 뜻한다. 기밀성처럼 무결성 보장에도 TLS와 접근 제어가 필수적이다.
- **가용성**: API는 DoS 공격(API를 오프라인 상태로 만들기 위한)에 대한 저항력과 복원력이 있어야 한다.

CIA가 API 보안을 고려할 때 유용한 틀이긴 하지만, 제3장에서 다루는 OWASP 10대 API 보안 위험도 함께 고려해야 한다.

1.5.2 오남용 사례

우리가 API 보안을 고민할 때는 해킹이나 침해 시도를 주로 생각한다. 그런 공격에서 공격자는 의도적으로 API를 공격해서, API에 내재된 결함 때문에 API가 오작동하게 만든다. 이러한 공격을 위해 공격자가 의도적으로 사용하는 기술들을 제2부 'API 공격'에서 살펴볼 것이다.

그런데 API 보안을 고민할 때 살펴봐야 하는 것이 그런 본격적인 공격뿐만은 아니다. API의 오용(misuse)과 남용(abuse)도 반드시 고려해야 한다. API 오남용 문제에는 자동화된 스크립팅, 봇 공격, 스크레이퍼, 성가신 행위자 등이 포함된다.

다음은 API 오남용의 전형적인 사례 몇 가지이다.

- 봇bot들이 API들을 훑으면서 종단점들을 찾으려 한다.
- 스크레이퍼scraper들이 페이지 나누기(pagination) 기능을 오남용해서 대량의 데이터를 자동으로 긁어간다(흔히 온라인 유통업체나 부동산 중개업체가 이런 공격의 대상이 된다).
- 스패머 또는 소위 **트롤 팜**troll farm이 소셜 미디어 API를 악용해서 광고나 허위 정보를 유포한다.
- 성가신 행위자가 장난 삼아 또는 악의를 담아 API를 비정상적이거나 예상치 못한 방식으로 사용한다(이를테면 온라인 경매 사이트 자동화).

이런 오남용 사례 중에는 보기에는 정상적인 사용자의 활동과 구별하기 어려워서 방어나 검출이 꽤 힘든 유형도 있다.

1.5.3 데이터 거버넌스

데이터 거버넌스data governance는 API 보안과 직접적으로 연관된 것은 아니지만, 통일적인 API 보안 전략에서 꼭 고려해야 할 사항이다. API는 주로 내부 시스템 사이 또는 조직과 소비자, 조직과 협력사 사이의 데이터 전송 통로로 쓰인다. API를 통해서 개발자는 클릭 한 번으로 많은 양의 데이터를 노출하는 기능을 손쉽게 만들어 낼 수 있다. 그리고 그런 식으로 노출되는 데이터의 양은 점점 커진다. 그러나 이러한 편리함의 뒷면에는 부적절한 또는 의도치 않은 데이터 유출 위험이 증가한다는 문제가 숨어 있다. 데이터 유출은 규제 준수와 관련한 문제로 이어진다.

소비자(이 책의 문맥에서는 주로 API 개발자)가 데이터 민감성과 분류 문제를 철저하게 인식하고 규제 준수 관련 사항에 따라 적절한 제어를 적용해서 접근을 제한하게 만들려면 견고한 데이터 거버넌스 계획이 꼭 필요하다.

이 점은 API를 통한 데이터 공개가 점점 늘고 있는 금융 서비스와 보건의료 산업에서 특히나 중요하다.

1.5.4 양성 보안 모델

웹 앱이나 모바일 앱과는 달리 API에서는 보안 패러다임을 근본적으로 바꿀 기회가 아주 크다. 전통적으로 웹이나 모바일 보안은 **음성 보안 모델**(negative security model)[역주]에 의존했다. 이 모델은 미리 정해진 악성 행위자들만 차단하고 그 외의 모든 것은 허용한다. 차단할 행위자들은 소위 **거부 목록**(deny list)에 등록해 둔다.

이 거부 목록 접근 방식은 오랫동안 쓰였지만, 모든 악성 행위자를 방어자가 미리 모두 파악하는 것이 사실상 불가능하다는 심각한 단점이 있다. 영리한 공격자는 응용 프로그램의 맥락에서는 위험하지만 보안 모델에게는 유효해 보이는 교묘한 입력 또는 페이로드를 만들어서 거부 목록을 통과할 수 있다. 좋은 예가 **SQLi**, 즉 **SQL 주입**(SQL injection) 공격이다. SQLi 공격에서 공격자는 언뜻 해가 없어 보이지만 데이터베이스에까지 도달한다면 큰 피해가 발생하는 교묘한 입력 텍스트를 서버에 전송한다. 음성 보안 모델은 거짓 양성 오탐률와 거짓 음성 오탐률 둘 다 높은 것이 특징이다.

[역주] 음성 보안 모델을 '부정적' 보안 모델, 양성 보안 모델을 '긍정적' 보안 모델이라고 부르기도 한다. 하지만 이 책에서는 거짓 음성/거짓 양성 같은 관련 개념과도 잘 어울리는 음성 보안 모델, 양성 보안 모델을 사용하기로 한다. 부정적/긍정적을 비관적/낙관적으로 잘못 해석해서 각 모델을 반대의 뜻으로 오해할 수도 있다는 점도 고려했다. 부정적 모델은 "이것들만 나쁘고 나머지는 다 좋아"라는 낙관적 관점을 반영한 것이지만, '부정적' 때문에 비관적인 관점이라고 오해할 수 있다. ―옮긴이

API 보안에서는 이 모델을 반대로 뒤집은 모델을 사용한다. 즉, 허용 목록에 미리 등록해 둔 정상적 행위자만 API 백엔드에 접근할 수 있게 한다. 그 외의 모든 것은 아예 차단되므로(이를테면 API 방화벽에서) API 백엔드에는 도달하지 못한다. 이러한 허용 목록 기반 접근 방식을 **양성 보안 모델**(positive security model)이라고 부른다. 양성 보안 모델에서는 오직 특정한 행위자들이 OpenAPI 계약으로 지정된 데이터와 연산들에만 접근하게 만들 수 있다. 이러한 접근 방식은 API 보안에 대단히 유리하다. 무엇보다도 거짓 양성 오탐과 거짓 음성 오탐이 크게 줄어든다. 하지만 양성 보안 모델에는 한 가지 큰 단점이 있는데, 제대로 작동하려면 OpenAPI 계약을 철저하게 작성해야 한다는 점이다. 따라서 설계 우선 접근 방식을 채택하지 않은 조직은 이 모델을 제대로 적용하기 어려울 수 있다.

1.5.5 위험 기반 방법론

마지막으로, 대형 조직에서 비용과 시간이 많이 소요될 수 있는 API 보안 계획들의 우선순위를 정하는 데 쓰이는 접근 방식 하나를 살펴보는 것으로 이번 절을 마무리하겠다.

API 보안 계획의 우선순위 결정을 위한 상식적인 접근 방식 하나는 위험 기반 방법론(risk-based methodology)을 사용하는 것이다. 이 접근 방식에서는 위험도가 가장 높은 API부터 점검하고, 예산이 허용하는 한에서 점차 덜 위험한 API들을 점검해 나간다.

API의 위험도에는 여러 요인이 영향을 미친다. 몇 가지 주요 요인을 들자면 다음과 같다.

- **네트워크 접근**: API가 공용 인터넷에 노출되어 있는가? 아니면 좀 더 제한된 네트워크에만 노출되어 있는가?
- **데이터 민감도**: API가 제공하는 데이터가 어느 정도나 민감한가? 다른 말로 하면, 유출 시 피해가 어느 정도인가?
- **접근 제어**(access control; 또는 접근 통제): 마지막으로, 접근 제어 수단들이 API를 얼마나 잘 보호하는가? 인증을 요구하지 않는 API는 당연히 위험도가 더 높다. 따라서 그런 API는 일반 대중에 공개되어도 무관한 데이터에만 사용해야 한다.

이러한 요인들을 조합하면 주어진 API의 위험 기반 우선순위를 추정할 수 있다(그림 1-4).

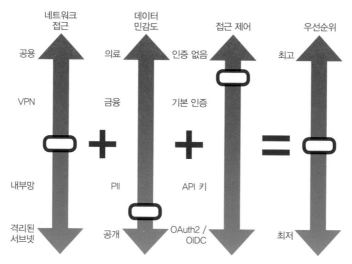

그림 1.4 위험도 분석에 기반한 API 보안 우선순위 결정.

다소 작위적인 예를 하나 들자면, 공용 네트워크에서 인증을 요구하지 않으면서도 의료 기록을 제공하는 API는 위험도가 최대이며, 따라서 우선순위를 가장 높게 두어야 한다.

비록 위험도를 근사적으로 추정하긴 하지만, 그래도 이 접근 방식은 투자 대비 이득이 가장 큰 보안 계획에 집중하는 데 도움이 된다.

이번 장 요약

이 책의 첫 장인 이번 장에서 우리는 많은 내용을 다루었다. API는 현대의 응용 프로그램 경제가 돌아가게 만드는 필수 활력소이다. 하지만 안타깝게도, 전달하는 데이터의 가치가 높다 보니 API는 공격자들이 가장 선호하는 표적이기도 하다. 이번 장에서는 API의 핵심 구성요소들을 소개하고 API를 구축하는 여정에서 개발자들의 역할이 대단히 중요한 이유를 설명했다. 그리고 안전한 API 보안 계획의 여러 요소도 살펴보았다.

다음 장부터는 API를 만드는 과정과 API가 작동하는 방식을 좀 더 구체적으로 살펴본다. 더욱 중요하게는 API에 보안이 어떻게 적용되는지를 배우게 될 것이다.

더 읽을거리

API 경제를 전반적으로 파악하고 싶다면 다음 자료들에서 좋은 통찰을 얻을 수 있을 것이다.

- The API Economy in Finance: Payoffs of Getting Connected(https://marker.medium.com/the-api-economy-in-finance-payoffs-of-getting-connected-c5c6aeb34c57)
- How To Succeed In The API Economy(https://www.forbes.com/sites/forbestechcouncil/2021/09/10/how-to-succeed-in-the-api-economy/?sh=a2b84a544b98)
- 20 Impressive API Economy Statistics(https://nordicapis.com/20-impressive-api-economy-statistics/)

다음은 API 보안에 SAST 및 DAST 도구들로는 충분하지 않은 이유를 이해하는 데 도움이 되는 자료들이다.

- Application Security Tools Are Not up to the Job of API Security(https://thenewstack.io/application-security-tools-are-not-up-to-the-job-of-api-security/)
- What is REST?: REST API Tutorial(https://restfulapi.net/)

다음은 에어비엔비Airbnb의 데이터 거버넌스 구현 방식을 이해하는 데 도움이 되는 자료이다.

- Data Quality at Airbnb, Part 1—Rebuilding at Scale(https://medium.com/airbnb-engineering/data-quality-at-airbnb-e582465f3ef7)

API의 여러 유형에 관한 추가 정보를 원한다면 다음 자료를 참고하자.

- MDN HTTP(https://developer.mozilla.org/en-US/docs/Web/HTTP)
- Comparing API Architectural Styles: SOAP vs REST vs GraphQL vs RPC(https://www.altexsoft.com/blog/soap-vs-rest-vs-graphql-vs-rpc/)

다음은 OpenAPI 명세의 공식 문서들이다.

- OpenAPI Specification v3.1.0(https://spec.openapis.org/oas/v3.1.0)
- OpenAPI Specification v3.0.0(https://spec.openapis.org/oas/v3.0.0)

제**02**장
API의 이해

이전 장에서 우리는 API의 역할과 API 보안의 난제들을 살펴보았다. 이번 장에서는 API가 어떻게 작동하는지를 좀 더 자세히 들여다본다. 이번 장을 마치고 나면, API에 쓰이는 전송 프로토콜에서부터 개발자가 API를 선택하는 방식에 이르기까지 API의 작동 방식 전체를 이해하게 될 것이다. API 보안의 두 가지 핵심 원칙은 **인증**과 **권한 부여**이다. 이번 장에서는 이 둘의 주요 역할을 자세히 살펴본다. 마지막으로, API의 보안과 무결성, 그리고 API 클라이언트의 신원을 확인하는 데 키와 토큰이 어떻게 쓰이는지도 이야기한다.

이번 장의 주요 주제는 다음과 같다.

- HTTP 기초 지식
- 현재 쓰이는 여러 API 유형
- 인증 관련 모범관행 및 방법
- 권한 부여(인가) 관련 모범관행 및 방법
- 토큰과 키 사용법

2.1 HTTP 기초 지식

API는 **HTTP**(Hypertext Transfer Protocol; 하이퍼텍스트 전송 프로토콜)를 바탕으로 작동한다. HTTP 자체는 **TCP**(Transport Control Protocol; 전송 제어 프로토콜)에 기반한다. TCP는 오류 없는 데이터 전달을 보장하는 전송 계층 프로토콜이다. 원래 HTTP는 HTML 파일 같은 하이퍼텍스트 문서의 전송을 위해 설계된 프로토콜이지만, 현재는 다른 여러 용도로도 많이 쓰인다. 이는 대부분의 운영체제가 HTTP를 지원하고 방화벽과 라우터가 HTTP 트래픽을 군말 없이 통과시켜주기 때문이다. 덕분에 사용자 지정 포트나 커스텀 프로토콜이 필요하지 않다.

HTTP는 여러 가지 핵심 요소로 구성된다. 그럼 HTTP의 구성요소들을 차례로 살펴보자.

2.1.1 **URL**

URL(Uniform Resource Locator; 통합 자원 위치 지정자)은 인터넷에 있는 한 자원(파일, JSON 레코드, 이미지 등)의 **주소**(address)이다. 모든 URL은 고유하다. 즉 하나의 URL은 하나의 자원만 참조한다. 그리고 URL은 완전하게 한정된(fully-qualified) 주소이다. 이는 주어진 URL이 중의성 없이 특정한 자원을 지칭함을 뜻한다.

URL의 일반적인 형태는 다음과 같다.

```
스킴://호스트[:포트]/경로[?질의문자열][#단편ID]
```

URL의 구성요소들은 다음과 같다.

- **스킴**scheme: 스킴은 자원에 접근하는 데 사용할 프로토콜을 지정하는 고유한 이름으로, 빈 칸 없이 영문자와 숫자, 그리고 몇 가지 기호로만 구성된다. 이름 다음에는 호스트와의 구분을 위한 구분자 ://가 온다. 흔히 쓰이는 프로토콜들에 대응되는 스킴으로는 http, https, ftp, file이 있다.
- **호스트**host: 호스트는 자원이 있는 호스트(보통은 서버)의 위치를 지정한다. 클라이언트가 호스트에 접근하려면 호스트 이름으로부터 호스트의 구체적인 주소를 알아낼 수 있어야 하는데, 이를 위해 흔히 DNS(domain name service)가 쓰인다. 지역망의 경우에는 호스트 부분이 하나의 지역 컴퓨터 이름일 수 있다. 공용 인터넷에 있는 호스트를 지칭할 때는 server1. mydomain.com처럼 지역 호스트 이름과 도메인 이름을 조합한 **FQDN**(fully qualified domain name; 완전 한정 도메인 이름)을 사용한다.
- **포트**port: 호스트 이름 다음에 호스트에 접속하는 데 쓰이는 **IP**(Internet Protocol) 포트 번호를 붙일 수도 있다. 포트 번호를 생략하면 스킴별로 기본 포트 번호가 적용되는데, 예를 들어 http는 80이고 https는 443이다. 포트 번호를 이용하면 하나의 물리적 네트워크 장치로 여러 개의 서버를 호스팅할 수 있다.

- **경로**(path): 경로는 호스트의 저장 시스템에서 자원이 있는 위치를 지칭한다. 이것은 지역 디스크 드라이브의 파일 경로와 아주 비슷하다. 파일 시스템의 경로처럼 URL의 경로도 위계적(hierarchical)으로 중첩된다.
- **질의 문자열**(query string): 질의 문자열은 서버에 요청하는 자원에 대한 좀 더 구체적인 정보를 서버에 전달하는 데 쓰인다. 포트 번호처럼 질의 문자열도 생략할 수 있다. 경로 다음에 붙는 질의 문자열은 ? 연산자로 시작해서 1개 이상의 키=값 쌍이 & 연산자로 연결된 형태이다. 다음 예를 참고하자.

```
?first_name=Homer&last_name=Simpson
```

- **단편 ID**(fragment ID): 마지막으로, 단편 ID(역시 생략 가능)는 자원 내부의 한 장소를 지정한다. 흔히 단편 ID는 HTML 문서의 특정 섹션 제목을 가리키는 데 쓰인다. API에는 거의 쓰이지 않는다.

이러한 요소들로 이루어진 URL은 인터넷의 한 자원을 고유하게 지칭한다. 그럼 주어진 인터넷 자원에 데이터를 전송하고 자원으로부터 데이터를 받는 방법을 살펴보자.

2.1.2 HTTP 요청

HTTP로 연결된 클라이언트와 서버는 보통의 텍스트 형식으로 된 요청과 응답을 통해서 데이터를 주고받는다. 다음은 HTTP **요청**(request)을 구성하는 요소들이다.

- **요청 행**(request line): HTTP 메서드 이름과 상대 경로, HTTP 프로토콜 버전으로 구성된다.
- **헤더 부**(header section): 0개 이상의 헤더 행으로 이루어진다. 각 헤더 행은 헤더 이름(키)과 헤더 내용(값)이 콜론으로 구분된 형태이다. 마지막 헤더 행 다음에는 헤더 부의 끝을 뜻하는 빈 행이 온다.
- 요청의 **본문**(body): 요청의 주된 데이터 혹은 '페이로드payload'이다. 형식은 JSON이나 XML, YAML일 수도 있고 이진 데이터를 텍스트로 인코딩한 것일 수도 있다.

[그림 2.1]은 서버에 보내는 HTTP POST요청의 예이다.

```
POST /api/login HTTP/1.1
Content-Type: application/x-www-form-urlencoded
User-Agent: PostmanRuntime/7.29.0
Accept: */*
Postman-Token: 43c514cb-a765-41ea-897a-0f74bfe6ff6c
Host: localhost:8090
Accept-Encoding: gzip, deflate, br
Content-Length: 35
Connection: keep-alive

pass=hellopixi&user=user%40acme.com
```

그림 2.1 HTTP 요청의 예.

[그림 2.1]의 예는 클라이언트가 웹사이트에 로그인하기 위해 사용자 이름과 패스워드를 서버에 전송하는 데 쓰이는 요청이다. 이 요청의 주요 요소는 다음과 같다(항목 번호가 그림의 번호와 일치한다).

1. POST는 HTTP 메서드 이름이다. POST 요청에서는 주된 데이터가 요청의 본문에 담긴다.

2. /api/login은 서버에서 자원의 상대 경로이다. 이 요소에 호스트 이름이 포함되어 있지 않음을 주목하자. 호스트 이름은 전송 계층 수준의 TCP 요청에 이미 포함되어 있다.

3. HTTP 1.1은 사용된 프로토콜 버전이다. 대부분의 경우 이 예에서처럼 HTTP 1.1이 쓰인다.

4. 그다음은 여러 HTTP 헤더 행들이다. 이 예에는 Content-Type(본문 내용의 형식을 서버에게 말해준다), Host(원래의 호스트 이름), Content-Length(요청 본문의 길이) 등이 있다.

5. 그다음은 요청의 본문이다. 이 예에서는 패스워드와 사용자 이름(username)을 나타내는 키-값 쌍들인데, **URL 인코딩**이 적용되었다(사용자 이름에 해당하는 이메일 주소의 @이 URL 인코딩되어서 %와 해당 16진 아스키 값으로 바뀌었음을 주목하자).

클라이언트가 보낸 이러한 요청을 받은 서버는 요청된 자원을 담은 응답을 클라이언트에게 보낸다.

2.1.3 HTTP 응답

HTTP **응답**(response) 역시 보통의 텍스트 형식이다. 주요 요소는 다음과 같다.

- **응답 행**(response line): HTTP 프로토콜 버전과 HTTP 응답 상태 코드로 구성된다.
- **헤더 부**(header section): 요청에서처럼 콜론으로 분리된 키-값 쌍 형태의 헤더 행들로 이루어진다. 이 헤더들은 다양한 응답 매개변수(parameter)와 프로토콜 행동 방식을 지정한다.
- 응답의 **본문**(body): 응답의 주된 데이터 혹은 페이로드이다. 형식은 JSON이나 XML, YAML일 수도 있고 이진 데이터를 텍스트로 인코딩한 것일 수도 있다.

[그림 2.2]는 앞의 예제 HTTP 요청(그림 2.1)에 대해 서버가 반환한 HTTP 응답의 예이다.

```
HTTP/1.1 200 OK
X-Powered-By: Express
Content-Type: application/json; charset=utf-8
Content-Length: 859
ETag: W/"35b-GGj5vhMkH+Jh4NW8P7JMgTTitLM"
Date: Sat, 09 Jul 2022 14:23:25 GMT
Keep-Alive: timeout=5
Connection: keep-alive

{"message":"Token is a header JWT
","token":"eyJhbGciOiJSUzM4NCIsInR5cCI6IkpXVCJ9
```

그림 2.2 HTTP 응답의 예.

이 응답의 주요 요소는 다음과 같다(항목 번호가 그림의 번호와 일치한다).

1. HTTP 1.1은 사용된 프로토콜 버전이다. 대부분의 경우 이 예에서처럼 HTTP 1.1이 쓰인다.
2. 200 OK는 HTTP 응답 상태 코드 및 상태 메시지이다. 이 예의 200 OK는 요청이 정상적으로 처리되었음을 뜻한다.
3. 그다음은 헤더 행들이다. Content-Type(본문 내용의 형식을 클라이언트에게 말해준다)과 Content-Length(응답 본문의 길이) 등이 있다.
4. 그다음은 응답의 본문이다. 이 예에서는 message 필드와 token 필드가 있는 JSON 페이로드이다.

클라이언트는 응답 본문의 길이가 Content-Length 헤더의 값과 일치하는지 확인한 후 응답 본문의 내용을 이용해서 특정한 작업을 수행한다.

HTTP 메서드

앞에서 언급했듯이 HTTP 요청에는 HTTP **메서드**method가 반드시 지정되어야 한다. HTTP 메서드를 HTTP **연산**(operation)이라고 부르기도 한다.

적절한 요청 메서드를 선택할 때 핵심은 요청을 여러 번 보냈을 때 어떤 결과가 빚어지는가이다. 인터넷 전송에는 시간 지연이 끼어들기 마련이다. 그러다 보니 만료 시간 이내에 응답을 받지 못한 클라이언트가 같은 요청을 다시 보내는 일이 벌어진다. 요청 메서드를 잘 선택하려면, 서버가 같은 요청을 중복해서 받는 경우 서버가 어떤 행동을 하는지 정확히 이해해야 한다.

이해를 돕기 위해 GET 메서드를 생각해 보자. GET 요청은 **멱등성**(idempotency)을 지원하는 것이 일반적인 관례이다. 여기서 멱등성이란 같은 GET 요청을 여러 번 반복해도 서버의 상태가 바뀌지 않음을 뜻한다. 반면에 POST 메서드는 멱등성을 보장하지 않는다(**비멱등**). 일반적으로 서버는 POST 요청을 받을 때마다 새로운 자원을 생성한다(심지어 동일한 POST 요청이 여러 번 들어와도). [표 2.1]은 여러 HTTP 메서드를 정리한 것이다.

표 2.1 여러 가지 HTTP 메서드.

메서드	설명	멱등성
GET	GET 메서드의 의도된 용도는 클라이언트가 서버의 특정 자원을 조회하는 것이다.	멱등
POST	POST 메서드의 의도된 용도는 서버에 새 자원을 생성하거나 기존 자원을 갱신하는 것이다. 요청마다 서버의 상태가 변한다.	비멱등
PUT	PUT 메서드의 의도된 용도는 서버에 새 자원을 생성하거나 기존 자원을 갱신하는 것이다. 같은 요청이 반복되어도 그때마다 새 자원이 생성되지는 않는다.	멱등
HEAD	HEAD는 GET과 거의 같다. 서버가 응답 본문을 반환하지 않는다는 점만 다르다. 이 메서드의 한 가지 용도는 어떤 자원을 GET으로 조회하기 전에 그 자원이 서버에 존재하는지 확인하는 것이다.	멱등
DELETE	DELETE 메서드의 의도된 용도는 서버에서 특정 자원을 삭제하는 것이다. 지정된 자원이 서버에 없으면 아무 일도 일어나지 않는다.	멱등
PATCH	PATCH 메서드의 의도된 용도는 자원을 부분적으로 수정하는 것이다. 모든 서버가 이 메서드를 지원하지는 않는다.	비멱등
OPTIONS	OPTIONS 메서드의 의도된 용도는 서버가 지원하는 모든 요청 메서드를 클라이언트가 미리(특정 요청을 보내기 전에) 알 수 있게 하는 것이다.	멱등
CONNECT	CONNECT 메서드는 요청된 자원과의 양방향 터널을 시작하는 데 쓰인다.	비멱등
TRACE	TRACE는 디버깅용 메서드이다. 클라이언트가 보낸 요청을 그대로 반환하는 메시지 루프백 테스트loop–back test에 쓰인다.	멱등

API에 가장 흔히 쓰이는 메서드는 POST, GET, PUT, PATCH, DELETE이다. 기본적인 **CRUD**(Create, Read, Update, Delete; 생성-읽기-갱신-삭제) 연산을 구현하려면 이 메서드들이 필요하기 때문이다. 자원을 생성할 때는 POST나 PUT 메서드를 사용한다. 자원을 읽을 때는 GET 메서드를 사용한다. 자원을 갱신할 때는 PUT이나 PATCH 메서드를, 삭제할 때는 DELETE 메서드를 사용한다. 비멱등적인 POST 연산을 구현할 때는 중복된 요청 때문에 의도치 않은 부수 효과가 생기지 않게 하는 데 신경을 써야 한다.

2.1.5 상태 코드

서버가 각 HTTP 요청에 대해 반환하는 HTTP 응답에는 정수로 된 **상태 코드**(status code)와 문자열로 된 상태 메시지가 포함된다. 클라이언트는 반환된 상태 코드를 보고 요청된 작업이 성공했으므로 다음 단계로 넘어갈 것인지, 영구적이고 복구 불가능한 실패에 해당하는 치명적인 오류가 발생했으므로 재요청을 포기할 것인지, 또는 복구 가능한 오류가 발생했으므로 다시 요청할 것인지 등을 판단한다.

[표 2.2]는 주요 상태 코드 범위들이다.

표 2.2 HTTP 상태 코드.

코드 범위	응답 유형	설명
100 – 199	정보	자주 쓰이지는 않는다. 이 범위의 코드들은 서버의 응답이 중간 결과(클라이언트가 참고할)임을 나타낸다.
200 – 299	성공	요청의 처리가 성공했음을 뜻한다. 200 OK는 거의 모든 메서드에 쓰이고 201 Created는 POST 메서드에 쓰인다.
300 – 399	재지정	이 범위의 코드들은 요청된 자원이 다른 장소로 이동했으므로 추가적인 요청이 필요함을 클라이언트에게 알려주는 용도로 쓰인다.[역주] 가장 흔히 만나게 되는 301은 자원이 다른 장소로 영구 이동했음을 뜻한다.
400 – 499	클라이언트 오류	클라이언트가 보낸 요청에 오류가 있음을 뜻한다. 400 Bad request(잘못된 요청), 401 Unauthorized(미인가), 403 Forbidden(접근 금지), 404 Not Found (그런 자원 없음) 등이 있다. 클라이언트는 개별 오류를 적절히 처리해야 한다.
500 – 599	서버 오류	서버 쪽에서 요청을 처리하는 과정에서 뭔가 문제가 발생했음을 뜻한다. 500 Internal Server Error(내부 서버 오류), 501 Not Implemented (미구현), 502 Bad Gateway(게이트웨이 장애) 등이 있다. 서버의 오류가 일시적인 문제일 수도 있다. 즉, 나중에 다시 시도하면 성공할 수도 있다.

[역주] 자원의 새 위치는 응답의 Location 헤더에 있다. 다른 상태 코드들에서도 이처럼 관련 데이터를 담은 헤더가 응답에 포함될 수 있다. —옮긴이

2.1.6 세션

HTTP와 관련해서 **상태**(state)와 **세션**session이라는 개념을 알아둘 필요가 있다. 세션은 일정 기간 클라이언트와 서버가 진행한 일련의 상호작용을 묶어서 일컫는 개념이다.

각각의 HTTP 요청은 그 자체로 완결적이다. 하나의 HTTP 요청을 처리할 때 그 이전 요청이나 이후 요청에 대한 정보는 필요하지 않다. 원칙적으로 서버는 주어진 요청 이전에 클라이언트가 어떤 요청을 했는지 알지 못한다. 이를 두고 **상태 없음**(stateless)이라고 부른다.

풍부한 클라이언트 체험을 위해서는 일련의 연산들 사이에서 상태를 유지하는 것이 중요하다. 예를 들어 웹 앱이 클라이언트의 내비게이션 역사나 쇼핑 카트 내용, 검색 결과 등을 기억하려면 상태를 유지하고 관리해야 한다. **쿠키**cookie를 이용하면 웹 세션을 **상태 있는**(stateful) 방식으로 진행할 수 있다. 한 세션의 첫 요청에 대해 서버는 쿠키라고 부르는 작은 텍스트 데이터를 전송한다. 클라이언트는 도메인별로 쿠키를 텍스트 파일에 저장하고 이후 요청에 쿠키의 내용을 포함시킨다. 서버는 쿠키의 내용을 이용해서 클라이언트를 추적하고 해당 세션의 상태에 맞는 내용을 렌더링하는 등의 좀 더 정교한 작업을 수행한다. 이런 방식의 세션이 곧 **상태 있는** 세션이다. 이처럼 쿠키가 유용하긴 하지만, 공격자가 쿠키를 탈취해서 해당 클라이언트를 사칭하는 등 보안상의 위험을 초래하는 수단이 되기도 한다.

상태를 유지하고 관리하는 또 다른 접근 방식은 HTTP 요청의 헤더에 토큰token을 포함시키는 것이다. 서버는 주어진 토큰을 이용해서 클라이언트의 상태를 추적할 수 있다. 이런 식으로 요청에 토큰을 포함하는 경우, 전송 계층 보안을 이용해서 세션 전체를 안전하게 진행하는 것도 가능하다.

일반적으로 API는 **상태 없음**으로 간주된다. 즉, 각 연산은 이전 연산과 독립적이다.

2.2 여러 API 유형

HTTP의 기초를 익혔으니 이제 현재 널리 쓰이는 주요 API 유형을 살펴보자. 유형마다 기본적인 프로토콜과 전형적인 용법을 소개하고 장단점을 설명하겠다.

REST는 **REpresentational State Transfer**(표현적 상태 전송)을 줄인 것으로, HTTP로 하이퍼미디어 콘텐츠를 전송하기 위한 하나의 아키텍처 스타일이다. REST를 엄밀하게 정의하는 표준 명세서 같은 것은 없다. REST는 개발자들이 따라야 할 지침이라고 할 수 있다. REST의 바탕에 깔린 원칙은 다음 여섯 가지이다.

- **통일된 인터페이스**: 서버는 반드시 통일된 인터페이스(uniform interface)를 클라이언트에게 제공해야 한다. 다른 말로 하면, 서버는 모든 클라이언트 장치(device; 또는 기기)와 플랫폼에 대해 동일한 인터페이스를 제공해야 한다.
- **클라이언트-서버 구조**: REST에는 두 개의 명확한 역할이 있다. 하나는 요청을 보내고 데이터를 받는 클라이언트이고, 다른 하나는 요청을 받아서 응답을 보내는 서버이다. 그 외의 역할은 정의되지 않는다.
- **상태 없음**: REST는 상태 없는 API이다. 즉, 개별 요청은 이전 요청이나 이후 요청에 의존하지 않는다. 개별 요청의 상태를 표현하고 유지하는 것은 전적으로 클라이언트의 책임이다. 서버는 상태를 관리할 의무가 없다.
- **캐시 가능**: 서버는 주어진 데이터 항목의 '캐시 가능(cacheable)' 여부, 즉 데이터 항목을 캐시에 보관할 수 있는지의 여부를 반드시 선언해야 한다. 클라이언트는 그러한 선언을 존중해야 하며, 캐시 가능 여부를 임의로 가정해서는 안 된다.
- **계층화 시스템**: 복잡성을 관리하기 위해 흔히 위계적으로(hierarchical) 계층화된 아키텍처가 쓰인다. 그런 계층화 시스템(layered system)에서 각 계층은 각자 서로 다른 기능성을 제공한다. 여러 계층을 조합해서 좀 더 고차원의 연산을 수행할 수 있다.
- **주문형 코드**(code on demand): 코드를 클라이언트 쪽에서 실행함으로써, API 자체를 확장하지 않고도 클라이언트 기능성을 확장할 수 있다.

현재 가장 널리 쓰이는 API 유형이 바로 REST이다. 2022년 기준으로 전체 API 트래픽의 약 75%를 REST API들이 차지한다. 이러한 인기의 가장 중요한 이유는 **단순함**이다. REST의 단순함은 무엇보다도 데이터가 사용하기 쉬운 형식의 일반 텍스트로 전송된다는 점과 API 설계가 바탕 REST 아키텍처(CRUD 모델)에 직접 대응된다는 점, 그리고 클라이언트-서버 모델에 의해 높은 수준의 추상화와 분리(decoupling)가 가능하다는 점 덕분이다.

그렇긴 하지만 REST에도 중요한 단점이 몇 가지 있다. 사용할 API 유형으로 REST를 선택하기 전에 다음 사항들을 고려해야 한다.

- **단일한 표준 REST 구조가 없다**: REST는 단순하다. 하지만 이는 API 설계자가 데이터 모델과 인터페이스를 별다른 제약 없이 자유롭게 선택할 수 있다는 뜻이기도 하다. REST API들은 천차만별이라서, 문서화가 손상된 API는 채택하기가 어려울 수 있다.
- **페이로드가 크다**: 다양한 구조의 일반 텍스트 페이로드를 사용하는 덕분에 설계가 간단해지긴 하지만, 대신 페이로드의 덩치가 크다는 단점이 있다. 특히 아주 복잡하고 풍부한 질의(query)의 경우 이 단점이 더욱 두드러진다. 이 문제는 느린 모바일 네트워크에서 서비스의 성능에 영향을 미칠 수 있다.
- **데이터를 과다하게/과소하게 가져오기**: 페이로드 크기와도 관련된 문제인데, 클라이언트가 꼭 필요한 데이터만 서버에서 가져오려면 관련 질의의 매개변수들을 세세하고 완전하게 지정해야 한다. 데이터나 API의 설계가 잘못되면 클라이언트가 필요 없는 데이터까지 한꺼번에 가져오거나(over-fetching; 과다 가져오기), 반대로 너무 적은 데이터를 가져와서(under-fetching; 과소 가져오기) 요청을 여러 번 보내야 하는 사태가 벌어진다.

다음은 REST API의 구성을 보여주는 예이다.

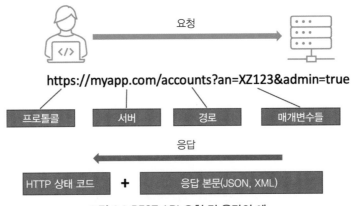

그림 2.3 REST API 요청 및 응답의 예.

이 예에서 클라이언트는 프로토콜과 서버, API 종단점(계정 정보를 제공하는 account), 그리고 특정 계정(이름이 YZ123인) 및 관리자 여부를 지정하는 매개변수들로 하나의 URL을 만들어서 REST API 서버에 요청을 보낸다. 서버는 HTTP 상태 코드와 응답 본문(JSON이나 XML, YAML 등)으로 구성된 응답을 돌려준다.

GraphQL은 API 분야의 신흥 강자이다. 이것은 SNS 플랫폼들에서 흔히 볼 수 있는 그래프 graph 구조의 데이터를 좀 더 잘 제공하기 위해 페이스북Facebook의 엔지니어링팀이 개발한 API 이다. 특히, GraphQL은 REST API의 주요 단점인 데이터 과다/과소 가져오기 문제를 해결하려 한다. REST API를 사용하는 경우, 중첩된(nested) 데이터 뷰(이를테면 친구 목록, 친구의 관심사, 고향 등)를 구축하려면 다수의 종단점을 연달아 호출하는 복잡한 질의를 만들어야 한다. 그러면 과도한 질의(과다 가져오기) 또는 데이터 누락(과소 가져오기)이 발생할 수 있다.

GraphQL은 데이터 처리 부담을 클라이언트에서 서버로 옮김으로써 이 문제를 해결한다. 그러면 클라이언트는 API 호출 한 번으로 원하는 데이터를 얻을 수 있다. 클라이언트는 GraphQL 언어를 이용해서 원하는 데이터 모델을 지정한다. 서버는 그에 따라 적절한 데이터를 구성해서 응답 본문을 채운다.

GraphQL의 주요 장점은 다음과 같다.

- **정교한 질의**: 더도 말고 덜도 말고 클라이언트에게 딱 필요한 데이터만 반환되는 구체적인 질의를 만드는 것이 가능하다.
- **중첩**: 복잡하게 중첩된 데이터 레코드도 간단하게 가져올 수 있다. 자원에 초점을 둔 REST 와는 달리 GraphQL은 그래프에 초점을 둔 덕분이다.
- **강 타입 적용**(strongly typed): GraphGL 질의에는 데이터 타입(자료형)을 명시해야 한다. 덕분에 클라이언트는 자신이 의도한 정확한 타입의 데이터를 받을 수 있다.
- **발견성**: GraphQL API의 종단점들을 동적으로(실행 시점에서) 조회할 수 있다. 덕분에 사용자는 종단점의 기반이 되는 데이터 모델을 발견할 수 있다.

GraphQL 역시 몇 가지 중요한 단점이 있다. 대체로 보안과 관련된 단점이 많다. 첫째로, 서버쪽 구현이 복잡한 데다가 동적 발견을 허용하다 보니 공격 표면이 넓어서 DoS(서비스 거부) 공격을 받기 쉽다. 둘째로, 서버가 필요 이상으로 많은 데이터를 노출할 수 있으며, 그러면 접근 제어 모델을 세밀하게 적용하기가 어렵다.

다음은 GraphQL의 장점을 보여주는 간단한 예이다. 이 예제 질의는 깃허브GitHub "facebook" 조직 계정의 "react" 저장소(repository)에 관한 몇 가지 세부사항을 조회한다.

```
query GetRepositoryWithIssues {
  repository(owner: "facebook", name: "react"){
    id
    nameWithOwner
    description
    url
    createdAt
    issues(last: 2) {
      totalCount
      nodes{
        title
        createdAt
        author {
          login
        }
      }}}}
```

간단하게만 말하면, 이 질의는 저장소의 기본 정보 항목 몇 가지와 최근 이슈 두 개(last: 2)
를 요청한다. 각 이슈 항목에는 이슈 제목과 생성 일자, 작성자 정보가 포함되어야 한다. 만일
이런 복잡한 질의를 REST API로 수행했다면 repository 자원과 issues 자원, author 자원
에 대해 여러 번의 요청을 보내야 했을 것이다.

다음은 이 요청에 대해 서버가 보낸 응답 데이터의 앞 부분이다.

```
{
  "data": {
    "repository": {
      "id": "MDEwOlJlcG9zaXRvcnkxMDI3MDI1MA==",
      "nameWithOwner": "facebook/react",
      "description": "A declarative, efficient, and flexible JavaScript library
for building user interfaces.",
      "url": "https://github.com/facebook/react",
      "createdAt": "2013-05-24T16:15:54Z",
      "issues": {
        "totalCount": 11552,
        "nodes": [
        {
          "title": "Bug: React 18 renderToPipeableStream
          missing support for nonce for bootstrapScripts and bootstrapModules",
          "createdAt": "2022-07-09T21:01:51Z",
          "author": {
            "login": "therealgilles"
          }
        }
            ...
```

이 예에서 보듯이 GitHub 서버는 요청된 질의에 맞는 적절한 데이터를 채워서 응답을 만들었다(응답 예에는 생략되었지만, 반환된 이슈 항목이 요청 시 지정한 대로 단 두 개이다). 이처럼 GraphQL에서는 하나의 질의로 비교적 복잡한 구조의 데이터를 조회할 수 있다.

2.2.3 RPC

RPC(Remote Procedure Call; 원격 프로시저 호출) API는 서버 쪽에서 실행될 코드를 클라이언트가 좀 더 직접적으로 지정한다는 점이 앞의 두 API와 다르다. 클라이언트는 스텁 라이브러리 stub library를 이용해 프로시저 호출을 준비한다. 클라이언트의 호출 정보는 범용 형식으로 포장되어서 네트워크로 전송된다. 요청을 받은 서버는 페이로드의 포장을 풀어서 호출 정보를 복원한 후 서버 쪽 스텁에서 실제로 해당 프로시저를 실행한다. 그런 다음 프로시저의 반환값을 다시 포장해서 클라이언트에 보낸다.

RPC API는 특정 작업을 원격으로 실행해야 하는 명령 지향적(command-oriented) 응용 프로그램들에서 주로 쓰인다. REST나 GraphQL이 데이터 지향적(data-oriented)이라고 한다면, RPC API는 동작 지향적(action-oriented)이라고 할 수 있겠다. RPC 스타일의 API로 현재 가장 널리 쓰이는 변형은 구글이 구현한 **gRPC**이다.

2.2.4 SOAP

SOAP(Simple Object Access Protocol; 단순 객체 접근 프로토콜)은 흔히 쓰이는 API 유형 중에서 가장 오래된 것이다. 역사가 20년이 넘는다. SOAP는 서비스 지향적인(service-oriented) XML 기반 웹 통신 프로토콜로, 고도로 표준화되었다는 점이 특징이다. 하나의 SOAP 메시지는 엔벌로프envelope, 헤더, 본문, 결함(fault; 오류) 등 최대 4개의 구성요소가 담긴다. SOAP는 확장성이 뛰어난데, 실제로 여러 가지 확장이 나와 있다. 예를 들어 클라이언트 라이브러리 설계를 위한 WSDL은 SOAP를 확장한 것이다.[역주]

SOAP의 주된 단점은 구현이 대단히 복잡하고 데이터 페이로드가 아주 크다는 것이다. 이 책에서 언급하는 모든 API 유형 중 SOAP가 제일 크다.

[역주] WSDL은 Web Services Description Language(웹 서비스 서술 언어)를 줄인 것이다. WSDL은 W3C가 관리한다. 현재 버전은 2.0이다 (https://www.w3.org/TR/wsdl20/). —옮긴이

2.2.5 웹소켓 API

웹소켓WebSocket API는 이름에서 짐작하듯이 웹소켓 통신 프로토콜에 기반한 API이다. 웹소켓 프로토콜은 TCP 연결 상에서 전이중(full-duplex) 전송을 제공하는 통신 프로토콜이다. 웹소켓 프로토콜의 장점은 REST 등에 쓰이는 보통의 반이중(half-duplex)보다 통신 잠복지연(latency)이 짧다는 것이다. 웹소켓 프로토콜/API는 최신 브라우저에서 미디어 스트리밍 서비스를 제공하는 데 널리 쓰인다.

> **중요 공지**
>
> 특별한 언급이 없는 한, 이 책의 나머지 부분에서 'API'는 곧 REST API를 뜻한다. GraphQL 등 다른 유형의 API는 반드시 해당 이름을 명시한다(사실 SOAP는 이 책에 더 이상 등장하지 않으며, RPC는 gRPC로만 언급된다).

2.3 접근 제어

API 보안의 근본 요소 하나는 접근 제어(access control)이다. 접근 제어 자체는 두 가지 요소로 구성되는데, 하나는 API에 접근하는 것이 누구인지 확인하는 인증(authentication)이고 다른 하나는 누가 API에 접근할 수 있는지를 결정하는 권한 부여(authorization; 또는 인가, 승인)이다.[역주]

> **인증과 권한 부여를 혼동하지 말자**
>
> 인증과 권한 부여가 밀접히 관련되어 있고 API의 보안 및 세밀한 접근을 제공하기 위해 함께 사용하다 보니 두 개념을 헷갈리기도 하는데, 둘은 명확히 구별되는 개념이다. **권한 부여**는 접근자(사용자 또는 클라이언트)에게 어떤 자원에 대해 어떤 접근을 허락할 것인지를 결정하는 것이다. 그리고 그러한 결정은 접근자가 누구인지에 기반하는데, 접근자가 누구인지를 밝히는 것이 **인증**이다.

[역주] authorization을 인가라고 옮기는 경우도 많다. 하지만 아래의 "인증과 권한 부여를 혼동하지 말자"에서도 보듯이 authorization과 authentication을 혼동하는 사람이 적지 않은데, 철자가 아주 비슷하다는 것도 중요한 이유일 것이다. 그런 만큼, 한국어에서라도 둘을 구분하기 쉽도록 이 번역서에서는 '인가' 대신 '권한 부여'를 주로 사용한다. 단, 미인가(unauthorized) 등 '인가'가 좀 더 간결하고 효과적인 경우는 예외로 했다. —옮긴이

2.3.1 인증 없음

읽기 전용으로만 쓰이며 누구나 접근할 수 있는 공용 API에는 인증이 필요하지 않다. 일반적으로 그런 API의 종단점들은 어떠한 상태나 기본 정보를 제공하는 역할을 한다. 온라인 서비스의 가동 상태 API가 좋은 예이다.

2.3.2 HTTP 인증

HTTP 인증은 **월드와이드웹**World Wide Web의 초창기부터 사용된 접근 제어 방식이다. 일련의 HTTP 요청–응답을 통해 요청자의 자격증명(credential)을[역주] 확인해서, 보호되는 자원(이를테면 비공개 웹페이지)에 대한 접근을 허용한다.

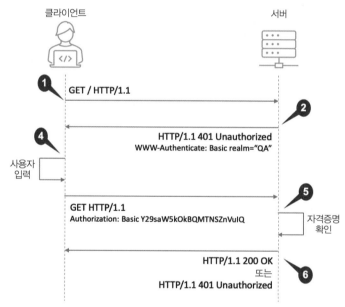

그림 2.4 HTTP 인증을 위한 일련의 응답–요청들.

[그림 2.4]의 HTTP 인증 절차는 다음과 같은 순서로 진행된다.

1. 클라이언트(웹 브라우저)가 보호된 자원에 대한 요청을 보낸다.

2. 서버는 상태 코드 401 Unauthorized와 서버의 보안 영역(security realm)이 지정된 WWW-Authenticate 헤더를 포함한 응답을 보낸다.

[역주] 사용자가 자신의 신원을 입증하는 데 필요한 정보를 말한다. 대표적인 것이 사용자 이름과 패스워드의 조합이다. —옮긴이

3. 클라이언트는 사용자에게 사용자 이름과 패스워드의 조합을 입력받아서 토큰을 생성한다(또는, 미리 저장된 토큰이 있으면 그것을 사용한다). 클라이언트는 그 토큰 값이 지정된 Authorization 헤더를 포함한 GET 요청을 서버에 보낸다.

4. 서버는 그 토큰을 유효한 자격증명과 비교한다.

5. 유효하지 않으면 401 Unauthorized를, 유효하면 200 OK를 클라이언트에 보낸다.

크롬 브라우저의 네트워크 트래픽 로그들을 살펴보면 이 프로토콜이 구체적으로 어떻게 작동하는지 이해하는 데 도움이 될 것이다.

먼저 **로그인**에 실패한 경우를 보자.

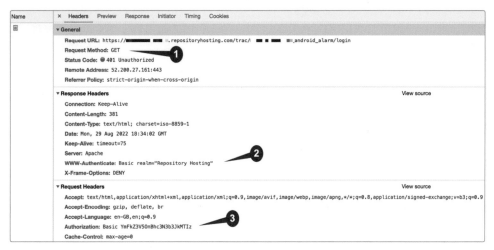

그림 2.5 HTTP 인증에 실패한 예.

다음은 이 예에서 몇 가지 주목할 사항이다.

1. 브라우저는 서버의 .../login에 접근하기 위한 GET 요청을 보냈다. 이것은 그림 2.4의 단계 1에 해당한다.

2. 서버는 401 Unauthorized와 함께 WWW-Authenticate 헤더를 보냈다. 이것은 그림 2.4의 단계 2에 해당한다. 이 헤더의 값은 보안 영역인데, 지금 예에서는 회사 이름이다.

3. 브라우저는 사용자 이름/패스워드 쌍을 Base64로 인코딩한 값을 Authorization 헤더에 지정해서 서버에 보냈다. 그림 2.4의 3번 단계에 해당한다.

Base64로 인코딩된 값을 디코딩해서 원문을 복원하는 것은 아주 쉽다. 그러면 사용자 이름과 패스워드가 그대로 드러난다. 이 예의 경우 YmFkZ3V5OnBhc3N3b3JkMTIz를 디코딩하면 *badguy:password123*이 나온다.

다음으로, **로그인**에 성공한 경우를 보자.

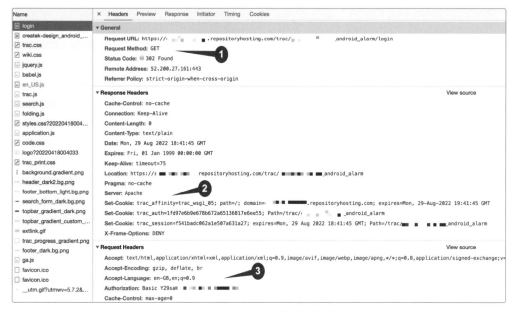

그림 2.6 HTTP 인증에 성공한 예.

이 예에서 주목할 사항은 다음과 같다.

1. 로그인 요청은 [그림 2.5]에서와 정확히 같다. 단, 앞에서 이번에는 서버가 302 Found를 반환했다. 이 상태 코드는 요청이 성공했음을 뜻한다. 실제로 서버가 웹사이트의 홈페이지를 전송하기 시작했다(왼쪽 패널의 웹 콘텐츠를 보면 알 수 있다).

2. 클라이언트가 정확한 자격증명을 제공한 덕분에 서버는 서버 유형에 맞는 모든 정보를 응답에 채워 넣었다. 이 예에서 호스트는 Trac 이슈 추적 서버이다. 서버의 응답에는 권한 부여와 추적(tracking)을 관리하기 위한 쿠키 세 개가 포함되어 있다.

3. 로그인 실패 사례에서처럼 브라우저가 보낸 요청에는 사용자 이름/패스워드 쌍의 Base64 인코딩이 포함되어 있다(이번에는 유효한 자격증명이라서 흐리게 처리했다).

이러한 HTTP 인증에는 구체적으로 두 가지 방식이 있는데, 하나는 기본 인증이고 다른 하나는 다이제스트 인증이다.

HTTP 기본 인증

HTTP 기본 인증(basic authentication)은 웹 초창기에 웹사이트 인증에 사용하기 위해 만들어진 것으로, 이제는 거의 쓰이지 않는다. 이 인증 방식에서 클라이언트는 사용자가 입력한 **사용자 이름**과 **패스워드**을 Base64로 인코딩한 문자열을 요청 헤더에 담아서 서버에 보낸다. 서버는 요청에서 복원한 사용자 이름과 패스워드로 사용자를 인증한다.

[그림 2.7]은 기본 인증을 위해 브라우저가 사용자로부터 사용자 이름과 패스워드를 입력받는 데 쓰이는 대화상자이다.

그림 2.7 브라우저의 HTTP 기본 인증용 대화상자.

HTTP 기본 인증에는 주목할 만한 보안 문제가 몇 가지 있다.

- **자격증명이 평문으로 전송됨**: 사용자 이름/패스워드 조합의 Base64 문자열을 HTTPS가 아니라 HTTP로 서버에 전송하면, 중간에 누군가가 가로채서 원래의 사용자 이름과 패스워드를 알아낼 수 있다.
- **패스워드 스터핑 공격 가능**: 공격자가 패스워드 사전(dictionary)을 이용해서 무차별 대입(brute-force; 전수조사) 기법으로 로그인을 시도할 수 있다.
- **리플레이 공격에 취약함**: 동일한 사용자 이름/패스워드 조합은 항상 동일한 Base64 문자열로 인코딩되므로 리플레이 공격(replay attack)에 취약하다. 한 번 가로챈 Base64 문자열을 나중에 다시 서버에 사용할 수 있다.
- **서버 스푸핑**: 서버의 신원을 클라이언트가 확인할 길이 없으므로 서버 스푸핑spoofing 공격을 방지할 수 없다.
- **MitM 공격에 취약함**: HTTP를 사용하는 경우 MitM(machine-in-the-middle) 공격(중간자 공격)이 가능하다.

이런 약점들 때문에, 그리고 훨씬 더 안전한 대안들이 있으므로, 현재 HTTP 기본 인증은 거의 쓰이지 않는다.

HTTP 다이제스트 인증

다이제스트 인증(digest authentication)은 패스워드가 아니라 패스워드를 해싱한 결과를 전송함으로써 기본 인증의 단점을 극복한다. 해싱hashing은 출력으로부터 원래의 입력을 복원할 수 없는 **단방향 함수**(one-way function)이다. 패스워드를 평문이 아니라 해시로 바꾸어서 전송하는 덕분에 기본 인증보다 더 안전하다. 서버는 정확한 패스워드에 대해 클라이언트와 동일한 해싱 함수를 적용해서 만들어 둔 해시를 클라이언트가 보낸 해시와 비교한다. 그 둘이 같다면 클라이언트가 정확한 패스워드를 보낸 것이므로 인증을 통과시킨다. 이처럼 다이제스트 인증에서는 평문 패스워드가 네트워크로 전송되지 않는다.

다이제스트 인증은 기본 인증의 리플레이 공격 취약점도 극복한다. 이를 위해 쓰이는 것이 소위 **넌스**(nonce) 값이다. 넌스는 number used once, 즉 '1회용 수치'를 뜻한다. 다이제스트 인증에서는 매번 바뀌는 수치를 패스워드에 추가해서 해시를 생성한다. 이 덕분에 공격자가 해시를 중간에 캡처해서(capture) 나중에 서버에 리플레이해도 넌스 값이 다르므로 인증에 실패하게 된다.

2.3.3 AWS 키 기반 HMAC 인증

AWS(Amazon Web Services)는 HTTP상에서 **키 기반 HMAC**(keyed-HMAC)에 기초한 맞춤형 인증 메커니즘을 사용한다. AWS의 키 기반 HMAC 인증은 요청자의 신원(identity) 확인 능력, 전송 중 데이터 보호, 리플레이 공격 방지 등이 장점이다.

좀 더 자세한 정보는 https://docs.aws.amazon.com/AmazonS3/latest/userguide/RESTAuthen tication. html#ConstructingTheAuthenticationHeader를 보기 바란다.

2.3.4 세션 쿠키

클라이언트(브라우저)가 서버와 함께 세션 상태를 유지할 때 흔히 **쿠키**cookie를 사용한다. 쿠키는 클라이언트와 서버가 주고받는 작은 일반 텍스트 데이터인데, 요즘은 JSON 형식이 흔히 쓰인다. 클라이언트가 서버에 처음 접속하면 서버는 세션 상태 유지에 필요한 정보를 담은 쿠키를 클라이언트에 보낸다. 이후 클라이언트가 같은 서버에 접속할 때 클라이언트는 이전에 받은 쿠키를 요청과 함께 보낸다. 서버는 그 쿠키를 보고 해당 클라이언트의 이전 상태를 식별한다. 대담한 웹 개발자들은 인증 정보를 이러한 세션 상태의 일부에 저장하면 사용자가 매번 인증 과정을 거칠 필요가 없음을 빠르게 깨달았다.

시간이 흘러 API가 백엔드(뒷단) 세상을 지배하면서, 아마 짐작했겠지만 개발자들은 백엔드 API에 대한 접근을 제어하는 문제에도 그러한 **세션 쿠키**를 활용하게 되었다. 이러한 세션 쿠키는 특히 관리용 웹 사용자 인터페이스를 제공하는 가전기기나 내장형(임베디드) 장치에 즐겨 쓰인다. 많은 경우 그러한 웹 UI는 사용자의 상태를 유지하는 데 세션 쿠키를 활용할 뿐만 아니라 백엔드 API 접근 제어에도 세션 쿠키를 활용한다.

API 설계에서 세션 쿠키 활용은 권장되는 모범관행이 아니다. 이유는 여러 가지인데, 첫째는 서버의 설정이 손상된 경우 공격자가 교차 출처 스크립트 공격(cross-origin script attack)을 통해 브라우저 세션에 접근해서 세션 쿠키를 탈취하기가 그리 어렵지 않다는 점이다. **제4장** '최근 침해 사례 분석'에서는 **CSRF**(cross-site request forgery; 교차 사이트 요청 위조) 공격이 온프레미스 서버 클러스터에 대한 접근 권한을 탈취한 대단한 사례 하나를 소개한다.

이 두 단점과 더불어, 세션 쿠키에는 수명 관리(예를 들어 쿠키를 얼마나 오래 유지할지, 쿠키를 언제 어떻게 무효화하면 되는지 등등)가 어렵다는 문제도 있다. 따라서 세션 쿠키는 최대한 피하는 것이 바람직하다.

2.3.5 **API 키**

앞에서 설명한 단점 많은 방법들에서 자연스럽게 진화한 접근 방식이 바로 전용(dedicated) API 키를 사용하는 것이다. 전용 API 키 기반 접근 방식은 기존 웹 인증 방법들을 API 인증에 맞게 '용도를 변경하는' 시도라고 할 수 있다. 이 방식에서 API 인증은 토큰token이라고도 부르는 전용 API 키가 주도한다. API 서버에 대한 클라이언트의 모든 요청에는 전용 API 키가 포함되는데, 주로는 특정한 헤더로 지정된다. 보통의 경우 API 키는 서버 또는 관리 포털에서 생성해서 클라이언트에 배포된다.

API 키 덕분에 웹 인증 방법들의 용도 변경에 따르는 여러 어려움이 해결되었다. 하지만 API 키 방식 자체가 시스템 설계자에게 제기하는 어려움들이 있다. 특히, 키를 클라이언트 장치에 안전하게 저장하는 문제와 키의 수명 주기를 관리하는 문제를 해결해야 한다. **제4장** '최근 침해 사례 분석'에서는 API 키 유출로 인한 몇 가지 침해 사례를 소개한다. 침해 시 폭발 반경을 최소화하려면 몇 개의 키를 재사용하는 대신 클라이언트마다 전용 키를 사용하는 방식이 권장된다. API 보안을 설계할 때는 최종 사용자 또는 소유자가 API 키를 제어할 수 있게 하는데, 특히 자신의 의지에 따라 키를 무효화(revoke; 해지)할 수 있게 하는 데 신경을 써야 한다.

내장형 플랫폼이나 모바일 기기의 경우 기기 자체에 API 키를 내장하는 방식은 피해야 한다. 키 내장 방식은 키 재발급이 어려울 뿐만 아니라, 공격자가 역설계를 통해서 키를 빼낼 위험이 있다. API 키 방식은 플랫폼 정책(policy) 및 접근 제어를 통해서 API에 대한 접근을 제어할 수 있는 마이크로서비스 아키텍처 안의 API에 적합하다.

2.3.6 OAuth 2.0

API 인증의 자연스러운 발전 과정을 따라가다 보면 현대적 웹 및 API 인증의 현재 표준인 OAuth 2.0(이하 간단히 OAuth2)을 만나게 된다. 2006년에 OAuth1로 시작한 OAuth는 이후 트위터뿐만 아니라 구글과 페이스북 등 주요 클라우드 제공업체의 표준으로 진화했다. OAuth1은 클라이언트를 구현하기가 엄청나게 어려운 것으로 악명이 높았다.

그래서 여러 제공업체가 OAuth1을 폐기하고 OAuth2를 채택하기 시작했다. 결국 OAuth2가 API 클라이언트의 접근 제어를 위한 사실상의 표준으로 자리 잡았고, 이에 의해 권한 부여의 주된 부담을 클라이언트가 떠맡게 되었다. 본질적으로 OAuth2는 사용자가 권한 부여 서버에게 자신의 신원을 확인해 주고(보통은 로그인 페이지를 통해서), 그러면 권한 부여 서버가 요청된 접근 권한 또는 역할(role)을 허락하는 식으로 진행되는 하나의 흐름(flow)을 정의한다. 사용자의 자격으로 작동하는 클라이언트(이를테면 모바일 앱)는 사용자의 자격증명 자체에 직접 접근하지는 못한다. 토큰을 통해서 부여된 특정한 접근 권한만 가질 뿐이다. 접근 권한은 제한된 범위 안에서만 위임된다. 클라이언트에게 사용자(계정 소유자)와 동일한 접근 권한이 허용되는 일은 없다.

한 웹 서비스에서 다른 웹 서비스에 연결하는 잘 알려진 예를 살펴보면 OAuth2를 좀 더 수월하게 이해할 수 있을 것이다. 구체적으로, 드롭박스Dropbox 계정을 지메일Gmail 계정에 연결하는 예를 살펴보자.

이 연결을 OAuth2로 구현하는 방법으로 들어가기 전에, 일반적으로 두 계정을 연결 혹은 연동하는 방법을 생각해 보는 것이 좋겠다. 가장 간단한 방법은 서비스 1(이를테면 드롭박스)에 로그인한 후 다른 어떤 서비스 2(이를테면 지메일)에 로그인하기 위한 자격증명을 서비스 1에 입력하고, 서비스 1이 그 정보를 이용해서 서비스 2에 로그인하는 것이다. 그런데 이런 방식에는 다음과 같은 몇 가지 심각한 약점이 있다.

- 무엇보다도, 한 웹 서비스에 다른 웹 서비스를 위한 자격증명을 입력해야 한다는 것이 문제이다. 해당 웹 서비스가 그런 정보를 안전하게 보관하리라는 보장은 없다. 심지어는 그런 정보를 악용할 수도 있다.
- 또한, 주어진 계정의 완전한 접근 권한과 특권(privilege)을 서드파티에 완전히 위임한다는 것도 문제이다. 이 방식에서는 예를 들어 드롭박스가 지메일의 연락처에만 접근하도록 제한할 수 없다. 드롭박스를 통해서 지메일에 로그인하면, 드롭박스는 모든 이메일을 읽을 수 있고 임의로 메일을 보낼 수도 있다.
- 자격증명을 변경하는 것 말고는 접근 권한을 무효화(revoke; 해지)할 방법이 없다. 어떤 웹 앱의 전근 권한을 철회하려면 매번 지메일 패스워드를 바꾸어야 한다고 생각해 보라.

OAuth2는 이 모든 문제점을(그리고 그 밖의 몇 가지 문제도) 해결한다. 그럼 OAuth2에서는 이러한 계정 연동이 어떻게 진행되는지 살펴보자.

드롭박스 웹 앱에 로그인을 시도하면 [그림 2.8]과 비슷한(국가나 언어 설정에 따라 차이가 있을 수 있다) 대화상자가 나타난다.

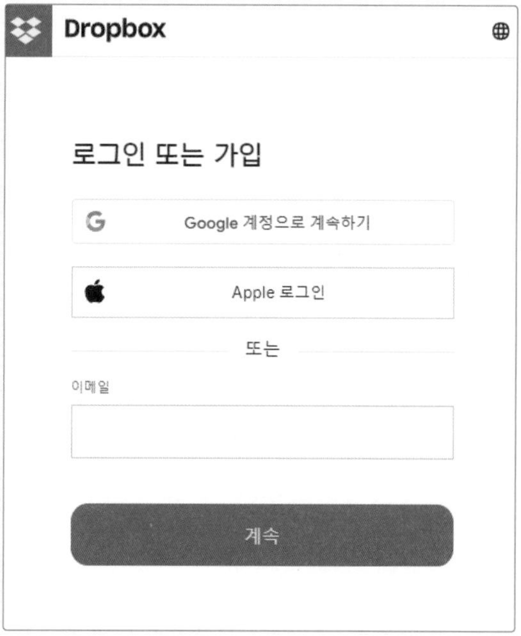

그림 2.8 드롭박스 로그인 대화상자.

이 예에서는 구글을 사용하기로 한다. 이 경우 구글은 이미 **신원 공급자**(identity provider; 또는 신원 제공자) 역할을 하고 있다(신원 공급자는 나중에 좀 더 이야기한다).

Google 버튼을 클릭하면 드롭박스 앱은 사용자를 구글로 보낸다. 구글은 [그림 2.9]와 비슷한 모습의 팝업 페이지를 띄운다.

그림 2.9 구글 접근 허용 여부 확인 대화상자.

구글이 사용자를 대신해서 드롭박스에 제공하는 정보가 대화상자에 명시되어 있음을 주목하자. 또한, 구글은 사용자가 드롭박스를 신뢰하는지 명확히 묻고, 접근을 허용할 것인지(**확인** 또는 **Allow** 버튼) 아니면 취소할 것인지(**취소** 또는 **Cancel** 버튼) 선택하게 한다.

확인 또는 **Allow** 버튼을 클릭하면 구글은 해당 활동을 확인하고 사용자를 다시 드롭박스 웹 앱으로 보낸다. 구글 계정의 경우 이런 식으로 접근을 허용한 서드파티 앱들을 https://myaccount. google.com/connections에서 확인할 수 있다(그림 2.10).

그림 2.10 구글 계정 서드 파티 앱 및 서비스 페이지.

내부에서는 이런 일이 진행된다. 구글은 드롭박스에 접근 토큰 하나를 발급한다. 간단히만 말하면, 이 토큰은 사용자의 신원과 사용자가 허락한 접근 권한들을 확인해준다. 드롭박스는 이 토큰을 저장해 두고, 지메일 계정에 접근할 때마다 이 토큰을 참조한다. 이처럼 OAuth2는 개념적으로 아주 간단하다.

OAuth2는 이전 방식들의 약점을 다음과 같이 해결한다.

• 사용자는 구글 로그인을 위한 자격증명을 서드파티 웹사이트에 전혀 입력하지 않는다. 따라서 자격증명이 유출되거나 오남용될 위험이 없다.

• 구글이 접근 허용 여부를 묻는 대화상자에는 드롭박스에 제공하는 모든 정보가 명시적으로 표시된다. 거기에 없는 정보는 접근이 거부된다. 예를 들어 드롭박스가 지메일의 편지함에 접근해서 메일을 읽지는 못한다. 서드파티에 위임할 접근 권한들을 최종 사용자인 우리가 직접 제어할 수 있다.

• 드롭박스에게는 고유한 접근 토큰이 주어진다. 이 토큰은 드롭박스가 구글 사용자의 연락처 정보를 읽을 수 있는 권한과 관련한, 드롭박스와 구글 사이의 신뢰 관계를 반영한다. 여기서 중요한 점은, 그 권한을 철회하려면 해당 토큰만 무효화하면 된다는 것이다. 매번 사용자가 자격증명을 바꿀 필요가 없다.

이제 OAuth2의 장점을 충분히 이해했을 것이다. 그럼 이 표준의 세부적인 작동 방식으로 들어가자. 우선, [표 2.3]은 OAuth2 기반 권한 부여에 관여하는 여러 행위자이다.

표 2.3 OAuth2의 여러 역할.

OAuth2 역할	설명	예
자원 소유자	보호된 자원의 소유자. 보통은 최종 사용자.	지메일 사용자
자원 서버	보호된 자원을 담고 있는 서버.	지메일 앱
클라이언트	보호된 자원에 접근하려는 앱.	드롭박스
권한 부여 서버	자원 소유자를 인증하고 자원 소유자의 허락에 따라 접근 토큰을 발급하는 서버.	구글 ID 서버

OAuth 프레임워크는 유연하고 확장성이 있다. 그래서 권한 부여 서버로부터 접근 토큰을 받는 흐름(flow)이 권한 부여 유형(grant type)에 따라 여러 가지이다. 어떤 권한 부여 유형을 사용할 것인지는 클라이언트의 종류에 따라 결정된다. 더 이상 권장되지 않는 흐름들도 있다. 다음은 가장 흔히 쓰이는 네 가지 흐름이다.

- **권한 부여 코드 흐름**: 받은 토큰을 안전하게 저장할 수 있는 클라이언트에게 권장되는 흐름이다. 먼저 클라이언트는 권한 부여 서버에게 자신을 인증한다(그림 2.9의 구글 대화상자 같은 웹페이지를 통해서). 문제가 없으면 권한 부여 서버는 **권한 부여 코드**(authorization code)를 클라이언트에게 보낸다. 클라이언트는 이 코드를 접근 토큰(API에 접근하기 위한)과 교환한다. 필요한 경우에는 갱신 토큰(새 접근 토큰을 생성하기 위한)과 교환할 수도 있다.

- **권한 부여 코드 및 PKCE 흐름**: 이 흐름은 **권한 부여 코드 흐름**의 약점을 보완한다. 그 약점이란, 공격자가 권한 부여 코드를 가로채서 토큰과 교환할 수 있다는 것이다. 그런 공격을 방지하기 위해 권한 부여 서버는 권한 부여 코드의 확인을 위한 '코드 확인 시도값(code verifier challenge)'[역주] 역할을 하는 **PKCE**(Proof Key for Code Exchange; 코드 교환 증명 키)를 덧붙인다. 이 덕분에 공격자가 권한 부여 코드를 가로채도 토큰과 교환하지는 못한다. 이 흐름은 클라이언트가 비밀값을 안전하게 보관할 수 없는 네이티브 앱(보통은 모바일 앱)과 단일 페이지 앱(SPA)에 권장된다.

- **기기 권한 부여 흐름**: 이 권한 유형은 이를테면 키보드가 없는 스마트 TV 등 입력 기능이 제한된 디지털 기기나 기타 가전제품에 쓰인다.

- **클라이언트 자격증명 흐름**: 이것은 사람이 허용 여부를 직접 결정하는 것이 불가능한 무인 운영 환경(자동화된 프로세스나 마이크로서비스 등)에 흔히 쓰이는 흐름이다. 이 흐름에서 응용 프로그램은 자신의 클라이언트 ID와 비밀값을 인증에 사용한다.

[역주] '시도값'은 challenge/response authentication의 번역어로 통용되는 '시도-응답 인증'을 참고해서 선택한 용어이다. —옮긴이

지메일-드롭박스 연동 예제는 **권한 부여 코드** 흐름에 해당한다. [그림 2.11]은 이 흐름을 도식화한 것이다

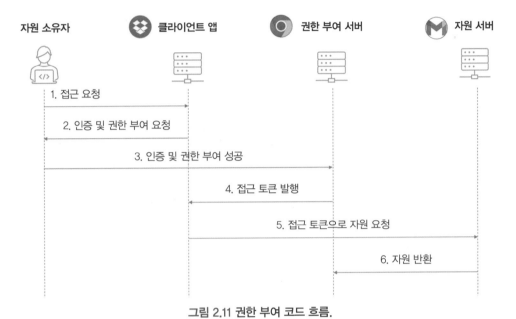

그림 2.11 권한 부여 코드 흐름.

사실 OAuth2에 관해서는 더 이야기할 것이 많지만, 지면 관계상 이 정도로 마무리하고자 한다. 지금 단계에서는 권한 부여 코드 흐름이 어떻게 작동하는지, OAuth2가 개발자들을 위해어떤 문제를 해결해 주는지를 기본적으로 이해하는 것으로 충분하다.

> **OAuth2에 통달하려면**
>
> 개인적인 경험에 따르면 OAuth2는 통달하기가 그리 쉽지 않다. 주로는 생소한 용어와 복잡한흐름 때문이다. 사실 나는 처음에 OAuth2가 필요 이상으로 복잡하다고 생각해서 OAuth2를 포기하고 좀 더 단순한 대안을 찾아볼 정도였다.
>
> OAuth2를 자세히 공부하고 싶다면, 좋은 온라인 자료들(구글이나 OAuth.com에 있는)을 읽고 포스트맨 같은 API 도구를 이용해서 다양한 흐름 유형들을 직접 실험해 보길 권한다. 프로토콜에 익숙해질 때까지는 트랜잭션들 사이에서 요청이나 응답의 페이로드—이를테면 **JWT**(JSON Web Token)—를 직접 조사해 보는 것이 도움이 될 것이다.

2.3.7 접근 제어의 모범관행과 여러 방법

한 가지 다행인 점은, 접근 제어 퍼즐의 첫 번째 조각인 '인증'은 키와 토큰 덕분에 사실상 해결된 문제라는 것이다. 단순한 방식으로 인코딩한 사용자 이름과 패스워드의 조합이 전송 도중 유출될 것을 걱정하지 않아도 된다. 남아 있는 가장 큰 문제는 키와 토큰을 안전하게 배포하고 보관하는 것이다. 이 배포(distribution) 문제 역시 OAuth2를 사용함으로써, 그리고 클라이언트의 종류에 맞는 적절한 권한 부여 유형을 선택함으로써 상당 부분 해결된다. 키와 토큰의 저장 문제, 좀 더 일반적으로는 키와 토큰의 수명 주기 관리 문제는 견고한 자격증명 철회 및 갱신 프로세스를 마련해서 해결해야 한다. 자격증명이 언제라도 유출될 수 있다고 가정하고, 자격증명의 유출이나 위조 사고의 징후가 있는지를 항상 능동적으로 모니터링해야 한다.

접근 제어와 관련해서 좀 더 어려운 문제는 권한 부여를 제대로 구현하는 것이다. API 침해 사고들을 보면 객체 수준이나 기능 수준에서 권한 부여를 제대로 구현하지 않은 것이 근본 원인인 경우가 너무나 많다. 특히, 접근 점검 및 제어를 세밀하게 처리하지 않아서 문제가 발생한다. 인증된 사용자에게 그 어떤 작업이라도 수행할 수 있는 권한을 부여하는 경우가 부지기수이다. API 보안 역사에는 인증된 사용자에게 사용자의 특권 수준 이상의 작업(이를테면 사용자나 레코드 삭제)을 수행할 권한을 잘못 부여해서 발생한 침해 사고가 아주 흔하다.

그런 문제를 방지하기란 간단하면서도 복잡하다. 사실, 그냥 **대상 객체나 기능에 대한 클라이언트의 접근 권한을 항상 명시적으로 확인하면** 끝나는 문제이다. 특히, 특정 대상을 지칭하는 용도로 클라이언트가 제공한 입력값을 절대로 신뢰하지 말아야 한다. 예를 들어 인증된 클라이언트가 객체 ID를 제공했다면, 서버는 그 클라이언트가 대표하는 사용자가 해당 객체에 정말로 접근할 수 있는지를 명시적으로 확인해야 한다. 쿠키에 담긴 세션 매개변수나 세션 상태는 공격자가 변조했을 수 있으므로 신뢰해서는 안 된다. API 보안을 처음 접하는 독자라면 앞의 문장을 당연한 것으로 받아들일 수도 있다. 실제로 그렇다. 우리는 당연히 접근 권한을 항상 점검해야 한다. 하지만, 다음 장인 **제3장** '흔히 발견되는 API 취약점들'에서 보겠지만 객체 수준의 권한 부여가 부실해서 생긴 취약점은 API 보안에서 가장 흔한 유형의 취약점이다. 이런 취약점을 **BOLA**(broken object-level authorization; 손상된 객체 수준 권한 부여)라고 부른다.

같은 맥락에서, API 개발자는 클라이언트가 해당 기능의 종단점을 사용할 권한이 있는지도 반드시 확인해야 한다. 전형적인 예는 특권 있는 사용자만 접근해야 하는 관리용 종단점(이를테면 /reset)이다. 그러나 REST API의 특성상 해당 URL을 추측한 사람은 누구라도 이 종단점을 호출할 수 있다. 해당 클라이언트가 적절한 권한을 가졌는지 점검하는 것은 전적으로 백엔드의 몫이다. 그런 점검을 제대로 수행하지 않아서 생긴 결함도 흔히 볼 수 있는 API 취약점이다. 이런 취약점을 **BFLA**(broken function-level authorization; 손상된 기능 수준 권한 부여)라고 부른다.

API 전반에서 일관된 권한 부여를 보장하기 위해 권장되는 모범관행이 두 가지 있다. 첫째는 모든 API 종단점에 대해 명시적인 권한 부여 데코레이터decorator나 명세를 정의해 두는 것이다. 암묵적인 기본값은 피해야 한다. 사람마다 기본값을 다르게 생각할 수 있을 뿐만 아니라, 프레임워크의 이후 버전에서 변경될 수도 있다. 명시적이고 통일적인 명세를 사용하는 것은 코드 검토(code review) 개선에도 도움이 되고, grep류 도구들을 이용해서 접근 제어를 확인하기도 편하다. 예를 들어 다음은 Node.js Express의 어떤 API 종단점인데, 공용 접근(익명 접근)을 허용한다는 개발자의 의도가 명시적으로 표현되어 있다.

```
app.get('/tasks/:taskId', 'auth.allowPublicAccess(),' function(req, res) {
    Task.findById(req.params.taskId, function(err, task) {
    if (err)
      res.send(err);

    res.json(task);
    });
};
```

둘째 모범관행은 표준 라이브러리나 널리 쓰이는 프레임워크를 이용해서 API 권한 부여를 중앙 집중적으로 수행하는 것이다. 권한 부여 기능을 직접 구현하려는 유혹에 빠지지 말아야 한다. 자체 구현은 비효율적이고, 확장성이 없고, 유지보수하기 어렵고, 개발자가 뭔가 실수할 여지가 크다. 암복호화 라이브러리들도 그렇지만, 인증/권한 부여와 관련해서는 널리 쓰이는 구현을 선택해서 해당 분야 전문가의 지혜와 경험을 활용하는 것이 바람직하다. 이 주제는 **제3부** 'API 방어'에서 좀 더 자세히 다루겠지만, 그전에라도 다음 프로젝트들을 살펴보면 좋을 것이다: Cerbos(https://cerbos.dev/), Casbin(https://casbin.org/), Keycloak(https://www.keycloak.org/), Open Policy Agent(https://www.openpolicyagent.org/).

JWT를 이용한 클레임 및 신원 확인

API 접근 제어에서 **JWT**는 클라이언트와 서버가 정보를 견고하고 이식성 있게 주고받는 데 쓰인다. JWT는 암호학적으로 안전하다. JWT를 이용하면 클라이언트는 공개 키 암복호화에 기반해서 메시지의 무결성을 확인할 수 있다. JWT는 JSON 객체들을 인코딩한 일반 텍스트이므로 요청의 헤더나 본문에 쉽게 집어넣을 수 있다.

하나의 JWT는 헤더, 클레임claim(주장 혹은 청구 데이터), 서명(signature)이라는 세 섹션으로 구성된다. 서명은 **HMAC**(hash-based message authentication code; 해시 기반 메시지 인증 코드)이다. 세 섹션을 Base64Url로 인코딩해서 마침표(.)로 연결하면 JWT가 된다(그림 2.12).

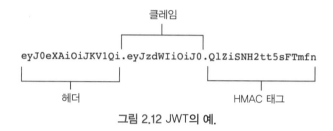

그림 2.12 JWT의 예.

그럼 세 섹션을 좀 더 자세히 살펴보자.

- **헤더**는 JWT에 관한 기본적인 메타데이터를 제공한다. 다음은 전형적인 헤더 섹션의 예이다.

```
{
  "'alg'": "HS256",
  "'typ'": "JWT"
}
```

- **클레임** 섹션은 서버를 위한 데이터로, 키-값 쌍들로 구성된다. 클레임은 세 종류이다. 우선, **등록된 클레임**(registered claim)은 다음과 같은 키들을 포함할 수 있다.
  - iss: 발급자(issuer)
  - exp: 만료 시간(exporation time)
  - sub: 주제(subject)
  - aud: 대상(audience)
  - nbf: 토큰 활성 일자(not before)[역주]
  - iat: 발급 시간(issued at)

[역주] 딱 그 날짜 및 시간에 토큰이 활성화되는 것이 아니라, 그 이전에는 활성화되지 않는다는 뜻임을 주의하자. —옮긴이

이 키들이 필수는 아니지만, 포함할 것이 강력히 권장된다.

공개 클레임(public claim) 부분에는 클라이언트의 역할, 그룹, 접근 권한(permission), 신원 같은 정보가 포함된다. 다음은 전형적인 공개 클레임 섹션이다.

```
{
  "sid": "2df378d8-99b5-1324-c4ce-eb7574b2985a",
  "email": "colin.domoney@iloveapis.com",
  "name": "Colin Domoney",
  "role": "root"
}
```

이 공개 클레임은 이메일 주소가 colin.domoney@iloveapis.com인 사용자가 대상 시스템에서 root 역할을 가지고 있음을 말해준다.

- **서명**은 헤더 섹션과 클레임 섹션, 그리고 서버 쪽 비밀값을 Base64Url로 인코딩한 문자열로부터 생성한 해시이다. 이 서명을 점검함으로써 클라이언트는 메시지 본문이 저장 중 또는 전송 중에 변조, 변경된 일이 없음을 확인할 수 있다. 또한, 개인 키/공개 키 조합과 함께 사용하는 경우 서명자의 신원을 확인할 수 있다. 주어진 JWT의 서명이 유효한지 확인한 후에는 클레임 섹션에 있는 항목들의 유효성을 검사해야 한다(특히 등록된 클레임의 발급자와 만료 시간).

제3부 'API 방어'에서는 API 백엔드에서 JWT 토큰을 검증하는 부분을 인기 있는 여러 프로그래밍 언어로 구현하는 방법을 좀 더 자세히 살펴볼 것이다. 다음은 JWT와 관련해서 기억해둘 사항들이다.

- **토큰 만료와 해지에 신경을 써야 한다**: 공격자가 토큰을 훔칠 가능성이 있다. 토큰 유출의 피해를 최소화하려면 시스템 설계자는 수명이 짧은 토큰을 사용해야 한다. 또한, 백엔드 시스템에서 토큰을 무효화하는 수단도 반드시 갖추어야 한다.
- **JWT는 사용자의 디지털 여권으로 쓰인다**: JWT의 일반적인 용도 하나는 사용자의 신원과 메타데이터를 담아두는 것이다(앞의 예제에서처럼). 이는, 만일 JWT를 탈취당하면 악성 사용자와 정당한 소유자를 구별할 방법이 없다는 뜻이다. 따라서 토큰을 안전하게 보관해야 하며, 오직 보안 전송 채널을 통해서만 토큰을 전송해야 한다.
- **클라이언트 쪽 저장은 안티패턴이다**: 단지 편리하다는 이유로 JWT를 브라우저의 **지역 저장소**(local storage)에 저장하는 경우를 흔히 볼 수 있는데, 이는 피해야 할 안티패턴이다. 이런

방식은 **XSS**(Cross-Site Scripting) 공격에 취약하다. `HttpOnly` 쿠키를 이용하면 XSS 공격 벡터가 최소화되지만, **CSRF** 공격에는 여전히 취약하다.

- **공격자가 클레임을 읽을 수 있다**: JWT가 페이로드의 기밀성을 제공한다고 생각하는 사람도 있는데, 이는 오해이다. 페이로드는 그냥 `Base64Url`로 인코딩되므로 누구나 디코딩할 수 있다. JWT가 보장하는 것은 무결성이다. 즉, JWT의 서명이 유효하다면, 중간에 누가 페이로드를 변조하지 않았음을 확신할 수 있다.

JWT는 현대적인 API 설계의 핵심 요소이다. API 방어자는 JWT를 생성하는 방법은 물론이고 제대로 처리하는 방법을 확실하게 숙지할 필요가 있다. 다음 장으로 넘어가기 전에, JWT 관련 유명 사이트 https://jwt.io/에서 몇 가지 JWT를 실험해 보고 그 작동 방식을 이해하는 시간을 가지길 권한다.

이번 장 요약

여기까지 잘 읽었다면 이제 API를 구성하는 요소들을 충분히 이해했을 것이다. 이번 장에서는 오늘날 일반적으로 쓰이는 여러 API 유형을 개괄한 후 HTTP 프로토콜에 기초한 REST API를 좀 더 상세하게 살펴보았다. API 보안은 접근 제어의 두 가지 기본 요소인 **인증**(API를 사용하려는 사람이 누구인가?)과 **권한 부여**(그 사람이 API로 무엇을 할 수 있는가?)를 바탕으로 구축된다. 이번 장에서는 초창기의 간단한 사용자 이름/패스워드 조합 방식에서 출발해서 API 접근 제어의 핵심인 OAuth2 프레임워크까지 소개했다.

API 보안의 취약점들은 대부분 인증 및 권한 부여 제어를 부실하게 구현한 것이 원인이다. 이번 장에서는 구현자가 흔히 빠지는 함정을 피하기 위한 몇 가지 고수준 권장 사항과 모범관행을 소개했다. 마지막으로, API 인증의 기반이자 사용자의 디지털 여권 역할을 하는 JWT도 살펴보았다.

다음 장에서는 API와 관련해서 어떤 보안 사고가 발생할 수 있는지 살펴본다. OWASP가 발표한 10대 API 보안 위험 목록을 통해서 가장 흔한 API 보안 취약점들을 자세히 들여다볼 것이다.

OAuth2를 더 배우고 싶다면 다음 자료를 참고하자.

- 구글의 OAuth 2.0 Playground(https://developers.google.com/oauthplayground/)
- OAuth.com의 OAuth 2.0 Playground(https://www.oauth.com/playground/)
- An Illustrated Guide to OAuth and OpenID Connect(https://developer.okta.com/blog/2019/10/21/illustrated-guide-to-oauth-and-oidc)

JWT를 더 배우고 싶다면 다음 자료를 참고하자.

- JSON Web Tokens (JWT) — the only explanation you will ever need(https://arielweinberger.medium.com/json-web-token-jwt-the-only-explanation-youll-ever-need-cf53f0822f50)
- JSON Web Tokens(https://jwt.io/)

마지막으로, 권한 부여를 더 배우고 싶다면 다음 자료를 참고하자.

- API authentication and authorization in Postman(https://learning.postman.com/docs/sending-requests/authorization/)
- Oso Unbundles Security Authorization(https://thenewstack.io/oso-tackles-unbundling-security-authorization/)
- HTTP API Authorization(https://www.openpolicyagent.org/docs/v0.11.0/http-api-authorization/)

제**03**장
흔히 발견되는 API 취약점들

이전 장에서 우리는 API의 구성요소들을 배웠다. 그것을 바탕으로 이제부터는 이 책의 핵심 주제인 **API 보안**을 본격적으로 논의한다. 이번 장에서는 API 보안에 악영향을 미칠 수 있는 여러 종류의 취약점을 살펴본다. 취약점마다 근본 원인과 피해 사례를 소개하고, 권장되는 제거 또는 완화 방법을 제시하겠다.

이번 장의 주요 주제는 다음과 같다.

- 취약점 분류의 중요성
- OWASP 10대 API 보안 위험 목록의 취약점들
- 취약점 대 악용 사례
- 비즈니스 로직 취약점들

3.1 취약점 분류의 중요성

보안 연구자들은 소프트웨어 시스템과 하드웨어 시스템의 취약점을 잘 분류하는 것이 중요하다는 점을 오래 전부터 알고 있었다. 취약점들을 분류해서 특성에 따라 비슷한 취약점들을 묶으면, 완화와 제거를 위한 표준적인 패턴을 효과적으로 적용할 수 있게 된다.

> **헷갈리는 용어들: 결함, 취약점, 악용, 위협, 위험**
>
> 보안 업계에서 흔히 쓰이는 이 용어들은 비슷하면서도 다르기 때문에 헷갈린다. 이참에 확실히 정리하고 넘어가자
>
> **결함**(flaw)은 잠재적으로 악용될 가능성이 있는 구현상의 결점(코드의 약점)이다. **취약점**(vulnerability)

은 실제로 공격자가 악용할 수 있는 결함이다. **악용**(exploit)은 공격자가 결함을 자신의 이익을 위해 사용하는 절차 또는 방법이다. 취약점의 "어떻게(how)"에 해당한다고 생각하면 될 것이다. **위협**(threat)은 시스템에 해를 끼칠 수 있는 모든 것을 아우른다. 의도적인 위협(해커의 공격 등)도 있고 의도치 않은 위협(개발자가 시스템 패치를 빼먹는 등)도 있다. 마지막으로 **위험**(risk)은 앞의 개념들을 모두 반영한 개념이다. 흔히 취약성 등급과 위협 수준, 그리고 그 영향(impact)을 곱한 것을 위험도로 간주한다. 즉, **위험도 = 취약성 × 위협 × 영향**이다. 이상의 개념들을 이해하는 데 아래의 도식이 도움이 될 것이다. 사분면 I에서는 영향과 발생 확률이 둘 다 높으므로 위험도가 높다. 반면 사분면 III에서는 둘 다 낮으므로 위험도가 낮다.

취약점 분류에 가장 널리 쓰이는 체계는 **CWE**(Common Weakness Enumeration; 공통 약점 열거)이다. Mitre 사가 운영하는 CWE(https://cwe.mitre.org/index.html)는 취약점들을 927가지 유형(class)으로 나누고 영향의 심각도에 따라 등급을 매긴다. [그림 3.1]은 2023년 상위 25가지 소프트웨어 취약점이다.[역주]

2023 CWE Top 25					✕
Rank	**ID**	**Name**	**Score**	**CVEs in KEV**	**Rank Change vs. 2022**
1	CWE-787	Out-of-bounds Write	63.72	70	0
2	CWE-79	Improper Neutralization of Input During Web Page Generation ('Cross-site Scripting')	45.54	4	0
3	CWE-89	Improper Neutralization of Special Elements used in an SQL Command ('SQL Injection')	34.27	6	0
4	CWE-416	Use After Free	16.71	44	+3
5	CWE-78	Improper Neutralization of Special Elements used in an OS Command ('OS Command Injection')	15.65	23	+1
6	CWE-20	Improper Input Validation	15.50	35	-2
7	CWE-125	Out-of-bounds Read	14.60	2	-2
8	CWE-22	Improper Limitation of a Pathname to a Restricted Directory ('Path Traversal')	14.11	16	0
9	CWE-352	Cross-Site Request Forgery (CSRF)	11.73	0	0
10	CWE-434	Unrestricted Upload of File with Dangerous Type	10.41	5	0
11	CWE-862	Missing Authorization	6.90	0	+5
12	CWE-476	NULL Pointer Dereference	6.59	0	-1
13	CWE-287	Improper Authentication	6.39	10	+1
14	CWE-190	Integer Overflow or Wraparound	5.89	4	-1
15	CWE-502	Deserialization of Untrusted Data	5.56	14	-3
16	CWE-77	Improper Neutralization of Special Elements used in a Command ('Command Injection')	4.95	4	+1
17	CWE-119	Improper Restriction of Operations within the Bounds of a Memory Buffer	4.75	7	+2
18	CWE-798	Use of Hard-coded Credentials	4.57	2	-3
19	CWE-918	Server-Side Request Forgery (SSRF)	4.56	16	+2
20	CWE-306	Missing Authentication for Critical Function	3.78	8	-2
21	CWE-362	Concurrent Execution using Shared Resource with Improper Synchronization ('Race Condition')	3.53	8	+1
22	CWE-269	Improper Privilege Management	3.31	5	+7
23	CWE-94	Improper Control of Generation of Code ('Code Injection')	3.30	6	+2
24	CWE-863	Incorrect Authorization	3.16	0	+4
25	CWE-276	Incorrect Default Permissions	3.16	0	-5

그림 3.1 상위 25가지 소프트웨어 취약점.

[역주] https://cwe.mitre.org/top25/archive/2023/2023_top25_list.html에서 **View in table format** 버튼을 클릭하면 그림과 같은 표가 나온다. —옮긴이

그럼 개별 취약점을 좀 더 자세히 살펴보자. API에서도 많이 발생하는 CWE-89 'SQL Injection' 취약점, 즉 SQL 주입 취약점을 예로 들겠다. CWE는 취약점의 영향을 좀 더 세분화해서 제시한다. [그림 3.2]에서 보듯이 CWE-89는 **CIA**의 세 특성 중 **기밀성**(Confidentiality)과 **무결성**(Integrity)에 영향을 미치고, **접근 제어**(Access Control)에도 두 가지 방식으로 영향을 미친다.

▾ Common Consequences		
Scope	Impact	Likelihood
	Technical Impact: *Read Application Data*	
Confidentiality	Since SQL databases generally hold sensitive data, loss of confidentiality is a frequent problem with SQL injection vulnerabilities.	
	Technical Impact: *Bypass Protection Mechanism*	
Access Control	If poor SQL commands are used to check user names and passwords, it may be possible to connect to a system as another user with no previous knowledge of the password.	
	Technical Impact: *Bypass Protection Mechanism*	
Access Control	If authorization information is held in a SQL database, it may be possible to change this information through the successful exploitation of a SQL injection vulnerability.	
	Technical Impact: *Modify Application Data*	
Integrity	Just as it may be possible to read sensitive information, it is also possible to make changes or even delete this information with a SQL injection attack.	
▾ Likelihood Of Exploit		
High		

그림 3.2 SQL **주입 취약점의 영향**.

CWE항목에는 이 취약점의 실제 발생 사례에 관한 정보도 있다. 실제 사례는 **CVE**(Common Vulnerabilities and Exposures; 공통 취약점 및 노출) 식별자로 지칭한다(그림 3.3).

▾ Observed Examples	
Reference	Description
CVE-2023-32530	SQL injection in security product dashboard using crafted certificate fields
CVE-2021-42258	SQL injection in time and billing software, as exploited in the wild per CISA KEV.
CVE-2021-27101	SQL injection in file-transfer system via a crafted Host header, as exploited in the wild per CISA KEV.
CVE-2020-12271	SQL injection in firewall product's admin interface or user portal, as exploited in the wild per CISA KEV.
CVE-2019-3792	An automation system written in Go contains an API that is vulnerable to SQL injection allowing the attacker to read privileged data.
CVE-2004-0366	chain: SQL injection in library intended for database authentication allows SQL injection and authentication bypass.
CVE-2008-2790	SQL injection through an ID that was supposed to be numeric.
CVE-2008-2223	SQL injection through an ID that was supposed to be numeric.
CVE-2007-6602	SQL injection via user name.
CVE-2008-5817	SQL injection via user name or password fields.
CVE-2003-0377	SQL injection in security product, using a crafted group name.
CVE-2008-2380	SQL injection in authentication library.
CVE-2017-11508	SQL injection in vulnerability management and reporting tool, using a crafted password.

그림 3.3 CWE-89 **취약점의 실제 발생 사례들**.

그리고 CWE 항목은 정적 분석이나 동적 분석을 이용해서 취약점을 검출하는 방법에 관한 유용한 정보도 제공한다(그림 3.4).

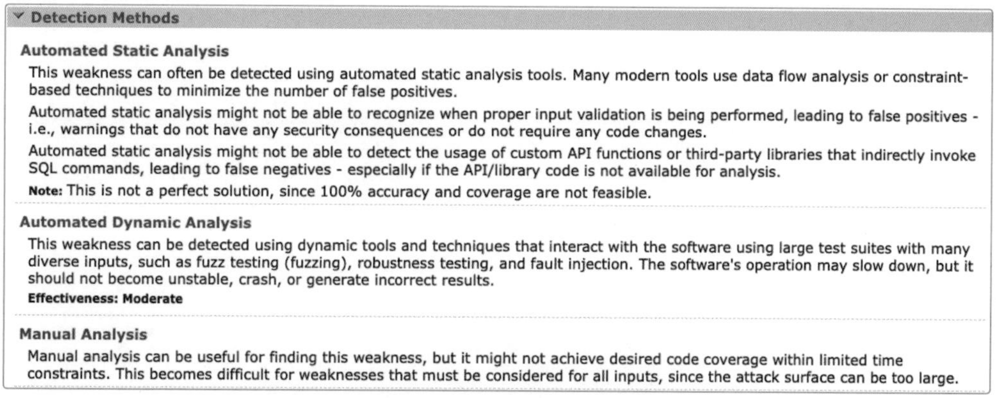

Automated Static Analysis

This weakness can often be detected using automated static analysis tools. Many modern tools use data flow analysis or constraint-based techniques to minimize the number of false positives.

Automated static analysis might not be able to recognize when proper input validation is being performed, leading to false positives - i.e., warnings that do not have any security consequences or do not require any code changes.

Automated static analysis might not be able to detect the usage of custom API functions or third-party libraries that indirectly invoke SQL commands, leading to false negatives - especially if the API/library code is not available for analysis.

Note: This is not a perfect solution, since 100% accuracy and coverage are not feasible.

Automated Dynamic Analysis

This weakness can be detected using dynamic tools and techniques that interact with the software using large test suites with many diverse inputs, such as fuzz testing (fuzzing), robustness testing, and fault injection. The software's operation may slow down, but it should not become unstable, crash, or generate incorrect results.

Effectiveness: Moderate

Manual Analysis

Manual analysis can be useful for finding this weakness, but it might not achieve desired code coverage within limited time constraints. This becomes difficult for weaknesses that must be considered for all inputs, since the attack surface can be too large.

그림 3.4 CWE-89 검출 방법.

이런 분류 체계를 사용하는 것의 장점은 다음과 같다.

• 취약점 또는 위험들을 근본적인 특성에 따라 묶을 수 있다.

• 정보의 형식이 통일되어 있어서 여러 보안 도구를 연동하기 편하다.

• 공통의 방어 및 보호 기법을 적용할 수 있다. 예를 들어 SQL 주입의 경우 OWASP는 일련의 권장 사항들을 **치트시트**cheat sheet 형태로 만들어서 배포한 바 있다.

이런 장점들을 포괄하는 근본적인 장점은, **소프트웨어 취약점**을 **보안 영역**(security domain)으로 해석할 수 있다는 것이다. 다른 말로 하면, CWE 같은 분류 체계가 있으면 주어진 소프트웨 결함이 CIA에 미치는 영향에 기반해서 결함의 위험도를 평가할 수 있게 된다.

CVE와 CWE를 혼동하지 말자

두 약자는 상당히 다른 개념임을 기억하기 바란다. CVE는 어떠한 취약점이 실제로 드러나거나 악용된 사례(instance)를 뜻한다(예를 들어 CVE-2017-5638은 Apache Struts 소프트웨어에서 발견된 특정 취약점 사례를 가리킨다). 반면에 The CWE는 각각의 취약점 유형을 서술하기 위한 분류 체계이다(예를 들어 앞에서 언급한 CVE-2017-5638은 CWE-94: Improper Control of Generation of Code('Code Injection') 이라는 취약점의 한 사례이다).

CVE와 CWE가 일대일로 대응되지는 않는다. 한 CWE에 대해 다수의 CVE가 발생할 수 있으며, 둘 이상의 CWE가 하나의 CVE에서 발현될 수도 있다.

취약점 분류 방식은 이 정도로 마무리하고, 이제부터는 이번 장의 주된 주제인 OWASP 선정 10대 API 보안 취약점을 살펴보자. **OWASP**(Open Worldwide Application Security Project; 개방형 전 세계 응용 프로그램 보안 프로젝트)는 전 세계의 응용 프로그램 보안 전문가들로 구성된 커뮤니티로, 다양한 프로젝트와 모임, 가이드, 표준을 통해서 소프트웨어 보안 개선의 필요성을 주장한다.

OWASP가 가장 중요시하는 프로젝트는 '톱텐Top Ten'이라고도 부르는 10대 보안 위험 목록이다. OWASP는 응용 프로그램에 미치는 영향을 기준으로 가장 심각한 취약점 유형 10개를 주기적으로 발표한다. 이를 위해 OWASP는 알려진 취약점마다 다양한 요인을 고려해서 평균 위험도 점수를 산정한다(그림 3.5).

위협 동인	악용성	약점 분포	약점 검출성	기술적 영향	비즈니스 영향
응용에 따라 다름	쉬움	널리 퍼짐	쉬움	심각함	비즈니스에 따라 다름
	중간	흔함	중간	보통	
	어려움	흔치 않음	어려움	사소함	

그림 3.5 OWASP 10대 보안 위험 점수 산정 기준.

OWASP 톱텐은 영향이 가장 큰 보안 취약점을 바로 알아볼 수 있다는 점에서 보안팀과 개발팀에 매우 유용한 지표이다. 이를 통해서 팀은 가장 중요한 문제, 즉 조직에 가장 큰 피해를 줄 수 있는 문제에 집중할 수 있다.

OWASP 톱텐은 웹 앱에 초점을 둔다(애초에 OWASP가 그 분야에서 시작되었다[역주]). 하지만 몇 년 전에 OWASP는 API에도 고유한 취약점이 존재한다고 판단하고, **OWASP Top 10 API Security Risks**(OWASP 10대 API 보안 위험)라는 이름으로 API 분야의 10대 보안 취약점도 발표하기 시작했다. 이번 장의 나머지 부분에서 살펴볼 것이 바로 이 열 가지 API 보안 취약점이다. 기존의 OWASP 톱텐과는 달리 10대 API 보안 위험은 매년 발표하지는 않는다. 2019년에 처음 발표되었고 4년 후인 2023년에 새 버전이 발표되었다. 이 책에서는 2019년 버전을 주로 이야기하고, 이번 장 끝 부분에서 2023년 버전에서 바뀐 점을 간략하게 소개한다.

> **OWASP 10대 API 보안 위험에 너무 의존하지 말자**
>
> OWASP의 10대 API 보안 위험 목록이 보안 노력과 주의를 집중할 지점을 선정하는 데 대단히 유용한 것은 사실이다. 하지만 보안 노력을 그 취약점 10개에만 쏟아붓는 것은 위험한 일이다. 좀 더 광범위한 API 위험도 고려해야 한다.
>
> 예를 들어 비즈니스 로직 취약점(10대 보안 위험에 속한)을 가진 API가 위험하긴 하지만, 10대 보안 위험에 없는 다른 종류의 취약점을 가진 라이브러리나 구성요소를 사용하는 API도 그만큼이나 위험할 수 있다. 10대 API 보안 위험으로 시작하되, 다른 종류의 위험 사항들도 주시해야 한다.

[역주] 원래 OWASP는 Open *Web* Application Security Project였지만, 2023년에 *Web*을 *Worldwide*로 바꾸었다. —옮긴이

이번 절에서 우리는 취약점의 분류 및 명명 체계를 살펴보고 그러한 분류가 위험도와 어떻게 연관되는지도 이야기했다. 여러분이 명심할 것은, 보안 작업은 위험도가 가장 높은 항목에서 시작해서 시간과 예산이 허락하는 대로 점차 덜 위험한 항목으로 진행해야 한다는 것이다.

3.2 OWASP 10대 API 보안 위험의 취약점들

그럼 OWASP 10대 API 보안 위험 목록의 취약점들을 차례로 살펴보자. OWASP의 공식 10대 API 보안 위험 목록은 취약점들을 심각도의 역순으로 나열하지만, 독자의 이해를 돕기 위해 여기서는 취약점의 종류와 근본 원인에 따라 순서를 바꾸어 소개하기로 한다. 그럼 시작하자.

3.2.1 객체 수준 취약점

객체 수준 취약점에 해당하는 것은 단 하나이다. 제2장에서도 언급한 **BOLA**, 즉 '손상된 객체 수준 권한 부여'가 OWASP 10대 API 보안 위험에서 유일한 객체 수준 취약점이다.

API1:2019 - Broken Object Level Authorization[역주]

손상된 객체 수준 권한 부여(broken object-level authorization) 취약점을 흔히 **BOLA**로 줄여서 표기한다. BOLA를 이해하기 쉽도록 현실 세계의 비유를 하나 들겠다. 어떤 공연장에 입장할 때 직원에게 겉옷을 맡기는 상황을 생각해 보자. 한 관람자가 공연장 입구에서 직원에게 코트를 맡기고, 번호(이를테면 #10)가 적힌 티켓을 받는다. 그런데 공연이 끝나고 코트를 찾으러 갈 때 그 관람자는 티켓의 번호를 슬쩍 70번으로 바꾼다. 그 티켓을 제시하면 직원은 원래 코트 대신 70번 코트를 가져다준다. 클라이언트(관람자)가 70번 코트(객체)에 접근할 권한이 있는지의 여부를 처리자(직원)가 확인하지 않았다는 점이 바로 보안에 취약한 부분이다. 이것이 바로 BOLA이다.

[그림 3.6]은 실제 API 접근에서 BOLA가 발현되는 과정을 나타낸 것이다.

[역주] 해당 목록(https://owasp.org/API-Security/editions/2023/en/0x11-t10/)과 대조하기 쉽도록 단원 제목에는 영문 명칭을 그대로 사용하기로 한다. —옮긴이

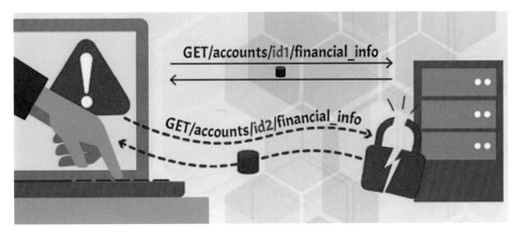

그림 3.6 BOLA.

BOLA 취약점을 가진 종단점은 사용자가 자신에게 속하지 않는 객체(또는 데이터)에도 접근할 수 있게 한다. 이러한 취약점의 근본 원인은 클라이언트가 해당 객체에 접근할 수 있는지를 API 백엔드가 검증하지 않는다는 데 있다. 흔히 공격자는 정상적인 인증(authentication) 과정을 거쳐 API에 접근한 후, 구현상의 결함이 있는지 알아내기 위해 객체 식별자(ID)를 조작해서 요청을 보낸다.

[그림 3.6]의 예에서 사용자는 정상적으로 인증 과정을 마친 후 id1이라는 식별자를 이용해서 자신의 금융 정보를 조회한다. 그런 다음에는 현재의 유효한 세션을 사용하되 식별자를 id2로 바꾸어서 요청을 보낸다. 제대로 구현된 백엔드라면 그러한 요청을 거부하지만, 유효한 세션에서 들어온 요청이므로 별 의심 없이 접근을 허락하는 경우도 많다.

BOLA를 제거하는 것은 개념적으로는 간단하다. 클라이언트가 주어진 객체에 접근할 권한이 있는지를 철저하게 검증하면 된다. 하지만 이를 실제로 행하기란 쉽지 않다.

BOLA 제거에 권장되는 전략은 **권한 부여 결정 엔진**(authorization decision engine)을 이용해서 객체에 대한 **모든 접근 권한을 일일이** 확인하는 것이다. 잘못된 구현과 올바른 구현의 예를 대조해 보면 이 전략을 쉽게 이해할 수 있을 것이다.

아래의 코드에서[역주] 컨트롤러controller는 호출자가 id 매개변수로 지정된 객체에 접근할 수 있는지를 점검하지 않는다. 그냥 해당 객체를 조회해서 돌려줄 뿐이다.

[역주] 참고로 이것은 루비(Ruby) 언어로 작성된 코드이다. —옮긴이

```
Class UserController < ApplicationController
  def show
    @this_user = User.find(params[:id])
    render json: @this_user
  end
end
```

다음은 앞의 코드에 권한 부여 결정 엔진을 추가한 것이다. 이제 컨트롤러는 세션 사용자 (current_user)가 지정된 객체에 접근할 권한이 있는지 점검한다.

```
Class UserController < ApplicationController
  def show
    if Autorization.user_has_access(current_user,
      params[:id])
        @this_user = User.find(params[:id])
        render json: @this_user
  end
end
```

이 외에도 BOLA를 부분적으로나마 완화하는 방법이 여럿 있다. 이를테면 무작위 UID를 이용해서 ID를 추측하기 어렵게 만들거나, 난해한 임시 ID를 사용하거나, JWT 토큰의 ID를 사용하는 등의 방법이 있다. 하지만 그런 방법들로 BOLA를 완전히 제거할 수는 없다. 단지 공격 속도를 늦추는 효과를 낼 뿐이다.

이상으로 BOLA를 간단하게나마 살펴보았다. 이 책의 나머지 부분에서 이 치명적인 취약점을 여러 번 만나게 될 것이다.

추가 정보를 원한다면 다음 자료를 참고하자.

- API 01:2019 – Broken object level authorization(https://apisecurity.io/encyclopedia/content/owasp/api1-broken-object-level-authorization)
- A Deep Dive On The Most Critical API Vulnerability – BOLA(Broken Object Level Autho riza tion)(https://inonst.medium.com/a-deep-dive-on-the-most-critical-api-vulnerability-bola-1342224ec3f2)

3.2.2 인증 취약점

인증(authentication)이 부실하거나 아예 없는 것은 API 취약점의 주요 원인이다. **제2장** 'API의 이해'에서 설명했듯이 인증 메커니즘은 여러 가지이다. 개발자가 복잡한 인증 메커니즘을 제대로 이해하지 못한 채로 구현하면 코드에 취약점이 생기기 마련이며, 실무(production) 환경에서 취약점이 악용당하는 사태가 발생할 수 있다. OWASP 10대 API 보안 위험의 2위가 바로 망가진 혹은 손상된 인증을 뜻하는 API2:2019 - Broken authentication이다.

API2:2019 – Broken Authentication

개인적인 경험에 따르면 손상된 인증(broken authentication)은 가장 자주 발견되는 API 취약점이다. 그리고 그 피해도 상당히 심각할 수 있다. 이 유형의 취약점은 크게 두 가지로 나뉜다.

- **인증의 부재**: 놀랍게도, 실제로 운영되는 서비스 중에 인증이 아예 없는 것도 많다. 개발자가 인증을 구현할 생각도 하지 않은 것이다.
- **손상된 인증**: 개발자가 인증 메커니즘을 구현하긴 했지만 그리 안전하지 않은 경우이다. 인증의 부재보다 이것이 더 해결하기 어렵다.

손상된 인증의 원인은 여러 가지인데, 그중 몇 가지를 들자면 다음과 같다.

- API 키들을 순환(rotation)하지 않아서 키들이 약해졌다.
- 패스워드가 약하거나 아예 설정되지 않아서 무차별 대입 공격으로 쉽게 당한다.
- 접근 토큰을 제대로 검증하지 않는다(JWT 검증이 부정확한 경우가 드물지 않다).
- 자격증명과 키가 URL에 포함되어 있다.
- 인증 백엔드가 업계의 모범관행들을 따르지 않는다.
- 패스워드 재설정 메커니즘이 오남용된다.
- 약한 암호(cipher) 사용, 엔트로피 부족, 짧은 키 등 암복호화의 나쁜 관행들이 남아 있다.

모든 API 종단점에 대해 인증을 강제해야 한다. 인증에는 가능하면 내장 미들웨어(built-in middleware)나 승인되고 입증된 메커니즘을 사용하는 것이 바람직하다. 인증의 부재는 API 명세와 소스 코드를 스캔해서 쉽게 검출할 수 있지만, 손상된 인증은 검출하기가 어렵다. 숙련된 보안 분석가의 힘을 빌려야 한다.

좀 더 자세한 정보는 https://apisecurity.io/encyclopedia/content/owasp/api2-broken-authentication을 보라.

3.2.3 기능 수준 취약점

OWASP 10 API 보안 위험에서 기능 수준 취약점은 5위밖에(?) 안 되지만, 그래도 상당히 심각할 수 있다. 특히 관리급 특권(administrative privilege) 수준의 연산과 관련되면 더욱 그렇다. 이 유형에 속하는 '손상된 기능 수준 권한 부여' 취약점을 살펴보자.

API5:2019 – Broken Function Level Authorization

앞에서 언급한 BOLA 취약점은 객체(보통은 데이터)에 대한 미인가(unauthorized) 접근과 관련이 있지만, 손상된 기능 수준 권한 부여(broken function-level authorization) 취약점은 API의 기능(function) 또는 종단점에 대한 미인가 접근과 관련이 있다. BFLA로 줄여서 표기하는 이 결함은 일반적으로 두 가지 방식으로 발현된다. 하나는 디버깅이나 관리용으로 쓰이는 문서화되지 않은 종단점에 대해 개발자가 의도적으로 권한 부여 절차를 생략하는 것이고, 다른 하나는 인증을 거친 사용자들만 접근할 수 있는 종단점에 대해 개발자가 권한 부여를 제대로 구현하지 않거나 빠뜨리는 것이다. 둘 다 API와 그 바탕 데이터에 심각한 위험을 초래한다.

전형적인 예로, 높은 특권을 가진 사용자를 위한 /admin 종단점이 있는 API를 생각해 보자. 취약한 구현에서는, 세션 사용자가 그 종단점에 접근할 권한이 있는지를 API 백엔드 코드가 제대로 점검하지 않는다. 사용자가 인증된 사용자인지 점검하는 것만으로는 부족하다.

[그림 3.7]은 이를 도식화한 것이다.

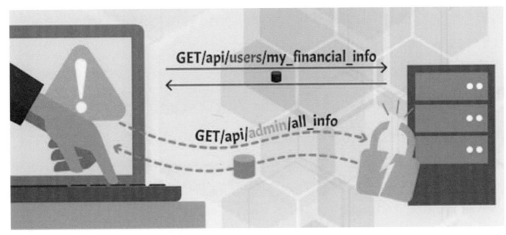

그림3.7 손상된 기능 수준 권한 부여.

이 예에서, 인증을 통과한 사용자가 `/api/users/my_financial_info`에 정상적으로 접근한다. 사용자는 추측과 시행착오를 거쳐서 `/api/admin/all_info`라는 관리자용 종단점을 발견한다. 기능 수준 권한 부여가 망가진 탓에 사용자는 그 종단점에도 접근할 수 있다. 보통의 사용자가 특권을 요구하는 종단점에 아무 저항 없이 접근하게 된 것이다.

BOLA를 제거하려면 요청된 객체에 대한 모든 접근을 철저히 점검해야 하는 것과 마찬가지로, BFLA를 제거하려면 요청된 기능(종단점)에 대한 모든 접근을 철저히 점검해야 한다. 보통의 경우 이런 점검을 JWT 안의 클레임을 이용해서 수행하기도 하고, 어떤 형태로든 RBAC(role-based access control; 역할 기반 접근 제어)를 구현해서 수행하기도 한다. 어떤 경우이든, 사용자가 인증을 거쳤다고 해서 모든 기능에 접근할 수 있는 것은 아님을 반드시 명심해야 한다. 높은 특권이 요구되는 종단점에는 최소 권한 원칙(principle of least privilege)이나 '거부가 기본(deny by default)' 정책을 적용하는 것이 바람직하다.

좀 더 자세한 정보는 `https://apisecurity.io/encyclopedia/content/owasp/api5-broken-function-level-authorization`을 보기 바란다.

3.2.4 데이터 취약점

대부분의 API는 클라이언트가 서버에 어떠한 데이터를 보내거나 서버로부터 데이터를 받는 데 쓰인다. 따라서 가장 심각한 API 보안 위험이 데이터 관련 취약점인 것은 놀랄 일이 아니다. 이 유형의 취약점으로는 과도한 데이터 노출(응답 데이터에 영향을 미친다)과 대량 할당(요청 데이터에 영향을 미친다) 두 가지가 있다.

다행히 데이터 취약점은 식별하고 검출하기가 쉽다. API 계약에 있는 의도된 설계를 API 구현이 준수하는지를 스캐닝하면 된다.

API3:2019 – Excessive Data Exposure

OWASP 10대 API 보안 위험의 3위를 차지한 과도한 데이터 노출(excessive data exposure) 취약점은 대단히 흔하고 피해도 큰 API 취약점이다. 간단히 말해서 이 취약점은 클라이언트가 기대한 것보다, 또는 목적을 달성하는 데 필요한 것보다 더 많은 데이터를 API가 돌려주는 것이다.

대형 API 침해 사고들에 거의 예외 없이 이런 유형의 취약점이 관련된 것은 어쩌면 당연한 일이다. 애초에 대다수의 API 공격이 데이터 유출을 노린 것이기 때문이다.

다행히 이 유형의 취약점들은 제거하기가 아주 쉽다. 핵심은 OpenAPI 표준에 따라 API의 데이터 계약을 정의하는 것이다. 특히, 과도한 데이터 노출을 피하려면 응답 데이터 본문의 계약을 잘 정의해야 한다. 일단 계약을 정의해 두면, API가 있는 제7계층[역주]에서 전용 API 방화벽을 이용해서 접근을 세밀하게 제어할 수 있다. 하지만 이 전략이 효과를 보려면 API를 통해 전송되는 데이터 객체들을 개발자가 완벽하게 파악해야 한다. 그런 만큼 API 거버넌스가 대단히 중요한 역할을 하는 부분이라 할 수 있겠다.

이 유형의 취약점이 왜 그리 흔한지 궁금한 독자도 있을 것이다. 다음은 몇 가지 이유이다.

- API 소비자(consumer)를 돕기 위해 API 개발자가 **선의로** 필요 이상의 데이터를 제공한다(이를테면 이후 릴리스에서 이러저러한 추가 데이터가 필요해질 수도 있다는 생각에서). 불필요한 데이터를 클라이언트의 코드가 적절히 거르리라고 가정한 것인데, 물론 가정대로 되지 않을 가능성이 크다.
- 데이터 접근 제어를 아예 정의하지 않거나, 정의만 하고 시행하지는 않는 경우가 많다. 개발자들이 데이터 민감성을 이해하리라고 기대하면 안 된다. 견고한 데이터 거버넌스 프로세스를 마련해야 한다.
- 하지만 대부분의 경우는 개발자의 생산성이라는 명목하에서 발생하는 손상된 구현이 근본 원인이다. 최신 언어들은 개발자와 데이터베이스 사이에서 데이터베이스 접근을 추상화해 주는 강력한 **ORM**(object-relational mapping; 객체 관계 매핑) 기능을 제공한다. ORM을 사용하는 경우 데이터베이스는 강 타입 객체들의 집합으로 변한다. 개발자는 객체들을 다룰 뿐이고, 실질적인 데이터베이스 작업은 ORM이 처리한다. 개발자는 복잡한 데이터 객체에 간단히 to_json() 메서드를 호출해서 데이터를 JSON API 응답으로 변환할 수 있어서 편하다. 하지만 데이터 객체 전체가 의도치 않게 API를 통해 노출된다는 점에서 보안팀에게는 불행한 일이다.

이해에 도움이 되는 예를 하나 보자. 실제로도 발생할 가능성이 있는 이 시나리오에서 데이터베이스는 사용자의 패스워드를 평문 그대로 저장한다(이 자체도 심각한 문제이다). 그런데 과도한 데이터 노출 취약점 때문에 평문 패스워드들이 모든 사용자에게 제공된다(그림 3.8).

[역주] OSI 계층 모델의 일곱 번째 계층인 '응용 계층(application layer)'을 말한다. ─옮긴이

```
GET            ∨   {{42c_url}}/api/admin/all_users

Params   Authorization   Headers (7)   Body   Pre-request Script   Tests   Settings

Body   Cookies   Headers (7)   Test Results

Pretty   Raw   Preview   Visualize        JSON ∨      ⇥

  1   [
  2       {
  3           "_id": 2,
  4           "email": "misty94@hotmail.com",
  5           "password": "ball",
  6           "name": "Brenna Lehner",
  7           "pic": "https://s3.amazonaws.com/uifaces/faces/twitter/herrhaase/128.jpg",
  8           "is_admin": false,
  9           "account_balance": 48.350000000000094
 10       },
 11       {
 12           "_id": 1,
 13           "email": "beth.white@gmail.com",
 14           "password": "mouse",
 15           "name": "Savion Emmerich II",
 16           "pic": "https://s3.amazonaws.com/uifaces/faces/twitter/markolschesky/128.jpg",
 17           "is_admin": false,
 18           "account_balance": 48.350000000000094
 19       },
 20       {
 21           "_id": 3,
 22           "email": "garrison.buckridge@yahoo.com",
 23           "password": "keyboard",
 24           "name": "Eric Veum",
 25           "pic": "https://s3.amazonaws.com/uifaces/faces/twitter/lepinski/128.jpg",
 26           "is_admin": false,
 27           "account_balance": 48.350000000000094
 28       },
```

그림 3.8 과도한 데이터 노출의 예.

이 API 종단점을 올바르게 구현한다면, API 백엔드가 응답에서 password 필드를 제거한 후 클라이언트에 반환해야 한다. 아니면 적어도 password 필드의 값을 난독화해야 한다.

과도한 데이터 노출을 방지할 때 명심할 점은, 이 문제를 클라이언트 쪽 보호 기능에 떠넘기지 말아야 한다는 것이다. 이를테면 브라우저나 모바일 앱에서 민감한 데이터를 마스킹하거나 숨기는 기능에 의존해서는 안 된다. 일단 API가 어떤 데이터를 응답에 담아 보냈다면, 누군가가 데이터를 전송 도중에 탈취하거나(MitM 공격으로) 클라이언트 안에서 탈취할 수 있다는(브라우저의 개발자 도구나 디버거를 이용해서) 점을 반드시 기억하기 바란다. 다음 장에서 보겠지만, 클라이언트 쪽 보호 기능에 과도하게 의존하는 것은 API 침해 사고에서 데이터가 유출되는 주된 원인 중 하나이다.

다음은 과도한 데이터 노출을 방지하려는 개발자가 확실하게 파악해야 할 사항들이다.

- 주어진 API 소비자가 요구하는 **최소 데이터 집합**(minimum set of data). 나중에 필요할 수 있다고 해서 소비자에게 이 집합에 속하지 않는 여분의 데이터를 제공하지는 말아야 한다. 나중에 추가적인 데이터가 필요해지면, 해당 API의 버전을 갱신하는 것이 정석이다.
- API가 처리한 데이터의 **개인정보보호 요건**(privacy requirement)들. 응답에 PII(개인식별정보)나 금융, 의료 기록 같은 민감한 데이터가 포함된다면, 엄격한 접근 제어를 시행해서 불필요한 노출을 방지해야 한다. 확실치 않으면 반드시 **데이터 보호 책임자**(Data Protection Officer, DPO)나 거버넌스 및 위험 관리팀에 문의하자. 그냥 추측으로 넘기면 안 된다.

OpenAPI 정의서를 정확하게 작성해 두면 API의 과도한 데이터 노출을 실행 시점에서 점검하고 방지할 수 있다.

좀 더 자세한 정보는 https://apisecurity.io/encyclopedia/content/owasp/api3-excessive-data-exposure를 보기 바란다.

API6:2019 − Mass Assignment

데이터 취약점의 두 번째 유형은 대량 할당(massive assignment)[역주]이다. 이 취약점은 과도한 데이터 노출의 반대 방향으로 일어난다. 즉, API가 너무 많은 데이터를 돌려주는 것이 아니라, 클라이언트가 여분의 데이터를 요청에 담아서 API에 전달하는 것이다.

대량 할당은 요청자가 제공한 여분의 데이터를 API 백엔드가 너무 관대하게 처리할 때 발생한다. 일반적으로 API 백엔드는 사용 중인 API 프레임워크에 있는 기능을 이용해서 입력 데이터를 백엔드 객체에 배정(할당)하는데, 효율성을 위해 데이터 항목을 하나씩 배정하는 것이 아니라 여러 개를 한꺼번에 배정한다. 즉, '대량'의 배정이 일어나는 것이다. 이런 방식이 성능에 도움이 되는 경우도 있지만, 공격자가 필드 중 하나를 추측해서 적절한 값을 주입하는 경우 예기치 않은 결과가 발생할 수 있다. 전형적인 예는 공격자가 is_admin이라는 필드 이름을 추측해서 true를 배정하는 것이다. 제대로 구현된 백엔드라면 이런 여분의 필드를 무시한다. 하지만 백엔드가 API 프레임워크의 대량 할당 함수를 사용하는 경우, 그런 필드까지 주입되어서 API의 바탕 데이터 저장소에 들어간다.

[역주] 데이터의 물리적인 양보다는 '종류'에 초점을 둔 공격으로, DoS와는 성격이 다름을 주의하자. 흔히 통용되는 '대량 할당'으로 옮겼지만, API 백엔드가 요청으로 주어진 필드들을 세밀하게 처리하는 것이 아니라 "한 덩어리(mass)로" 처리해서 생기는 문제라는 점에서 이를테면 '집단 할당'이 더 나은 용어일 수 있겠다. —옮긴이

[그림 3.9]는 이 예를 시각화한 것이다.

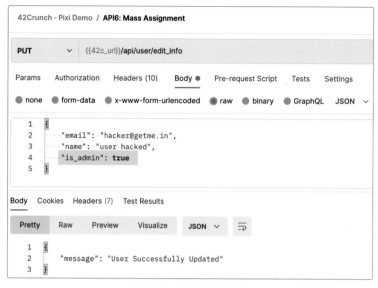

그림 3.9 대량 할당의 예.

이 예에서 API 백엔드는 email 필드와 name 필드가 있는 JSON 객체를 기대한다. 하지만 공격자는 is_admin 필드를 추가한 JSON 객체를 보냈다. 안타깝게도 백엔드는 여분의 필드를 걸러내지 않고 그대로 데이터베이스에 집어넣는다(흔히 ORM을 이용해서). 결과적으로 해당 사용자가 관리자로 승격된다.

공격자가 is_admin 같은 필드 이름을 어떻게 알아낼까? 그냥 추측할 수도 있고, **퍼저**fuzzer를 사용할 수도 있다(퍼저는 테스트나 공격을 목적으로 데이터를 자동으로 생성해서 대상 시스템에 입력하는 도구이다). 또는, 문서화나 알려진 GET 요청을 역설계해서 알아낼 수도 있다.

대량 할당은 방지하기가 비교적 쉽다. 입력 필드들(신뢰할 수 없는)을 내부 데이터 객체에 자동으로 바인딩하지 않으면 된다. 또한, 민감한 필드들을 읽기 전용으로 설정하는 방법이 유용한 경우도 있다. 즉, 그런 필드들을 API로 읽을 수만 있고 갱신할 수는 없게 만드는 것이다.

과도한 데이터 노출과 마찬가지로, OpenAPI 정의서를 정확하게 작성해 두면 대량 할당을 실행 시점에서 점검하고 방지할 수 있다.

좀 더 자세한 정보는 https://apisecurity.io/encyclopedia/content/owasp/api6-mass-assignment 를 보기 바란다.

3.2.5 설정/구성 취약점

설정 또는 구성(configuration)상의 취약점은 범위가 다소 넓다. SWAP 10대 API 보안 위험에서 다음 세 취약점이 이 유형에 속한다.

- 자원 및 속도 제한 부재
- 보안 설정 오류
- 부적절한 자산 관리

다른 모든 취약점처럼 이 취약점들도 세심한 주의와 관심이 필요하다. 하지만 다행히 이런 부류의 취약점들은 API 게이트웨이와 방화벽, 스캐너, 퍼저를 활용해서, 또는 조사(inspection)를 통해서 예방할 수 있다.

API4:2019 - Lack of Resources & Rate Limiting

API에 대한 가장 쉽고 가장 덜 정교한 공격은 아마도 **DoS**(Denial of Service) 공격, 즉 서비스 거부 공격일 것이다. 이 공격에서 공격자는 대량의 요청을 API 종단점에 제출한다. 대량의 요청을 처리하느라 자원이 고갈되면 결국 API가 장애를 일으킨다. API가 장애 없이 잘 버틴다고 해도, 이런 공격은 자원 사용량을 증가하므로 비용 증가가 발생한다.

또한, 패스워드 재설정 메커니즘을 무력화하는 무차별 대입 공격이나 로그인 종단점을 뚫기 위한 자격증명 스터핑stuffing 공격도 이 부류의 취약점과 관련된 주요 공격들이다. 택배 추적 번호처럼 표준 형식의 매개변수를 사용하는 API 역시 무차별 대입 공격의 손쉬운 먹잇감이 된다.

API 비즈니스를 위해서는 API의 공정 사용 정책(fair use policy)과 API 등급(tier)별 가격 책정에 신경을 써야 한다. 속도 제한(rate limiting)은 할당량 적용(quota enforcement)과는 미묘하게 다른 문제지만(할당량 적용은 비즈니스 차원의 문제이고 속도 제한은 보안상의 문제이다), DoS 공격 때문에 프리미엄급 고객의 접근이 원활하지 못해서 고객이 불만을 제기하는 경우라면 둘은 관련된 문제이다. 견고한 속도 제한은 보안과 사용성, 고객 체험 모두에 중요하다.

속도 제한 전략으로는 **하드 스톱**hard stop과 **스로틀드 스톱**throttled stop이 있다. 전자는 정해진 처리 시간을 넘기면 그대로 **429 too many requests** 응답을 보내는 방식이고, 후자는 요청에 대한 응답을 API가 적절히 지연함으로써 유효 처리량(effective throughput)을 제한하는 것이다.

속도 제한을 구현하는 위치도 여러 가지이다.

- **백엔드 코드 자체에서** 구현한다. 이는 부담을 개발자에 전가하는 것이다. 따라서 신뢰성 있게 구현되지 못할 수 있다.
- **API 게이트웨이에서** 구현한다. 일반적으로 외부 API들이 게이트웨이를 통해서 라우팅되므로, 이것이 표준적인 구현 지점이라 할 수 있다. API 백엔드까지 갈 필요도 없이, 게이트웨이에서 API 트래픽을 파악해서 미리 하드 스톱을 적용할 수 있다.
- **전용 API 방화벽에서** 구현한다. 이 방식에서는 API 백엔드에 대한 OAS 계약에 자원 제한 매개변수가 지정된 제공업체(vendor) 정의들을 추가하고, 방화벽에서 그 계약을 강제한다.

속도 제한이 필수이긴 하지만, 능숙한 공격자는 IP 주소 스푸핑(spoofing)이나 분산 공격, 클라이언트 또는 사용자 에이전트(UA) 문자열 변조, 매개변수 변경 등을 이용해서 속도 제한을 우회할 수 있음을 주의해야 한다.

자원 및 속도 제한의 부재 취약점에 관한 추가 정보를 원한다면 다음 자료를 참고하자.

- API 04:2019 – Lack of resources and rate limiting(https://apisecurity.io/encyclopedia/content /owasp/api4-lack-of-resources-and-rate-limiting)
- Right Ways of API Rate Limiting(https://theauthapi.com/articles/api-rate-limiting/)

API7:2019 – Security Misconfiguration

보안 설정 오류(security misconfiguration)는 다양한 운영 및 실행 시점 설정 오류를 포괄한다. 이런 취약점은 API 인프라를 취약하게 만든다. 이를테면 헤더 구성 오류, 전송 암호화 누락, 쓰이지 않는 HTTP 메서드 허용, 지나치게 장황한 오류 메시지, 위생 처리(sanitization; '살균') 부족 등이 이 취약점 유형에 속한다.

이 유형과 관련해서 살펴볼 가장 중요한 주제는 보안 헤더(security header)이다. HTTP 서버의 응답에는 그 응답을 클라이언트가 어떻게 처리해야 하는지를 알려주는 보안 헤더가 담겨 있다. 또한, API 서버가 측정이나 추적에 유용한 메타데이터를 클라이언트에게 제공하기 위해 추가한 헤더들도 응답에 포함되곤 한다. 그런데 이런 추가적인 헤더들은 공격자가 API를 공격하는 데 쓰일 수 있다. 예를 들어 X-Powered-By 헤더는 서버 백엔드 소프트웨어에 관한 정보를 제공한다. 공격자는 해당 소프트웨어에 대해 알려진 취약점을 검색해 볼 것이다. X-Content-Type-Options: nosniff 헤더는 클라이언트에게 응답에 관해 가정을 두지 말라고 알려주는 역할을 한다. 하지만 애초에 서버가 Content-Type: application/json 헤더로 응답의 콘텐츠 유형을 명시하는 것이 바람직하다. X-XSS-Protection 헤더는 클라이언트(브라우저 등)가 **XSS**(Cross-Site Scripting; 교차 사이트 스크립팅) 공격에 대해 어떤 조치를 취해야 하는지를 말해

준다. 값 0은 조치를 취할 필요가 없음을 뜻한다. 공격자가 반길 만한 값이다. 관심 있게 살펴볼 만한 또 다른 헤더로는 서버 쪽 처리 시간을 뜻하는 X-Response-Time이다. 이런 정보는 공격자가 API 구현 관련 정보를 알아내기 위해 정교한 **타이밍 공격**(timing attack)을 시도하는 데 유용하다.

다행인 점은 보안 헤더 관련 문제에 대한 자세한 지침서가 나와 있다는 것이다. OWASP를 비롯해 여러 유관 단체가 그런 지침서를 발표했다. 또한, 헤더 구현이 올바른지 테스트해 주는 온라인 스캐너들도 있다.

간단하게 제거할 수 있는 또 다른 취약점 유형으로는 불필요한 서비스나 기능, 인터페이스의 노출이 있다. 서버 구현을 감사(audit)해서, API 소비자에게 꼭 필요하지는 않은 모든 것을 비활성화하면 서버가 좀 더 튼튼해진다. 이를테면 숨겨진 디버깅 인터페이스나 관리용 인터페이스를 제거하자. 그런 인터페이스가 노출되면 공격자가 악용할 수 있다.

API 백엔드 서버나 프레임워크에는 디버깅이나 초기 사용을 위한 기본 계정이 있기 마련이다. 그런데 그런 계정의 패스워드는 모두에게 알려져 있다. 따라서 해당 계정 자체를 비활성화하는 것이 좋다. 적어도 패스워드를 변경해야 한다.

또한 API 프레임워크(.NET이나 장고Django 등)는 개발자의 생산성을 위해 몇 가지 기본 API 종단점과 행동을 자동으로 구현해 준다. 개발자가 이 점을 간과하면, 몇 가지 HTTP 메서드를 지원하는 기본 API 종단점들이 실무 환경에까지 배포되어서 공격자가 악용하는 사태가 벌어질 수 있다. 예를 들어 개발자는 어떤 종단점에 대해 GET 메서드에 대한 코드만 구현했지만 실제로는 POST 메서드를 위한 기본 구현이 남아 있었고, 공격자가 데이터를 서버에 주입하는 데 그 구현을 악용할 수도 있는 것이다. OpenAPI 계약을 잘 작성하고 API를 스캔해서 불필요한 메서드는 모두 제거하는 것이 바람직하다.

마지막으로, 위생 처리가 부족하면 공격자가 악성 콘텐츠(손상된 ZIP이나 PDF 파일, 심지어는 트로이 목마나 악성 코드)를 업로드할 여지가 생긴다.

좀 더 자세한 정보는 https://apisecurity.io/encyclopedia/content/owasp/api7-security-misconfiguration을 보라.

API9:2019 – Improper Asset Management

부적절한 자산 관리(Improper asset management)는 API 개발 프로세스를 조직이 제대로 관리(거버넌스)하지 못할 때 발생한다. 현대적인 개발 관행 덕분에 개발팀이 API를 개발하고 배포하는 것이 점점 더 쉬워지고 있다. 하지만 그러다 보면 여러 지역(region) 또는 환경에 여러 버전의 API 가 배포되는 현상이 발생한다. 이를 흔히 **API 스프롤**API sprawl이라고 부른다. 특히, 유지보수가 거의 이루어지지 않지만 여전히 실무 데이터를 제공하는 구버전의 API가 남아 있을 수 있다.

API 스프롤은 쌍을 이루는 두 가지 문제점으로 이어진다. 하나는 **그림자 API**(shadow API)이고 다른 하나는 **좀비 API**zombie API이다. 엄연히 존재하지만 보안팀이나 거버넌스팀이 모르는 API 를 그림자 API라고 부르고, 비권장/폐기되었거나 더 이상 유지보수되지 않지만 여전히 작동하는 API를 좀비 API라고 부른다.

이런 유형의 취약점은 해결하기가 대단히 어렵다. 근본 원인이 기술 차원의 문제가 아니라 조직 문화와 프로세스의 문제이기 때문이다. 개발부서나 사업부가 사업 성과에 대한 압박이 심하면, 그리고 프로세스가 너무 엄격해서 새 제품의 배포에 제한이 있으면, 제품 개발팀이 내부 IT/보안/거버넌스팀에게 알리지도 않고 클라우드 자원을 직접 구매해서 API를 배포해 버릴 수 있다. 그러면 정상적인 보안 및 거버넌스 프로세스에서 벗어난 그림자 API가 만들어진다. 그리고 개발부서나 사업부가 필요한 변경 사항(보안 업데이트, 기능 업데이트 등)에 따라 API를 갱신할 예산이 부족한 경우 그냥 구버전의 API를 계속 서비스하기로 할 수 있다. 그러면 좀비 API가 만들어진다. 오래된 버전의 좀비 API는 구현 코드 자체나 사용하는 라이브러리/패키지에 취약점이 있을 수 있으므로, 조직의 보안에 위험을 초래한다.

이런 문제를 해결하려면 견고한 API 거버넌스 프로세스가 필요하다. 임원급 인사들이 조직 전체의 이해관계자들과 협력해서 API 거버넌스 프로세스를 정의하고 모든 팀이 따르게 만들어야 한다. 유물(legacy) 코드나 기술 부채를 그냥 무시해서는 안 된다. 시간이 허락하는 대로 적절히 처리할 필요가 있다.

좀 더 자세한 정보는 https://apisecurity.io/encyclopedia/content/owasp/api9-improper-assets-management를 보라.

3.2.6 **구현 취약점**

나머지 모든 취약점은 구현상의 취약점에 해당한다. 구현 취약점 유형에는 입력 주입(SQL, 명령, LDAP 등) 같은 코딩 상의 취약점들이 포함된다. 또한 API 공격이나 침해를 검출하고 분석하기 위한 모니터링과 로깅의 부재 역시 이 유형에 속한다.

API8:2019 - Injection

SQL 주입(injection) 공격은 20년 이상 존재해 왔다. 그리고 지금도 웹 앱에서 가장 흔히 볼 수 있는 공격이다. 게다가 안타깝게도 공격자들은 이 효과적인 공격 기법을 API 취약점을 악용하는 데에도 사용하기 시작했다. API의 경우 주입 공격의 대상은 API 매개변수일 수도 있고 요청 본문의 페이로드일 수도 있다.

SQL 외에 NoSQL, LDAP, 운영체제 명령(command), XML 파서에 대한 주입 공격도 가능하다.

주입 공격은 보안 업계에 아주 잘 알려 있지만, 여전히 큰 피해를 입히고 있다. 주된 이유는 이런 유형의 공격을 완화하기가 상대적으로 복잡하기 때문이다. 주입 공격을 방지/완화하려면 필터링, 위생 처리, 파싱, 검증 등의 여러 기법을 조합해야 하는데, 각각을 제대로 구현하지 못해서 숙련된 공격자가 너끈히 우회하곤 한다.

SQL 주입의 경우에는 확실한 방지 방법이 있다. SQL 질의문을 문자열 대입 등을 이용해서 직접 만드는 대신, 매개변수화된 데이터베이스 질의(parameterized database query)를 사용하는 것이다. 하지만 그러려면 대규모의 코드 리팩터링이 필요할 수 있다.

좀 더 자세한 정보는 https://apisecurity.io/encyclopedia/content/owasp/api8-injection을 보라.

API10:2019 - Insufficient Logging and Monitoring

마지막으로, OWASP는 불충분한 로깅 및 모니터링(insufficient logging and monitoring)도 API 취약점이라고 지적한다. 여러 API 침해 사례(다음 장의 주제이다)를 보면, 공격이 진행 중임을 조직이 알아채지 못한 경우가 많다. 심지어 침해가 있었음을 나중에야 알게 되기도 한다. 침해 사고의 예방을 위해서나 사후 조치를 위해서나 모든 API 활동을 기록(로깅)하고 모니터링하는 것이 필수이다.

그렇다면 무엇을 어떻게 기록해야(그리고 하지 말아야) 할까?

- 요청 시도 실패, 접근 거부, 입력 검증 실패, 보안 정책 위반, 속도 제한 사례들을 기록한다.
- 공격자를 식별하는 데 필요한 세부사항(IP 주소, 사용자 이름 등)을 로그에 포함해야 한다.
- 민감한 정보(패스워드, 토큰, PII, 계좌번호 등)는 포함하면 안 된다.
- 다른 시스템과 연동하기 쉽도록 표준 로그 형식을 사용하자. 이를테면 **CEF**(Common Event Format)나 **Syslog**가 있다.

기본적으로 로깅은 사후 심층 분석에 유용하다. 현재 상황을 제대로 파악하려면 모니터링이 필요하다. 지속적이고 자동화된 API 보안 모니터링의 핵심은 API 이벤트들을 **SIEM**(Security

Information and Event Management; 보안 정보 및 이벤트 관리) 시스템 및 **SOC**(Security Operation Center; 보안 운영 센터)와 통합하는 것이다. API 관련 보안 이벤트들이 표준적인 보안 모니터링 도구에 표시되게 하면 보안 운영팀이 API에 대한 탐색, 열거, 악용 시도를 끊임없이 모니터링할 수 있으며, 그러면 사후가 아니라 실시간으로 공격을 감지할 수 있다.

좀 더 자세한 정보는 https://apisecurity.io/encyclopedia/content/owasp/api10-insufficient-log ging-and-monitoring을 보라.

이상으로 OWASP 선정 10대 API 보안 위험 목록의 취약점들을 살펴보았다. 손상된 인증과 권한 부여가 상위를 차지했지만, 데이터 취약점들도 API 보안에 계속해서 영향을 미치고 있다.

3.3 취약점 악용 대 오남용

지금까지의 논의는 취약점, 즉 공격자가 악용(exploit)할 수 있는 소프트웨어 결함에 초점을 두었다. 하지만 API 오남용(abuse)이 API 보안에 미치는 영향도 고려할 필요가 있다. API 오남용은 API를 예기치 않은 방식으로 사용해서 부정적인 결과를 초래하는 것을 말한다. 일반적으로 API는 모바일 앱이나 웹사이트를 지원하도록 설계된다. 하지만 API는 노출되기 마련이므로, 악의 없는 호사가든 악의적인 공격자이든 API를 역설계해서 원래 의도와는 다른 목적으로 사용할 여지가 있다.

좋은 예가 영국의 첫 번째 코로나19 봉쇄(lockdown) 시기에 슈퍼마켓 업계에서 벌어진 일이다. 봉쇄 조치 때문에 슈퍼마켓 배달 서비스에 가입하는 고객이 급증했다. 업체들은 배달 요청 폭주로 시스템이 죽지 않도록 서둘러 속도 제한 기능을 구현했는데, 웹 프런트엔드에만 속도 제한을 가한 것이 문제였다. 호기심 많은 개발자들이 재빨리 API를 조사해서 예약 시스템에 접근할 수 있는 종단점을 발견하고는 프런트엔드의 속도 제한을 우회해서 귀중한 배달 기회를 얻을 수 있었다. 이것을 API의 취약점을 공격자가 악용한 사례로 볼 수는 없겠다. 봉쇄 조치로 사용자들의 행동 패턴이 변하자 설계자가 예기치 못한 방식으로 API가 오남용된 사례이다.

비슷한 예로 어떤 항공사가 경쟁사의 웹사이트에서 요금 정보를 긁어간 사례나 부동산 정보 사이트가 집값 동향 예측을 위해 타사 웹사이트를 마이닝한 사례, 쇼핑 정보 서비스가 최적의 가격을 파악하기 위해 쇼핑몰 사이트들을 스크레이핑한 사례가 있다.

그럼 주요 API 오남용 유형과 그 완화 방법을 살펴보자.

3.3.1 주요 API 오남용 유형

API 오남용도 취약점 악용만큼이나 API에 위협이 되고 있다. 일반적으로 API 오남용이 뉴스 머리기사를 장식할 정도의 대형 침해 사고로까지 이어지지는 않지만, 그래도 조직의 재정이나 평판에 상당한 피해를 줄 위험이 있다.

API 오남용은 API를 원래 설계자가 의도한 것과는 다른 방식으로 사용하는 것을 말한다. 다음은 가장 흔한 API 오남용 유형들이다.

- **과도한 페이지 탐색**: 응답의 본문이 너무 커지지 않도록, API는 데이터 레코드들을 일정 분량으로 나누어서 페이지별로 클라이언트에게 제공하는 경우가 많다. 웹사이트가 긴 테스트를 여러 페이지로 나누어서 제공하고 사용자가 **다음** 버튼을 클릭해서 다음 페이지로 넘어가게 하는 것과 마찬가지 방식이다. 그런데 API의 경우 원한다면 적당한 스크립트를 작성해서 자동으로 페이지를 넘기는 것이 가능하다. 그러면 명령 하나로 모든 레코드를 가져올 수 있다. 이는 애초에 설계자가 페이지 나누기(pagination) 기능을 만든 의도와는 다른 활용 방식이다.

- **데이터 반출**: 과도한 데이터 노출 취약점과 관련된 오남용이다. 사용자가 API 응답을 분석해서 암시장에서 거래할 수 있는 민감한 데이터나 흥미로운 데이터를 찾아내는 것을 데이터 '반출(exfiltration)'이라고 부른다.

- **스크레이핑**: API 백엔드를 기반으로 구축된 웹 앱은 UI 테스트 프레임워크(셀레니움Selenium이나 브라우저스택BrowserStack 같은)를 이용해서 자동으로 **스크레이핑**scraping할 수 있다. 즉, 사용자가 웹사이트에서 대량의 데이터를 손쉽게 추출할 수 있는 것이다. 심지어, 웹 브라우저의 개발자 도구를 이용해서 API들을 조사한 후 API를 통해서 직접 스크레이핑을 자동화하는 것도 가능하다.

- **자격증명 도용**: API 요청을 스크립트로 자동화하는 것은 간단한 일이다. 따라서 유출된 자격증명이나 흔히 쓰이는 사용자 이름/패스워드 조합으로 구성된 사전을 이용해서 자격증명 도용 공격을 시도하는 것도 아주 간단하다. 이런 오남용에는 속도 제한이 효과적인 대응책이다.

- **스크립트 또는 자동화 도구**: 아마도 가장 흔한 유형의 오남용은 누구나 사용할 수 있는 스크립트나 자동화 도구로 무장한, 기술에 정통한 사용자들로 이루어진 가상의 군대(virtual army)가 벌이는 오남용이다. 이 주제는 **제2부** 'API 공격'에서 다시 다룰 것이다. 이런 오남용은 그냥 호기심에서 시작되고 확산될 때가 많다. 하지만 API를 보호하는 보안팀에게 이런 소위 **스**

크립트 키드script kid들이 상당한 골칫거리가 되기도 한다.

- **MitM 공격**: **TLS**(Transport Layer Security; 전송 계층 보안)을 사용하면 전송 중인 데이터를 누 군가가 훔쳐볼 위험이 대부분 제거된다. 하지만 여전히 모바일 앱은 데이터를 가로채려는 공 격자에게 유용한 위험 벡터로 작용할 수 있다. 모바일 웹이 인증서 고정(certificate pinning)을 제대로 구현하지 않았다면, 공격자는 역방향 프록시(reverse proxy)를 이용해서 앱과 해당 백 엔드 API 사이에서 데이터를 가로챌 수 있다.
- **DDoS 공격**: 마지막으로, 가장 해로운 오남용 유형은 대량으로 API를 오남용하는 봇 군대 (bot army)를 통해서 서비스의 장애를 유도하거나 아예 다운시키는 DDoS(분산 서비스 거부) 공 격이다. 봇들이 여러 곳에 분산되어 있어서 요청을 보내는 IP 주소들이 다양하기 때문에 단 순한 속도 제한으로는 방어하기 어렵다.

API 오남용은 방어하기가 쉽지 않을 때가 많다. 애초에 API에 명시적으로 존재하는 취약점을 이용하는 것이 아니라, 설계자의 의도에 반하는 방식으로 API를 활용하는 것이기 때문이다. API 자체는 정상적으로 작동하고 있으므로(단지 예기치 않은 방식으로 사용될 뿐), 취약점에 초점 을 둔 표준적인 모니터링 및 방어 메커니즘은 API 오남용 방지에 그리 효과적이지 않다. 그보 다는, 표준 API 사용 패턴을 모델링해 두고 모니터링 시 기계학습(ML) 기술을 이용해서 표준 사용 패턴에서 벗어난 활동을 감지하는 방식이 효과적이다.

클라우드플레어Cloudflare의 보안팀은 이상의 내용을 담은, API 오남용의 방지를 위한 훌륭한 가 이드를 작성했다. `https://blog.cloudflare.com/api-abuse-detection/`를 보라.

3.4 비즈니스 로직 취약점

마지막으로 살펴볼 취약점 유형은 비즈니스 로직business logic 취약점이다. 공격자는 이런 취약 점을 공격해서 시스템이 예기치 않은 방식으로 작동하게 만든다. 그러면 조직에 부정적인 영 향이 미칠 수 있다. 실제 악용 사례와 밀접하게 연관되는 이런 유형의 취약점은 제거하기가 어 렵기로 악명이 높다.

다음은 API에 영향을 미치는 비즈니스 로직 취약점의 좋은 예이다.

- **클라이언트 쪽 제어에 의존한다**: 가장 지독하고도 지속적인 약점 중 하나는 보안 구현을 클라이언트 쪽 제어에 의존하는 것이다. 이 문제를 이번 장에서 자주 강조했다. 단언하자면, 클라이언트 쪽 제어는 전혀 효과가 없다. 언제라도 무력화될 수 있으므로 사용하지 말아야 한다.

- **사용자를 신뢰한다**: 사용자(API 소비자)가 여러분의 의도 대로 행동하리라고 믿어서는 안 된다. 전형적인 예로는 필수 매개변수를 제공하지 않거나 잘못된 형식의 데이터를 보내는 것을 들 수 있겠다.

- **협력사와 서드파티를 신뢰한다**: 협력사(partner)나 서드파티의 API를 사용하면 또 다른 위험이 발생한다. 그런 API의 소비자로서 여러분은 상부(upstream)[역주] API에서 내려오는 데이터를 무조건 믿어서는 안 된다. 항상 철저히 검증할 필요가 있다. 공급자의 관점에서도 마찬가지이다. 여러분의 API를 소비하는 사용자를 완전히 믿어서는 안 된다. 여러분의 API를 말도 안 되는 방식으로 사용할 수도 있다(API를 인터넷에 공개하는 등).

- **사용자가 제공한 데이터를 믿는다**: 보안팀의 가장 큰 골칫거리가 이것이다. 사용자가 실수로 잘못된 데이터를 입력할 수도 있고(엉뚱한 ZIP 파일을 제출하는 등), 데이터를 소비하는 응용 프로그램이 오작동을 일으키도록 의도적으로 데이터를 조작할 수도 있다.

- **의도된 순서에만 의존한다**: API는 대단히 예측 가능한 방식으로 작동하는(이를테면 항상 동일한 순서로 종단점들에 접근하는 등) 모바일 앱을 지원하도록 설계될 때가 많다. 하지만 공격자가 API 요청들의 순서를 관찰한 후 그와는 다른 순서로 API를 호출함으로써 서비스가 예기치 않게 동작하게 만드는 것은 어려운 일이 아니다. 흔히 공격자는 검증이나 인증 절차를 건너뛰는 목적으로 그런 기법을 사용한다.

- **사용자가 지침을 따르리라고 기대한다**: 마지막으로, API 사용 지침이 아무리 명확하고 간결해도 사용자가 그것을 반드시 정확히 따르지는 않을 가능성이 크다. 사용자의 잘못된 사용 패턴으로부터 API를 보호하는 데 신경을 써야 한다. 특히 퍼징fuzzing과 무작위 테스트(random test)를 이용해서 사용자 행동에 관한 가정들을 파악할 필요가 있다.

비즈니스 로직 결함은 테스트하기가 어렵다. 예상한 행동과 예상치 못한 행동의 조합이 아주 다양하기 때문이다. 공격자처럼 생각하는 법을 배우고, 사용자나 환경에 대해 임의로 뭔가를 가정하지 않도록 해야 한다.

[역주] 상부(upstream)와 하부(donwstream)는 데이터를 주고 받는 구성요소들의 상대적 위치를 나타낸다. 'stream'(흐름, 하천)의 비유를 살려 상류/하류로 표현하기도 하지만, 이 번역서에서는 일관되게 상부/하부로 옮긴다. API의 경우 다른 API에게 데이터를 제공하는 API가 상부 API이고, 데이터를 요청하는 쪽이 하부 API이다. —옮긴이

OWASP 10대 API 보안 위험의 2023년 버전

이번 장 처음 부분에서 언급했듯이 OWASP는 2023년의 상황을 반영한 새 10대 API 보안 위험 목록을 발표했다. 2023년 버전은 https://owasp.org/API-Security/editions/2023/en/0x11-t10/에서 볼 수 있다. 그리고 관련 논의 과정을 담은 **RFC**(request for comment) 문서들이 OWASP의 깃허브 저장소(https://github.com/OWASP/API-Security/tree/master/editions/2023/en)에 있으니 참고하기 바란다.

[표 3.1]은 OWASP 10대 API 보안 위험의 2019 버전과 2023 버전을 비교한 것이다.

표 3.1 OWASP 10대 API 보안 위험 목록의 변화.

#	2019	2023
API1	Broken Object Level Authorization	Broken Object Level Authorization
API2	Broken User Authentication	Broken Authentication
API3	Excessive Data Exposure	*Broken Object Property Level Authorization*
API4	Lack of Resources & Rate Limiting	Unrestricted Resource Consumption
API5	Broken Function Level Authorization	Broken Function Level Authorization
API6	Mass Assignment	*Unrestricted Access to Sensitive Business Flows*
API7	Security Misconfiguration	*Server Side Request Forgery*
API8	Injection	Security Misconfiguration
API9	Improper Assets Management	Improper Inventory Management
API10	Insufficient Logging & Monitoring	*Unsafe Consumption of API*

우선 주목할 것은, 여전히 10대 위험으로 남아 있는(그리고 순위도 변하지 않은) 항목이 많다는 것이다. 특히 BOLA와 손상된 (사용자) 인증은 여전히 API에 가장 심각한 영향을 미치는 취약점이다.

그럼 2023년 버전에서 10대 보안 위험에 새로 진입한 네 항목(표에 이탤릭으로 표시해 두었다)을 간단하게나마 살펴보자.[역주]

[역주] 원서는 2023년 버전의 초안을 기초로 작성되었다. 최종 버전에는 Lack of Protection from Automated Threats(자동화된 위협에 대한 방어책 부재) 대신 Unrestricted Access to Sensitive Business Flows가 추가되었다. 아래에서 Unrestricted Access to Sensitive Business Flows의 설명은 원서에는 없던 것으로, §7.6.2를 참고해서 역자가 추가했다. —옮긴이

- **API3:2023 – Broken Object Property Level Authorization**(손상된 객체 속성 수준 권한 부여): 사실 새로운 취약점 유형은 아니다. 이것은 기존의 **Excessive Data Exposure**(과도한 데이터 노출)과 **Mass Assignment**(대량 할당)의 조합이다. API 안에서 객체의 속성(보통은 데이터)을 읽고 쓰는 데 관련된 결함들이 이 유형에 속한다. 내 연구에서 얻은 경험적 데이터에 따르면, 과도한 데이터 노출(데이터 읽기) 문제가 대량 할당(데이터 쓰기) 문제를 압도한다.

- **API6:2023 – Unrestricted Access to Sensitive Business Flows**(민감한 업무 프로세스에 대한 제한 없는 접근): 이 취약점은 API를 뒷받침하는 업무 프로세스(또는 비즈니스 흐름)를 공격자가 악용할 수 있게 한다. 일반적으로 이 공격 기법은 티켓을 자동으로 구매해서 웃돈을 받고 판매하는 티켓 되팔이(ticket scalping & resale) 사이트의 봇들이 흔히 사용한다.

- **API7:2023 – Server Side Request Forgery**(서버 쪽 요청 위조): OWASP 10대 API 보안 위험 목록에는 처음 등장했지만, 사실 앱 보안(Application Security, AppSec) 팀들은 이미 잘 알고 있는 유형이다. 이 결함은 클라이언트가 제출한 경로나 URL을 API 백엔드가 제대로 검증하지 않고 받아들일 때 발생한다. 공격자는 의도적으로 만든 URL을 제출해서 API의 행동을 제어하려 든다. 이를 통해서 공격자는 데이터를 반출하거나, 데이터나 설정을 자신이 원하는 값으로 덮어쓰거나, API 자체의 오작동을 일으킨다.

- **API10:2023 – Unsafe Consumption of APIs**(안전하지 않은 API 소비): 10위에 추가된 이 항목은 앱 보안 전문가들이라면 익숙할 것이다. 크게는 사용자를(그리고 입력을) 검증 없이 믿는 비즈니스 로직 취약점 유형에 속하는 이 결함은 클라이언트 구현이 상부 API가 보낸 응답을 검증 없이 소비할 때 발생한다. 그러면 상부 API의 취약점들이 그대로 클라이언트에 상속된다.

이렇게 해서 OWASP의 2023년 10대 API 보안 위험을 간단하게나마 살펴보았다. 2019년과 비교를 통해서 API 보안 분야가 빠르게 변하고 있고 많은 것이 변했음을, 하지만 변하지 않은 부분도 있음을 알 수 있었다.

이번 장 요약

이번 장은 꽤 길었다. 여기까지 읽었다면 API와 관련해서 어떤 결함과 취약점, 위협이 있는지, 그리고 그런 것들이 API에 어떤 위험을 초래하는지 잘 이해했을 것이다. API에 영향을 미치는 주요 취약점들은 크게 손상된 객체 수준 권한 부여 취약점, 손상된 기능 수준 권한 부여 취약점, 손상된 인증 취약점, 데이터 취약점, 구현 및 설정 취약점으로 나뉜다. API 자체에 취약점이 없더라도 오남용되거나 비즈니스 로직 공격에 취약할 수 있다.

이번 장은 취약점들의 이론적 측면에 초점을 두었다. 현실에서 이 취약점들은 심각한 침해 사고로 이어진다. 다음 장에서는 최근 발행한 주요 API 침해 사고 12건을 자세히 살펴본다.

더 읽을거리

CWE와 OWASP를 좀 더 알고 싶다면 다음 자료를 참고하자.

- 2022 CWE Top 25 Most Dangerous Software Weaknesses(https://cwe.mitre.org/top25/archive/2022/2022_cwe_top25.html)
- OWASP API Security Project(https://owasp.org/www-project-api-security/)
- API Security Top 10 RC - Global AppSec AMS(https://owasp.org/www-pdf-archive/API_Security_Top_10_RC_-_Global_AppSec_AMS.pdf)
- Risk Comprehension Is a Basic Cybersecurity Skill, Yet Most Practitioners Lack It(https://christianespinosa.com/blog/risk-comprehension-is-a-basic-cybersecurity-skill-yet-most-practitioners-lack-it/)

오남용 사례들을 좀 더 알고 싶다면 다음 자료를 참고하자.

- Announcing API Abuse Detection(https://blog.cloudflare.com/api-abuse-detection/)
- Right Ways of API Rate Limiting(https://theauthapi.com/articles/right-ways-of-rate-limiting/)
- Even 'Perfect' APIs Can Be Abused(https://www.darkreading.com/dr-tech/even-perfect-apis-can-be-abused)
- Examples of business logic vulnerabilities(https://portswigger.net/web-security/logic-flaws/examples)

제**04**장
최근 침해 사례 분석

다른 사람의 경험으로부터 배우는 것은 대단히 효과적인 학습 방법이다. 특히, 해로운 결과를 빚은 경험에서 배울 것이 많다. 안된 일이지만, API 보안 분야에는 우리의 학습에 도움이 되는 침해 및 보안 사고 사례가 넘쳐난다.

이번 장에서는 실제로 발생한, 심각한 결과를 불러온 몇 가지 API 침해 사례를 살펴본다. 이를 통해서, 숙련된 공격자가 설계상의 잘못된 결정과 구현상의 결함을 악용해서 API를 공격한 방법을 배우게 될 것이다. 그런 공격은 심각한 후과를 불러올 때가 많다. 열린 마음으로 이번 장을 읽으면서, 여러분이라면 각 시점에서 어떤 결정을 내렸을지, 어떻게 다르게 처리했을지 생각해 보기 바란다. 단, 무엇이든 지난 후에 되돌아보면 쉬워 보이기 마련임을 명심하자. 당시 상황에서는 당사자들이 지금의 여러분만큼 현명하게 행동하기가 쉽지 않았을 것이다.

이번 장에서 실제 침해 사고들을 살펴볼 때 주안점은 다음 네 가지이다.

- 사고에서 구체적으로 어떤 일이 발생했는가?
- 사고의 원인은 무엇이었나?
- 사고의 영향은 어떠했는가?
- 향후 그런 사고를 방지하려면 어떻게 해야 할까?

4.1 실수로부터 배우는 것의 중요성

예전에 대기업에서 앱 보안(AppSec) 컨설턴트로 일하면서 느낀 점 하나는, 특정 보안 개념이나 원칙의 중요성을 개발팀에게 전달하기가 쉽지 않다는 것이었다. 개발자가 근본적인 문제(이를테면 SQL 주입)에 대한 이론을 잘 이해한다고 해도, 그것이 단지 이론적인 문제일 뿐 실제로 발생하지는 않으리라고 생각할 수 있다. 그런 경우 강력한 접근 방식 하나는 그런 문제점이 실제로 어떻게 발현되는지를 시연해 보이는 것이다. 더 나아가서, 침해 사고의 세부사항을 제시해서 그런 문제점이 조직에 어떤 영향을 미쳤는지 보여주면 더욱더 효과적이다.

'책임 있는 공개(responsible disclosure)' 움직임과 관리형 버그 현상금 프로그램들 덕분에 요즘은 보안 관련 사고가 투명하게 공개된다. 사고 발생 사실을 부인하거나, 애매한 표현으로 대신하거나, 공개를 미루는 대신 침해의 본질을 밝히고 재발 방지 조치를 발표하는 등의 바람직한 모습을 보이는 조직들이 늘고 있다. 인간은 정직한 태도로 실수를 인정하고 개선을 약속하는 사람에게 관용을 베푸는 경향이 있다.

성숙한 데브옵스 조직은 흔히 데브옵스의 세 가지 방법(The Three Ways)을 따른다(관련 자료로의 링크가 이번 장 끝의 **더 읽을거리** 절에 있다). 특히 셋째 방법인 **지속적 학습 및 실험 원칙**(principles of continual learning and experimentation)이 이번 장과 관련이 있다. 조직이 제품을 개발하고 릴리스하는 주기가 점점 짧아지면서, 새로운 결함(이를테면 보안 취약점)이 발생할 가능성도 점점 커진다. 품질 저하를 피하려면 조직은 선제적으로 예방 조치를 취할 필요가 있다. 특히 다음 두 사항이 중요하다.

- 조사(inspection)와 테스트를 통해서 결함을 최대한 일찍 찾아 고친다.
- 같은 실수를 반복하지 않도록 실수로부터 교훈을 얻는다.

구글의 엔지니어링팀이 선도하는 **SRE**(site reliability engineering; 사이트 신뢰성 공학) 문화의 핵심은 **비난 없는 사후 분석**(blameless postmortem)이다. 그러한 사후 분석은 팀이 사고로부터 배우는데, 그리고 향후 비슷한 사고를 방지하는 데 초점을 둔 관행들을 정착시키는 데 도움이 된다. 그러한 사후 분석의 관건은 '비난' 또는 '책임전가'를 피하는 것이다. 즉, 팀이나 개인의 잘못을 따지고 책임을 묻는 대신, 원인과 문제 자체에 초점을 두어야 한다. 구글은 이렇게 말한다.

> 사후 분석을 정말로 비난 없이 진행하려면, 개인이나 팀의 실수 또는 부적절한 행동을 지적하는 일 없이 사건의 원인을 파악하는 데 집중해야 한다.

개인이 아니라 문제 자체에 집중하는 것이 중요함을 다시금 강조하고 싶다. 개인에게 책임을 전가하는 문화에서는 팀원들이 자신의 실수를 밝히고 인정하는 것을 피하게 된다. 그러면 개인도, 조직도 실수로부터 배울 기회가 사라진다.

이번 장에서 침해 사고 사례들을 소개하는 이유도 누군가를 비난하는 것이 아니라 여러 API 취약점의 발생 이유와 근본 원인을 이해하는 것임을 명심하기 바란다.

4.2 2022년의 10대 주요 API 침해 사고

APISecurity.io(https://apisecurity.io/)에서 일하는 나는 업무의 일환으로 API 보안 관련 뉴스레터를 매주 발행한다. 뉴스레터들에서 많은 침해 사고 사례를 언급했다. 이번 절에서는 2022년에 발생한 주요 침해 사고 10가지를 살펴본다. 실제로 존재하는 API 취약점들의 주요 유형을 대표하는 이 사례들은 그런 취약점들이 데이터와 개인정보의 손실로 어떻게 이어지는지 잘 보여준다.

> **오류나 누락이 있을 수 있음**
>
> 이번 절의 정보는 버그 보고서, 취약점 추적 사이트, 해당 회사 블로그와 협력사 블로그, 연구 사이트, 업계 뉴스 사이트 등 공개된 출처에서 취합한 것이다.
>
> 나는 책을 쓰는 당시 내가 아는 한에서 최대한 정확한 정보를 담고자 노력했지만, 모든 기술 분야가 그렇듯이 환경이 빠르게 변하는 만큼 이 책이 출판된 후에 새로운 정보나 세부사항이 밝혀졌을 가능성이 있다.

4.2.1 사례 1: 국제 배송업체

2022년 2월에 Pen Test Partners의 보안 연구자들이 유명한 국제 배송업체의 웹사이트에 있는 한 API 취약점의 세부사항을 공개했다.

사고 경위

연구자들은 자동화 도구를 이용해서 무작위로 만든(해당 업체의 운송장 번호는 잘 알려진 표준 패턴을 따랐다) 운송장 번호를 지도 조회 API에 제출하다 보면 수령자의 대략적인 위치가 표시된 지도 이미지를 얻을 수 있음을 발견했다. [그림 4.1]이 그러한 지도 이미지이다.

그림 4.1 택배 수령자 위치.

영국에서는 거리 이름과 대략적인 위치로부터 우편번호를 추측하는 것이 비교적 쉽다. 연구자들은 추측한 우편번호와 운송장 번호를 이용해 자신이 수령자인 것처럼 가장해서 API에 배송 조회를 요청할 수 있음을 알게 되었다. 그런 식으로 [그림 4.2]처럼 관련 사진까지 포함된 상당히 상세한 배송 추적 결과를 얻을 수 있었다.

Your parcel has been delivered and received by FRED at 12:10pm on Wed 8 Sep 2021

Click on image to view on map

★
4.7

그림4.2 상세한 배송 추적 결과.

훌륭한 연구자라면 누구나 그렇듯이 이들은 브라우저 도구와 JSON 표시기를 활용해서 API 트래픽을 조사했다. [그림 4.3]은 그러한 조사로 얻은 수령인 상세 정보의 예이다.

```
Body   Cookies   Headers (4)   Test Results

Pretty    Raw    Preview    Visualize    JSON  ⌄   ⇥

 1   {
 2       "addressPoint": {
 3           "longitude": "-0.09267161261982491",
 4           "latitude": "51.51146210820201"
 5       },
 6       "notificationDetails": {
 7           "mobile": "555-555-5555",
 8           "email": "fred@acme.com",
 9           "contactName": "Fred Rogers"
10       },
11       "podDetails": {
12           "podName": "Tom",
13           "signatureRequired": true
14       }
15   }
```

그림 4.3 수령인 상세 정보. PII(개인식별정보)가 포함되어 있다.

API는 배송지 정보뿐만 아니라 전화번호와 이메일, 정확한 집 주소 등 수령인의 상세 정보까지 있는 응답을 돌려주었다. 이는 심각한 **PII**(personal identifiable information; 개인식별정보) 유출이 아닐 수 없다.

영향 및 피해

보안 연구자들은 즉시 해당 배송업체에 취약점을 알려주었다. 배송업체는 시스템을 조사해서 한 달 후에 수정 사항(fix)을 발표했다. 배송업체는 이 취약점을 실제로 공격자들이 악용하지는 않았다는 입장이었지만, 사실 코로나19 팬데믹 기간에 배송업체들에 대한 피싱 및 사칭 공격이 특히나 많았던 만큼, 이 취약점이 악용되었을 가능성이 있다.

배송업체의 요청에 따라 보안 연구자들은 가장 바쁜 시즌(크리스마스) 이후에 보고서를 발표했다.

근본 원인

이 사례의 주된 API 취약점은 다음 두 가지이다.

- **속도 제한의 부재**: 지도 이미지를 조회하는 데 쓰이는 API에 아무런 속도 제한도 적용되지 않았다. 그래서 공격자(연구자)는 무차별 대입 기법을 이용해서 표준 패턴에 기반해 운송장 번호를 추측할 수 있었다. 속도 제한이 있었다면 공격자의 진행 속도가 상당히 느려졌을 것이다.

- **과도한 정보 노출**: 좀 더 심각한 문제는 배송 추적 상세 정보를 돌려주는 둘째 API에 있었다. 배송업체 웹사이트 자체는 예상 배송 시간과 현재 위치, 배송 기사 이름 및 등급만 표시되었다. 하지만 API는 PII(웹사이트에 표시할 필요가 전혀 없는)를 포함해 배송과 관련한 모든 정보를 돌려주었다.

이 사례는 또한 다음 두 문제점도 잘 보여준다.

- 클라이언트나 프런트엔드가 불필요한 정보 또는 과잉 정보를 적절히 걸러서 표시하리라고 믿어서는 안 된다. 클라이언트로 전송된 모든 데이터는 클라이언트에 내장된 기본 도구(이 경우 브라우저의 개발자 도구)를 이용해서 손쉽게 조사할 수 있다.
- 개발자들은 위협의 지형(landscape)을 제대로 파악하지 못했다. 대략적인 위치를 표시한 지도 이미지를 돌려주는 것 정도는 별문제가 안 되리라 생각했겠지만, 그것을 API를 공격하는 무기로 삼는 것이 그리 어렵지 않았다.

예방 방법

첫째로, 모든 민감한 API 종단점에 속도 제한을 적용해야 한다. 속도 제한은 API 코드나 API 게이트웨이, API 방화벽에서 구현할 수 있는 견고한 기술이다. 속도 제한이 정상적인 작업에 영향을 미치지 않게 하려면 속도를 이동 구간(sliding window)에 기반한 알고리즘으로 제한하거나 백오프back-off 만료 시간이 점점 더 길어지는 식으로 제한하면 된다. 그런데 '민감한' API 종단점은 어떤 것일까? 사용자의 입력(특히, 쉽게 추측할 수 있는 입력)을 받는 모든 종단점은 무차별 대입 기법의 대상이 된다. 전형적인 예는 패스워드 재설정이나 회원 가입을 위한 API 종단점이다.

둘째로, API 설계 과정에서 데이터 개인정보보호 고려 사항들을 적용할 필요가 있다. 이번 사례에서는 API가 지나치게 수다스러웠다. 설계를 면밀히 검토했다면 PII가 불필요하게 반환됨을 알 수 있었을 것이다. 관건은 어떤 데이터가 민감한지 파악하는 것, 그리고 수신자의 권한과 특성을 파악하는 것이다. 만일 돌려줄 데이터가 민감한 데이터인데 수신자가 그런 데이터에 접근할 권한이 없다면, 해당 수신자가 접근할 수 있는 최소한의 데이터만 돌려주도록 API를 리팩터링해야 한다. 흔히 개발자는 더 많은 정보를 제공하는 것이 사용자에게 도움이 되리라고만 생각하고, 그런 관행이 끼치는 부정적인 영향은 미처 깨닫지 못한다. API 방화벽과 게이트웨이 같은 기술을 이용해서 **OpenAPI 정의서**에 따라 데이터 계약을 시행한다면 과도한 노출을 피할 수 있다.

다시금 강조하지만, 데이터 가리기/숨기기를 클라이언트 쪽에 맡겨서는 절대로 안 된다. 그래 보았자 공격자는 간단한 브라우저 도구로 얼마든지 데이터를 알아낼 수 있다.

참고자료

Bleeping Computer 웹사이트에 이 사례와 해당 취약점을 상세히 서술한 글이 있다. 주소는 다음과 같다.

https://www.bleepingcomputer.com/news/security/dpd-group-parcel-tracking-flaw-may-have-exposed-customer-data/

4.2.2 사례 2: 대학교 캠퍼스 출입 통제

둘째 사례는 2022년 3월에 발생한 침해 사고이다. 대학교 캠퍼스 출입 통제 시스템의 API에 있는 취약점을 한 공격자가 악용해서 전자 **마스터키**를 탈취했다.

사고 경위

미국의 한 대학교에 다니는 학생이, 기숙사 방의 출입을 통제하는 앱의 나쁜 성능에 불만을 품었다. 앱의 한계를 극복하려는 목적으로 학생은 간단한 역설계(reverse-engineering; 역공학) 기법을 적용해서 백엔드 API들을 조사했다.

학생은 문을 제어하는 API의 작동 방식을 빠르게 파악했다. API는 호출하는 호출자가 문에 가까이 있을 때만 문을 열어 준다. 이를 위해 호출자는 현재 위치를 API에 제공해야 한다. 학생은 또한 학번(학생 ID)을 매개변수로 사용하는 다른 API 종단점들도 파악했다. 안타깝게도 학번은 비밀값이 아니었다. 쉽게 추측할 수 있었고, 학생처에서 조회할 수도 있었다.

이 시점에서 학생은 놀라운 사실을 발견했다. 바로, 학번을 받는 종단점들이 그 어떤 인증도 적용하지 않는다는 점이었다. 그냥 학번을 제출하기만 하면 API에 접근할 수 있었다. 이 사실과 현재 위치는 얼마든지 위조할 수 있다는 사실로 무장한 학생은, 기숙사뿐만 아니라 캠퍼스 다른 건물들에서도 해당 앱을 사용하는 모든 문을 열 수 있는 마스터키를 만들 수 있었다.

영향 및 피해

학생은 해당 앱의 개발사에 연락을 취했지만, 몇 개월이 지나도록 반응이 없었다. 이후 학생은 TechCrunch(https://techcrunch.com)에 연락해서, 이 취약점에 관한 정보를 개발사에 전달하라고 요청했다. 이후 개발사는 문제 해결을 위한 업데이트를 내놓았으며, 기존의 토큰들도 무효화했다.

이 글을 쓰는 현재, 해당 취약점이 해당 대학교 이외의 시설들에도 영향을 미쳤는지는 알 수 없다. 앱 개발사는 접근 로그를 보여달라는 요청을 거부했다.

근본 원인

이것은 손상된 인증(broken authentication)의 교과서적인 사례라 할 수 있다. 제3장에서 언급했듯이 손상된 인증은 영향력이 대단히 큰 API 취약점이다. 이 사례는 더 심각하다. 인증이 망가진 게 아니라 아예 없었다.

예방 방법

이런 성격의 취약점은 확실하게 방지할 수 있다. 공용 API를 제외한 모든 API 종단점에 반드시 적절한 인증을 적용한다는 원칙을 따르기만 하면 된다. 인증을 위한 표준적인 메커니즘들이 존재한다(이를테면 **OAuth2**). 심지어 API 키나 토큰도 어느 정도의 보호력이 있다. 이번 사례의 경우 설계상에는 사용자 이름/패스워드 조합에 기초한 기본적인 로그인 절차가 있었지만, 구현에서 패스워드를 검증하지 않았다.

종단점의 인증 부실 및 부재는 코드 조사, API 종단점 린팅linting, OpenAPI 정의서 감사 등으로 검출할 수 있다.

참고자료

TechCrunch 웹사이트에 이 사례와 해당 취약점을 상세히 서술한 글이 있다. 주소는 다음과 같다.

https://techcrunch.com/2022/03/03/cbord-university-digital-locks/

4.2.3 사례 3: 수제 맥주 양조 앱

다음 사례는 Pen Test Partners가 제공한 것이다. 영국의 유명한 수제 맥주 양조(microbrewery)용 모바일 앱과 그 백엔드 API에, PII 유출을 허용하는 취약점이 있었다.

사고 경위

보안 연구자들이 수제 맥주 양조를 위한 모바일 앱을 조사하다가, 앱 개발자들이 소지자(bearer) 인증 토큰을 앱의 코드 자체에 그대로 내장했음을 발견했다. 간단한 조사를 통해 연구자들은 세 가지 토큰을 발견했다(그림 4.4).

```
getUser:function(t){return
o.default.get("https://www.brewdog.com/uk/rest/uk/V1/customers/"+t,{headers:{'Cache-
Control':'no-cache, no-store, must-revalidate',Pragma:'no-cache',Expires:0,Authorization:"bearer
y99a5p6dhqspwr51h5z9r6h7t0zuaw5x"}})},

getUserWithUsername:function(t){return
o.default.get("https://www.brewdog.com/uk/rest/uk/V1/customers/search?searchCriteria[filterGro
ups][0][filters][0][field]=email&searchCriteria[filterGroups][0][filters][0][value]="+t+"&searchCriteria
[filterGroups][0][filters][0][conditionType]=equals",{headers:{'Cache-Control':'no-cache, no-store,
must-revalidate',Pragma:'no-cache',Expires:0,Authorization:"bearer
y99a5p6dhqspwr51h5z9r6h7t0zuaw5x"}})},

setMyLocal:function(t,s,n){return
o.default.put("https://www.brewdog.com/uk/rest/uk/V1/customers/"+t.id,{customer:{id:t.id,group
_id:t.group_id,email:t.email,firstname:t.firstname,lastname:t.lastname,store_id:t.store_id,website_i
d:t.website_id,custom_attributes:[{attribute_code:'my_local_id',value:s},{attribute_code:'my_local_
reset_date',value:n}]}},{headers:{Authorization:"bearer y99a5p6dhqspwr51h5z9r6h7t0zuaw5x"}})}});
```

그림 4.4 앱에 내장된 토큰들.

제대로 만든 앱은 이런 소지자 토큰을 OAuth2 같은 토큰 교환 프로토콜을 통해서 얻는다. 부득이한 사정으로 토큰을 앱 자체에 저장한다면, 적어도 암호화를 해서 다른 사람이 쉽게 알아보지 못하게 해야 한다.

연구자들은 토큰을 이런 식으로 앱 안에 하드코딩했다는 것은 모든 앱 사용자가 같은 토큰을 사용한다는 뜻임을 깨달았다. 사용자를 구분하는 유일한 요소는 고객 ID뿐이었다. 이 앱의 경우 고객 ID 번호를 일정 범위에서 증가하는 식으로 고객 ID를 쉽게 조작할 수 있었다. 이를 통해서 연구자들은 다른 사용자의 계정에 접근했다. 또한 연구자들은 API가 PII 데이터를 포함해 필요 이상으로 많은 정보를 노출한다는 사실도 발견했다. 그런 정보가 의도치 않은 수신자에 유출된다면 GDPR(유럽 연합의 일반 데이터 보호 규칙) 위반으로 이어질 수 있다. [그림 4.5]는 그런 식으로 추출한 PII 데이터의 예이다.

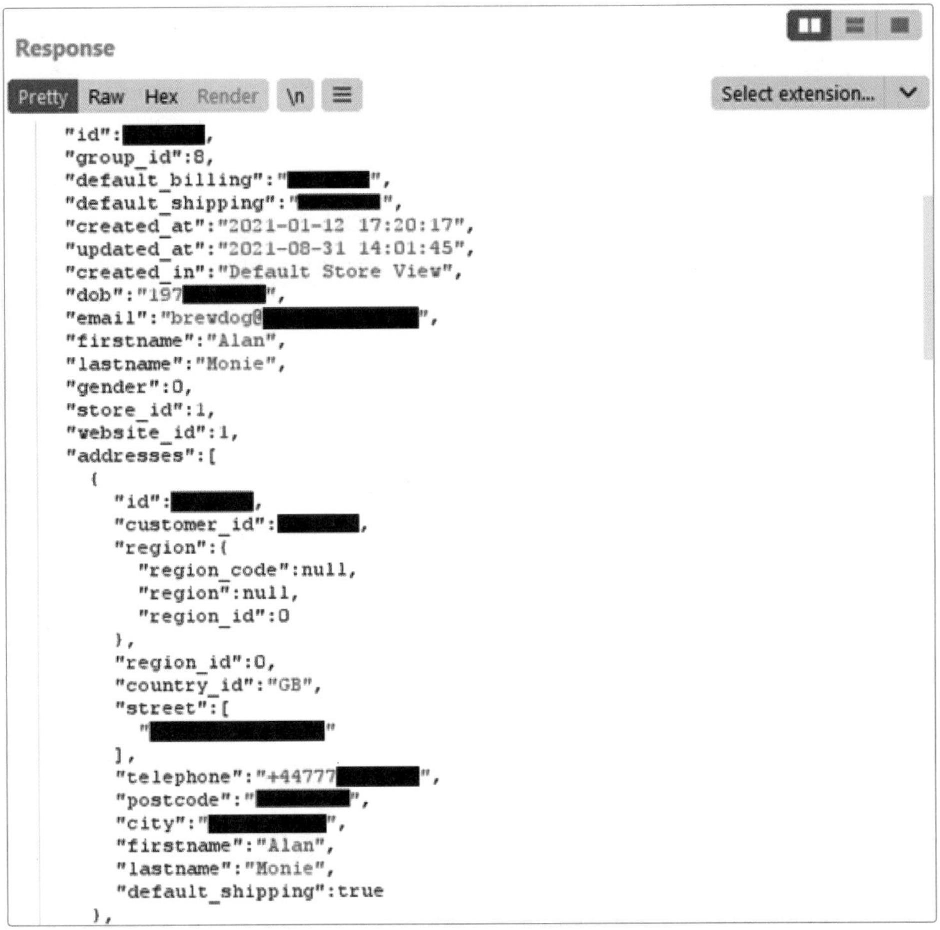


```
"id":[redacted],
"group_id":8,
"default_billing":"[redacted]",
"default_shipping":"[redacted]",
"created_at":"2021-01-12 17:20:17",
"updated_at":"2021-08-31 14:01:45",
"created_in":"Default Store View",
"dob":"197[redacted]",
"email":"brewdog@[redacted]",
"firstname":"Alan",
"lastname":"Monie",
"gender":0,
"store_id":1,
"website_id":1,
"addresses":[
  {
    "id":[redacted],
    "customer_id":[redacted],
    "region":{
      "region_code":null,
      "region":null,
      "region_id":0
    },
    "region_id":0,
    "country_id":"GB",
    "street":[
      "[redacted]"
    ],
    "telephone":"+44777[redacted]",
    "postcode":"[redacted]",
    "city":"[redacted]",
    "firstname":"Alan",
    "lastname":"Monie",
    "default_shipping":true
  },
```

그림 4.5 API에서 추출한 PII 데이터.

영향 및 피해

이 취약점 때문에 *Equity for Punks*[역주] 투자자 20만 명 이상의 개인정보가 노출되었을 수 있다. 이 취약점이 실제로 악용되었는지는 아직 불분명하지만, 잠재적인 영향이 상당한 것은 사실이다. 또한, 공격자가 할인 코드를 위조하거나 생일 할인 제도를 이용해서 공짜 맥주를 받을 수도 있다.

[역주] 스코틀랜드 맥주 회사 BrewDog의 크라우드 펀딩 프로그램이다. 투자자는 BrewDog사의 주주 권한을 가진다. —옮긴이

근본 원인

내가 관리하던 뉴스레터에 소개된 가장 심각한 소프트웨어 보안 침해 사고인 이 사례의 근본 원인은 앞에서 언급했듯이 토큰을 평문 그대로 앱에 하드코딩한 것이다. 또한, API가 필요 이상의 고객 데이터를 제공한 것도 문제점이다.

예방 방법

다음은 이런 유형의 취약점을 제거하는 데 권장되는 방법들이다.

- 앱 개발자는 자격증명을 하드코딩하는 등의 부적절한 방법을 사용해서는 안 된다. 반드시 견고한, 업계에서 입증된 프레임워크(OAuth2 같은)를 사용해야 한다.
- 앱의 코드와 API의 코드를 적절한 도구(**grep** 등)로 스캔해서, 코드 베이스에 하드코딩된 토큰을 찾아보아야 한다. 이 방법은 비용이 저렴할 뿐만 아니라 **CI/CD** 프로세스에 통합하기도 쉽다.
- 이 사례에서 연구자가 고객 ID를 조작할 수 있었다. 이는 API에 BOLA(손상된 객체 수준 권한 부여) 취약점이 있었음을 암시한다. 앱 개발자는 모든 API 요청을 철저하게 인증하고 권한을 확인해야 한다.

참고자료

이 취약점을 발견한 Pen Test Partners의 웹사이트에 이 사례와 해당 취약점을 잘 정리한 글이 있으니 자세히 읽어보길 권한다. 주소는 다음과 같다.

https://www.pentestpartners.com/security-blog/free-brewdog-beer-with-a-side-order-of-shareholder-pii/.

4.2.4 사례 4: 암호화폐 거래소

이 사례의 API 취약점은 암호화폐(cryptocurrency) 거래 사이트에 영향을 미쳤다. 아마 이 책에서 소개하는 API 취약점 중 가장 심각한 것이 바로 이 취약점일 것이다. 이 취약점을 악용하는 공격자는 실제 자산 없이도 무제한으로 화폐를 구입할 수 있게 된다. 그야말로 돈을 찍어낼 권한이 생기는 것이다.

사고 경위

한 연구자가 암호화폐 거래 사이트의 취약점을 암호화폐 계정 두 개를 이용해서 악용하는 방법을 발견했다. 이 악용 시나리오에서 공격자는 적당한 잔액이 있는 계정과 잔액이 0인 계정을 준비한다. 공격자는 잔액이 있는 계정을 출금 계정으로 지정해서 거래 과정을 시작하되, 도중에 API 취약점을 이용해서 출금 계정을 잔액이 0인 계정으로 바꾸어 버린다. 안타깝게도 거래 사이트는 출금 계좌를 확인하지 않기 때문에, 출금이 불가능한 거래가 정상적으로 처리된다.

연구자는 해당 사이트의 X(구 트위터) 계정을 통해서 담당자에게 이 사실을 알렸고, 해당 사이트가 즉시 대응했다. 여섯 시간 이내에 연구자와 해당 사이트의 보안팀은 취약점을 확인하고 해결했다.

영향 및 피해

관련자들이 취약점을 신속하고 책임 있게 공개하고 대처한 덕분에 영향이 미미했다. 실질적인 손실은 발생하지 않은 것으로 추정된다.

이후 해당 사이트는 거래 서킷 브레이커circuit breaker 및 지속적 이상 징후 감지 방법들로 고가 거래를 제한하는 보완책도 마련하고 있음을 밝혔다.

버그 사냥은 꽤 좋은 돈벌이가 될 수 있다. 이 사례의 경우 연구자는 25만 달러의 포상금을 받았다.

근본 원인

이 사례의 취약점은 BOLA, 손상된 객체 수준 권한 부여의 대표적인 예이다. 거래를 처리하는 API 종단점이 사용자를 제대로 인증하긴 했지만, 해당 출금 계정에 거래를 위한 자산이 충분한지는 확인하지 않았다. 이 덕분에 연구자는 충분한 자산이 있는 계정을 이용해서 출금 계정이 유효함을 입증한 다음, 실제 거래에서는 잔액이 없는 다른 계정을 사용할 수 있었다.

예방 방법

손상된 객체 수준 권한 부여 취약점은 API 백엔드 구현 계층에서 해결해야 한다. 사용자가 제출한 매개변수는 얼마든지 조작될 수 있으므로, 제출된 매개변수의 무결성을 백엔드가 무작정 신뢰해서는 안 된다. 백엔드는 인증된 사용자가 해당 객체 개체를 사용하는 데 필요한 접근 권한을 가졌는지를 철저하게 검증해야 한다.

이 주제는 **제3부** 'API 방어'에서 좀 더 자세히 다룬다.

참고자료

해당 암호화폐 거래 사이트에 이 사례와 해당 취약점을 잘 정리한 글이 있으니 자세히 읽어보길 권한다. 주소는 다음과 같다.

https://blog.coinbase.com/retrospective-recent-coinbase-bug-bounty-award-9f127e04f060

4.2.5 사례 5: 온라인 데이트 앱

보안 분야에서 가장 기술적인(그리고 아주 재미있는) 글 중 하나는 두 가지 데이트 앱에서 여러 가지 API 취약점을 발견한 어떤 보안 연구원의 글이다. 두 데이트 앱은 틴더Tinder와 범블Bumble 이다.

사고 경위

그 연구자는 먼저 틴더 앱의 사용자 위치 관련 기능을 악용할 수 있는지 조사해 보았다. 사용자 위치를 사용하는 모바일 앱들은 사용자의 정확한 위치를 유출하는 공격에 취약할 때가 많다.

API가 돌려주는 위치 정보를 조사한 연구자는 API의 응답에 극도로 정밀한 위치 정보가 포함되어 있음을 발견했다. 다음 예에서 보듯이 API는 소수점 이하 여섯 자리의 GPS 좌표를 제공했다.

```
{
  "user_id"": 1234567890,
  "location": {
    "latitude": 37.774904,
    "longitude": 122.419422
  }
// ...생략...
}
```

위치 세 개가 있으면 삼각함수를 이용해서 사용자의 위치를 간단하게 계산할 수 있다. 소위 **삼변측량**(trilateration) 기법을 적용하면 된다.[역주] 세 위치의 좌표가 정밀한 덕분에 삼변측량으로 얻는 위치도 대단히 정밀하다. [그림 4.6]은 삼변측량의 원리를 보여준다.

[역주] 좀 더 구체적으로, 연구자는 사용자가 있을 만한 대략적인 위치를 API에 제출해서 그것이 사용자의 실제 위치와 얼마나 가까운지를 알아냈다. 그런 거리들이 곧 [그림 4.6]에 나온 원들의 반지름이다. —옮긴이

그림 4.6 삼변측량을 이용한 사용자 위치 계산.

삼변측량을 위해서는 좌표 쌍이 세 개 필요하다. 다행히 연구자는 앱 UI에서 특정 사용자의 ID가 노출되게 만드는 또 다른 구현 버그를 발견했다. 그 사용자 ID를 이용해서 연구자는 해당 사용자와 연결하지 않고도 해당 사용자의 위치 정보를 얻을 수 있었다.

또한 연구자는 앱이 전송 중인 데이터를 보호하는 데 사용하는 해싱 함수가 가진 약점 하나도 발견했다. 앱 개발자는 해싱 함수를 클라이언트에서 실행되는 자바스크립트 바이트코드에서 구현하는 실수를 저질렀다. 자바스크립트 바이트코드bytecode를 역설계해서 원래의 소스 코드를 얻는 것은 쉬운 일이다.

영향 및 피해

이 사례의 취약점들이 실제로 악용되어서 사용자에게 피해를 준 것 같지는 않다. 다만, 사례가 공개되어서 해당 앱의 평판이 떨어진 것은 사실이다.

근본 원인

이 사례의 주된 취약점은 이전 사례처럼 BOLA이다. BOLA 때문에, 사용자 ID만 알면 사용자의 프로파일 전체와 위치 정보를 알아낼 수 있었다.

API가 필요 이상의 정보를 노출하는 것도 문제이다. 해당 API가 필요 이상으로 정밀한 GPS 좌표를 제공한 탓에 삼각측량 등의 2차 공격이 가능했다.

더 나아가서, 해당 앱은 소위 **모호함에 의한 보안**(security by obscurity)이라는 잘못된 전략을 택했다. 특히 앱은 구현상의 세부사항을 클라이언트 쪽에서 숨기려 했다. 숙련된 공격자라면 역설계를 통해 그런 시도를 손쉽게 무산시킨다.

예방 방법

다음은 이런 유형의 취약점을 제거하는 데 권장되는 방법들이다.

- 사용자 계정 하나가 비현실적으로 많은 요청을 제출하는 활동을 감지하는 수단이 있었다면 이런 공격을 차단할 수 있었을 것이다. 이 공격은 상당히 빠른 속도로 사용자 위치를 스푸핑하는 기법을 사용했다. 그런 기법은 API의 속도 제한 알고리즘이 잡아낼 수 있다.
- 이전에 설명한 다른 취약점들처럼, 데이터 보호를 클라이언트 쪽에 맡기면 안 된다. 클라이언트 쪽 보호는 공격자가 얼마든지 우회하거나 역설계할 수 있다. 마찬가지 이유로, '모호함에 의한 보안' 전략도 사용하지 말아야 한다.
- 이 사례는 과도한 정보 노출의 미묘한 변형이라 할 수 있다. API는 너무 많은 정보를 제공한 것이 아니라 너무 정밀한 정보를 제공했다. 이런 유형의 문제는 설계 시점에서 쉽게 감지할 수 있으며, OpenAPI 정의서를 통해서 자동으로 방지할 수 있다.

참고자료

해당 연구자가 이 사례와 취약점을 상세히 설명한 훌륭한 글이 있으니 읽어 보기 바란다. 주소는 다음과 같다.

https://robertheaton.com/bumble-vulnerability/

4.2.6 사례 6: All in One SEO 워드프레스 플러그인

유명 CMS 플랫폼인 워드프레스WordPress는 보안 취약점과 관련해서 뉴스에 자주 등장한다. 워드프레스 자체보다는 워드프레스용 플러그인의 취약점 때문일 때가 많다.

사고 경위

All in One SEO라는 인기 있는 워드프레스 플러그인이 있다. 이 플러그인에 인증된 권한 상승(authenticated privilege escalation; 또는 인증된 특권 상승) 공격을 허용하는 취약점이 있음이 발견되었다.

플랫폼의 기능성을 확장하기 쉽도록, 워드프레스 아키텍처는 실행 시점에서 플러그인이 활성화되는 것을 허용한다. 플러그인은 반드시 API 요청의 검증을 위한 다양한 표준 메서드를 구현해야 하는데, 이 사례의 경우 `validateAccess()` 메서드의 구현에 취약점이 있었다(그림 4.7).

```
219  /**
220   * Validates access from the routes array.
221   *
222   * @since 4.0.0
223   *
224   * @param  \WP_REST_Request $request The REST Request.
225   * @return bool                      True if validated, false if not.
226   */
227  public function validateAccess( $request ) {
228      $route    = str_replace( '/' . $this->namespace . '/', '', $request->get_route() );
229      $routeData = isset( $this->getRoutes()[ $request->get_method() ][ $route ] ) ? $this->get
230
231      // No direct route name, let's try the regexes.
232      if ( empty( $routeData ) ) {
233          foreach ( $this->getRoutes()[ $request->get_method() ] as $routeRegex => $routeInfo
234              $routeRegex = str_replace( '@', '\@', $routeRegex );
235              if ( preg_match( "@{$routeRegex}@", $route ) ) {
236                  $routeData = $routeInfo;
237                  break;
238              }
239          }
240      }
241
242      if ( empty( $routeData['access'] ) ) {
243          return true;
244      }
245
246      // We validate with any of the access options.
247      if ( ! is_array( $routeData['access'] ) ) {
248          $routeData['access'] = [ $routeData['access'] ];
249      }
250      foreach ( $routeData['access'] as $access ) {
251          if ( current_user_can( $access ) ) {
252              return true;
253          }
254      }
255
256      if ( current_user_can( apply_filters( 'aioseo_manage_seo', 'aioseo_manage_seo' ) ) ) {
257          return true;
258      }
259
260      return false;
261  }
```

그림 4.7 All in One 플러그인의 접근 검증 메서드.

[그림 4.7]의 행 235에서 취약점이 발생한다. 이 행은 주어진 경로 문자열이 대소문자를 구분하지 않는다는 점을 간과했다. 이 때문에, 공격자가 요청 URL에서 문자 하나를 대문자로 바꾸면 실행 흐름이 행 243에 도달해서 `validateAccess` 메서드가 `true`를 돌려준다. 결과적으로 공격자는 설치된 워드프레스 파일들에도 접근할 수 있는 강력한 특권을 가지게 된다. 일단 이런 특권적 접근 권한을 얻은 공격자는 SQL 주입 같은 추가 공격을 수행할 수 있다.

영향 및 피해

이 취약점의 잠재적인 영향은 대단히 심각하다. **CVSS**(Common Vulnerability Scoring System; 공통 취약점 점수 체계)에서 9.9점을 받았을 정도이다.[역주] 다행히 이 취약점을 발견한 연구자들이

[역주] 참고로 CVSS 점수는 0.0에서 10.0까지이다. —옮긴이

고객들에게 경고(warning) 메시지를 게시하고, 일주일 이내로 취약점이 패치된 새 버전을 배포했다. 당시 사용자들이 피해를 보았다는 보고는 없었다.

근본 원인

이것은 함수 수준의 권한 부여가 손상된 취약점(BFLA)과 API 종단점 구현에서 기본 설정이 부실한 취약점의 좋은 예이다. 공격자는 입력 매개변수를 조작해서(구체적으로는 대소문자 구성을 바꾸어서) 권한 부여 과정을 우회할 수 있었다.

예방 방법

접근 유효성 점검 등 보안에 민감한 작업이 요구되는 주요 종단점을 구현할 때는 세심한 주의가 필요하다. 특히 종단점의 성격에 맞는 합리적인 기본 설정을 적용해야 하는데, 이 사례에서는 접근 거부를 기본으로 두었어야 한다. 문제의 검증 메서드에는 인증 실패 시 false(접근 거부)가 아니라 true(접근 허용)를 돌려주는 오류 처리 코드가 있었다.

참고자료

유명한 워드프레스 호스팅 제공업체인 Jetpack이 이 사례와 해당 취약점을 상세히 설명한 글을 작성했다. 주소는 다음과 같다.

https://jetpack.com/blog/severe-vulnerabilities-fixed-in-all-in-one-seo-plugin-version-4-1-5-3/

4.2.7 사례 7: X 계정 정보 유출

2022년 한 해 동안 유명 소셜 미디어 플랫폼인 X(구 트위터)에서 사용자 이름과 이메일 주소, 전화번호를 포함한 고객 데이터가 유출되었다는 보고가 여러 건 있었다. 초기에는 유실된 데이터가 수백만 건으로 추정되었지만, 최근 추정으로는 2억 건에 가깝다.

사고 경위

유출은 모바일 앱의 로그인에 쓰이는 내부 API에서 시작되었다. X의 백엔드는 여러 개의 소위 로그인 흐름(flows) 종단점들을 노출한다. 이들은 모바일 기기가 계정 및 사용자 정보를 조회하는 데 쓰인다. 전형적인 예는 회원 가입 시 사용자 ID가 이미 등록되어 있는지 점검하는 것이다.

한 연구자가, 로그인 흐름을 이용해서 임의의 계정의 존재 여부를 알아낼 수 있음을 발견했다. 특정 이메일이나 전화번호를 suggestion_id로 점검하는 방식이었다. [그림 4.8]의 예를 보자. 공격자는 flow_token(❶)과 질의 문자열이 담긴 요청을 API에 보냈다. 질의 문자열에 지정된 사용자 ID가 이미 존재하는 경우 API는 해당 user_id가 포함된(❸) 응답을 보낸다.

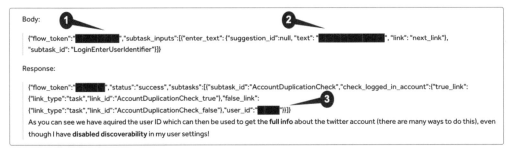

그림 4.8 X 로그인 흐름의 예.

사용자 ID의 존재 여부를 확인할 수 있는 것이 무슨 문제인가 생각이 들겠지만, 공개된 이메일/전화번호들을 X 계정들에 대응시키는 작업을 공격자가 대규모로 진행할 수 있음을 생각해야 할 것이다. 그런 정보는 스피어 피싱spear phishing[역주]에 대단히 유용하다.

영향 및 피해

이 책을 쓰는 현재 X나 X의 사용자가 피싱 피해를 보았는지는 확실하지 않다. 다만, 여러 보고에 따르면 최대 2억 개의 사용자 레코드가 온라인에서 판매된 것으로 보인다. X는 처음에는 그런 보고들을 부인했지만, 나중에 계정 정보 유출이 있었음을 인정했다.

근본 원인

이 유출 사고는 공격자가 문서화되지 않은 API를 발견하고 그것을 악용해서 API를 통해 대량의 데이터를 반출한 결과이다. API 구현 자체에 실질적인 결함이 있는 것은 아니었다(다만, 사용자가 개인정보보호 옵션에서 검색 기능을 비활성화했다면 해당 사용자에 대해 API를 비활성화해야 했다). 실제로 **OWASP 10대 API 보안 위험**에는 이에 해당하는 취약점이 없다. 근본 원인은, 공격자가 API를 원래 의도와는 다른 방식으로 이용해서 상당한 양의 데이터를 반출할 수 있음을 API 설계자가 예상하지 못한 것이다.

[역주] 참고로, 스피어 피싱은 특정 개인 또는 조직을 대상으로 한 피싱이다. 신뢰도를 높이기 위해 메일이나 메시지에 대상자의 개인정보(실명 등)를 포함한다. —옮긴이

예방 방법

구현에는 결함이 없다. API는 설계된 대로 정확히 작동했다. 하지만 설계자는 영악한 공격자가 이 API를 오남용해서 대량의 데이터(암시장에서 잘 팔릴 만한)를 빼갈 수도 있음을 간과했다. 설계자가 그런 결과를 예상했다면 이런 기능을 생략하거나, 적어도 민감한 user_id 필드를 응답에 포함하지 않았을 것이다.

어떤 API든 결국에는 오남용된다. 그런 만큼, 보안 모니터링 팀이 이런 오남용 사례를 탐지해서 적절히 대응하는 능력이 점점 더 중요해진다. 이 사례의 경우 해당 API 종단점에서 404: Not Found 오류가 대량으로 발생했을 것이며, API 모니터링이 제대로 되었다면 그런 현상을 바로 감지했을 것이다.

참고자료

유명한 버그 현상금 플랫폼인 HackerOne에 이 사례와 취약점을 자세히 서술한 글이 있다. 주소는 다음과 같다.

https://hackerone.com/reports/1439026

4.2.8 사례 8: 가정용 공유기

이번 사례도 사례 2처럼 내장형 시스템의 취약점이다. 이번에는 가정용 공유기(라우터)가 문제였다.

사고 경위

유명 가정용 공유기의 내부 API가 명령 주입(command injection) 공격에 취약한 것으로 밝혀졌다. 한 보안 연구자는 해당 공유기의 관리용 내부 인터페이스의 일부로 제공하는 ping 명령 실행용 UI를 악용해서 ping 외에 그 어떤 명령도 실행할 수 있음을 알게 되었다. 연구자는 핑을 보낼 대상 IP 주소 대신 임의의 문자들을 지정함으로써 공유기 운영체제에서 임의의 명령을 실행할 수 있었다.

이 취약점은 CVSS 점수 9.8을 받았을 정도로 심각하다. 이 글을 쓰는 현재, 문제점이 패치되었는지는 확인할 수 없다.

가정용 유/무선 공유기들은 흔히 **BusyBox** 같은 리눅스 유틸리티 모음을 내장하고 있다. 일반적으로 이런 공유기는 특정 IP 주소에 핑을 보내거나 전송 속도를 테스트하는 등의 추가적인 관리 또는 진단 기능을 제공한다. [그림 4.9]는 문제의 공유기가 제공하는 관리용 인터페이스의 일부이다. 여기서 사용자는 임의의 IP 주소로 임의의 주소에 핑을 보낼 수 있다.

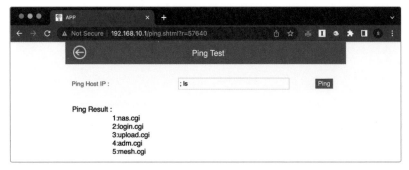

그림 4.9 공유기 핑 UI.

연구자는 이 인터페이스에서 임의의 명령을 실행할 수 있음을 발견했다. 그림의 예에서는 유효한 IP 주소를 지정하는 대신 `; ls`를 지정했다. 결과적으로 공유기 내부에서 `ping ; ls`가 실행되어서 공유기의 한 디렉터리에 있는 파일 이름들이 출력되었다.

연구자는 **버프 스위트**Burp Suite(그림 4.10)을 이용해서 공유기 API를 탐색했다. 연구자는 공유기에서 운영체제 명령을 실행할 수 있는 `/cgi-bin/adm.cgi`라는 종단점을 발견했다(그림 4.10). 놀랍게도, 심지어는 세션 쿠키를 삭제한 후에도 여전히 명령을 실행할 수 있었다. 인증을 요구하지 않는 종단점이었던 것이다.

그림 4.10 공유기의 OS 명령 실행 API 종단점.

게다가 공유기에는 **CSRF**(cross-site request forgery; 교차 사이트 요청 위조)를 방지하는 장치도 전혀 없었기 때문에 외부망(공용 인터넷)에서도 얼마든지 공유기를 공격할 수 있었다.

영향 및 피해

보고된 침해 사례는 없다. 그리고 이 글을 쓰는 현재 공유기 제조사는 패치를 제공하지 않았다.

근본 원인

이것은 손상된 인증의 좋은 예이다. 아무런 인증 없이 문제의 API 종단점에 접근할 수 있었다.

인증 없는 API 종단점은 항상 문젯거리이지만, 이 경우에는 해당 종단점이 명령 주입에 취약하다는 점 때문에 문제가 더 심각하다. 공격자는 인증 없는 종단점을 이용해서 임의의 명령을 주입함으로써 **루트** 권한을 얻을 수 있었다.

예방 방법

이 사례의 취약점은 사실 다른 여러 공유기에서도 흔히 볼 수 있는 유형이다. 대체로 공유기 제품들은 아주 빠듯한 예산으로 설계되며, 칩 공급업체가 제공하는 기본 OS 이미지를 조금 수정해서 사용할 때가 많다. 그러다 보니, 공유기 제조사가 보안에 특별한 주의를 기울이지 않는 한 칩 공급업체의 기술 부채까지 물려받게 된다.

인증 없는 API 종단점을 제품에 남겨두는 실수를 방지하는 것은 얼마든지 가능하다. 아주 기초적인 인증 테스트만 수행했어도 이런 결함을 발견할 수 있었을 것이다.

또한, 권장되는 CSRF 방지책을 사용했다면 공용 인터넷에서는 이 취약점을 악용할 수 없었을 것이다. 적절한 방어적 코딩으로 다층 방어(in-depth defense)를 구축한다면 복잡한 다단계 공격(multi-stage attack)을 물리칠 수 있다.

참고자료

해당 연구자가 이 사례와 해당 취약점을 설명한 글이 있으니 읽어보기 바란다. 주소는 다음과 같다.

https://stigward.medium.com/wavlink-command-injection-cve-2022-23900-51988f6f15df

사례 9: 유명 차량 2종의 원격 접근

이번 장의 사례 10개 중 아홉 번째는 보안 연구자 샘 커리Sam Curry의 연구 결과로, 유명 자동차 제조사의 인기 있는 두 차종에 영향을 미친 API 취약점에 관한 것이다. 커리는 해당 차량의 엔진을 원격으로 조종할 수 있음을 보여주는 기본적인 개념 증명(proof of concept, PoC)을 만들었다. 그것을 이용해서 엔진은 물론이고 차문 잠금장치도 제어할 수 있다.

사고 경위

커리는 인기 있는 두 차종에 내장된 컴퓨터에 접근해서 원격으로 명령을 실행할 수 있음을 발견했다. 웹 기반 관리 플랫폼의 로그인 기능을 조작해서 커리는 차의 경적을 울리거나 시동을 걸 수 있었다.

문제점은 두 가지였다. 하나는 입력 위생 처리(sanitization)가 없었다는 것이고 다른 하나는 이메일 검증용 정규표현식이 부실하게 만들어졌다는 것이다. 커리는 차량의 웹 포털에서 정상적으로 사용자 등록을 거친 후에, 등록된 이메일 주소를 임의로 수정할 수 있었다. 그리고 커리는 특정한 제어 문자들을 추가해서 '해킹한' 이메일 주소를 이용해서 적절한 검증 과정 없이도 JWT(JSON Web Token)를 발급할 수 있음을 알게 되었다. 이 취약점 때문에, 특정 사용자의 이메일 주소를 알아내거나 추측한 공격자는 JWT를 탈취해서 그 사용자의 차량을 완전히 제어할 수 있게 된다.

다음 두 그림은 조작된 이메일 주소를 이용해서 차량 접근을 위한 유효한 JWT를 얻는 과정을 보여준다. 먼저, [그림 4.11]은 조작된 이메일을 이용해서 토큰 발급을 요청하는 예이다.

그림 4.11 토큰 발급을 위한 이메일 조작.

[그림 4.12]는 발급된 토큰으로 차량의 기능에 접근하는 예이다.

그림 4.12 위조된 JWT로 차량의 기능에 접근한 예.

피해 및 영향

악의적인 공격자가 이 취약점을 이용해 차량에 접근해서 끼칠 수 있는 영향은 대단히 심각하다. 그 점을 생각하면, 연구자가 책임 있는 자세로 제조업체에 이 취약점을 알린 것은 아주 다행스러운 일이었다. 이런 심각한 취약점은 상상하기 힘들 정도로 끔찍한 결과로 이어질 수 있다. "당장 차의 인터넷 연결을 끊으세요!"라는 댓글이 달릴 정도였다.

근본 원인

해당 자동차 회사는 API 구현과 관련해서 다음 두 가지 사항을 철저히 지켰어야 했다.

• 사용자 입력을 신뢰해서는 절대로 안 된다. 이 사례에서 공격자는 웹 포털에 정상적으로 등록된 이메일 주소를 악의적으로 조작해서 API 종단점에 제출했는데, API 백엔드는 그것을 그대로 믿어 버렸다.

• 강화된(hardened) 정규표현식만 사용해야 한다. 이메일 검증 코드는 유효하지 않음이 명백한 이메일 주소를 통과시켰다.

예방 방법

무엇보다도, API 개발자가 기본적인 응용 프로그램 보안 위생사항(hygiene)을 적용해서(이를테면 강화된 정규표현식을 사용하고 악성 데이터의 특수 사례들을 철저히 점검하는 등) 취약점들을 발견하고, 그것들을 잘 확립된 모범관행들을 이용해서 제거해 나갔다면 좋았을 것이다.

소위 '커넥티드 카connected car(네트워크에 연결된 차량)'를 만드는 자동차 제조사는 주요 차량 제어 시스템에 대한 접근을 사용자에게 허용하는 방법을 세심하게 설계할 필요가 있다. 엔진 제어처럼 높은 특권이 요구되는 작업에는 대역 외(out-of-band, OOB) 제어 메커니즘이 바람직하다.

참고자료

유명 보안 뉴스 사이트 Daily Swig이 보고된 취약점에 관한 상세한 글을 게시했으니 읽어 보기 바란다. 주소는 다음과 같다.

https://portswigger.net/daily-swig/critical-vulnerability-allowed-attackers-to-remotely-unlock-control-hyundai-genesis-vehicles

4.2.10 사례 10: 스마트 체중계

아홉 가지 침해 사고 사례를 성실히 읽고 여기에 도달한 독자에게 축하 인사를 보낸다. 제일 흥미로운 사례를 마지막으로 남겨 두었다. 이번에 소개할 윈마이 스마트 체중계 관련 취약점은 APISecurity.io 뉴스레터에서 가장 인기가 좋았던 침해 사고 사례 중 하나이다.

사고 경위

런던의 한 침투 테스트(penetration test) 회사가 윈마이Yunmai사의 스마트 체중계를 위한 안드로이드 앱과 iOS 앱을 조사했다. 회사의 연구자들은 API들에서 다음과 같은 다섯 가지 취약점을 발견했다.

- 계정당 식구 수 제한(최대 16명) 우회 가능
- 사용자 ID 열거 가능
- 효과 없는 권한 부여 점검
- 정보 유출
- 패스워드 재설정 기능을 통한 계정 탈취

연구자들은 이 취약점들을 조합해서 해당 플랫폼에서 계정 탈취에 성공했다.

다섯 취약점 중 둘째 것 덕분에 연구자들은 추측한 ID들로 실제 사용자 ID를 확인할 수 있었다. 추측한 ID로의 접근에 대한 API 백엔드의 권한 부여 과정이 손상된 탓에, 민감한 PII를 포함한 전체 사용자 정보가 반환되었다. 또한, 후속 공격에 사용할 수 있는 상위 ID까지 얻을 수 있었다. 버프 스위트를 이용해서 이러한 ID 열거(enumeration) 작업을 손쉽게 자동화할 수 있다(그림 4.13).

그림 4.13 사용자 ID 열거.

셋째 취약점은 손상된 인증의 아주 좋은 예이다. 이 취약점 덕분에 연구자들은 다른 사람의 계정에 사용자를 추가하거나 삭제할 수 있었다. 그냥 사용자 ID를 추측해서 열거한 후 적절한 API를 호출하기만 하면 되었다. [그림 4.14]에서 보듯이, 공격자는 임의의 사용자 ID로 삭제를 요청할 수 있다. 해당 작업에 필요한 권한이 없어도 삭제가 성공한다.

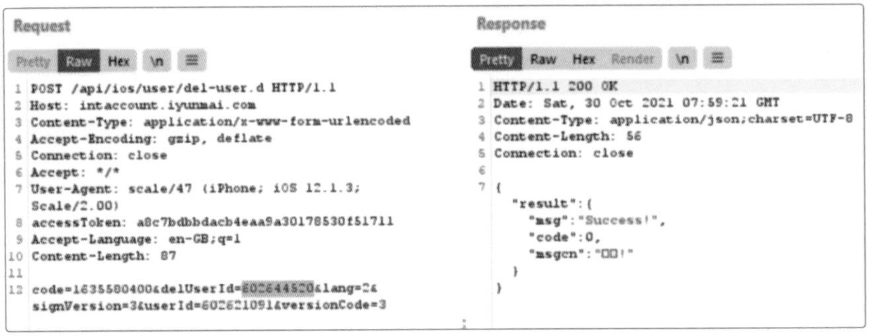

그림 4.14 사용자 계정 삭제.

또한, 연구자들은 하위 계정을 만들 때 API가 중요한 권한 정보를 유출한다는 것을 알게 되었다. 놀랍게도 접근 토큰은 물론이고 갱신 토큰까지 유출되었다. 물론 접근 토큰 유출 자체도 큰 문제이다. 접근 토큰이 있으면 해당 대상에 접근해서 공격 작업을 진행할 수 있기 때문이다. 단, 토큰의 유효 기간이 지나면 접근이 안 되므로 피해가 제한적이다. 하지만 갱신 토큰(refresh token)의 유출은 보안의 관점에서 용서할 수 없는 엄청난 문제이다. 갱신 토큰을 가진 공격자는 언제까지나 접근 토큰을 다시 생성할 수 있기 때문이다. 이 경우 시스템을 보호하려면 갱신 토큰을 포함한 모든 기존 세션을 무효화해서 클라이언트가 다시 인증하게 만드는 것밖에 없다. [그림 4.15]에 유출된 갱신 토큰이 강조되어 있다.

그림 4.15 과도한 정보 노출에 의한 토큰 유출.

더 나아가서, 연구자들은 일련의 유효한 재설정 PIN들을 제출함으로써 API의 **패스워드 재설정** 기능을 오남용할 수 있다는 점도 발견했다(안타깝게도 해당 재설정 PIN들은 엔트로피가 부족해서 예측하기가 어렵지 않았다). 백엔드 API는 그토록 중요한 API 종단점에 대해 무차별 대입 공격을 차단하는 조치를 마련해 두지 않았다. [그림 4.16]에 이 공격의 예가 나와 있다.

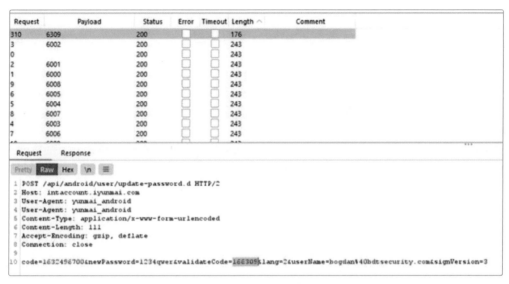

그림 4.16 패스워드 재설정 기능에 대한 무차별 대입 공격.

영향 및 피해

연구자들이 발견한 사항들을 체중계 제조사에 제때 알려준 덕분에 최종 사용자가 실제로 피해를 보지는 않았다. 체중계 제조사는 발견 사항을 여러 번 수정하고 여러 번 다시 테스트했지만, 모든 문제가 다 해결되지는 않았다. 이 글을 쓰는 현재, 사용자 ID 열거와 효과 없는 권한 부여 문제는 해결되지 않았다.

근본 원인

이 사례는 다수의 API 취약점을 조합해서 악용하면 각각을 따로 악용할 때보다 그 영향이 훨씬 크다는 사실을 잘 보여준다. 사실 이는 소프트웨어 보안의 핵심 원칙이다. 개개의 결함은 굳이 고칠 필요가 없어 보일 정도로 무해하다고 해도, 숙련된 공격자가 그런 결함들을 조합하면 치명적인 결과가 나올 수 있다.

이 사례의 다섯 취약점 중 셋은 OWASP 10대 API 보안 위험에 속한다. 다음과 같다.

- 손상된 객체 수준 권한 부여(BOLA): 연구자들은 사용자 ID를 추측해서, 자신의 계정에 속하지 않은 다른 사용자의 계정에 접근할 수 있었다.
- 손상된 인증: 연구자들은 자신의 계정에 속하지 않은 계정과 사용자를 삭제할 수 있었다.
- 과도한 데이터 노출: 연구자들은 API가 돌려준 응답에서 접근 토큰, 갱신 토큰, 계정 ID, 부모 ID 등 중요한 정보를 얻을 수 있었다.

예방 방법

비교적 기초적인 API 취약점이 여러 개 있었다는 점을 생각하면, 체중계 제조사의 개발팀에게 가장 필요한 것은 API 보안 교육 및 인식 과정이다. 밝혀진 문제점 중 상당수는 초기에 발견해서 쉽게 해결하거나 피할 수 있는 성격이었다.

또한, 이 사례의 취약점들은 대부분 API에 특화된 자동 테스트 과정으로 발견할 수 있는 성격이었다.

참고자료

이 취약점들을 발견한 연구자들이 보고된 취약점들을 잘 서술한 글이 있으니 읽어 보기 바란다. 주소는 다음과 같다.

https://www.fortbridge.co.uk/research/mass-account-takeover-yunmai/

4.3 이 사례들의 핵심 교훈

이제 API 취약점들이 얼마나 쉽게 악용되는지 충분히 이해했을 것이다. 이번 장에서 소개한 취약점 중 심각한 결과나 금전적 손실로 이어진 사례는 다행히 없다. 대응이 빨랐기 때문인 경우도 있었지만, 단지 운이 좋았기 때문인 경우도 있다. 이 사례들에서 얻을 수 있는 몇 가지 교훈을 정리해 보겠다.

첫째로, API의 결함들은 거의 대부분 인간의 실수(개발자가 구현 과정에서 기본적인 실수를 저지르는 등) 또는 보안 기술 부족(API가 어떤 식으로 공격받는지를 개발자가 알지 못하는 등)이 근본 원인이다. 둘 다 컴퓨터 기반 교육이나 강사가 주도하는 교육으로 해결할 수 있다.

둘째로, 대부분의 취약점은 스레드 모델링과 위험 평가를 포함한 안전한 설계(secure design; 보안 설계)와 안전한 코딩(secure coding; 보안 코딩) 모범관행들을 조합함으로써, 그리고 더욱 중요하게는 소프트웨어 개발 수명 주기의 모든 단계에서 테스트를 수행해서 미리 방지할 수 있었다.

셋째로, 대부분의 공격은 그 성격이 복잡하지 않았고 단순한 방법을 사용했다. 고급 도구는 필요하지 않았다. 기술에 정통한 사용자라면 약간의 노력과 인내심만으로도 해당 악용을 손수 수행할 수 있었을 것이다. 이번 장의 사례들에서 보듯이, 공격자들의 진입 장벽은 전혀 높지 않다. 이는 API 개발자와 방어자가 명심해야 할 엄중한 경고이다.

마지막으로, 가장 심각한 결함 중 상당수는 방어자가 간단한 도구와 기술로 감지할 수 있는 것들이었다. 예를 들어 하드코딩된 토큰을 코드 저장소(repository)에 커밋하기 전에 소스 코드에서 감지하는 것은 쉬운 일이다. 인증 없는 종단점 역시 마찬가지로 쉽게 검출할 수 있다.

이번 장 요약

이번 장에서는 다양한 API 침해 사례들을 살펴보았다. API가 어떤 식으로 공격당하는지, 사소한 결함이 어떻게 심각한 침해로 이어지는지 잘 이해했을 것이다. 특히, 시스템에 결함이 생기는 게 생각보다 쉽다는 점과, 결함을 공격자가 악용해서 시스템에 피해를 주는 것도 마찬가지로 쉽다는 점을 배울 수 있었을 것이다. 낙관적인 관점에서 본다면, 이번 장의 결함들은 대부분 개발 수명 주기 초기에 쉽게 발견할 수 있으며, 교육과 건전한 설계 원칙을 통해서 완전히 방지할 수 있다.

이번 장으로 제1부가 끝났다. 제1부에서 우리는 API의 기초를 배웠다. 그것을 바탕으로 제2부에서는 공격자들이 API를 어떤 식으로 공격하는지 자세히 살펴본다.

더 읽을거리

다음은 데브옵스 원칙들에 관한 자료이다.

- The Blameless Postmortem(https://postmortems.pagerduty.com/culture/blameless/)
- Three Ways: A Principle-based DevOps Framework(https://blog.sonatype.com/principle-based-devops-frameworks-three-ways) (§4.1에서 언급한 데브옵스의 세 가지 방법)

다음은 API 보안에 관한 자료이다.

- APIsecurity.io(https://apisecurity.io/)
- OWASP API Security Top 10 Vulnerabilities: 2023(https://apisecurity.io/encyclopedia/content/owasp/owasp-api-security-top-10.htm)

PART 02

API 공격

제2부에서는 공격자가 API를 공격하는 데 사용하는 여러 기법과 접근 방식을 살펴본다. 제2부의 장들은 방어자가 API를 잘 방어하려면 공격자들이 API를 공격하는 데 흔히 사용하는 방법들을 알아둘 필요가 있다는 점에서 중요하다. 제2부의 세 장에서 여러분은 흔히 쓰이는 도구와 방법을 포함한 API 공격의 기초, 실제로 운영 중인 API를 발견하는 방법, API들에 흔히 볼 수 있는 약점 및 취약점을 공격하는 방법을 배우게 된다.

제2부의 장들은 다음과 같다.

- 제5장 'API 공격의 기초'
- 제6장 'API 발견'
- 제7장 'API 공격'

제05장
API 공격의 기초

이번 장은 API 공격의 기초 사항에 초점을 맞춘다. 이번 장에서는 먼저 공격자가 API를 악용하는 데 사용하는 여러 방법을 살펴본다. API 발견을 위한 수동적인 모니터링 방법과 요청 및 응답 변조를 포함한 능동적인 개입 방법을 이야기할 것이다. 그런 다음에는 집요한 공격자들이 사용하는 주요 도구들을 소개하고, 그런 도구들로 패스워드 크래킹이나 토큰 크래킹 같은 핵심적인 공격을 수행하는 방법을 제시한다. 마지막으로, 그러한 지식을 바탕으로 여러분만의 해킹 연구실을 구축하고 몇 가지 유명 API 취약점을 공격해 본다.

이번 장을 통해서 여러분은 API 해커가 활용하는 기본적인 지식을 습득하게 될 것이다. 초보 공격자가 사용할 수 있는 도구와 기법은 아주 많다. 그런 만큼, 주어진 공격 시나리오에서 사용 가능한 여러 도구와 기법의 장단점을 파악하는 것은 공격자에게(그리고 방어자에게도) 중요한 문제이다.

이번 장의 주요 주제는 다음과 같다.

- API 공격자가 사용하는 주요 공격 방법
- API 공격자가 사용하는 주요 도구
- API 공격의 핵심 기술

5.1 실습 환경 준비

이번 장의 예제를 따라 하려면 독자와 독자의 개발용 컴퓨터가 다음 조건들을 충족해야 한다.

- 도커Docker를 실행할 수 있다.

- VS Code를 실행할 수 있고 *Visual Studio Marketplace*(간단히 VS 마켓플레이스)^[역주]에 있는 다양한 확장 프로그램을 설치할 수 있다.
- 인터넷에 연결되어 있으며, 예제들에 접근하기 위한 깃허브 계정이 있다.

이번 장에는 다양한 언어로 된 여러 예제 코드가 나온다. 이들을 지역(로컬)에서 직접 실행할 수도 있고, 도커 빌드 컨테이너 안에서 실행할 수도 있다. 지역에서 직접 실행하려면 관련 컴파일러와 SDK, 프레임워크를 미리 설치해 두어야 한다.

원서 깃허브 저장소의 Chapter5 폴더에 이번 장의 예제 코드가 있다. 또한, 이 책이 출간된 후에 뭔가 바뀌어서 예제가 제대로 실행되지 않는 경우 수정 방법을 이 저장소에 올리겠다. 해당 폴더의 주소는 `https://github.com/PacktPublishing/Defending-APIs/tree/main/Chapter5`이다.

5.2 API 공격자의 주요 공격 방법

첫 절에서는 초보 공격자 혹은 공격자 지망생이 API를 악용하기 위해 사용할 수 있는 여러 방법을 살펴본다. 수동적, 능동적 트래픽 가로채기와 API 키 찾기, API 종단점(endpoint)과 메서드, 관련 패스워드를 파악하기 위한 퍼징(§5.2.4 참고), JWT(JSON Web Token) 크래킹 등을 이야기할 것이다.

공격자는 이런 방법들을 적절히 조합해서 전체 공격 과정의 발견 단계(discovery phase)를 진행한다. 발견 단계의 성과는 이후 좀 더 구체적인 공격에 쓰인다.

5.2.1 API와 상호작용

본질적으로 API는 **헤드리스**headless이다. 헤드리스, 그러니까 "머리가 없다"라는 것은 API가 어떤 시각적인 사용자 인터페이스를 제공하지 않는다는 뜻이다. API의 약점을 알아내려면 공격자는 먼저 API가 어떤 통로로 기능을 제공하는지 파악해야 한다. 이를 위한 첫 단계로, 공격자는 버프 스위트Burp Suite 같은 가로채기 프록시(intercepting proxy)나 포스트맨Postman 같은 API 테

[역주] Visual Studio Marketplace는 마이크로소프트의 Visual Studio 제품군(애저 포함)의 다양한 확장 프로그램을 검색하고 설치할 수 있는 '장터'이다. 여러분이 직접 만든 확장 프로그램을 등록할 수도 있다. VS Code용 확장 프로그램들은 `https://marketplace.visualstudio.com/vscode`에 있다. —옮긴이

스트 도구를 이용해서 API 트래픽을 수동적으로 조사한다. 이 단계에서 공격자의 목표는 API의 작동 방식, 호출 순서, 페이로드, 인증 방법 등을 파악하는 것이다. [그림 5.1]은 웹이나 모바일 앱이 사용하는 API를 가로채기 프록시로 조사하는 시나리오를 도식화한 것이다. 공격자는 요청과 응답 둘 다 관측할 수 있다.

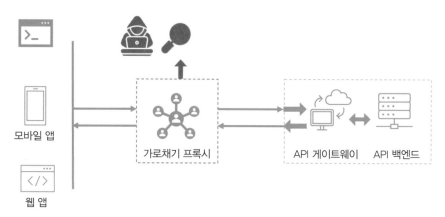

그림 5.1 수동적 API **트래픽 모니터링.**

첫 단계를 잘 수행해서 API의 작동 방식을 파악한 공격자는 가로채기 프록시의 고급 기법을 이용해서 능동적으로 API 트래픽을 가로챈다. 예를 들어 버프 스위트를 이용해 요청을 가로채서 요청의 매개변수와 본문을 수정한 후 API에 제출할 수 있다. 이런 과정을, 무작위로 생성한 페이로드를 적용해서 완전히 자동화하는 것도 간단하다. 그러면 공격자는 대규모 공격을 빠르게 실행할 수 있다. [그림 5.2]는 능동적 API 가로채기 시나리오를 나타낸 것이다.

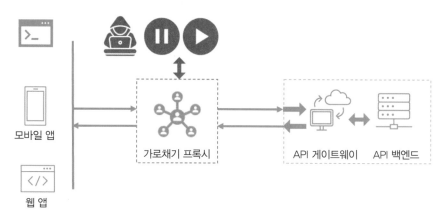

그림 5.2 능동적 API **트래픽 가로채기 및 조작.**

마지막으로, API를 충분히 파악한 공격자는 여러 테스트 도구를 이용해서 좀 더 본격적인 공격을 시도한다. 이를테면 무차별 대입 공격으로 패스워드를 알아내거나, API 종단점을 발견하거나, 페이로드를 퍼징하는 등이다. [그림 5.3]이 이 단계를 도식화한 것이다.

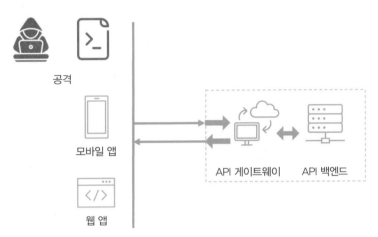

그림 5.3 도구와 스크립트를 이용한 API 직접 조작.

실제 공격에서 숙련된 API 공격자는 구체적인 공격 목표에 따라 이상의 방법들을 적절히 조합해서 사용한다.

MitM 공격 수행

가로채기 프록시를 이용해서 공격자가 API의 요청과 응답 트래픽을 훔쳐볼 수 있긴 하지만, API와 그 클라이언트가 **MitM** 공격(중간자 공격)을 막기 위해 **TLS**를 사용한다면 트래픽의 노출 및 변조가 불가능하다. TLS를 사용하는 경우, API와 연결하려는 클라이언트는 TLS의 프로토콜에 따라 공개 키 인증서를 교환/확인하고, 이후 모든 통신을 공개 키와 개인 키를 이용해서 암호화한다. 클라이언트와 API 서버 사이에서 트래픽을 프록시가 가로친다고 해도, 중간에서 프록시가 양쪽에 제시하는 인증서는 자체 서명된, 신뢰되지 않은 인증서라서 확인(verification) 과정을 통과하지 못한다. 이런 한계를 극복하기 위해 공격자가 할 수 있는 일은 클라이언트 장치에 프록시의 인증서를 설치해서 클라이언트와 서버가 프록시를 신뢰하게 만드는 것이다. 그러면 프록시가 둘의 트래픽을 가로챌 수 있다. 물론 실제로 공격자가 클라이언트 장치에 접근해서 인증서를 설치하기란 쉽지 않다(그렇길 바랄 뿐이다). 하지만, 여러분이 실습을 위해 가로채기 프록시를 설정할 때는 이 중요한 단계를 잊지 말기 바란다. 종종 학습자가 막혀서 좌절하는 지점이 바로 이 부분이다. 한편, 클라이언트는 인증서와 도메인 이름을 연관시키는 **인증서 고정**(certificate pinning)이라는 기술을 이용해서 전송 계층의 보안을 더욱더 강화할 수 있다. 인증서를 고정하면 중간자의 인증서 주입이 방지된다.

API 키 찾기

인증을 요구하는 API 종단점에 접근하려면 API 키나 토큰이 필요하다. API 공격자가 제일 먼저 찾아보는 것 중 하나가 바로 API 키나 토큰이다. 가로채기 프록시를 사용할 수 있다면(즉, 네트워크 트래픽에 접근할 수 있다면, 그리고 TLS를 사용하는 경우 클라이언트 장치에 신뢰되는 인증서를 설치할 수 있다면), 프록시로 키와 토큰을 추출하는 것은 간단한 문제이다.

그렇지 않은 경우라면 어떤 방법으로든 키나 토큰을 찾아내야 한다. 다음은 키나 토큰을 발견할 수 있는 장소들이다.

- AWS의 공개된 S3 버킷들
- 공개 깃허브 저장소와 **기스트**gist
- Pastebin(https://pastebin.com/)에 등록된 텍스트(*paste*)
- 로그 파일
- SharePoint나 Confluence, Jira로 운영되는 사이트
- CI/CD 시스템의 보호되지 않은 변수들
- API 요청 URL

키나 토큰을 발견했다면 그것이 여전히 유효한지 확인해야 한다. 확인 방법은 해당 서비스 종단점에 요청을 보내 보는 것이다. 예를 들어 다음은 어디선가 주운 페이스북 토큰이 여전히 유효한지 시험하기 위한 URL이다. 이 URL에 대해 서버가 돌려준 HTTP 상태 코드를 보면 해당 토큰이 유효한지 알 수 있다.

```
https://developers.facebook.com/tools/debug/accesstoken/?access_token=습득한_접근_토큰
&version=v3.2
```

깃허브 저장소에서 키와 토큰을 조회하는 데 널리 쓰이는 도구로 TruffleHog(https://trufflesecurity.com/blog/introducing-trufflehog-v3/)가 있다. 이 글을 쓰는 현재 TruffleHog의 최신 버전은 지정된 키나 토큰을 찾아낼 뿐만 아니라, 다양한 '검출기(detector)'를 이용해서 키를 확인해주기까지 한다. 각각의 검출기는 서비스나 자격증명의 유형에 따라 적절한 종단점을 선택해서 키를 확인한다. 예를 들어 다음은 TruffleHog를 이용해서(도커 컨테이너로 실행했다) 테스트용 깃허브 저장소에서 키를 찾아낸 과정이다. AWS 유형의 검출기가 주어진 저장소 URL로부터 AWS 키를 하나 찾아냈다.[역주]

[역주] 이 책에서 셸 또는 명령줄(command-line) 프롬프트에서 실행할 명령은 이 예처럼 $ ` 기호로 시작하고, 명령의 출력과는 빈 줄 하나로 구분한다. 이 예에서 보듯이 긴 명령은 여러 줄로 표시될 수 있다. 출력과는 빈 줄로 구분이 되므로, 굳이 \를 삽입해서 줄을 나누지는 않았다. —옮긴이

```
$ docker run --platform linux/arm64 -it -v "$PWD:/pwd" trufflesecurity/
trufflehog:latest
github --repo https://github.com/trufflesecurity/test_keys

TruffleHog. Unearth your secrets.
Found verified result
Detector Type: AWS
Raw result: AKIAYVP4CIPPERUVIFXG
Link: https://github.com/trufflesecurity/test_keys/blob/
fbc14303ffbf8fb1c2c1914e8dda7d
0121633aca/keys
Repository: https://github.com/trufflesecurity/test_keys.git
Commit: fbc14303ffbf8fb1c2c1914e8dda7d0121633aca
Email: counter counter@counters-MacBook-Air.local
File: keys
Timestamp: 2022-06-16 10:17:40 -0700 -0700
Line: 4
```

발견한 키나 토큰이 유효함을 확인했다면, 이제 그것을 이용해서 API를 악용할 수 있다. 이때
유용한 첫 단계는 수집한 자격증명이 무효화(해지)될 경우를 대비해서 새로운 자격증명들을
만들어 내는 것이다.

5.2.3 API의 열거 및 발견

API를 공격할 때 제일 먼저 넘어야 할 산은 공격할 종단점을 정하는 것이다. REST API의 장
점 하나는 설계자가 종단점 이름을 바탕 데이터 및 개체(entity)에 맞게 정할 수 있다는 것인데,
이는 설계자마다 종단점 이름 붙이기 관례가 다를 수 있다는 뜻이다. 따라서 종단점을 추측하
기가 쉽지 않다. 종단점을 모르면 API를 공격할 수 없으므로, 공격자는 반드시 이 산을 넘어
야 한다.

다행히 종단점을 발견해서 API 공격 표면(attack surface)에 효과적으로 대응시켜 주는 훌륭한 도
구가 여럿 있다. 내가 제일 선호하는 도구는 API를 스캔해서 API의 존재와 상태 코드를 식별
해 주는 카이트러너Kiterunner(https://github.com/assetnote/kiterunner)이다. 이 우수한 도구는
인터넷(주로 깃허브)에서 수집한 방대한 OpenAPI 정의서들을 기반으로 구축한 전용 데이터베
이스를 사용한다. 물론 그 데이터베이스에 모든 종단점 정보가 들어 있는 것은 아니다. 하지만
널리 쓰이는 API 프레임워크(Node.js의 Express나 파이썬의 플라스크Flask 등)의 종단점 이름은 예측
하기가 상당히 쉬운 패턴을 따른다. 그 덕분에, 충분히 많은 OpenAPI 정의서에 기반해서 카
이트러너는 약 95% 이상의 종단점을 탐지할 수 있다.

카이트러너는 사용하기 쉽다. [그림 5.4]에서 보듯이 종단점 데이터 파일(소위 카이트 파일)과 대상 서비스 주소를 지정해서 실행하면 된다.

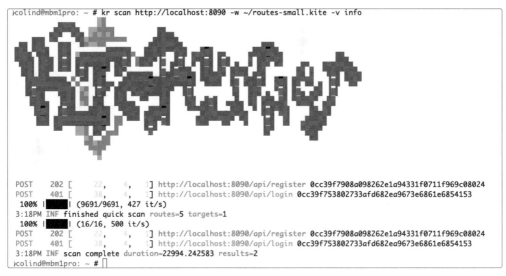

```
colind@mbm1pro: ~ # kr scan http://localhost:8090 -w ~/routes-small.kite -v info
POST    202 [   22,   4,   1] http://localhost:8090/api/register 0cc39f7908a098262e1a94331f0711f969c08024
POST    401 [   38,   4,   1] http://localhost:8090/api/login 0cc39f753802733afd682ea9673e6861e6854153
100% |          | (9691/9691, 427 it/s)
3:18PM INF finished quick scan routes=5 targets=1
100% |          | (16/16, 500 it/s)
POST    202 [   22,   4,   1] http://localhost:8090/api/register 0cc39f7908a098262e1a94331f0711f969c08024
POST    401 [   38,   4,   1] http://localhost:8090/api/login 0cc39f753802733afd682ea9673e6861e6854153
3:18PM INF scan complete duration=22994.242583 results=2
colind@mbm1pro: ~ #
```

그림 5.4 카이트러너 실행 예.

[그림 5.4]의 예는 login이라는 종단점과 register라는 종단점이 있는 예제 웹 서비스에 대해 카이트러너를 실행한 것인데, 실제로 그 두 종단점을 발견했다. 다음은 카이트러너 출력의 해당 부분이다.

```
POST    202    [   22,   4,  1]   http://localhost:8090/api/register
0cc39f7908a098262e1a94331f0711f969c08024
POST    401    [   38,   4,  1]   http://localhost:8090/api/login
0cc39f753802733afd682ea9673e6861e685415
```

카이트러너는 **스캔** 모드로 실행할 수도 있고 **무차별**(brute) 모드로 실행할 수도 있다. 전자는 OpenAPI 정의서들에서 추출한 전형적인 API 종단점들을 사용하고 후자는 통상적인 단어 목록을 사용한다. 스캐닝이 너무 길어지지 않도록, 카이트러너 실행 시 모든 가능한 경로를 탐색하는 대신 일정 깊이까지만 탐색하도록 제한하는 것도 가능하다.

API 종단점 퍼징

카이트러너는 OpenAPI 정의서들에서 흔히 볼 수 있는 종단점들의 데이터베이스를 이용하지만, 좀 더 원초적인 접근 방식으로 **퍼징**fuzzing을 수행하는 도구들도 있다(퍼징은 **유효하지 않거나, 잘못되었거나, 예기치 못한 입력을 시스템에 주입함으로써 소프트웨어의 결함과 취약점을 드러내는 자동화된 소프트웨어 테스트 방법**으로 정의된다). API 퍼징에서는 경로나 매개변수, 요청 본문에 악성 입력을 API에 주입해 비정상적인 결과를 만들어 냄으로써 취약점을 드러내려고 한다. 흔히 퍼징 도구들은 지정된 **단어 목록**(word list)의 단어들로 만든 요청을 보내고 그 응답을 기록한다.

그럼 퍼징 도구의 하나인 *wfuzz*(https://github.com/xmendez/wfuzz)를 시험해 보자. 다음은 앞의 카이트러너 예제에 나온 예제 웹 서비스에 대해 퍼징을 수행한 예이다.

```
$ docker run --rm -v $(pwd)/wordlist:/wordlist/ -it ghcr.io
/xmendez/wfuzz wfuzz -w word list/general/
common.txt --hc 404 http://192.168.16.23:8090/FUZZ
```

편의상 도커 컨테이너에서 wfuzz를 실행했다. docker 명령에 지정된 옵션들은 다음과 같다.

- run은 지정된 컨테이너를 실행하라는 뜻이다.
- --rm은 종료 시 컨테이너를 삭제하라는 뜻이다.
- -v $(pwd)/wordlist:/wordlist/는 지역 파일 시스템에 있는 단어 목록을 컨테이너에 마운트한다.
- -it은 대화식 터미널 세션을 사용하겠다는 뜻이다.
- ghcr.io/xmendez/wfuzz는 실행할 컨테이너의 저장소 및 이미지 이름이다.

명령의 나머지 부분에서 실제로 퍼징을 위해 실행 파일 wfuzz를 실행한다. 지정된 옵션들은 다음과 같다.

- -w wordlist/general/common.txt는 wfuzz가 사용할 단어 목록이 담긴 파일 이름이다.
- --hc 404는 상태 코드가 404인 응답들을 모두 무시하라는 뜻이다.
- http://192.168.16.23:8090/FUZZ는 스캔할 웹 서비스의 호스트, 포트, 경로이다. 여기서 FUZZ는 대입 위치를 나타내는 매개변수이다. 스캔 과정에서 단어 목록의 각 단어가 FUZZ에 대입된다.

[그림 5.5]는 이 명령을 실행한 결과이다.

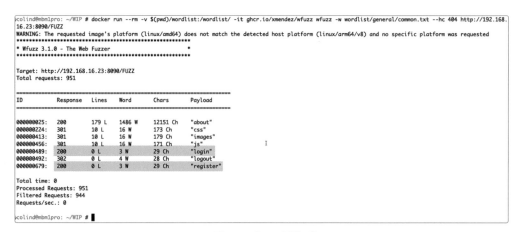

```
colind@mbm1pro: ~/WIP # docker run --rm -v $(pwd)/wordlist:/wordlist/ -it ghcr.io/xmendez/wfuzz wfuzz -w wordlist/general/common.txt --hc 404 http://192.168.
16.23:8090/FUZZ
WARNING: The requested image's platform (linux/amd64) does not match the detected host platform (linux/arm64/v8) and no specific platform was requested
********************************************************
* Wfuzz 3.1.0 - The Web Fuzzer                         *
********************************************************

Target: http://192.168.16.23:8090/FUZZ
Total requests: 951

=====================================================================
ID             Response   Lines    Word     Chars    Payload
=====================================================================

000000025:     200        179 L    1486 W   12151 Ch   "about"
000000224:     301        10 L     16 W     173 Ch     "css"
000000413:     301        10 L     16 W     179 Ch     "images"
000000456:     301        10 L     16 W     171 Ch     "js"
000000489:     200        0 L      3 W      29 Ch      "login"
000000492:     302        0 L      4 W      28 Ch      "logout"
000000679:     200        0 L      3 W      29 Ch      "register"

Total time: 0
Processed Requests: 951
Filtered Requests: 944
Requests/sec.: 0

colind@mbm1pro: ~/WIP #
```

그림 5.5 wfuzz 실행 예.

카이트러너처럼 wfuzz도 종단점 login과 register를 둘 다 찾아냈다.

마이크로소프트의 *restler-fuzzer*(https://github.com/microsoft/restler-fuzzer)도 인기 있는 퍼징 도구이다. 이 도구는 주어진 OSA 정의들에 기반해서 API를 스캔해서 취약점을 찾는다. restler-fuzzer를 사용하려면 유효한 OSA 정의가 있어야 한다. 따라서 restler-fuzzer는 적대적 테스트보다는 개발 및 테스트 환경에서 더 유용할 가능성이 크다.

성공적인 퍼징의 관건은 대상에 맞는 좋은 단어 목록을 사용하는 것이다. 퍼징 엔진이 좋아도 입력이 나쁘면 효과가 떨어진다. 다행히 정보 보안 공동체는 다양한 대상(여러 호스트 OS, 플랫폼, 서비스 등)에 대한 방대한 단어 목록 집합을 구축해 두었다. 적절한 단어 목록을 찾기에 제일 좋은 장소는 아마도 대니얼 미슬러Daniel Miessler가 만든 단어 목록 마스터 카탈로그(https://github.com/danielmiessler/SecLists)일 것이다.

또한, API와 서비스에 대한 패스워드 공격은 대부분의 퍼징 도구가 비슷한 수준으로 좋은 성능을 보인다는 점도 주목하자. 패스워드 공격은 크게 다음 세 유형으로 나뉜다.

- **무차별 대입 공격**(brute force attack): 가장 기본적인 형태의 공격이다. 주어진 문자 집합으로 만들어 낼 수 있는 거의 모든 패스워드를 공격이 검출되거나 속도 제한에 걸릴 때까지 무작정 시도한다.
- **단어 사전 공격**(dictionary attack): 단어 사전 공격은 패스워드와 사용자 이름으로 흔히 쓰이는 단어들의 목록을 이용한다. 좋은 단어 목록을 사용한다면 무차별 대입 공격보다 성공 확률이 높다.
- **자격증명 스터핑**(credential stuffing): 가장 정교한 형태의 공격이다. 자격증명 스터핑도 단어 목록을 사용하지만, 데이터 침해 사고로 유출된 실제 자격증명들에 기초한 단어 목록을 사

용한다는 점이 다르다. 공격자는 그런 자격증명 데이터를 흔히 **다크웹**dark web이나 기타 해커 포럼에서 돈을 주고 산다.

퍼징은 공격자 지망생의 무기고에서 핵심적인 기술이다. 주어진 대상에 맞는 공격 유형을 잘 선택해서 좋은 단어 목록을 사용한다면 성공 확률이 높다.

5.2.5 JWT 공격

API 공격을 위한 도구 모음의 마지막 항목은 jwt_tool이라고도 부르는 JSON Web Token Toolkit(https://github.com/ticarpi/jwt_tool)이다. 이 도구는 JWT 테스트, 검증(유효성 검사), 변조, 악용을 위한 기능을 제공한다.

아무 매개변수 없이 jwt_tool을 실행하면 이 도구의 자세한 정보가 표시된다(그림 5.6).

그림 5.6 jwt_tool 실행 예.

jwt_tool로는 **PEM**(Privacy Enhanced Mail; 개인정보보호 강화 메일)이나 **JWKS**(JSON Web Key Set; JSON 웹 키 집합)의 공개 키에 대해 토큰이 유효한지 확인할 수 있다. 해커의 관점에서 가장 유용한 기능은 JWT 및 JWT에 의존하는 대상 시스템을 공격하는 기능일 것이다. 예를 들어 이 도구는 주어진 URL에 해당하는 서비스에 JWT를 주입하는 기능을 제공한다. 클라이언트 앱에서 흔히 볼 수 있는 JWT 검증 결함을 악용하는 플레이북playbook을 이용해서 JWT 주입공격을 자동화하는 것도 가능하다.

마지막으로, jwt_tool로 JWT를 직접 공격할 수도 있다. 방법은 여러 가지이다.

- HMAC 알고리즘을 위한 비밀 키(기밀 키)를 크래킹한다.
- 공개 키가 알려진 비대칭 암호를 **키 혼동**(key confusion) 공격을 이용해서 공격한다.
- none 알고리즘을 강제로 사용하게 해서 검증되지 않은(unvalidated) 토큰을 생성한다.
- JWKS를 스푸핑한다.

지금까지 공격자들이 취약점을 악용하는 데 사용하는 저수준 도구 몇 가지를 살펴보았다. 이제 이들을 조합해서 API를 실제로 공격하는 방법으로 넘어가자. 먼저 API 클라이언트와 프록시 도구들을 살펴보겠다.

5.3 필수 도구에 숙달하기

본성상 API는 최종 사용자에게 직접 노출되지 않는다. API는 모바일 앱이나 웹 앱이 내부적으로 사용하며, 다른 API가 사용하기도 한다. API를 공격하려면 §5.2.1 'API와 상호작용'에서 설명했듯이 **클라이언트**나 **가로채기 도구**(또는 둘 다)가 필요하다.

어떤 도구를 사용할 것인가는 대체로 개인 취향 문제이지만, 기본적으로는 **클라이언트** 하나와 **가로채기 도구** 하나를 선택해서 여러 시나리오에서 다양한 용도로 사용할 수 있을 정도로 익숙해지는 것을 권장한다. 클라이언트로는 cURL 같은 **CLI**(command-line interface; 명령줄 인터페이스)도 좋고 포스트맨 같은 GUI 도구도 좋다. 가로채기 도구는 버프 스위트가 대표적이다.

CLI 클라이언트(HTTPie/cURL)

가장 간단한 API 클라이언트는 명령 프롬프트나 터미널에서 대화식으로 실행하는 **CLI** 클라이언트일 것이다. CLI 클라이언트는 명령줄에서 API 연결 여부를 테스트하거나 간단한 디버깅을 수행하는 데 특히나 유용하다.

대부분의 유닉스류 OS에는 cURL(https://curl)이나 wget(https://www.gnu.org/software/wget/)이 미리 깔려 있거나 패키지 관리 프로그램을 이용해서 손쉽게 설치할 수 있다.

내가 선호하는 CLI 클라이언트는 *HTTPie*(https://httpie.io/cli)이다. 이것은 API들을 다루는 데 특화된 훌륭한 도구이다. HTTPie에는 출력에 보기 좋게 색을 입힌다는 점과 JSON을 잘 지원한다는 점, 그리고 HTTPS와 프록시, 인증을 훌륭하게 지원한다는 점을 비롯해 많은 장점이 있다.

[그림 5.7]은 HTTPie의 사용 예이다. 모든 헤더가 표시되게 하는 플래그와 TLS 인증서를 검증하지 않게 하는 플래그(빠른 디버깅에 유용하다)를 지정했다.

```
⟩colind@mbm1pro: ~ # http -p=HBhbm --verify false http://localhost/uuid
GET /uuid HTTP/1.1
Accept: */*
Accept-Encoding: gzip, deflate
Connection: keep-alive
Host: localhost
User-Agent: HTTPie/3.2.1


HTTP/1.1 200 OK
Access-Control-Allow-Credentials: true
Access-Control-Allow-Origin: *
Connection: keep-alive
Content-Length: 53
Content-Type: application/json
Date: Sun, 06 Nov 2022 13:37:10 GMT
Server: gunicorn/19.9.0

{
    "uuid": "9fc1d325-2a26-4cc4-b2e9-05801a32b7be"
}


Elapsed time: 0.034073125s

⟩colind@mbm1pro: ~ # ▯
```

그림 5.7 HTTPie 실행 예.

API 애호가의 필수 도구는 너무나도 유명한 포스트맨(https://www.postman.com/)이다. 간단히 말해서 포스트맨은 '웹페이지가 아니라 API를 위한 브라우저'이다.

포스트맨은 기본적으로 API 개발자를 돕기 위해 만들어진 도구이지만(자세한 내용은 제3부 'API 방어'를 보라), 대상 API를 탐색하고 조작하려는 공격자에게도 이상적인 도구가 될 수 있는 여러 기능을 갖추고 있다.

포스트맨은 웹 앱으로 사용할 수도 있고 네이티브 앱으로도 사용할 수 있다. 모든 주요 OS의 네이티브 앱이 갖추어져 있다. 또한 네이티브 앱들의 환경을 플랫폼 개정을 통해 동기화하는 것도 가능하다. 포스트맨은 개인용으로 무료이다(따라서 이 책의 모든 예제에 적합하다). 팀과 기업 사용자를 위한 유료 요금제도 있다.

포스트맨의 작동 방식을 이해하기 위해, 먼저 포스트맨의 사용자 인터페이스를 구성하는 주요 요소를 살펴보자.

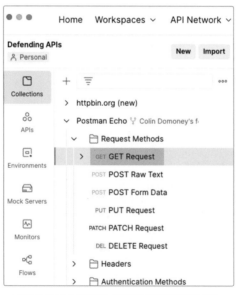

그림 5.8 포스트맨의 최상위 내비게이션 메뉴.

지금 논의에서 주목할 것은 왼쪽의 상위 세 탭, 즉 **Collections, APIs, Environments**이다(나머지 세 탭은 기능 테스트 및 통합 테스트를 위해 API를 테스트하는 데 쓰인다).

포스트맨에서 *environment*, 즉 **환경**은 테스트할 일단의 API에 대한 여러 설정을 정의하는 키-값 쌍들의 집합이다. 이를테면 URL, 포트 번호, 사용자 이름, 경로, 토큰, 키 같은 항목이 환경에 포함된다. 환경은 API를 서로 다른 여러 조건으로 테스트하는 데 유용하다. 여러 환경을 마련해 두고 필요에 따라 환경을 전환하기만 하면 된다.

APIs 탭에는 해당 포스트맨 계정에 등록된 모든 API가 있다. 참고로 포스트맨은 OpenAPI(버전 1.0, 2.0, 3.0, 3.1), RAML(버전 0.8, 1.0), Protobuf(버전 2, 3), GraphQL, WSDL(버전 1.0, 2.0)로 정의된 API들을 지원한다. 여기에 API를 추가하는 방법은 세 가지이다.

• 포스트맨의 자체 API 편집기를 이용해서 API 정보를 직접 작성한다.
• 포스트맨이 지원하는 형식의 외부 API 정의를 가져온다.
• 수집해 둔 API 요청들(**Collections** 탭)에 기반해서 API들을 파악한다.

[그림 5.9]는 전형적인 API 뷰이다.

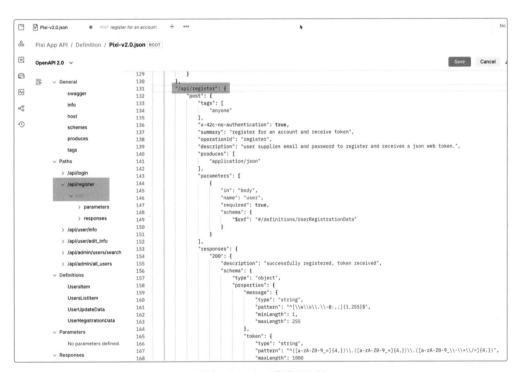

그림 5.9 포스트맨의 API 뷰.

Collections 탭에는 일단의 API 요청들이 있다. 각 요청에 대해 요청의 본문과 매개변수, 인증 정보를 확인할 수 있다. 이 요청 컬렉션을 환경과 연관 지어서 매개변수들을 상속받을 수 있으며, 중앙 저장소를 통해 쉽게 공유할 수 있도록 컬렉션을 게시하는(publish) 것도 가능하다. [그림 5.10]은 전형적인 컬렉션 뷰이다.

그림 5.10 포스트맨의 컬렉션 뷰.

포스트맨은 다양한 언어와 도구를 위한 클라이언트 코드를 생성하는 기능도 제공한다. [그림 5.11]은 API 디버깅에 즐겨 쓰이는 CLI 도구인 cURL을 위한 명령을 생성한 예이다.

그림 5.11 포스트맨의 코드 스니펫 생성.

이상은 포스트맨의 기능 중 극히 일부이다. 포스트맨은 이외에도 프록시 서버, 명령줄 테스트 실행, 모의 서버(mock server) 등의 강력한 기능을 제공하며, 갖가지 프록시 기능을 완전하게 지원한다. 본격적인 API 개발자나 해커의 필수 도구라 할 수 있다.

5.3.3 브라우저 도구들

API를 발견하고 기능들을 탐색하는 데 매우 효과적인 방법 하나는 대상 사이트의 웹페이지를 살펴보는 것이다. 웹사이트를 **SPA**(single-page application; 단일 페이지 응용 프로그램) 패턴을 사용해서 구축하는 경우가 점점 많아진다. SPA 사이트들은 흔히 비동기로 백엔드 API를 호출해서 필요한 데이터를 가져온다. 모든 최신 브라우저에는 그런 방식으로 웹 앱을 개발하는 프런트엔드 개발자를 염두에 둔 강력한 개발자 도구가 내장되어 있다. 그런 도구가 갖춘 강력한 네트워크 조사 기능을 이용하면 별도의 가로채기 프록시 없이 브라우저 안에서 백엔드 API 트래픽을 살펴볼 수 있다. 특히, 클라이언트 인증서 설치와 브라우저 프록시 설정이 필요 없기 때문에 이런 도구는 공격자에게도 유용하다.

한 예로, 링크드인LinkedIn의 API가 어떻게 작동하는지 알아내려는 공격자를 상상해보자. 공격자는 자신의 프로파일 페이지로 가서, 브라우저의 개발자 도구를 이용해서 백엔드와의 트래픽을 조사한다. 공격자는 `relationships/connectionsSummary`라는 종단점에 대한 호출을 발견한다(그림 5.12).

그림 5.12 브라우저 개발자 도구의 네트워크 패널.

그 API 요청과 응답의 헤더와 본문을 살펴보면 API에 관한 유용한 정보를 많이 얻을 수 있다. 예를 들어 `relationship/connectionsSummary`에 대한 응답의 본문을 보면 접속 횟수 같은 흥미로운 측정치들이 있다(그림 5.13). 이런 식으로 파악한 API 종단점과 요청, 응답에 대한 정보에 기초해서 공격자는 더 정교한 방법으로 AI를 공격하고 악용한다.

[그림 5.13]은 `relationship/connectionsSummary` 종단점이 노출하는 풍부한 정보를 보여준다.

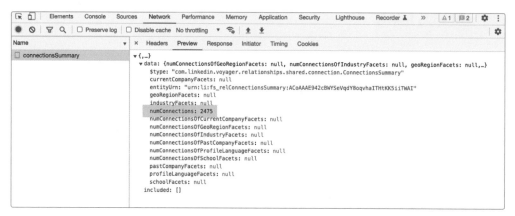

그림 5.13 브라우저 개발자 도구의 네트워크 패널에 표시된 API 데이터.

[그림 5.13]의 결과는 공격자가 링크드인에 총 2,475번 접속했음을 보여준다. 이 API는 링크드
인이 공식적으로 발행/지원하는 것이 아니다. 그런데도 누구나 접근할 수 있도록 공개되어 있
다. 따라서 공격자가 악용하거나 오남용하기도 쉽다.

5.3.4 버프 스위트

이번 절에서는 포스트맨과 함께 API 공격자의 필수 도구로 손꼽히는 **버프 스위트**를 살펴본
다. 이 분야에서 대단히 유명한 이 도구는 2003년에 처음 등장한 후 본격적인 웹 앱 침투 테
스터들이 사용하는 기본 도구로 자리 잡았다. 버프 스위트는 https://portswigger.net/burp/
communitydownload에서 내려받을 수 있는데, 버전이 다양하다. 웹 앱 자동 스캔 등 고급 기능을
지원하는 엔터프라이즈 버전과 합리적인 가격의 프로페셔널 버전, 그리고 무료 커뮤니티 버전
이 있다. 무료 커뮤니티 버전으로도 이 책의 모든 예제를 따라 할 수 있다.

여기서는 버프 스위트의 핵심 기능 몇 가지만 간단하게 살펴본다. **제7장**에서 좀 더 본격적인 예
제를 만나게 될 것이다. 버프 스위트의 핵심 구성요소는 프록시 엔진proxy engine이다. 버프 스
위트가 HTTP 트래픽을 가로채서 여러 가지 내부 엔진으로 처리한 후 서버로 전달하고 그 응
답을 다시 클라이언트에 전달하는 것은 모두 프록시 엔진 덕분이다. §5.2.1의 [그림 5.2]가 이
해에 도움이 될 것이다.

사용자는 이 프록시 엔진을 자신의 필요에 맞게 설정할 수 있다. 인증서 관리, 필터, 부합
(match) 및 치환, 페이로드 수정 등을 위한 다양한 옵션이 제공된다. 버프 스위트의 가장 유용
한 기능은 가로채기 프록시(intercepting proxy) 기능이다. 사용자는 가로챈 요청을 편리한 UI를
이용해서 조사하거나 수정 또는 삭제한 후 서버에 전달할 수 있다. [그림 5.14]는 가로채기 프
록시의 UI를 보여준다. 사용자는 가로챈 요청을 클라이언트에 전달하거나(**Forward** 버튼) 삭제
할(**Drop** 버튼) 수 있다.

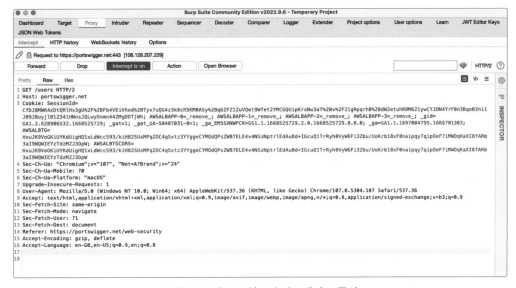

그림 5.14 버프 스위트의 가로채기 프록시.

가로채기 프록시 기능은 공격자에게 특히나 유용하다. 이 기능을 이용해서 공격자는 대상과 주
고받는 정상적인 트래픽을 자세히 조사한다. 어떤 약점이나 결함의 징조를 발견했다면, 약점이
드러나도록 조작한 요청을 서버에 보내서 서버가 어떻게 행동하는지 관찰한다.

프록시를 통해 대상을 탐색하는 과정이 끝나면 버프 스위트는 대상의 사이트맵sitemap을 만든
다. 사이트맵에는 탐색한 URL들과 HTTP 메서드, 상태 코드, 요청 본문 및 응답 본문들이 포
함된다. 이 사이트맵은 이후 다른 엔진을 이용해서 추가로 탐색을 진행할 때 편리한 여행 '지
도'로 유용하다. [그림 5.15]는 픽시Pixi[역주] API 앱을 탐색해서 만든 사이트맵이다.

[역주] 잠시 후 §5.4.2에서 소개하겠지만 픽시는 API 보안 실습용 웹 앱 프로젝트이다. 이 책의 여러 예제가 픽시 앱을 대상으로 삼는다. —옮긴이

그림 5.15 버프 스위트의 사이트맵 화면.

무료 커뮤니티 버전에도 다양한 처리 엔진과 도구가 내장되어 있다. 다음은 그중 몇 가지이다.

- **Repeater**: '반복기'라는 뜻의 이름이 암시하듯이 이 엔진은 요청을 여러 번 반복해서 대상에 보내거나 조작하는 데 쓰인다. 대량의 요청을 받았을 때 대상이 오작동하는 경우를 검출하는 데 유용하다.

- **Intruder**: 아마도 버프 스위트에서 가장 강력한 도구일 것이다. 이 엔진은 잠시 후에 좀 더 자세히 살펴보겠다.

- **Target**: 앞에서 살펴본 사이트맵이 바로 이 엔진이 제공하는 기능이다. 관심 있는 요청을 북마크하거나 강조 표시할 수 있다.

- **Logger**: 버프 스위트가 처리하는 모든 트래픽에 대한 상세한 로그를 기록할 수 있다. 그런 로그는 버프 스위트로 추가 분석을 수행하는 데 유용하다. 또한, 로그를 파일로 저장해서 다른 서드파티 도구에서 불러올 수도 있다.

- **Sequencer**: 이 엔진은 패스워드 재설정 토큰이나 CSRF 방지 토큰 같은 무작위화된 데이터에 대한 대상의 응답을 분석하는 데 유용하다.
- **Comparer**: 두 데이터 표본의 차이를 시각적으로 비교하는 기능을 제공한다. 서로 다른 두 트랜잭션을 비교해서 차이점을 파악하는 데 유용하다.
- **Decoder**: 마지막으로, 이 도구는 입력 데이터를 사람이 읽기 좋은 형식으로 변환해 준다. URL, HTML, Base64, 16진 ASCII 표기, 16진수, 8진수, 이진수, Gzip 등 다양한 형식을 지원한다.

Intruder(침입기) 엔진으로 API 인증 패스워드를 크래킹하는 예를 살펴보면 버프 스위트의 위력을 실감할 수 있을 것이다. 먼저, 대상 공격용 페이로드를 생성하는 옵션을 설정한다. 이 예에서는 단어 다섯 개를 직접 입력했지만(그림 5.16), 실제로는 공개된 단어 목록을 사용하는 것이 일반적이다.

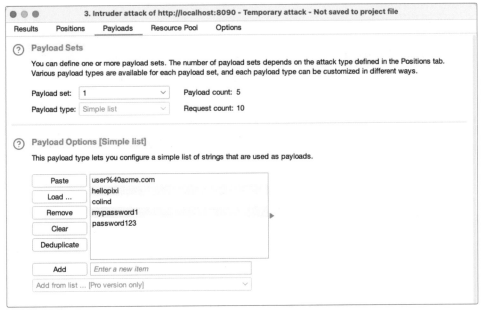

그림 5.16 버프 스위트 Intruder 페이로드 설정.

다음 단계는 설정된 단어들의 모든 가능한 조합으로 페이로드를 만들어서 대상에 보내는 것이다. 지금 예에서는 `hellopixi`와 `user@acme.com`의 조합에 대해 상태 코드 `200 OK`와 JWT가 반환되었다(그림 5.17). 이는 그 조합으로 로그인이 성공했음을 뜻한다. 다른 모든 조합은 상태 코드 `401 Unauthorized`가 반환되었다.

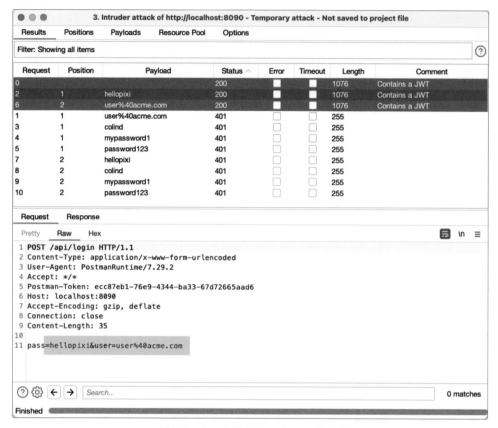

그림 5.17 버프 스위트 Intruder 스캔 결과.

버프 스위트의 내장 기능들이 훌륭하긴 하지만, 사용하다 보면 뭔가 빠진 기능이 있을 수 있다. 다행히 BappStore라고 부르는 버프 스위트 확장 프로그램 마켓플레이스(https://portswigger. net/bappstore)나 버프 스위트 커뮤니티에서 원하는 확장 프로그램(extension) 혹은 플러그인 plugin을 거의 확실히 찾을 수 있을 것이다. 다음은 API 공격자가 특히나 관심을 둘 만한 확장 프로그램 몇 가지이다.

- **IP Rotate**: 이 확장 프로그램은 여러 지역에 있는 다수의 API 게이트웨이를 이용해서 요청의 원본 IP 주소를 무작위화한다. 이렇게 하면 **IDS**(Intrusion Detection Systems; 침입 탐지 시스템)에 걸리거나 API의 속도 제한/스로틀링이 발동할 확률이 줄어든다.
- **JSON Web Token**: API에서 JWT가 많이 쓰이는 만큼, 공격자가 JWT를 조사하고 확인해야 할 일도 많다. 이 확장 프로그램은 요청이나 응답에 포함된 JWT를 탐지해서 그 내용을 보기 좋게 표시해 준다. 토큰의 클레임을 평가할 때 대단히 유용하다.

[그림 5.18]은 JSON Web Token 확장 프로그램의 상세 화면이다.

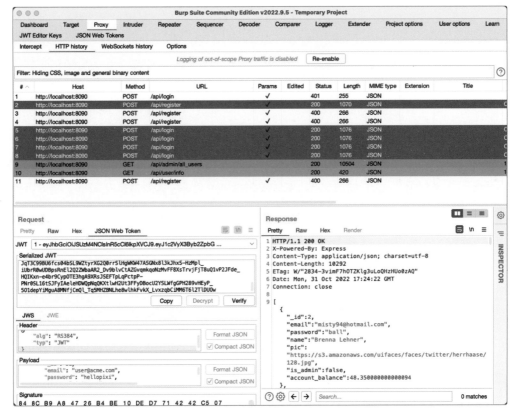

그림 5.18 JSON Web Token 확장 프로그램.

이번 장 끝의 **더 읽을거리** 절에 최고의 버프 스위트 확장 프로그램 몇 가지에 대한 훌륭한 가이드가 있으니 참고하기 바란다.

마지막으로, 버프 스위트를 만든 PortSwigger 팀은 버프 스위트와 웹 및 API 보안 주제 전반에 관한, 다수의 대화형 실험실과 실습을 포함한 대단히 포괄적인 교육 과정을 제공한다. 아래 주소를 참고하자.

https://portswigger.net/web-security/dashboard

역방향 프록시

마지막으로 살펴볼 도구는 대단히 유용하고 널리 쓰이는 역방향 프록시(reverse proxy) 프로그램인 MitMproxy(https://github.com/MitMproxy/MitMproxy)이다. MitMproxy는 버프 스위트의 역방향 프록시와 비슷한 기능을 제공한다. 하지만 버프 스위트보다 훨씬 가볍고 명령줄에서 실행할 수 있으며, 거의 모든 OS에 패키지나 이식판이 존재한다는 멋진 장점이 있다. 공식 웹사이트에서 설명하듯이, MitMproxy는 디버깅, 테스트, 침투 테스트를 위한 맥가이버칼(멀티툴)과도 같다.

MitMproxy는 주로 명령줄에서 쓰이지만, 크롬 브라우저의 개발자 도구와 비슷한 사용자 인터페이스도 제공한다. 또한, 파이썬 API도 제공하니 필요하다면 플러그인과 확장 프로그램을 직접 작성하는 것도 가능하다.

MitMproxy는 API 개발자에게 특히나 유용한 기능 하나를 제공한다. 바로, API에 대한 웹 트래픽을 분석해서 OpenAPI 정의서를 만들어내는 기능이다. MitMproxy로 캡처한 트래픽을 MitMproxy2swagger(https://github.com/alufers/MitMproxy2swagger)에 넣으면 OpenAPI 정의서가 나온다. 이 기능은 OpenAPI 정의서가 없는 API를 다룰 때 대단히 유용하다.

[그림 5.19]는 MitMproxy의 API 트래픽 캡처 화면이다. 네 가지 API 트랜잭션이 캡처되었다.

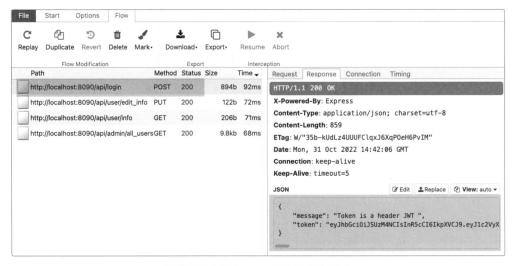

그림 5.19 MitMproxy API **트래픽 캡처.**

API 트래픽 캡처 데이터를 저장한 파일로 MitMproxy2swagger를 실행하면 YAML 형식의 OpenAPI 정의서가 생성된다(그림 5.20).

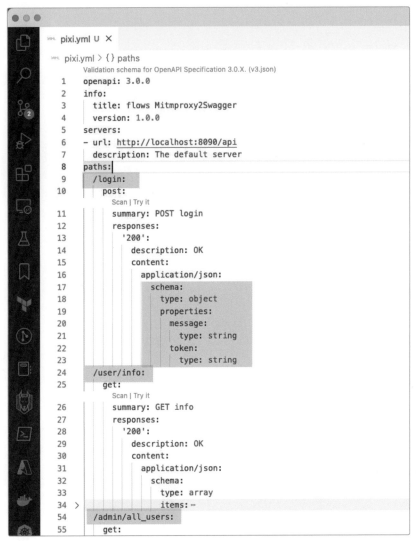

그림 5.20 MitMproxy2swagger가 생성한 OpenAPI 정의서.

이상으로 API 공격에 쓰이는 도구들을 살펴보았다. 그럼 좀 더 재미있는 주제로 넘어가자. 바로, 앞에서 살펴본 공격 방법과 도구를 실제로 사용해 보는 것이다.

API 공격의 핵심 기술

API 공략법을 배우기에 제일 좋은 방법은 취약한 API 하나를 공격 도구들을 이용해서 실제로 공격해 보는 것이다. 이번 절에서는 앞에서 살펴본 여러 유명 도구로 API 해킹 실습실(laboratory) 환경을 꾸미고, 의도적으로 취약하게 만든 API 기반 웹 앱을 공격해 본다. 이 실습예제를 통해서 여러분은 이후의 장들에 나오는 실제 API를 공격하는 데 필요한 기술(skill)을 익히게 될 것이다.

5.4.1 실습실 만들기

개인 실습실을 어떻게 꾸리느냐는 어느 정도 OS와 도구에 대한 개인적인 취향에 달려 있다. 대부분의 사용자에게 적어도 세 개의 핵심 구성요소가 필요하다. 하나는 다재다능한 현대적 코드 편집기이고 다른 하나는 컨테이너 실행 환경, 마지막은 해킹 작업에 사용하기 좋은 OS 이다. 편집기로는 Visual Studio Code, 컨테이너 실행 환경으로는 도커, OS로는 칼리 리눅스를 추천한다.

Visual Studio Code

사실 코드 편집기나 **IDE**(integrated development environment; 통합 개발 환경)의 선택은 개인 취향이 크다(*vi* 대 *emacs* 논쟁을 기억하는 독자라면 잘 알 것이다). 내가 선호하는 편집기는 마이크로소프트의 명품 편집기 **Visual Studio Code**, 줄여서 VS Code이다. 완전히 오픈소스로 개발되는 이 편집기는 빠르고 반응성이 좋을 뿐만 아니라 수많은 확장 프로그램을 갖춘 개방형 마켓플레이스 덕분에 확장성도 아주 뛰어나다. 기본 설정만으로도 완벽하게 작동하지만, 입맛에 맞게 커스텀화하고 조율하기도 쉽다. 또한, API 개발자와 해커에게 유용한 확장 기능들도 많다. 다음은 내가 추천하는 확장 프로그램들이다.

- **Thunder Client**(https://marketplace.visualstudio.com/items?itemName=rangav.vscode-thunder-client): 가벼운 API 클라이언트로, 포스트맨과 UI가 비슷하다. 간단하게 API를 호출해서 응답을 살펴볼 때 유용하다.
- **OpenAPI (Swagger) Editor**(https://marketplace.visualstudio.com/items?itemName=42Crunch.vscode-openapi): 42Crunch가 만든 이 확장 프로그램은 OpenAPI 정의서의 문법 강조, 모범 관행 추천, 코드 완성 및 생성 기능을 제공한다. 그리고 이 확장 프로그램은 42Crunch의 API 보안 플랫폼과도 연동된다. 그러면 API 스캔 및 보호 기능을 사용할 수 있다.

도커

도커Docker(https://www.docker.com/get-started/)는 컨테이너화된 소프트웨어 개발의 **필수** 도구로 자리 잡았다. 간단히 말해 컨테이너는 호스트 OS와는 격리된, 자기 완결적인 응용 프로그램 및 런타임이다. 개념적으로 컨테이너를 실행하는 것은 마치 응용 프로그램을 독자적인 실행 환경과 파일 시스템, 메모리, 라이브러리 등에서 실행하는 것과 같다.

개발의 관점에서 컨테이너의 주된 장점은 캡슐화(encapsulationno)이다. 응용 프로그램을 배포할 때 설치 프로그램을 따로 만들 필요가 없다. 또한 대상 환경에서 패키지나 의존요소(dependency; 또는 의존성)[역주]들이 충돌하는 문제로 고생할 필요도 없다. 그냥 응용 프로그램과 함께 모든 의존요소와 설정을 컨테이너에 담아서 전달하면 그만이다. 대상 시스템에는 도커로 컨테이너를 실행하기만 하면 된다. 더 나아가서, 응용 프로그램의 인스턴스instance가 더 필요해지면 컨테이너 인스턴스를 더 실행하면 된다. 이것이 규모 확장(scaling up)의 핵심이다. 만일 컨테이너화된 응용 프로그램이 너무 많아져서 관리하기가 복잡하다면, 쿠버네티스Kubernetes 같은 컨테이너 오케스트레이터container orchestrator로 관리하면 된다.

실행과 공유의 편의를 위해, 이 책의 여러 도구와 예제는 도커 컨테이너의 형태로 제공된다. 이 책의 예제들은 여러분의 컴퓨터에 도커가 설치되어 있으며, 여러분이 컨테이너의 기본적인 사용법을 알고 있다고 가정한다.

칼리 리눅스

버프 스위트가 사실상 표준에 해당하는 해킹 도구라면, **칼리 리눅스**Kali Linux(https://www.kali.org/get-kali/)는 사실상 표준의 해킹용 OS이다.

칼리 리눅스는 모의 해킹 또는 침투 테스트(penetration test) 기술자와 보안 감사자(security auditor)를 위한 기능들을 갖춘 데비안 기반 오픈소스 OS이다. 칼리 리눅스에는 600개 이상의 침투 테스트 도구가 미리 설치되어 있다(이번 장에서 다룬 거의 모두 도구가 포함된다). 또한 다양한 무선 기기들을 지원한다. 소규모의 전담 전문가팀이 보안 환경에서 개발한 OS라서 믿을 수 있다.

칼리 리눅스는 다양한 형태로 제공된다. 컴퓨터에 실제로 설치하는 배포판도 있고 VM 이미지도 있다. 또한 Raspberry Pi 같은 내장형 기기를 위한 버전도 있다. 이 책의 예제들은 맞춤형 무선 네트워크 기기를 전혀 사용하지 않으므로, VM 이미지로도 이 책의 예제들을 따라 할 수 있다.

[역주] dependency가 주어진 소프트웨어가 제대로 작동하는 데 필요한 다른 소프트웨어 패키지나 라이브러리 등을 가리킬 때는 '의존요소'라고 옮기고, 그런 요소들을 통칭하거나 그런 요소들에 의존하는 성질을 뜻할 때는 '의존성'으로 옮기기로 한다. —옮긴이

이하의 내용은 여러분이 어떤 형태로든 칼리 리눅스를 설치하고 실행했으며, 패키지들과 응용 프로그램들을 최신 버전으로 갱신했다고 가정한다.

5.4.2 취약한 API의 해킹

모든 해킹 도구가 마련되었다고 할 때, 다음으로 필요한 것은 공격할 (취약한) 대상이다. 공용 API 같은 실제 대상을 공격하는 것도 가능하겠지만, 그러면 해당 소유자와 마찰을 빚거나 여러분이 사는 곳의 관련 법규를 위반할 위험이 있다. 게다가 대부분의 공개 API는 취약점이 거의 없어서 학습용으로는 적합하지 않다.

가장 나은 옵션은 API를 일부러 취약하게 만든 예제 앱을 대상으로 삼는 것이다. 웹에는 그런 실습용 프로젝트가 많다. [표 5.1]은 내가 추천하는 몇 가지를 정리한 것이다.

표 5.1 API 공격 실습에 유용한 API 앱들.

프로젝트 이름	URL	비고
crAPI	https://github.com/OWASP/crAPI	**crAPI**는 Completely Ridiculous API(완전히 황당한 API)를 줄인 것이다.
픽시	https://github.com/DevSlop/Pixi	MEAN 스택에 기초한 REST API이다.
VAmPI	https://github.com/erev0s/VAmPI	OWASP 10대 API 보안 위험의 취약점들이 있다.
vAPI	https://github.com/roottusk/vapi	역시 OWASP 10대 API 보안 위험에 기반한다.
BankGround	https://gitlab.com/karelhusa/bankground	REST와 GraphQL의 보안을 학습하기 위한 오픈소스 프로젝트이다.
HTTPBin	https://httpbin.org/	간단한 HTTP 요청 및 응답 서비스이다.

이 책의 예제 중에는 픽시 앱에 기반한 것이 많다. 픽시 앱은 API 공격 및 방어를 실습하기에 좋은 출발점이다.

5.4.3 교육 프로그램

API 보안을 좀 더 학구적으로 접근하고 싶은 독자에게는 무엇보다도 필립 더 라이크Philippe De Ryck의 온라인 강의를 추천한다. 필립의 강의는 API 보안, 보안 개발, 인증 및 권한 부여를 포함한 다양한 주제를 포괄한다. 자세한 사항은 https://courses.pragmaticwebsecurity.com/courses/api-security-best-practices를 참고하기 바란다.

그밖에 Pluralsight(https://www.pluralsight.com/courses/owasp-top-ten-api-security-playbook)와 App SecEngineer(https://www.appsecengineer.com/courses-collection/api-security-attack-and-defense)의 온라인 자료도 있다.

마지막으로, 기술 수준을 한 단계 끌어올리고 싶은 독자라면 *API Security University*의 교육 과정이 최선의 선택일 것이다. 자세한 사항은 https://university.apisec.ai/를 보라.

*API Security University*의 교육 과정은 코리 볼Corey Ball(*Hacking APIs*의 저자)이 저술한 교재를 사용한다. 또한, 취약한 코드를 포함한 실습 예제들을 제공하며, 디스코드Discord 커뮤니티도 활발하다.

이번 장 요약

이번 장에서도 많은 내용을 다루었다. 이제 우리 여정의 다음 단계로 넘어갈 때가 되었다. 다음 단계는 API를 발견하고 공격하는 것이다. API를 공격하려면 우선 대상 API와 상호작용하는 방법을 파악해야 한다(일반적으로는 역방향 프록시를 이용해서). 그런 다음에 키나 토큰, 종단점 등 API에 대한 메타데이터를 수집한다.

API 해커가 API 공격에 사용할 수 있는 도구가 얼마나 다양한지를 이번 장에서 실감했을 것이다. 가장 중요한 도구는 API 브라우저인 포스트맨과 보안 테스트 도구인 버프 스위트이다. 이번 장에서는 또한 API 침투 테스터에게 유용한 몇 가지 훌륭한 교육 프로그램도 소개했다.

그럼 다음 장으로 넘어가서, 이 여정의 다음 단계인 API 발견(discovery)을 살펴보자.

더 읽을거리

다음은 최고의 API 보안 자료를 모은 깃허브 저장소이다.

• A collection of awesome API Security tools and resources(https://github.com/arainho/awesome-api-security)

다음은 멋진 버프 스위트 확장 프로그램들을 모은 깃허브 저장소이다.

• A curated list of amazingly awesome Burp Extensions(https://github.com/snoopysecurity/awesome-burp-extensions)

다음은 엄선된 온라인 API 보안 학습자료들이다.

- 유튜브 플레이리스트 'Everything API Hacking'(https://www.youtube.com/playlist?list=PLby ncTkpno5HqX1h2MnV6Qt4wvTb8Mpol)
- Guide: How to Hack API in 60 minutes or API Threats Simulation with Open-Source Tools(https://www.wallarm.com/what/how-to-hack-api-in-60-minutes-with-open-source)
- API Testing Checklist(https://hackanythingfor.blogspot.com/2020/07/api-testing-checklist.html)

다음은 모바일 앱에 대한 MitM 공격 방법을 설명하는 Approov.io의 글들이다.

- How to MitM Attack the API of an Android App(https://approov.io/blog/how-to-mitm-attack-the-api-of-an-android-app)
- Securing HTTPS with Certificate Pinning on Android(https://approov.io/blog/securing-https-with-certificate-pinning-on-android)

제06장
API 발견

앞 장에서 우리는 API 공격의 기초를 이야기했다. 특히, 공격자가 사용하는 여러 도구를 중점적으로 살펴보았다. 이번 장에서는 앞에서 배운 공격 기술 및 도구를 이용해서 실제 세계에서 API를 발견하는 방법을 논의한다. API와 직접 상호작용하지는 않는 수동적 기법들과 직접 상호작용하는 능동적 기법들을 배우게 될 것이다. 이번 장의 마지막 부분에서는 API의 구현 방식에 대한 지식에 기반해서 API를 효과적으로 공격하는 방법도 살펴본다.

API 방어자로서 여러분은 공격자가 API를 발견하는 데 사용하는 기법을 이해할 필요가 있다. 그래야 공격자가 API를 수월하게 발견하고 분석하지 못하게 하는 방어 수단을 구현할 수 있기 때문이다. 특히, 방어자는 공격자가 API의 구현 세부사항을 파악해서 API를 공격하는 기법에 주의를 기울이고, 그런 기법에 대한 지식을 바탕으로 API 구현을 강화해야 한다.

API 공격자는 철저한 정찰(reconnaissance)을 통해서 대상 API와 그 구현 방식에 대한 유용한 정보를 수집한다. 정찰 단계가 철저할수록 악용(exploit) 단계가 성공할 가능성이 커진다. 공격자는 API 문서화에서 API의 구현에 관한 풍부한 정보를 얻을 수 있다. 특히, 인증 및 권한 부여에 관한 정보는 공격에 큰 도움이 된다.

이번 장에서 다루는 주요 주제는 다음과 같다.

- 수동적 발견
- 능동적 발견
- 구현 분석
- 일반적인 방어 수단 회피

실습 환경 준비

이번 장의 예제를 따라 하려면 독자와 독자의 개발용 컴퓨터가 다음 조건들을 충족해야 한다.

- 도커를 실행할 수 있다.
- VS Code를 실행할 수 있고 VS 마켓플레이스에 있는 다양한 확장 프로그램을 설치할 수 있다.
- 인터넷에 연결되어 있으며, 예제들에 접근하기 위한 깃허브 계정이 있다.

이번 장에는 다양한 언어로 된 여러 예제 코드가 나온다. 이들을 지역(로컬)에서 직접 실행할 수도 있고, 도커 빌드 컨테이너 안에서 실행할 수도 있다. 지역에서 직접 실행하려면 관련 컴파일러와 SDK, 프레임워크를 미리 설치해 두어야 한다.

원서 깃허브 저장소의 Chapter6 폴더에 이번 장의 예제 코드가 있다. 또한, 이 책이 출간된 후에 뭔가 바뀌어서 예제가 제대로 실행되지 않는 경우 수정 방법을 이 저장소에 올리겠다. 해당 폴더의 주소는 https://github.com/PacktPublishing/Defending-APIs/tree/main/Chapter6이다.

6.2 **수동적 발견**

이번 장의 첫 절에서는 API를 수동적으로 발견하는 여러 기법을 살펴본다. 짐작했겠지만, 이 API 수동적 발견(passive discovery) 기법에는 다양한 검색 엔진과 온라인 코드 저장소를 이용해서 유용한 API 메타데이터를 발굴하는 과정이 관여한다.

수동적 발견을 구체적으로 어떻게 진행하는가는 정찰의 목표나 공격 대상의 특성에 따라 달라진다. 주어진 조직이 소유한 모든 API를 검색해서 공용 인터넷에 노출된 대상들에 관한 정보를 최대한 많이 확보하기 위한 **멀고 넓은**(far and wide) 검색 전략이 바람직할 때도 있다. 예를 들어 취약점이 있는 새 인터넷 공유기의 API를 악용하려는 경우, 인터넷에서 공인 IP 주소(public IP address)로 연결된 해당 공유기 제품들을 찾아보아야 할 것이다.

또는, 특정한 악용 방법을 실제로 적용하기 위해 대상을 좀 더 깊게 파악하는 것이 정찰의 목표일 수도 있다. 특정 종단점과 그 행동에 관한 구체적인 정보를 얻고자 한다면 **좁고 깊은**(이를테면 OAuth2를 사용하는 API만 식별하는) 검색 전략이 바람직하다.

6.2.1 구글 검색

API 발견에 유용한 자원으로 구글Google을 제일 먼저 추천한다고 해서 놀랄 독자는 아마 없을 것이다. 이 거대한 검색 엔진은 네트워크에 연결된 전 세계의 컴퓨팅 자원 대부분을 색인화한다. 또한, 구글 검색 API는 색인화할 수 있는 풍부한 메타데이터를 제공한다.

구글 검색 창에 적당한 검색어를 입력하기만 하면 유용한 결과가 나온다. 예를 들어 *API for Covid-19 tracking*을 검색하면 코로나19 추적 API를 호스팅하는 사이트나 서비스 페이지가 여러 개 표시된다. 좀 더 구체적인 검색 결과를 원한다면, 구글의 고급 검색 모드에서 다양한 **검색 연산자**(search operator)를 활용하는 것이 가장 나은 방법일 것이다. 연산자 한두 개를 추가하면 훨씬 구체적인 검색 결과를 얻을 수 있다. [표 6.1]은 몇 가지 유용한 질의 연산자들을 정리한 것이다.

표 6.1 유용한 구글 검색 연산자들.

검색 연산자	검색에 미치는 영향
`intitle:`	검색어가 페이지 제목(title)에 있는 페이지를 찾는다.
`allintitle:`	모든 검색어가 페이지 제목에 있는 페이지를 찾는다.
`inurl:`	검색어가 URL에 있는 페이지를 찾는다.
`ext:`	주어진 확장자의 파일을 찾는다.
`intext:`	검색어가 페이지 내용에 있는 페이지를 검색한다.
`allintext:`	모든 검색어가 페이지 내용에 있는 페이지를 검색한다.
`site:`	주어진 사이트의 페이지들만 검색한다.

그럼 이해에 도움이 되는 예제를 하나 살펴보자. API 공격자 지망생이 트위터 API의 작동 방식을, 특히 *OAuth2* 흐름을 자세히 파악하고 싶다고 가정하겠다. 트위터 API가 *OAuth2*를 사용한다는 점은 이미 알고 있지만, 그 자세한 내용은 아직 모른다. `site:api.twitter.com inurl:/callback` 같은 비교적 단순한 검색어들로 구글을 검색하면 종단점 두 개를 발견할 수 있다 (그림 6.1).

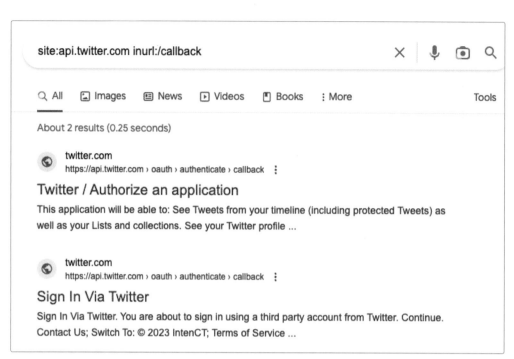

그림 6.1 구글 검색 연산자를 이용해서 트위터 로그인 API 종단점들을 발견한 예.

공격자가 정찰 단계에서 구글을 이용해서(특히 검색 연산자들을 활용해서) 정보를 수집하는 것을 보안 업계에서는 구글 해킹 또는 **구글 도킹**Google dorking이라고 부른다. 이번 장 끝의 **더 읽을거리** 절에 구글 도킹과 관련한 자료들이 있다.

6.2.2 Offensive Security사의 구글 해킹 데이터베이스

실제로 **Offensive Security**사(제5장 'API 공격의 기초'에서 언급한 칼리 리눅스를 관리하는 회사이다)의 연구팀은 구글 도킹 문구를 망라한 웹사이트를 만들었다. **GHDB**로 줄여서 표기하는 **구글 해 킹 데이터베이스**Google Hacking Database(https://www.exploit-db.com/google-hacking-database)에 커뮤니티에서 수집한 구글 도킹 문구들이 모여 있다. 특정 단어로 문구를 검색하는 것도 가능 하다. [표 6.2]는 api로 검색하면 나오는 구글 도킹 문구 몇 가지이다.

표 6.2 API 발견을 위한 GHDB 도킹 문구.

도킹 문구	검색 범위
`intitle:"index of" api*.txt`	API 정보를 담은 텍스트 파일이 있는 디렉터리 목록 페이지를 찾는다.
`inurl:pastebin "API_KEY"`	Pastebin 저장소에서 "API_KEY"가 있는 페이지를 찾는다.
`intext:api_key filetype:log`	"api_key"라는 문자열이 있는 로그 파일들을 찾는다.
`allintext:"API_SECRET*" ext:env | ext:yml`	"API_SECRET"으로 시작하는 문자열이 있는 env 파일이나 yml 파일을 찾는다.

구글 도킹은 공용 인터넷에 노출된 네트워크 기기(유무선 공유기, 웹캠 등)를 찾는 데에도 유용하다. 시간을 들여 GHDB를 살펴보면서 검색 연산자들이 어떻게 작동하는지 파악하고, 실제로 활용해서 노출된 가치 있는 API 정보를 찾아보기 바란다.

6.2.3 그 밖의 검색 가능한 API 관련 데이터베이스

수동적 API 정찰을 위한 가장 큰 온라인 정보 출처가 구글과 GHDB임은 분명하다. 하지만 좀 더 특화된 데이터베이스나 API 색인들도 정찰 단계에서 살펴보면 좋을 것이다.

최초의(그리고 수년 동안 유일한) 온라인 API 데이터베이스는 **ProgrammableWeb**(https://www.programmableweb.com/)이다. 2005년에 만들어진 ProgrammableWeb은 무려 2023년 2월까지 운영되었다. 지난 10년간 ProgrammableWeb은 MuleSoft사가 소유했는데, MuleSoft사는 이 사이트를 **API 및 통합을 위해 가장 먼저 들러야 할 곳**이라고 홍보했다. 2023년 폐쇄 시점에서 이 사이트에 등록된 API는 23,000개가 넘는다. 각 API 항목에는 종단점 세부사항, 버전 정보, API 운영 상태, 문서화 정보가 포함되며, 심지어는 SDK 정보도 제공했다.

다음은 ProgrammableWeb를 대신할 만한 몇몇 유명 사이트이다.

APIs.guru

온라인 API 디렉터리인 **APIs.guru** (https://apis.guru/)에는 (이 글을 쓰는 현재) 2,518개의 API가 등록되어 있다. 이 사이트는 양보다는 질에 신경을 쓴다. 예를 들어, 신뢰할 수 없다고 확인된 사설(private) API들은 제외한다. API를 등록할 때는 반드시 흔히 쓰이는 API 명세 형식(이상적으로는 OpenAPI 3.x 또는 스웨거)을 따라야 하며, 문제가 있을 시 등록자가 그 명세 안에서 해결하는 것이 권장된다. 마지막으로, APIs.guru는 사용자가 공용 API를 쉽게 검색할 수 있는 자체 API도 제공한다.

public-apis 깃허브 저장소

깃허브의 **public-apis** 저장소(https://github.com/public-apis/public-apis)는 현재 가장 큰 API 저장소 중 하나이다. 이 저장소에는 수천 개의 공용 API가 범주별로 분류되어 있다. API마다 해당 사이트로의 직링크를 제공한다. 양으로는 으뜸인 저장소지만, 몇몇 항목은 데이터 품질에 문제가 있는 것으로 보인다. 이 글을 쓰는 현재 더 이상 갱신이 없는 것 같지만, 시간이 지나면 상황이 달라질 수도 있겠다.

안타깝게도 이 저장소는 검색용 UI나 자체 API를 제공하지 않기 때문에 원하는 API를 찾기가 어렵다.

APIsList

APIsList(https://apislist.com/)는 비교적 현대적인 API 데이터베이스 사이트로, 검색 가능한 인터페이스를 제공하며 범주들도 잘 구성되어 있다. 예를 들어 키 없이 접근할 수 있는 API나 **CORS**(Cross-Origin Resource Sharing; 교차 출처 자원 공유)를 지원하는 API, 또는 오픈소스 API를 손쉽게 찾을 수 있다. API 세부 페이지는 해당 문서화 페이지로의 링크나 실시간 데모로의 링크(있는 경우)를 제공하며, 유사한 API들도 제시한다.

Rapid API

최근 ProgrammableWeb의 대안으로 떠오른 **Rapid API**(https://rapidapi.com)는 대단히 인상적인 API 카탈로그이다. 이곳도 검색과 범주별 조회가 가능하다. Rapid API가 어느 정도나 쓰이는지를 여러 곳에서 추정했는데, 최근 한 보고서에 따르면 1백만 명 이상의 개발자가 이 사이트에 호스팅된 API를 테스트하거나 사용한다고 한다. 이 사이트는 인기도, 지연 시간, 서비스 수준 등 API 관련 통계도 제공한다.

상용(commercial) API들이 많이 등록되어 있어서 상업적인 느낌이 강하다. 최종 사용자가 상용 API를 테스트할 수 있는 구독 요금제도 제공한다(무료도 있다). Rapid API는 일종의 API 중개업자(broker)라고 할 수 있다. [그림 6.2]에서 보듯이, Rapid API는 트위터 v2 API처럼 다른 방법으로는 접근할 수 없는 API를 테스트하는 데 매우 유용하다.

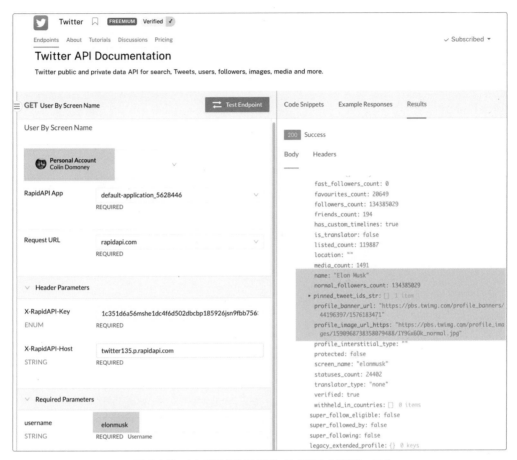

그림 6.2 Rapid API에서 트위터 v2 API를 시험하는 모습.

[그림 6.2]는 Rapid API의 무료 계정을 이용해서 Rapid API 포털에서 트위터 v2 API를 시험하는 모습이다(이 글을 쓰는 현재 최종 사용자는 이 API에 접근할 수 없다).

포스트맨 API 네트워크

ProgrammableWeb의 후계자로 나선 또 다른 사이트는 포스트맨(**제5장** 'API 공격의 기초'에서 언급한 포스트맨 API 브라우저를 만든 회사)의 **API 네트워크**(https://www.postman.com/explore)이다. 포스트맨이 API 개발 도구로 너무나 유명하다 보니, 많은 개발자가 자신의 API를 포스트맨의 사이트에 호스팅하는 것이 놀랄 일은 아닐 것이다. 포스트맨 API 네트워크는 API 채택을 촉진하고자 하는 'API 우선' 조직들에도 매력적이다. 덕분에 이 네트워크는 개발팀 250만 개, 작업공간(워크스페이스) 14만 개, API 21만 8천 종, 컬렉션 30만 7천 개의 규모로 급성장했다.

API 개발자라면 버전 관리, 분기/포크(branching/forking), 모의 서버, 문서화 같은 개발자 지향적 기능을 포스트맨 API 네트워크의 주된 매력으로 생각할 것이다. 접근 제어 기능도 매력적이다. API 소유자는 자신의 공용 API로 공개할 수도 있고, 비공개로 설정해서 자신의 팀만 접근하게 할 수도 있다.

쇼단

마지막으로 살펴볼 검색 도구는 다소 악명 높은 **쇼단**Shodan(https://www.shodan.io)이다. 쇼단은 인터넷에 연결된 기기(device; 또는 장치)를 찾을 때 사용하는 사실상 표준에 해당하는 검색 엔진이다. 간단히 말해서 쇼단은 해당 검색 분야의 구글이라고 할 수 있다. 구글은 웹사이트들을 스캐닝해서 그 응답(웹페이지)을 색인화하지만, 쇼단은 검색 가능한 모든 IP 주소와 포트를 스캐닝해서 TCP/IP 프로토콜 응답을 색인화한다. 개념적으로 쇼단은 인터넷을 훑어서 얻은 모든 응답을 카탈로그화해서 '인터넷 지도'를 구축한다.

쇼단은 주어진 장치가 반환한 TCP 응답의 첫 부분(**배너**banner라고 부른다)을 분석해서 해당 기기의 세부사항을 파악한다. 구글처럼 쇼단도 다양한 특성에 기반해서 특정한 장치를 찾을 수 있는 검색 연산자들을 제공한다. 보안 연구자에게 쇼단의 주된 용도는 인터넷에 연결된 취약한 장치를 찾는 것이다. vuln이라는 연산자를 이용해서 특정 취약점을 가진 기기를 검색하는 것도 가능하다(이 기능은 프로페셔널 요금제에서만 지원한다).

쇼단은 API 정찰에도 대단히 유용하다. 쇼단을 이용하면 공격 대상을 빠르게 좁혀 나갈 수 있다. 예를 들어 content-type을 application/json나 application/xml로 제한해서 검색하면, API 데이터를 돌려줄 가능성이 아주 큰 종단점들을 찾을 수 있다.

한 예로, 쇼단에서 "content-type: application/json" product:"Kong Gateway" version: "2.1.4" "200 OK"를 검색해 보자. 이 검색 문구는 콩 게이트웨이[역주] 버전 2.1.4에서 응답 상태 코드가 200 OK인 모든 JSON 데이터를 찾는다. [그림 6.3]은 검색 결과 중 하나를 클릭하면 나오는 상세 결과 페이지이다. 여기서 많은 정보를 얻을 수 있다.

[역주] 콩 게이트웨이는 인기 있는 오픈소스 API 게이트웨이이다. 제11장에 콩 게이트웨이를 활용하는 예제가 나온다. —옮긴이

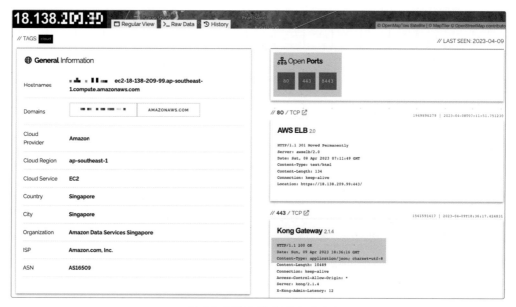

그림 6.3 쇼단의 상세 결과 페이지.

지금까지 이번 장에서 이야기한 도구들을 잘 활용한다면 공격해 볼 만한 API가 있는 사이트를 찾을 수 있을 것이다. 그런 다음에는 다른 도구들(제5장에 나온 하이트 러너 등)을 이용해서 API 종단점들을 찾고 평가하면 된다.

여러분이 운영하는 사이트의 IP 주소로 쇼단을 검색해 보아도 재밌을 것이다. 이 책을 쓰면서 나도 해 보았는데, 확실히 흥미로운 정보 몇 개를 발견했다!

6.2.4 코드 분석 기법

앞에서 이야기한 기법들은 호스트 혹은 네트워크 계층의 검색에 초점을 둔 것이다. 이제부터는 소스 코드 분석에 기초한 수동적 발견 기법을 살펴본다.

깃허브

소스 코드를 조사해서 API를 식별하고 발견하려는 사람이 제일 먼저 살펴볼 곳은 당연히 세계 최대의 소스 코드 저장소인 **깃허브**GitHub일 것이다. 깃허브의 모든 공개 저장소는 이름 그대로 소스 코드가 공개되어 있기 때문에 구글이나 기타 검색 엔진들이 얼마든지 색인화할 수 있다. 따라서 소스 코드 역시 구글 도킹의 대상이 된다.

한 예로, .NET닷넷으로 API를 호스팅하는 코드를 구글 도킹을 이용해서 찾아보자.[역주] 관례상 API 종단점을 구현하는 소스 코드의 파일 경로에는 흔히 Controller라는 단어가 있기 마련이다. 또한 .NET 기반 API의 경우 소스 코드 파일의 확장자가 .cs일 가능성이 크다. 따라서 site:github.com ext:cs Controller로 구글을 검색해 보면 쓸만한 결과가 나올 것이다. 실제로 구글은 7,300개의 파일을 찾아낸다. 검색 문구를 조율해서 좀 더 특정한 파일을 찾아보면 좋을 것이다.

이런 검색 결과가 유용하긴 하지만, 코드 자체에 대한 통찰을 얻기는 힘들다. 다행히 소스 코드에 검색 기능을 추가해 주는 훌륭한 서드파티 도구들이 존재한다. 그중 유명한 **grep.app**(https://grep.app/)을 잠깐 살펴보겠다. 소개에 따르면 grep.app은 깃허브의 모든 공개 저장소를 색인화한다고 한다. [그림 6.4]는 앞의 예처럼 .NET에서 API를 호스팅하는 것으로 보이는 소스 코드를 검색한 결과이다. 검색어 [HttpPost]는 .NET의 한 '장식자(decorator)'인데, .NET에서 HTTP POST 요청을 받는 모든 API 종단점의 구현 코드에는 [HttpPost] 장식자가 붙는다는 점에 착안한 것이다.

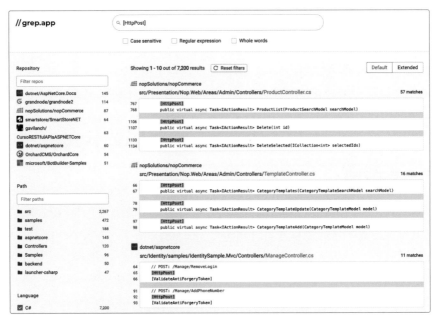

그림 6.4 grep.app으로 깃허브 저장소를 검색하는 예.

[역주] .NET은 유서 깊은 .NET Framework의 오픈소스/크로스플랫폼 버전으로, 2020년 11월의 .NET 버전 5 이전에는 '.NET Core'로 불렸다. .NET 관련 문서나 코드 주석, 파일 이름 등에 'Core'가 남아 있는 경우가 많다. 검색 시 '.NET'만으로는 원하는 결과를 얻기 힘들다면 '.NET Core'를 시도해 보자. —옮긴이

이 예에서 grep.app은 [HttpPost] 장식자가 있는 .NET 기반 소스 파일을 잘 찾아 주었다. 프로그래밍 언어나 저장소 이름, 파일 경로 등을 지정해서 좀 더 구체적으로 파일을 찾는 것도 가능하다.

JavaScript 파일 탐색

내 경험으로 볼 때, API 클라이언트와 서버를 구현하는 데 가장 많이 쓰이는 언어는 아마도 JavaScript일 것이다. JavaScript는 무엇보다도 **동형**(isomorphic) 언어라는 점, 다시 말해 클라이언트 구현에도 사용할 수 있고 서버 구현에도 사용할 수 있다는 점이 매력이다. 대부분의 API는 JavaScript로 작성된 클라이언트(모바일 앱이든 브라우저 기반 앱이든)를 제공하며, JavaScript로 작성된 SDK도 제공한다. 그런 만큼, API 침투 테스터를 꿈꾸는 사람이라면 JavaScript로 작성된 API 코드를 찾아내는 기술을 반드시 갖추어야 한다.

공격자나 침투 테스터가 JavaScript 파일을 찾을 때 즐겨 사용하는 방법은 API 구현에 흔히 쓰이는 메서드나 함수 이름을 검색해 보는 것이다. 이를테면 XMLHttpRequest 메서드나 jQuery의 $.ajax() 메서드, 유명 라이브러리 axios의 메서드 등을 예로 들 수 있겠다. grep.app에서 axios.get을 검색하면 거의 20,000건의 검색 결과가 나온다. §6.2.1에서 논의한 구글 도킹과 비슷한 기법을 이용해서 grep.app에서 API_KEY라는 문구가 있는 JavaScript 파일들을 찾아보면 154,000건의 검색 결과를 얻을 수 있다.

또한, JavaScript 코드는 **npm** 같은 패키지 관리자를 통해서 패키지 형태로 배포, 관리된다. 이 점역시 코드 분석에 활용할 수 있다. 예를 들어 package.json 파일에 axios가 포함되어 있는지 살펴보는 식이다. 설정 파일이나 환경 파일에는 경로나 URL 같은 유용한 API 관련 정보가 많다.

JavaScript API 코드를 조사하는 데에는 브라우저의 **개발자 도구**가 아주 유용하다는 점도 기억해 두기 바란다. 그럼 수동적 발견은 이 정도로 마무리하고, 다양한 도구를 이용해서 API를 **능동적으로** 발견하는 기법들을 살펴보자.

능동적 발견

이제부터는 API의 **능동적 발견**을 위한 여러 기법을 현실적인 예제와 함께 살펴본다. 여기서 '능동적'은 API의 트래픽을 조사하거나 API 또는 API를 호스팅하는 사이트에 직접 접근하는 등으로 API와 실제로 상호작용하는 것을 말한다.

> **주의: 능동적 발견에는 적절한 접근 권한이 필요하다**
>
> 이번 절에서 설명하는 도구와 기법을 이용해서 능동적 발견을 수행하다 보면 여러 관련 업체(ISP에서 클라우드 호스팅 업체까지)의 서비스 이용 약관을 위배하는 결과가 빚어질 수 있음을 주의해야 한다. 여러분에게 스캐닝 등의 능동적 행위에 필요한 권한이 있는지 확인하고, 필요하다면 정식으로 허락을 받아야 한다.

6.3.1 네트워크 발견 및 스캔

API를 능동적으로 발견하는 과정에서 마주치는 첫 번째 난제는 대상 호스트 인프라가 사용하는 IP 주소 대역(범위)을 파악하는 것일 때가 많다. IP 주소 대역은 호스트 인프라의 유형이나 성격에 따라 다를 수 있다. 폐쇄된 환경은 흔히 **RFC 1918**(https://www.rfc-editor.org/rfc/rfc1918)에 정의된 사설(private) IP 대역을 사용한다. 그 외의 경우에는 ISP나 클라우드 제공업체가 소유한 대역을 사용할 것이다.

ISP(internet service provider; 인터넷 서비스 제공업체)의 IP 주소 대역은 해당 **AS**(Autonomous System) 번호로 *whois*를 검색하면 알 수 있다(칼리 리눅스에서 whois 명령을 실행해도 되고, 온라인 WHOIS 검색 서비스를 이용해도 된다).

클라우드 제공업체가 제공하는 계산 자원의 IP 주소 대역을 알아내는 방법은 여러 가지이다. 예를 들어 AWS의 경우에는 AWS에 호스팅된 도메인들과 해당 IP 주소 대역을 알아내는 수동적 발견 도구들을 사용하면 된다. 또는, AWS API Gateway나 기타 AWS에 호스팅된 API들(Elastic Beanstalk, EC2 인스턴스, ECS 컨테이너 등)을 식별해서 IP 주소들을 알아낼 수도 있다.

어떤 방법으로든 대상 시스템의 IP 주소 대역을 파악했다면, 다음으로 할 일은 그 주소들을 스캔해서 API를 제공하는 호스트들을 알아내는 것이다. 그럼 이를 위해 흔히 쓰이는 도구 두 가지를 살펴보자.

nmap

네트워크 스캐닝을 위한 사실상 표준 도구는 25년 넘게 사랑받는 전설의 **nmap**이다. nmap은 호스트에 적절한 TCP/IP 패킷을 보내고 그 응답을 분석해서 호스트의 정보를 파악한다. nmap은 여러 가지 모드로 작동하는데, 일반적으로 쓰이는 주요 모드 네 가지는 다음과 같다.

- **호스트 발견**: 주어진 IP 대역에 존재하는 호스트들을 파악한다.
- **열린 포트 스캔**: 주어진 한 호스트에 열려 있는 포트들을 파악한다.
- **서비스 발견**: 주어진 호스트에 다양한 요청을 보내고 그 응답을 분석해서 호스트가 실행하고 있는 서비스들을 파악한다.
- **취약점 테스트**: 스크립팅을 이용해서 일반적인 취약점들을 찾아낸다.

API 발견의 목적에서는 열린 포트 스캔과 서비스 발견이 가장 유용하다. 특히, 80이나 443처럼 흔히 쓰이는 HTTP 포트들을 스캐닝하면 공격에 유용한 정보를 얻을 수 있다.

한 예로, 다음은 명령줄에서 nmap 명령으로 /24 CIDR 주소 대역을 스캔해서 지역망(사설망)에서 실행 중인 호스트들을 찾는 예이다.

```
$ sudo nmap -sn 192.168.9.0/24
Starting Nmap 7.93 ( https://nmap.org ) at 2023-04-13 17:54 BST
Nmap scan report for 192.168.9.1
Host is up (0.012s latency).
MAC Address: 00:1D:AA:A6:DC:F8 (DrayTek)
Nmap scan report for 192.168.9.13
Host is up.
Nmap done: 256 IP addresses (2 hosts up) scanned in 1.98 seconds
```

nmap은 호스트 두 개를 찾았다. 첫째 것은 192.168.9.1에 있는 공유기이고 다른 하나는 192.168.9.13에 있는 내 노트북(랩톱 컴퓨터)이다.

이제 내 노트북의 열린 포트들과 서비스들을 찾아보자. 이번에는 -p- 옵션을 사용한다.

```
$ sudo nmap -p- 192.168.9.13
Starting Nmap 7.93 ( https://nmap.org ) at 2023-04-13 18:18 BST
Nmap scan report for 192.168.9.13
Host is up (0.00047s latency).
Not shown: 65527 closed tcp ports (reset)

PORT      STATE   SERVICE
22/tcp    open    ssh
445/tcp   open    microsoft-ds
```

```
5000/tcp    open    upnp
5900/tcp    open    vnc
7000/tcp    open    afs3-fileserver
13231/tcp   open    unknown
17500/tcp   open    db-lsp
54399/tcp   open    unknown
Nmap done: 1 IP address (1 host up) scanned in 6.81 seconds
```

nmap은 SSH, VNC, AFS3 파일 서버 등 여러 서비스를 발견했다.

nmap은 이외에도 많은 기능을 제공한다. 주어진 네트워크에서 무엇이 실행 중인지 알고 싶을 때 제일 먼저 사용하는 도구가 바로 nmap이다.

Masscan

주목할 만한 또 다른 스캐너로 **Masscan** 프로젝트(https://github.com/robertdavidgraham/masscan)가 있다. **인터넷 규모의 포트 스캐너**라고 홍보되는 이 스캐너의 주된 특징은 넓고 대단히 빠른 스캔 능력이다. 프로젝트 소유자 로버트 데이비드 그레이엄Robert David Graham은 Masscan으로 인터넷 전체를 5분 안에 스캔할 수 있다고 주장한다. Masscan은 nmap과 동일한 작동 모드들을 지원한다. 자체 TCP/IP 스택을 사용하는 덕분에 성능이 좋고, 고도화된 기능을 제공한다.

Masscan으로 내 개인 연구 환경을 스캔해 보았다. Masscan은 내가 아는 모든 호스트를 매우 빠르고 정확하게 찾아냈다.

```
$ sudo ./bin/masscan -p80,8000-8100 192.168.16.0/24

Starting masscan 1.3.2 (http://bit.ly/14GZzcT) at 2023-04-13 19:19:37 GMT
Initiating SYN Stealth Scan
Scanning 256 hosts [102 ports/host]
Discovered open port 80/tcp on 192.168.16.6
Discovered open port 8080/tcp on 192.168.16.6
Discovered open port 80/tcp on 192.168.16.1
Discovered open port 8069/tcp on 192.168.16.16
Discovered open port 80/tcp on 192.168.16.16
Discovered open port 80/tcp on 192.168.16.5
Discovered open port 8069/tcp on 192.168.16.1
Discovered open port 8069/tcp on 192.168.16.17
Discovered open port 8022/tcp on 192.168.16.1
Discovered open port 8081/tcp on 192.168.16.6
Discovered open port 80/tcp on 192.168.16.17
```

프로젝트 소유자의 말을 빌리자면, "nmap은 개별 컴퓨터 또는 좁은 범위의 몇몇 컴퓨터를 집중적으로 스캔하도록 설계되었지만, Massan은 넓게 스캔해서 많은 컴퓨터를 찾아내도록 조율되었다."

6.3.2 OWASP ZAP

열린 포트들을 찾았다면, 다음으로 할 일은 호스트가 그 포트들에서 무엇을 실행하는지를 자세히 파악하는 것이다. 이를 위한 도구는 여러 가지지만 여기서는 **OWASP ZAP** 프로젝트 (https://www.zaproxy.org/download/)를 살펴보겠다. 동적 스캐너(dynamic scanner)인 ZAP의 가장 유용한 기능 중 하나는 소위 **스파이더 스캔**spider scan이다. ZAP은 '스파이더(거미)'라고 부르는 도구로 포트들을 훑으면서 각 포트 조합에서 실행되는 서버와 응용 프로그램의 세부사항을 파악한다.

이 기능이 얼마나 강력한지 보여주는 예로, [그림 6.5]는 지역 호스트에 설치된 워드프레스 WordPress 서버에 OWASP ZAP의 스파이더 스캔을 적용한 결과이다.

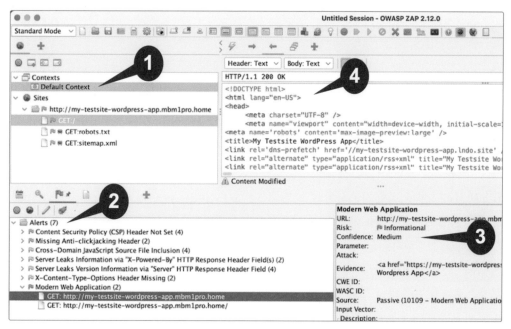

그림 6.5 OWASP ZAP 스파이더 스캔 결과.

스파이더 스캔 화면은 다음과 같은 네 개의 창으로 구성된다.

1. 사이트 레이아웃 창은 사이트의 루트 경로 및 디렉터리 위계구조를 보여준다.
2. 결과 창은 발견한 상세 정보를 보여준다. [그림 6.5]는 경보 수준 알림(alert-level notification) 들을 펼친 모습이다.
3. 상세 정보 창에는 ❷에서 선택한 항목의 좀 더 자세한 정보가 표시된다.
4. 원본 뷰 창은 서버가 돌려준 응답을 보여준다. [그림 6.5]의 경우에는 HTML 페이로드가 표시되었다.

ZAP은 짧은 스캔으로 상당히 많은 정보를 알아낸다. 디렉터리 구조, 구현 세부사항, 잠재적인 취약점 등을 알아낼 수 있다.

6.3.3 버프 스위트

버프 스위트는 **제5장** 'API 공격의 기초'에서 소개했다. 제5장에서는 버프 스위트를 사람이 직접 수행하는 테스트를 돕는 보조 도구 정도로 사용했지만, OWASP ZAP처럼 대상 사이트에 스파이더 스캔을 수행해서 향후 분석에 유용한 사이트맵을 만드는 용도로도 버프 스위트를 사용할 수 있음을 알아두기 바란다. 단, 그런 기능은 유료 버전(*Professional* 및 *Enterprise*)에만 있다.

6.3.4 모바일 앱의 역설계

제5장 'API 공격의 기초'에서, 역방향 프록시 도구로 웹 앱과 서버 사이의 통신을 가로채는 방법을 설명했다. 마찬가지 방식으로, 역방향 프록시를 모바일 앱의 트래픽을 가로채는 데 사용할 수 있다. 방법은 웹 앱의 경우와 비슷하다.

1. 모바일 기기에 역방향 프록시의 루트 인증서를 설치한다.
2. 알려진 포트(이를테면 8888)로 들어오는 착신(inbound) 프록시 연결을 받아들이도록 역방향 프록시를 설정한다.
3. 프록시를 사용하도록 모바일 기기를 설정한다. 핵심은 프록시의 IP 주소와 포트를 공격용 호스트의 IP 주소와 포트로 설정하는 것이다.
4. 이제 모바일 기기에서 평소대로 앱을 사용하면 모든 트래픽이 프록시 호스트를 거치게 된다.

이런 단순한 MitM 공격을 물리치기 위해 현대적인 모바일 앱은 **인증서 고정**(certificate pinning)을 사용한다.

6.3.5 포스트맨

마지막으로, **포스트맨 API 플랫폼**은 **포스트맨 세션** 안에서 API 트래픽을 가로채고 표시할 수 있는 역방향 프록시 기능을 제공한다(캡처한 세션을 **포스트맨 세션**에 저장하는 것도 가능하다). 더 나아가서 포스트맨은 크롬 브라우저 안에서 실행되며, 크롬 세션의 트래픽을 포스트맨 안에서 캡처할 수 있는 Interceptor 플러그인도 제공한다. 캡처한 트래픽은 추가 조사나 리플레이, 해킹에 활용할 수 있다.

이렇게 해서 공개된 정보 출처에서 API를 식별하기 위한 수동적 발견 기법들과 식별된 API의 행동을 좀 더 자세히 조사하기 위한 능동적 발견 기법들을 살펴보았다.

6.4 구현 분석

마지막으로, API 서버의 구현에 관한 추가 정보를 수집하는 데 도움이 되는 요령 몇 가지로 이번 장을 마무리하겠다. 호스트 OS와 버전 번호, API 서버가 사용하는 라이브러리와 프레임워크 등의 구현 관련 정보는 API의 역설계에 엄청나게 유용할 수 있다.

6.4.1 지나치게 상세한 오류/디버그 메시지

제일 먼저 살펴볼 구현 관련 정보는 **지나치게 상세한 오류/디버그 메시지**이다. 실제로, 장황하고 상세한 오류 메시지를 통해서 중요한 정보가 유출된 사례가 많다. 실행 중인 프로그램을 디버깅하기 쉽도록, 응용 프로그램 개발자는 프로그램이 다양한 수준의 진단 정보를 출력하게 만든다. 프로그램이 오작동하면 사용자는 프로그램이 출력한 로그를 지원팀에 보내서 분석을 요청한다. 하지만 너무 자세하고 장황한 정보를 로그에 기록하면, 디버깅에 유용한 정보뿐만 아니라 프로그램의 내부 작동 방식과 구현에 관한 세부사항까지 노출될 수 있다.

한 예로, [그림 6.6]은 .NET 기반 웹 앱에서 종종 볼 수 있는 오류 페이지이다.

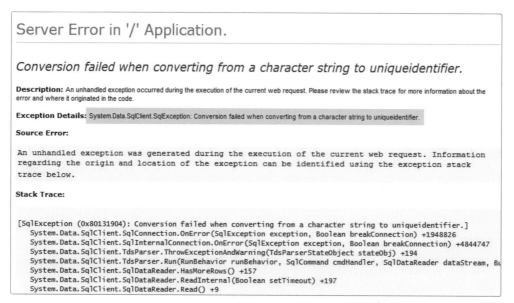

그림 6.6 .NET 기반 ASP.NET 웹 앱의 오류 메시지와 호출 스택 덤프.

이 오류 페이지의 오류 메시지는 **기대한** 자료형(데이터 타입)과 실제로 **제공된** 자료형이 일치하지 않음을 나타낸다. 함수는 UUID 값을 기대했지만, 실제로는 문자열이 주어졌다. 그래서 웹 앱은 오류 메시지와 함께 호출 스택(call stack) 전체를 출력했는데, 여기서 구현 세부사항을 발견할 수 있다. 예를 들어 이 웹 앱은 SQL 기반 데이터베이스를 사용한다. 이런 정보는 공격자에게 매우 유용할 수 있다. 특히, 입력값 조작에 기반한 공격 기법(SQL 주입 등)에 이런 정보가 큰 도움이 된다.

API도 이처럼 필요 이상의 정보를 유출하는 유형의 구현 허점에서 자유롭지 않다. [그림 6.7]의 GraphQL 질의가 좋은 예이다.

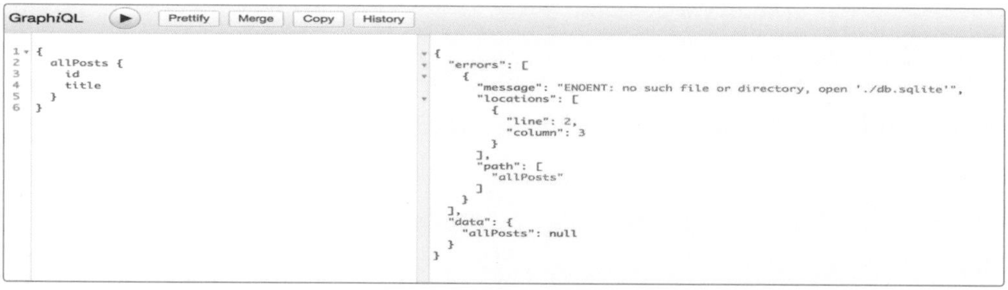

그림 6.7 필요 이상으로 자세한 정보를 제공하는 GraphQL 오류 메시지.

이 예에서 API 백엔드는 내부 오류 때문에 요청을 제대로 수행하지 못했다. 문제는, 클라이언트에 돌려준 오류 메시지에 지역 SQLite 데이터베이스 파일 이름이 들어 있다는 것이다.

6.4.2 OS와 프레임워크 나열

다시 OWASP ZAP의 예로 돌아가서, [그림 6.5]에 나온 ZAP 스캔 결과 화면의 정보들을 자세히 살펴보면 ZAP이 대단히 가치 있는 구현 세부사항을 검출했음을 알 수 있다. [그림 6.8]과 [그림 6.9]는 해당 경보들의 상세 화면이다.

먼저, [그림 6.8]은 대상 시스템이 호스트 OS와 웹 서버에 관한 정보를 노출했음을 말해준다.

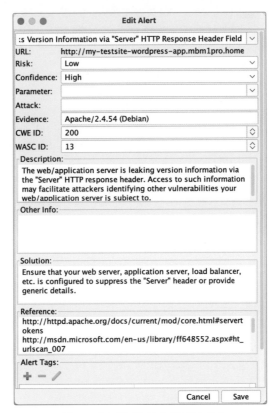

그림 6.8 OS 및 웹 서버 정보의 유출.

또한, [그림 6.9]에서 보듯이 대상 시스템은 해당 웹 앱의 런타임$_{runtime}$이 PHP 버전 7.4.33이라는 구현 정보도 노출했다. 이런 정보는 공격자에게 대단히 유용하다.

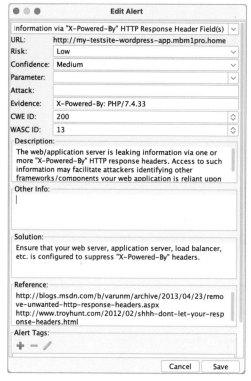

그림 6.9 웹 앱 런타임 정보 유출.

이런 정보는 취약점 데이터베이스에서 대상 시스템에 있을 가능성이 큰 취약점과 그 악용 방법을 빠르게 찾아내는 데 크게 도움이 된다. 지금 예의 경우 공격자는 PHP 7.4.x 버전의 취약점을 찾아볼 것이다.

6.4.3 타이밍 공격과 볼륨 공격

API를 잘 설계한 덕분에 구현이 주요 정보를 의도치 않게 유출하는 일이 없다고 해도, 숙련된 공격자는 API에 과부하를 걸거나 비정상적인 조건에서 API를 작동했을 때 API가 보이는 행동을 분석해서 유용한 정보를 얻어낼 수 있다.

그런 종류의 공격으로 **타이밍 공격**(timing attack)이 있다. 이 공격에서 공격자는 API 요청 및 응답 시간을 측정해서 바탕 구현의 결함이나 비정상적인 측면을 탐지한다. 한 예로, 어떤 사용자 이름에 대해 패스워드 재설정 API 종단점이 상태 코드 401 Unauthorized를 돌려주는 데 걸리는 시간이 평균 200ms이었지만, 또 다른 사용자 이름에 대해서는 평균 시간이 50ms이었다고 하자. 이것이 문외한에게는 별로 의미 없는 정보겠지만, 숙련된 공격자에게는 그렇지 않다. 전자는 해당 사용자 이름이 실제로 사용자 계정 데이터베이스에 있었으며, 사용자 이름과 패스워드의 조합을 확인하기 위해 복잡한 암복호화 관련 함수를 호출해야 했기 때문에 시간이 오래 걸렸고, 후자는 해당 사용자 이름이 데이터베이스에 아예 없어서 패스워드 확인 없이 즉시 응답을 돌려준 것일 수 있다. 즉, 시간 측정 정보를 이용해서 특정 사용자 이름의 등록 여부를 알아낼 수도 있는 것이다.

볼륨 공격(volume attack) 또는 대량 공격은 API가 중요한 정보를 유출하게 만드는 것을 목적으로 대량의 데이터를 API에 쏟아부어 API가 오작동하게 만든다.

6.4.4 BuiltWith나 Wappalyzer 같은 온라인 도구 활용

요즘에는 웹 서비스를 제공하려면 트래픽이나 성능, 서비스 구축에 쓰인 기술 스택을 분석해 주는 서드파티 서비스들이 꼭 필요하다. 웹 서비스나 웹사이트의 주요 아키텍처 및 구성요소들을 식별해 주는 서드파티 서비스로 현재 가장 인기 있는 두 곳은 BuiltWith와 Wappalyzer이다. 그런 세부 정보는 공격자에게 유용할 수 있다.

6.4.5 일반적인 방어 수단 우회

API 기반 시스템의 여러 방어 수단을 공격자가 우회, 회피하는 몇 가지 방법을 살펴보는 것으로 이번 장을 마무리하겠다.

정규표현식 회피

정규표현식(regular expression)은 API 방어에 쓰이는 여러 입력 검증 코드나 필터 기반 방어 솔루션의 기본적인 구성요소이다. 안타깝게도 정규표현식은 상대적으로 복잡하기 때문에 개발자가 실수할 여지가 크다. 그래서 공격자의 악용 대상이 되곤 한다. 원하는 결과(잘못된 입력을 걸러내는 것)가 나오도록 정규표현식을 만드는 것 자체는 크게 어렵지 않지만, 세심한 주의를 기울이지 않으면 올바른 입력까지 걸러내거나, 공격자가 정규표현식 판정을 우회할 수 있는 구멍이 남아 있을 수 있다.

그럼 공격자의 관점에서, 악의적인 페이로드를 만들어서 정규표현식 판정을 우회하거나 무력화하는 방법을 살펴보자. 첫 번째 방법은 무차별 대입 기법을 이용해서, 정규표현식 엔진이 (구현 방식에 따라서는) 점검을 제대로 수행하지 못하거나 아예 죽어버릴 정도로 과도한 계산을 유발하는 입력 데이터를 API에 제출하는 것이다.

좀 더 구체적으로, 이 공격 방법은 정규표현식의 두 가지 기능인 탐욕적 부합(greedy matching)과 역추적(backtracking)을 악용한다. (x+)*y라는 비교적 간단해 보이는 정규표현식을 생각해 보자. 이 정규표현식에 대해 정규표현식 엔진은 다음과 같은 일을 수행한다.

1. 문자 x에 대한 탐욕적 부합을 시도해서, 연달아 나오는 x들을 최대한 많이 찾는다.
2. x가 끝나면 그 뒤에 y가 있는지 판정한다.

만일 일련의 x 뒤에 y가 없으면 부합이 실패한 것이므로, 정규표현식 엔진은 한 글자 뒤로 가서(역추적) 다시 부합을 시도한다. (x+)는 탐욕적 부합이므로, 정규표현식 엔진은 이런 과정을 모든 가능성이 소진될 때까지 수없이 반복한다. 결과적으로 입력 문자열이 길어질수록 부합을 위한 연산 횟수가 기하급수적으로 증가한다. 공격자는 정규표현식과 부합하지 않는 문자열을 입력함으로써 엔진이 계산을 엄청나게 오래 수행하게 만들 수 있다. 입력이 아주 길 필요도 없다. 예를 들어 40자 짜리 문자열도 부합에 몇 년이 걸릴 수 있다. https://regex101.com/ 웹사이트에서 정규표현식 부합 과정을 단계별로 추적해 보면 이해에 도움이 될 것이다.[역주]

이런 방식의 DoS(서비스 거부) 공격은 정규표현식 오남용의 가장 극단적인 형태이다. 이런 접근 방식 외에, 공격자가 입력 데이터를 교묘하게 작성함으로써 필터나 기타 보호 장치를 우회하는 데에도 정규표현식 오남용 기법이 흔히 쓰인다. 정규표현식 판정 우회의 좋은 예들이 깃허브 저장소 attackercan/regexp-security-cheatsheet(https://github.com/attackercan/regexp-security-cheatsheet)에 있으니 참고하기 바란다.

이 접근 방식에는 흔히 다음과 같은 기법들이 쓰인다.

- 입력 문자열에 공백 문자(빈칸과 탭)를 삽입한다. HTML로 인코딩된 값을 넣을 때가 많다.
- 입력 문자열에 대문자와 소문자를 섞는다.
- 캐리지 리턴carriage return 문자와 라인피드line feed 문자 패턴을 조작한다.

이 기법들을 조합해서 사용하면, 부실하게 작성된 정규표현식 패턴들을 우회할 수 있다.

부실하게 작성된 정규표현식 패턴이 어떤 식으로 오남용되는지를 잘 보여주는 사례로는 **제4장**의 §4.2.9 '사례 9: 유명 차량 2종의 원격 접근'에서 이야기한, 유명 차량 2종의 원격 접근 침해

[역주] https://regex101.com/의 REGULAR EXPRESSION 필드에 (x+)*y를, TEST STRING에 xxxay를 입력한 후 왼쪽 내비게이션 바 TOOLS 섹션의 Regex Debugger를 클릭한 후 단계별로 추적해 보기 바란다. ―옮긴이

사고가 있다. 그 사례에서는 이메일 주소의 유효성을 검사하는 정규표현식 패턴이 부실했다. 그래서 끝에 제어 문자들이 추가된 이메일 주소를 제대로 걸러내지 못했다.

문자 인코딩 조작

조금 전에 보았듯이 정규표현식은 교묘하게 만들어진 입력 문자열에 취약할 수 있다. 이 주제는 좀 더 일반적인 인코딩 조작(encoding manipulation)으로 이어진다. 인코딩 우회의 개념은 간단하다. 컴퓨터 시스템은 같은 정보를 여러 형식으로 표현할 수 있다(제1장의 §1.2.5 '인코딩' 참고). 안타깝게도, 공격자는 입력 데이터의 형식을 조작함으로써 입력 점검(정규표현식 판정 등)을 우회하거나, 악성 데이터를 API 백엔드에 주입해서 API를 혼란에 빠뜨린다(다음 장인 제7장에 나오는 여러 주입 공격이 좋은 예이다).

인코딩 조작 기법은 다양하다. 가장 자주 쓰이는 기법 몇 가지를 살펴보자.

▪ 문자열 종료 문자와 공백 문자

컴퓨터 시스템은 내부적으로 이진(binary) 데이터를 처리한다. 하지만 결과를 출력하거나 전송할 때는 이진 데이터를 사람이 읽을 수 있는 텍스트 형식으로 변환한다. 사람이 읽을 수 있는 텍스트 데이터에는 단어와 단어를 구분하기 위한 공백 문자와 문자열 혹은 메시지의 끝을 나타내는 종료 문자가 필요하다. 그런데 컴퓨터 시스템들이 사용하는 공백 문자와 종료 문자는 아주 다양하다. 그래서 공격자가 공백 문자나 종료 문자를 교묘하게 사용해서 만든 악의적인 입력을 API가 받아들일 여지가 충분하다. 예를 들어 캐리지 리턴 문자를 삽입해서 API가 여러 줄의 입력을 받아들이게 하거나, 예기치 않은 문자를 이용해서 문자열이 예상보다 일찍 종료되게 만드는 것이 가능하다. 대표적인 실제 사례로, 공격자가 공격의 증거를 숨기기 위해 로그 파일에 공백 문자를 삽입하는 것과 서버의 보안 관리 기능을 우회하기 위해 추가적인 헤더들을 주입하는 HTTP 헤더 공격이 있다.

흔히 쓰이는 문자열 종료 문자들과 구분 문자들의 목록을 이용해서 악성 데이터를 생성하고 주입하는 공격을 자동화하는 것도 가능하다.

▪ 대소문자 혼합

API 데이터는 일반 텍스트(plain text)인 경우가 많다. 그런 만큼 대소문자 구성에 따른 문제가 발생하기 쉽다. 흔히 API 백엔드 제어 및 보안 수단들이 대소문자를 구분해서 작동한다. 따라서 입력의 대소문자 구성을 바꾸는(모두 소문자로 바꾸거나, 일부를 대문자로 바꾸는 등) 것만으로도 그런 제어 수단이 무력화되기도 한다. 이와 관련한 대표적인 구현 결함은 차단 목록(blocklist) 기능을 대소문자를 구분하는 정규표현식으로 구현하는 것이다. 공격자가 교묘하게 대소문자를 섞어서 만든 문자열은 그런 제어 수단을 통과한다. 이를 통해서 공격자는 대소문자를 구분하지 않는 바탕 시스템을 공격할 수 있다. [역주]

주입 공격(OS 명령 주입, 경로 순회, SQL/NoSQL 주입 등)을 막기 위해 API 백엔드가 사용하는 보호 수단 중에는 이처럼 대소문자 혼합 공격에 민감한 보호 메커니즘이 있을 수 있음을 유념하자.

▪ 인코딩

거부해야 마땅한 데이터를 받아들이도록 API를 속이는 마지막 방법은 다양한 문자 인코딩 방법을 사용하는 것이다. 원리는 대소문자 혼합과 동일하다. API가 갖춘 보호 메커니즘이 특정 방법으로 인코딩된 데이터를 기대한다면, 그와는 다른 방법으로 인코딩한 데이터를 입력해서 오작동을 유도하는 것이다. 이 기법은 <, >, /처럼 스크립트와 관련한 문자들을 걸러내기 위한 필터를 우회하는 데 흔히 쓰인다. 입력을 적절히 인코딩함으로써 공격자는 그런 필터를 우회하고 스크립팅 공격에 취약한 내부 시스템을 악용한다.

버프 스위트의 Decoder 모듈을 이용하면 이런 공격을 손쉽게 시험해 볼 수 있다. 이 모듈은 정규 형식의 데이터를 그와는 다른 형식으로 변환해 준다. [그림 6.10]은 간단한 **XSS**(Cross-Site Scripting; 교차 사이트 스크립팅) 페이로드를 Base64 형식으로 인코딩한 모습이다.

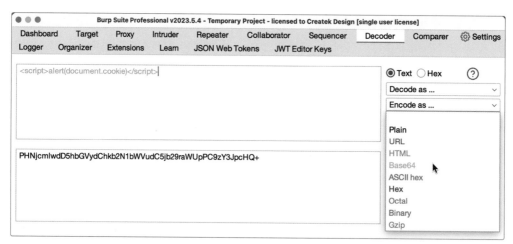

그림 6.10 버프 스위트 Decoder 모듈을 이용한 데이터 인코딩.

[역주] 좋은 예는 웹 앱에서 XSS 공격을 막기 위해 <script가 담긴 사용자 입력을 차단하는 것이다. 대소문자를 구분하는 구현은 이를테면 <SCRipt가 <script와 다르다고 판단하고는 그냥 통과시킨다. 하지만 웹 브라우저의 HTML 엔진은 HTML 태그 이름의 대소문자를 구분하지 않으므로, <SCRipt> ... </SCRRipt>에 담긴 자바스크립트 코드를 실제로 실행한다. —옮긴이

그리고 버프 스위트의 Intruder 모듈로 API를 공격하는 과정에서 페이로드 처리 규칙(payload processing rule)을 이용해서 페이로드 데이터를 다양한 방식으로 변환하는 것도 가능하다. 데이터의 대소문자 구성을 바꾸거나, 접두사/접미사를 추가하거나, 정규표현식을 이용해서 문자열을 치환하거나, 흔히 쓰이는 여러 형식으로 인코딩/디코딩하는 등 다양한 규칙이 있다. 그림 6.11은 페이로드 처리 규칙을 추가하는 모습이다.

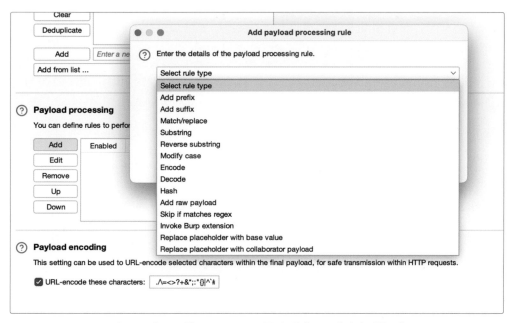

그림 6.11 버프 스위트 Intruder 모듈의 페이로드 데이터 변환 기능.

흔히 입력 필터들은 HTML이나 CSS, 스크립트에 쓰이는 블록 제어 문자들(( ) < > { } [ ] / \ | ; : \ 등)을 걸러낸다. 이들을 URL 인코딩이나 HTML 인코딩으로 변환하면, 해당 문자들을 글자 그대로만 찾는 필터들을 우회할 수 있다.

또 다른 인코딩 기법으로는 API가 기본으로 사용하는 문자 집합(character set)을 명시적으로 다른 문자 집합으로 바꾸는 것이다. 이때 흔히 다음과 같은 HTTP 헤더를 사용한다.

```
Content-Type: text/html; charset=UTF-8
```

입력 필터가 허술하면, 공격자가 다른 문자 집합으로 인코딩한 악의적인 문자가 API 백엔드에까지 도달한다.

인코딩 공격은 일종의 흑마법 같은 것일 때가 많다. 즉, 공격자와 공격 대상의 상대적인 경험치에 따라 성공 여부가 달라진다. 이 주제를 좀 더 공부하고 싶은 독자는 이번 장 끝의 **더 읽을 거리** 절에 좋은 자료가 있으니 참고하기 바란다.

속도 제한

공격자의 관점에서 가장 성가신 API 방어 수단은 바로 속도 제한(rate limiting)이다. API 공격 중에는 여러 번 시도해야 하는 것이 많다. 공격자는 스크립트나 버프 스위트 같은 도구를 이용해서 같은 공격을 여러 번 반복한다. 초보 공격자에게는 안된 일이지만, 정교하지 않은 공격은 API 게이트웨이나 API 구현의 속도 제한 기능이 쉽게 탐지하고 차단할 수 있다.

공격자라면 속도 제한을 피하는 기본적인 기법 몇 가지를 갖출 필요가 있다. 첫 단계는 대상 API에 속도 제한이 걸려 있는지 파악하는 것인데, 방법은 여러 가지이다.

- 해당 API 문서화에서 속도 제한 및 할당량(quota)에 관한 구체적인 사항을 찾아본다.
- API 응답 헤더 중에 흔히 쓰이는 속도 제한 관련 헤더들이 있는지 조사한다(이를테면 `RateLimit-Limit:`, `RateLimit-Remaining:`, `RateLimit-Reset:` 등).
- 상태 코드 `429 Too Many Requests`(너무 많은 요청)가 반환되었는지 확인한다.

속도 제한이 걸려 있음을 확인했다면 우회할 방법을 모색해야 한다. 다음은 속도 제한을 우회하는 데 사용할 수 있는 방법들이다.

▪ 공격 속도 늦추기

속도 제한을 피하는 가장 자명한 방법은 공격 속도를 늦추는 것이다. 어떻게든 제한 속도를 알아냈다면, 공격 도구의 관련 기능을 적절히 이용해서 공격 속도가 제한 속도를 넘지 않게 하면 된다. 예를 들어 버프 스위트에는 작업 사이에 지연 시간을 두거나 그 시간을 점차 늘리는 등의 다양한 옵션이 있다.

출처 헤더 조작

대상 API가 여러 **출처**(origin; 기원) HTTP 헤더를 이용한다면 속도 제한을 우회할 여지가 있다. 출처 헤더들은 클라이언트와 대상 호스트 등 여러 관련 개체들의 IP 주소를 지정한다. 공격 도구의 관련 기능을 이용해서 원격 IP나 클라이언트 IP를 적절히 추가 또는 변경해서 마치 여러 IP에서 요청이 전송되는 것처럼 가장해서 속도 제한을 무력화할 수 있다. 다음은 이런 출처 헤더들의 예이다.

```
X-Originating-IP: 127.0.0.1
X-Forwarded-For: 127.0.0.1
X-Remote-IP: 127.0.0.1
X-Remote-Addr: 127.0.0.1
X-Client-IP: 127.0.0.1
X-Host: 127.0.0.1
X-Forwarded-Host: 127.0.0.1
```

마찬가지로, User-Agent 헤더를 조작함으로써 마치 서로 다른 여러 사용자 에이전트(브라우저)에서 요청을 보내는 것처럼 API를 속일 수도 있다. 설계자들은 악의적인 접근을 철저히 차단하는 것보다는 정상적인 접근이 잘못 차단되지 않게 하는 것을 우선시하는 경향이 있다. 그런 만큼, 속도 제한 로직을 속일 만한 기법이라면 어떤 것이든 속도 제한을 우회하는 데 효과적일 가능성이 크다.

▪ IP 주소 조작

속도 제한을 물리치는 마지막 수단은 클라이언트의 IP 주소 자체를 변조하는 것이다. 가장 쉬운 방법은 프록시 서버나 전 세계의 다양한 곳에 출구 노드(exit node)가 있는 **VPN**(Virtual Private Network; 가상 사설망)을 사용하는 것인데, 이런 용도에 딱 맞는 서비스를 제공하는 저렴한 VPN 제공업체가 많다. 제공업체를 선택할 때는 **명령줄 인터페이스(CLI**, Command-Line Interface)를 제공하는 업체를 선택하는 것이 좋다. CLI가 있으면 스크립트를 이용해서 공격을 자동화하기 편하기 때문이다.

또 다른 옵션은 다수의 클라우드 서버 인스턴스에서 VM을 돌려서 공격을 진행하는 것이다. 대부분의 클라우드 공급업체는 필요에 따라 공인 IP 주소를 갱신하는 기능을 제공한다. 단, 클라우드 VM이나 공인 IP 주소 사용에는 비용이 발생할 수 있음을 주의하자.

공격 도구의 기능을 활용할 수도 있다. API 공격자가 흔히 사용하는 버프 스위트에는 IP Rotate라는 플러그인(https://github.com/portswigger/ip-rotate)이 있다. 아마도 속도 제한을 물리치는 가장 쉽고도 안정적인 수단이 바로 이 플러그인일 것이다. 이 플러그인은 여러 **AWS** 리전region의 게이트웨이를 이용해서 버프 스위트 트래픽을 전 세계 여러 지역으로 순환 재지정한다. [그림 6.12]는 이 플러그인의 설정 화면이다. 모든 리전을 활성화했다.

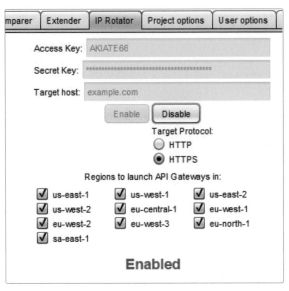

그림 6.12 버프 스위트의 IP Rotate 플러그인 활용.

이번 장 요약

이번 장에서는 공격 대상에 관해 아무것도 모르는 상태에서 대상이 사용하는 데이터베이스 버전을 알아내기까지의 공격 대상 정찰 과정을 살펴보았다. 수동적인 발견 기법들은 주로 구글과 검색 연산자, 그리고 쇼단 데이터베이스를 이용해서 공격이 가능한 대상들을 탐색한다.

능동적인 발견 기법들은 호스트에서 작동하는 API의 구현에 초점을 둔다. 이번 장에서는 실행 중인 API의 행동 방식을 nmap이나 Massscan을 이용해서 조사하는 방법과 OWASP ZAP의 스파이더 스캔으로 풍부한 통찰을 얻는 방법을 이야기했다. 마지막으로, 과도한 정보 노출 취약점을 이용해서 구현의 내부 세부사항에 관한 통찰을 얻는 방법도 살펴보았다. 그런 방법으로 공격자는 호스트 OS와 데이터베이스 등에 대한 좀 더 자세한 사항을 알아낸다.

발견 단계를 철저하게 수행해서 중요한 정보를 얻었다면, 다음으로 할 일은 API를 실제로 공격하는 것이다. 제2부의 마지막 장인 다음 장의 주제가 바로 그것이다.

API 발견을 좀 더 알고 싶다면 다음 자료를 참고하자.

- 13 API Directories to Help You Discover APIs(https://nordicapis.com/13-api-directories-to-help-you-discover-apis/)

구글 검색 연산자와 GHDD를 좀 더 알고 싶다면 다음 자료를 참고하자.

- Google Search Operators - Google Guide(https://www.googleguide.com/advanced_operators_reference.html)
- Google Hacking Database (GHDB) - Google Dorks, OSINT, Recon(https://www.exploit-db.com/google-hacking-database)
- A collection of interesting, funny, and depressing search queries to plug into shodan.io(https://github.com/jakejarvis/awesome-shodan-queries)

nmap을 좀 더 알고 싶다면 다음 자료를 참고하자.

- Nmap Network Scanning(https://nmap.org/book/toc.html)
- Analysing Networks with NMAP(https://owasp.org/www-pdf-archive/Analysing_Networks_with_NMAP.pdf)

모바일 기기의 데이터를 가로채는 방법을 좀 더 알고 싶다면 다음 자료를 참고하자.

- How Certificate Pinning Helps Thwart Mobile MitM Attacks(https://approov.io/blog/how-certificate-pinning-helps-thwart-mobile-mitm-attacks)
- Capture HTTP requests in Postman(https://learning.postman.com/docs/sending-requests/capturing-request-data/capturing-http-requests/)

과도한 정보 노출을 좀 더 알고 싶다면 다음 자료를 참고하자.

- Improper Error Handling(https://owasp.org/www-community/Improper_Error_Handling)
- Security headers(https://docs.42crunch.com/latest/content/extras/protection_security_headers.htm)

흔히 쓰이는 방어 수단을 우회하는 방법을 좀 더 알고 싶다면 다음 자료를 참고하자.

- XSS Filter Evasion(https://cheatsheetseries.owasp.org/cheatsheets/XSS_Filter_Evasion_

Cheat_Sheet.html)

- Exploiting Regular Expressions(https://s0md3v.medium.com/exploiting-regular-expressions-2192dbbd6936)

- Regexp Security Cheatsheet(https://github.com/attackercan/regexp-security-cheatsheet)

- Obfuscating attacks using encodings(https://portswigger.net/web-security/essential-skills/obfuscating-attacks-using-encodings)

- ip-rotate: Extension for Burp Suite which uses AWS API Gateway to rotate your IP on every request(https://github.com/portswigger/ip-rotate)

제07장
API 공격

제6장에서는 공격할 API를 발견하는 데 쓰이는 수동적 기법들과 능동적 기법들을 살펴보았다. 이번 장에서는 능동적으로 API를 공격하고 악용하는 문제로 눈을 돌려서, API의 설계나 구현에 있는 취약점을 악용하는 다양한 방법을 논의한다. 제2부의 핵심 장인 이번 장을 마치면 여러분도 다양한 기법을 이용해서 API를 직접 공격할 수 있게 된다. API를 만드는 사람이 API의 방어 수준을 테스트하는 가장 좋은 방법은 직접 공격해 보는 것이다.

API 보안의 관건은 강력한 인증과 권한 부여이다. 이번 장에서는 먼저 설계와 구현에서 인증 및 권한 부여와 관련한 약점을 찾아서 공격하는 방법을 살펴본다. 퍼징 공격과 무차별 공격은 가장 쉽게 수행할 수 있는 공격 중 하나이다. 자동화된 공격을 통해서 API의 "문을 부수고 들어가는" 방법을 배우게 될 것이다. 그런 다음에는 데이터 기반 공격으로 초점을 돌려서, API가 예상보다 많은 데이터를 받아들이도록 속이는 방법(이는 종종 주입 공격으로 이어진다)과 과도한 정보를 노출하는 API를 찾는 방법을 살펴본다.

그런 다음에는 API의 비즈니스 로직을 악용하기 위한 일반 기법 몇 가지를 살펴본다. 종종 이런 취약점은 방어하기가 몹시 어렵다. 그런 만큼 공격자들이 어떤 식으로 공격하는지 알아둘 필요가 있다. 마지막으로는 흔히 쓰이는 API 방어 수단들을 우회하는 기법 몇 가지를 조사한다.

정리하자면, 이번 장의 주요 주제는 다음과 같다.

- 인증 공격
- 권한 부여 공격
- 데이터 공격
- 주입 공격
- 기타 API 공격

그럼 API 공격에서 가장 매력적인 공격 벡터인 인증 공격부터 시작하자.

7.1 실습 환경 준비

이번 장의 예제를 따라 하려면 독자와 독자의 개발용 컴퓨터가 다음 조건들을 충족해야 한다.

- 도커를 실행할 수 있다.
- VS Code를 실행할 수 있고 VS 마켓플레이스에 있는 다양한 확장 프로그램을 설치할 수 있다.
- 인터넷에 연결되어 있으며, 예제들에 접근하기 위한 깃허브 계정이 있다.

이번 장에는 다양한 언어로 된 여러 예제 코드가 나온다. 이들을 지역(로컬)에서 직접 실행할 수도 있고, 도커 빌드 컨테이너 안에서 실행할 수도 있다. 지역에서 직접 실행하려면 관련 컴파일러와 SDK, 프레임워크를 미리 설치해 두어야 한다.

원서 깃허브 저장소의 Chapter7 폴더에 이번 장의 예제 코드가 있다. 또한, 이 책이 출간된 후에 뭔가 바뀌어서 예제가 제대로 실행되지 않는 경우 수정 방법을 이 저장소에 올리겠다. 해당 폴더의 주소는 https://github.com/PacktPublishing/Defending-APIs/tree/main/Chapter7이다.

7.2 인증 공격

API 보안의 기초는 클라이언트의 신원을 확인하고(인증) 적절한 권한을 부여함으로써(권한 부여) 자원에 대한 접근을 제어하는 것이다. 그런 만큼, 가장 명백하고 널리 쓰이는 공격 방법의 하나가 클라이언트의 신원을 도용해서 인증 제어를 우회하는 것이라는 점이 놀랍지 않을 것이다. 흔히 공격자는 자격증명(credential)을 추측하거나 도용, 위조해서, 또는 인증 로직의 취약점을 악용해서 인증을 통과한다.

7.2.1 안전하지 않은 구현 로직

공격자의 관점에서, 인증 공격의 주된 공격 벡터는 두 가지이다. 하나는 설계상의 약점을 공격하는 것이고, 다른 하나는 구현 로직의 보안상 허점을 악용하는 것이다. 그럼 이들을 차례로 살펴보자.

자격증명 공격

사용자가 사람인(즉, 인증된 사용자가 인간이거나, 또는 OAuth2 클라이언트의 경우처럼 사람이 권한 있는 중개자에게 권한을 위임한 경우) API에서는 거의 대부분의 경우 인증을 위한 자격증명을 사람이 제공해야 한다. 그 지점이 공격자가 접근 권한을 확실하게 탈취할 수 있는 지점이다. 다음은 이를 위한 기법 몇 가지이다.

▪ 자격증명 스터핑

자격증명 스터핑(credential stuffing; 또는 자격증명 채워넣기) 기법은 인터넷에서 수집한 자격증명(주로는 사용자 이름과 패스워드의 조합)들을 이용해서 시스템에 접근하려 한다(흔히 공격자는 소위 **다크넷**darknet이나 기타 해커 암시장에서 자격증명들을 사들인다). 기본적으로 이 기법은 웹사이트마다 다른 패스워드를 사용하는 대신 여러 웹사이트에 같은 패스워드를 사용하는 사람이 많다는 점을 이용한 것이다. 패스워드 재사용 경향 때문에, 한 웹사이트에 유출된 패스워드를 이용해서 다른 사이트에도 로그인할 수 있을 때가 많다.

자격증명 유출 사고가 자주 일어나는 데다가 사고 후 얼마 지나지 않아 암시장에 매물로 나오는 만큼, 쓸 만한 자격증명 목록을 구하는 것이 점점 쉬워지고 있다. 그래서 공격자에게 이 기법은 진입 장벽이 상당히 낮다. 대단히 큰 단어 목록을 이용하면 자격증명 스터핑에 성공하기가 어렵지않다. 자격증명 공격을 실행할 때 공격자는 흔히 분산 네트워크나 봇넷botnet을 이용한다. 대상 사이트의 침입 감지 시스템(IDS)을 피하기 위해서이다.

방어자의 관점에서 자격증명 스터핑 공격을 완화하는 방법은 여러 가지이다.

- **다중 요소 인증**(multi-factor authentication, MFA)을 사용한다. 특히, **스텝업 인증**(step-up authentication) 프로세스의 일환으로 MFA를 사용하는 것이 바람직하다(스텝업 인증은 민감한 연산을 수행하거나 새로운 기기로 처음 접근할 때 MFA 같은 좀 더 엄격한 인증을 요구하는 것을 말한다).
- 이메일 주소를 모니터링해서 침해 징후를 검출한다. 주요 침해 사고에서 유출된 이메일들을 모니터링해주는 서드파티 서비스들이 있다.

- 봇의 접근을 능동적으로 모니터링한다. 자격증명 스터핑 공격에는 흔히 봇이 쓰인다는 점에서 이 기법이 유효하다.
- IP 주소 대역에 대한 평판(reputation) 점수를 이용해서 클라이언트의 IP 주소를 모니터링한다. 자격증명 스터핑 공격은 잘 알려진 IP 주소 대역을 가진 소위 '봇 팜bot farm' 혹은 '서버 팜server farm'에서 시도된다는 점에서 이 기법이 유효하다.

많은 경우 자격증명 스터핑이 가장 성공적인 자격증명 공격 기법일 가능성이 크다. 성공 확률을 높이려면 공격자는 사용자 이름과 패스워드 목록으로 사용할 좋은 자원을 확보하고 갱신해야 한다.

■ 패스워드 스프레잉

자격증명 스터핑은 침해 사고에서 유출된 자격증명들을 사용하지만, 패스워드 분사 혹은 **패스워드 스프레잉**password spraying 기법은 흔히 쓰이는 사용자 이름과 패스워드들을 조합해서 유효한 자격증명을 추측한다(제5장의 §5.2.4 'API 종단점 퍼징'에서 이를 위한 퍼징 도구와 기법을 논의했다). 패스워드 스프레잉 공격은 단어 목록으로부터 자격증명을 만든다는 점에서 단어 사전 공격(dictionary attack)과 비슷하되, 적은 수의 패스워드들을 최대한 많은 수의 사용자 이름과 조합한다는 점이 특징이다. 이는 무차별 대입 공격을 막기 위한 보호 메커니즘이 발동할 가능성을 최소화하기 위한 것이다.

패스워드 스프레잉 공격에서는 다수의 사용자 이름을 훑으면서 각 사용자 이름에 대해 적은 수의 패스워드를 시도한다. 사용자당 시도 횟수가 적기 때문에 해당 사용자 계정이 잠길 가능성이 작다. 패스워드 스프레잉 공격을 위해서는 공격자가 대상 사이트를 정찰해서 최대 비밀번호 실패 횟수와 재시도 금지 시간을 잘 파악해야 한다.

버프 스위트의 **Intruder** 모듈 같은 도구를 이용하면 패스워드 스프레잉 공격을 아주 편하게 진행할 수 있다. HTTP POST 메서드로 사용자 이름과 패스워드를 받는 /login이라는 API 종단점을 공격한다고 하자(그림 7.1).

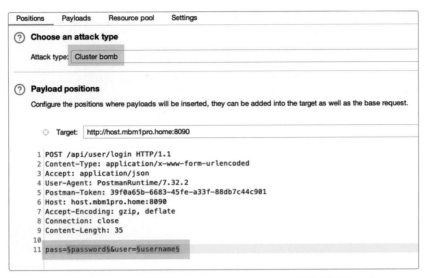

그림 7.1 버프 스위트의 Intruder로 API 로그인 종단점을 공격하는 예.

이 예는 사용자 이름과 패스워드가 요청 본문에 담긴다고 가정한다. 버프 스위트 Intruder는 설정된 방식으로 생성한 패스워드와 사용자 이름을 요청 본문의 §password§와 §username§에 대입한다.

그럼 자격증명 스프레잉을 위한 페이로드들을 설정하는 방법을 살펴보자. 먼저, [그림 7.2]는 스프레잉에 사용할 패스워드들을 담은 페이로드를 설정하는 모습이다.

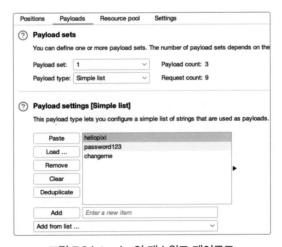

그림 7.2 Intruder의 패스워드 페이로드.

다음으로, [그림 7.3]은 사용자 이름들을 담은 페이로드를 설정하는 모습이다.

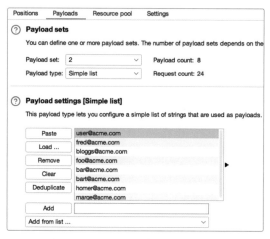

그림 7.3 Intruder의 사용자 이름 페이로드.

여기서 주목할 점은, 사용자 이름은 많지만 패스워드는 몇 개 되지 않는다는 것이다. 이것이 패스워드 스프레잉 공격의 특징이다. 이제 남은 일은 Intruder의 **클러스터 폭탄**(cluster bomb) 모드를 이용해서 스프레잉 공격을 시작하는 것뿐이다(클러스터 폭탄 모드는 주어진 사용자 이름과 패스워드의 모든 가능한 조합을 시도하는 것이다). [그림 7.4]에 공격 결과가 나와 있다.

```
●●●          18. Intruder attack of http://host.mbm1pro.home:8090 - Temporary attack - Not saved to project file
Results    Positions    Payloads    Resource pool    Settings

Filter: Showing all items                                                                                  ⑦

Request ∧        Payload 1              Payload 2            Status code   Error   Timeout   Length      Comment
1           hellopixi             user@acme.com          200        ☐        ☐       1100
2           password123           user@acme.com          401        ☐        ☐       255
3           changeme              user@acme.com          401        ☐        ☐       255
4           hellopixi             fred@acme.com          401        ☐        ☐       255
5           password123           fred@acme.com          401        ☐        ☐       255
6           changeme              fred@acme.com          401        ☐        ☐       255
7           hellopixi             bloggs@acme.com        401        ☐        ☐       255
8           password123           bloggs@acme.com        401        ☐        ☐       255

Request    Response                                                                                        ⋮

Pretty   Raw   Hex   Render                                                                           🗐  \n  ≡

1 HTTP/1.1 200 OK
2 X-Powered-By: Express
3 Content-Type: application/json; charset=utf-8
4 Content-Length: 891
5 ETag: W/"37b-QfyASMMN2FUONYEI4pqDOW4K+Y4"
6 Date: Sun, 28 May 2023 15:51:27 GMT
7 Connection: close
8
9 {
    "message":"success",
    "token":
    "eyJhbGciOiJSUzM4NCIsInR5cCI6IkpXVCJ9.eyJ1c2VyX3Byb2ZpbGUiOnsiX2lkIjoiNDk3NGQ5ZDAtZGFiYi00NzkxLTkyNDctNTA
    wYmE1ZTJmZjJiIiwiZW1haWwiOiJ1c2VyQGFjbWUuY29tIiwicGFzc3dvcmQiOiJoZWxsb3BpeGkiLCJuYW1lIjoiUGl4aSBVc2VyIiwi
    YWNjb3VudF9iYWxhbmNlIjoxMDAwLCJpc19hZG1pbiI6ZmFsc2UsIm9uYm9hcmRpbmdfZGF0ZSI6IjIwMjMtMDUtMjJUMTU6MzU6MDkuN
    Tg1WiJ9LCJpYXQiOjE2ODUyODkwODcsImV4cCI6MTY4NTI5MDg4NywiYXVkIjoic0l4aVVzZXJIiwiaXNzIjoiaHR0cHM6Ly9pc3N1ZX
    IuNDJjcnVuY2guZGV2tbyIsInN1YiI6InVzZXJAYWNtZS5jb20ifQ.XLIabBW1X_Q0nq4nMyxrCSammv0mNlbLrbjaLxDe6v5Hm8wKKhge
    lJc2dNl-wPsbzxe2HDhayfpnjZqeWzcbzr0ZfGYsmEqDijBW1DotKb11dq6mHlpWUqQKdmi0fyFT-Ip-Rp51jmxMfSGgYPtlgHtWPg98I
    nhrK_OD1YQ7en0KchThdITK4KCGAAMUa21rniWVdQK3_EbCNVQ7n7ciLn018ahEvRFTHlbvmmE1Z-zoI_iRC586iT7maEUc2iIOuvKUhr

⑦⑳ ← →  🔍 Search...                                                                            0 matches

Finished ▓▓
```

그림 7.4 클러스터 폭탄 모드로 시행한 패스워드 스프레잉 공격의 결과.

결과를 상태 코드로 정렬하면, 로그인에 성공한 사용자 이름/패스워드 조합이 바로 드러난다. 해당 결과의 응답 본문을 보면 접근 토큰이 있다. 이 토큰으로 추가 공격을 시도하면 된다.

버프 스위트의 Intruder 모듈은 요청과 요청 사이의 시간을 설정하는 기능도 제공한다. 이는 무차별 대입 공격 방어 장치의 발동을 피하는 데 도움이 된다. [그림 7.5]는 Intruder의 지연 시간을 설정하는 화면이다.

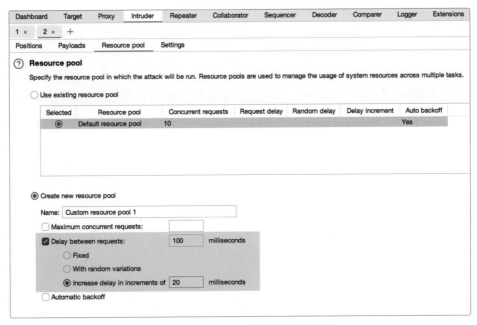

그림 7.5 Intruder 공격 지연 시간 설정.

그밖에 **Burp Password Spray**라는 버프 스위트 확장 프로그램도 있다. 이 확장 프로그램은 접근 차단(lockout) 재설정 시간에 맞게 지연 시간을 추가하는 데 도움이 된다.

▪ 무차별 대입

마지막으로 살펴볼 자격증명 공격 기법은 이전 기법들보다 훨씬 거친 방법인 **무차별 대입**(brute force) 공격이다. 이 방법은 (대단히) 많은 사용자 이름과 패스워드가 담긴 단어 목록들을 이용해서, 모든 가능한 자격증명 조합으로 로그인을 시도한다. 무차별 대입 공격은 앞에서 본 것처럼 버프 스위트 Intruder의 클러스터 폭탄 모드로 시도할 수도 있고, 아니면 **wfuzz**나 **Gobuster** 같은 무차별 대입 전용 도구로 시도할 수도 있다.

키 기반 공격

키key는 클라이언트의 신원을 나타낸다는 점에서 토큰과 용도가 비슷하다(토큰 공격에 관해서는 이번 장 끝 더 읽을거리 절의 자료를 참고하기 바란다). 아주 간단히 말하면 키는 사용자 이름/패스워드 조합을 대신하는 정보 조각이다. 그런데 키는 토큰보다 수명이 더 길고 접근 범위가 더 넓은 경향이 있다. 그래서 API 해커에게 좋은 공격 벡터가 된다.

▪ 하드코딩된 키

가장 쉬운 키 기반 공격은 아마도 응용 프로그램의 설정 파일이나 이진 파일에 하드코딩된 키를 찾아내는 것이다. 응용 프로그램을 개발하는 도중에 쓰인 개발 환경용 키를 개발자가 실수로 최종 배포판에 남겨두는 안타까운 사고가 종종 발생한다. 가장 좋은 방법은 키 보관소(key vault) 서비스를 이용해서 키를 안전하게 배포하고 관리하는 것이지만, 소프트웨어 개발의 다른 여러 모범관행처럼 개발자들이 이런 관행을 항상 엄격하게 지키지는 않는다. 하드코딩된 키로 모바일 앱을 침해하는 방법을 잘 보여주는 사례를 **제4장**의 §4.2.3 '사례 3: 수제 맥주 양조 앱'에서 소개했다. 그 사례의 앱에는 키가 하드코딩되어 있었고, 공격자는 간단한 디버깅 도구를 이용해서 별 어려움 없이 키를 찾아냈다.

▪ 유출된 키

두 번째로 살펴볼 키 기반 공격 벡터는 유출된 키(leaked key)이다. 앱에 키가 하드코딩되어 있다면, 코드 저장소에 그 키가 커밋되었을 가능성도 있다. 실제로 쓰이는 키를 소스 코드 저장소에 커밋하는 것은 하나의 안티패턴이다. 실수로 키를 코드 저장소(또는 문서화 원본)에 커밋했는데 하필이면 그 코드 저장소의 접근 제어가 부실하다면, 권한 없는 누군가가 키에 접근할 가능성이 있다. 특히, 소스 관리 시스템이나 문서화 시스템은 콘텐츠를 모든 사람에게 공개하는 경우가 흔하다. 그런 곳에 키를 커밋해 버렸다면 누구나 키에 접근할 수 있게 된다. 또한, CI/CD 플랫폼 같은 서드파티 시스템이 의도치 않게 키를 유출할 수도 있고, 회사에 불만을 품은 직원이나 기타 관련자가 고의로 키를 탈취해서 유출할 수도 있다.

공격자에게 유출된 키는 API에 접근하기 위한 최상의 공격 벡터 중 하나이다. **제5장**의 §5.2.2 'API 키 찾기'에서 API 키를 발견하는 데 쓰이는 도구와 기법을 소개했다.

▪ 약한 키

약한(보안 강도가 낮은) 패스워드가 무차별 대입에 취약한 것과 마찬가지 이유로 약한 키 역시 무차별 대입이나 그와 비슷한 크래킹 공격에 취약하다. 흔히 사람들은 패스워드를 외워서 사용하기 때문에, 최적의 보안에 바람직하다고 간주되는 것보다 패스워드가 훨씬 짧고 간단할 때가 많다. 반면에 키는 흔히 클라이언트에 저장되며 사람이 외울 필요가 없으므로 얼마든지 길고 복잡해도 된다. 하지만 키 생성 과정의 약점 때문에 여전히 공격자가 공격할 수 있는 약한 키들이 만들어진다. 약한 키로는 너무 짧은 키(12자 미만의 키도 여전히 쓰이고 있다)와 엔트로피가 낮은(즉, 충분히 무작위하지 않은) 키를 들 수 있다. 그리고 종종 예측 가능한 키가 쓰이기도 한다.

키(또는 토큰)를 받는 API 종단점을 발견했다면, 일단 시도해 볼 만한 공격은 무차별 대입으로 키를 알아내는 것이다. 그러려면 우선 해당 키가 무차별 대입에 당할 정도로 약한지부터 파악하는 것이 바람직하다. 이 작업에 이상적인 도구가 버프 스위트 **Sequencer** 도구(https://portswigger.net/burp/documentation/desktop/tools/sequencer)이다. 이 도구는 100개 이상의 키들로 이루어진 키 표본을 수학적으로 분석해서, 무작위성, 엔트로피, 상관관계 같은 여러 요인으로 키의 품질을 평가한다. 한 예로, /register라는 API 종단점이 몇 개의 신원 클레임(§2.4)이 있는 JWT를 돌려준다고 하자. [그림 7.6]은 이 종단점에서 얻은 일단의 토큰들을 Sequencer로 분석한 결과이다.

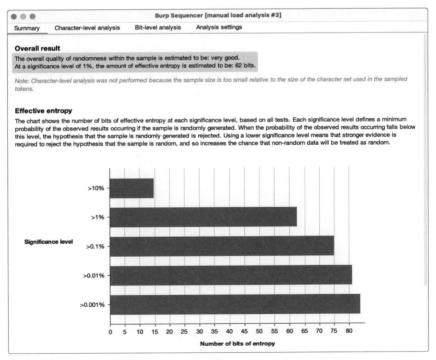

그림 7.6 버프 스위트 Sequencer를 이용한 토큰 무작위성 분석.

그림에서 보듯이 이 토큰들의 전반적인 무작위성 품질은 아주 좋다. 이는 무차별 대입 공격으로 이 토큰들을 공략하기가 어렵다는 뜻이다. 만일 Sequencer가 어떠한 패턴이나 반복된 수열을 발견했다면, 무차별 대입으로 공격하기에 적합한 지점을 문자 수준 분석으로 찾아내서 제시할 것이다. 그러면 버프 스위트 Intruder나 wfuzz(**제5장**의 §5.2.4 'API 종단점 퍼징'에서 다루었다) 같은 무차별 대입 도구로 공격을 시도하면 된다.

■ **키 순환 부족**

원래 키는 손쉽게 만들고 사용한 후 폐기하는 일회용 아이템이다. 그런데 항상 '폐기'가 문제이다. 키를 이진 파일에 하드코딩해 버리면 유출 시 키를 교체하기가 어렵다. 능숙한 공격자들을 무효화(revoke; 해지)되지 않은 키들을 항상 찾아본다. **제5장**의 §5.2.2 'API 키 찾기'에서 공개 저장소들에서 API 키를 수집하는 여러 기법을 소개했다. 그런 식으로 얻은 키들을 대상 API에 직접 시험해서 검증할 수도 있고, **Trufflehog** 같은 도구를 이용할 수도 있다. 이 도구는 주어진 키가 여전히 유효한지 확인해준다.

키 대 토큰

API 인증 및 권한 부여의 맥락에서는 **키**라는 용어와 **토큰**이라는 용어를 종종 같은 뜻으로 사용한다. 하지만, 비록 그 둘의 용도가 비슷하긴 해도 미묘한 차이가 있음을 알아둘 필요가 있다.

일반적으로 키는 사용자 이름/패스워드 조합을 대신해서, 클라이언트의 신원을 서버에 알려주는 역할만 한다. 보통의 경우 키는 클라이언트가 서버의 어떤 서비스에 접속하는 데 쓰이며, 클라이언트가 소유한 데이터나 레코드, 기타 자원에 접근할 때는 쓰이지 않는다. 한 예로, GIF 이미지 공유 서비스인 *Giphy*의 사용자는 키를 통해서 자신의 신원을 *Giphy* 서비스에 증명한다. 키가 유효하면 *Giphy* 서비스는 접근을 허락한다. 그러나 *Giphy* 서버의 구체적인 자원에 대한 접근까지 허락된 것은 아니다.

토큰도 신원을 증명하는 용도로 쓰이지만, 추가적인 **클레임**들을 포함할 수 있다는 점이 다르다. 클레임은 토큰 소지자에 관한 정보 조각으로, 이를테면 소지자의 신원, 접근 권한, 범위, 만료 시간 등의 클레임들이 토큰에 포함된다. 사용자가 서버의 자원(이를테면 문서)에 접근하려 하면, 서버는 토큰의 클레임에 담긴 권한 정보를 해당 사용자에 부여된 권한과 비교해서 자원 접근을 허락하거나 거부한다.

일반적으로 키는 토큰보다 가볍다(애초에 키는 쉽게 발급하고 쉽게 폐기하기 위한 것이며, 만료 시간이 없다). 반면에 토큰은 더 많은 데이터를 포함하며, 안전한 생성 및 배포 체계(이를테면 OAuth2)를 이용해서 보호해야 한다.

단, 이번 장의 논의에서는 특별한 언급이 없는 한 키와 토큰을 엄밀하게 구분하지 않는다. 이번 장에 나오는 키 공격 방법들은 대부분 토큰을 공격하는 데에도 사용할 수 있고, 그 역도 마찬가지이다.

토큰 기반 공격

JWT는 API의 기본 구성요소인 만큼, 야심 있는 API 공격자가 노릴 만한 명백한 공격 지점이다. 그런데 JWT를 생성해서 안전하게 사용하기가 비교적 복잡한 탓에, 개발자가 JWT 처리를 안전하지 않게 구현하는 경우가 많다. 그런 구현은 쉽게 악용된다. 이번 절에서는 가장 일반적인 JWT 공격 기법 몇 가지를 살펴본다. JWT의 기본 사항이 잘 기억나지 않는다면 **제2장**의 §2.4 'JWT를 이용한 클레임 및 신원 확인'을 참고하기 바란다.

어떤 방법으로 JWT를 공격하든, 제일 먼저 할 일은 JWT들을 캡처해서 조사하는 것이다. 버프 스위트의 확장 프로그램 중에는 이 작업에 아주 적합한 것이 하나 있다. [그림 7.7]은 버프 스위트에서 **JSON Web Token** 확장 프로그램을 사용하는 모습이다.

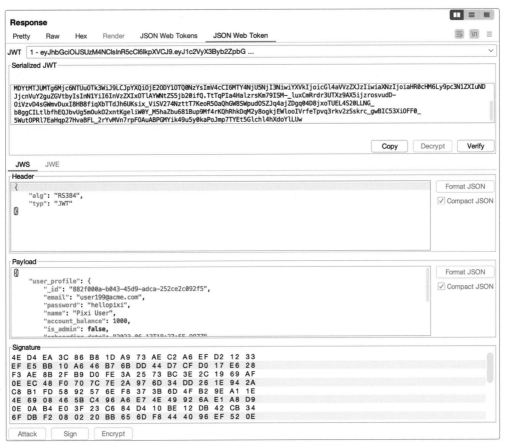

그림 7.7 버프 스위트의 JSON Web Token 확장 프로그램.

이렇게 얻은 정보를 대상 API에서 JWT를 가로채고 수정하는 능력과 결합하면 API를 공격하는 다양한 방법이 가능해진다. 그럼 토큰 기반 공격 방법 몇 가지를 살펴보자. 쉬운 것부터 시작해서 점차 어려운 것으로 나아가겠다.

▪ 검증 누락

운 좋은 공격자는 JWT의 무결성을 아예 검증·확인하지 않는 API 구현을 만나기도 한다. 클라이언트가 보낸 JWT를 받은 API 백엔드의 정상적인 수순은 먼저 서명을 확인한 후에야 페이로드를 복호화하는 것이다. 무결성을 확인하지 않고 무작정 토큰의 내용을 신뢰해서는 절대로 안 된다. 안타깝게도 종종 개발자들은 이러한 확인 단계를 제대로 구현하지 않거나 아예 빼먹고는 JWT의 페이로드를 무작정 믿고 처리한다(기억하겠지만 페이로드는 전송 도중에 누군가가 변조할 수 있으며, 변조 여부는 서명으로 확인할 수 있다). 개발자의 구현 실수에는 JWT 클라이언트 라이브러리의 비일관성도 어느 정도 책임이 있다. 디코딩을 위한 decode() 메서드에서 서명도 함께 확인하는 라이브러리가 있는가 하면, 서명 확인을 위해서는 verify() 같은 개별 메서드를 호출해야 하는 라이브러리도 있다.

공격자의 관점에서 손상된 구현을 확인하는 것은 쉽다. 그냥 공격 도구로 변조한 JWT를 API가 불평 없이 받아들이는지 보면 된다. 만일 받아들인다면 서명을 제대로 검증하지 않는 API를 발견한 것이다.

▪ None 공격

검증 누락과 연관된 공격으로 소위 None 공격이 있다. 이것은 개발자가 JWT 생성 프로세스에서 서명 단계를 의도적으로 생략한 경우이다. 개발자가 서명 단계를 생략하기 위해 서명 알고리즘 관련 매개변수에 설정하는 값이 None이라서 'None 공격'이라는 이름이 붙었다. 토큰의 무결성을 다른 수단(이를테면 외부 서명)으로 확인하는 경우에는 서명 알고리즘을 '없음(none)'으로 지정하는 것이 말이 된다. 하지만 안타깝게도 그런 경우가 아닌데도 alg=None으로 설정하는 사례가 종종 발견된다. 실제로, 이 취약점에 의한 실제 침해 사고를 추적하는 전용 웹사이트도 있다. 바로 https://www.howmanydayssinceajwtalgnonevuln.com/이다.

다음은 실제로 서명 알고리즘이 None으로 설정된 JWT 토큰의 예이다. 디코딩된 결과를 보면 확인할 수 있다.

그림 7.8 서명 알고리즘이 없는 JWT.

먼저, JWT의 셋째 섹션에 아무것도 없다는 점에 주목하자. 서명된 JWT에는 둘째 마침표 다음에 서명이 있다. 이처럼 서명이 없는 토큰을 네트워크 트래픽에서 검출하는(버프 스위트나 프록시 도구를 이용해서) 것은 아주 쉬운 일이다.

JWT를 복호화/디코딩한 결과를 보면 문제가 좀 더 확실하게 드러난다. "alg": "none"은 서명 알고리즘이 없음을 말해준다. 그리고 Signature = ""에서 보듯이 실제로 서명이 아예 없다. 더 나아가서 버프 스위트는 서명이 유효하지 않다는 경고 메시지도 표시한다. 이런 토큰을 발견한 공격자는 얼마든지 토큰의 내용을 수정해서 다시 보낼 수 있다. [그림 7.8]의 페이로드에서 "role": "admin"은 관리자 권한을 얻기 위해 공격자가 임의로 추가한 필드이다.

▪ 알고리즘 전환 공격

알고리즘 전환 공격(algorithm switch attack)은 대칭 암호와 비대칭 암호(**제1장**의 §1.2.2 '암복호화' 참고)에 대한 흔한 오해(그리고 JWT 라이브러리의 구현상의 결함)에서 비롯한 취약점을 공략한다. 대칭 암호를 이용한 서명에서는 하나의 키로 서명을 생성하고 확인한다. 반면에 비대칭 암호에서는 개인 키로 서명하고 공개 키로 확인한다.

알고리즘 전환 공격은 클라이언트 라이브러리의 확인 메서드를 속여서, 공개 키(RS256 같은 비대칭 알고리즘에 쓰이는)를 대칭 알고리즘(HS256 등)을 위한 키로 사용하게 만든다. 공개 키는 말 그대로 공개된 키이므로 공격자가 이미 알고 있다. 공격자는 공개 키로 토큰에 서명하고는 클라이언트가 서명 확인 과정에 그 키를 사용하게 만든다.

▪ JWT 헤더 매개변수 주입

일반적으로 JWT의 헤더에는 alg 필드와 typ 필드가 있다. 그런데 그 밖에도 관련 매개변수들을 설정할 수 있는 필드들이 더 있다. 특히 키와 키 집합(keyset)에 관련된 매개변수들이 중요한데, 예를 들어 jwk는 JSON 객체를 하나의 키로 지정하고 jku는 키들을 얻을 수 있는 URL을 지정한다. 이 키의 값 또는 그 값을 참조하는 필드는 외부에서 지정하는 것이므로, 공격자가 디렉터리 경로 순회 같은 기법을 이용하거나 버프 스위트에서 키 치환 공격을 수행해서 키를 수정할 여지가 존재한다.

예를 들어 kid는 키 ID를 지정하는 필드인데, 다음 예에서는 지역 파일을 키 ID로 지정했다. 공격자가 직접 서명한 키 파일을 이런 식으로 지정할 수 있음을 주목하자.

```
{
    "kid": "../../my/bad/path",
    "typ": "JWT",
    "alg": "HS256",
    "k": " NazJZBuNhQ5DBHW0APemqQ"
}
```

이것은 수행하기가 꽤 복잡한 유형의 공격이므로, 좀 더 알고 싶은 독자는 추가 자료를 찾아보기 바란다. 이를테면 PortSwigger의 https://portswigger.net/web-security/jwt가 좋은 출발점이 될 것이다.

▪ JWT 키 크래킹

마지막으로 살펴볼 JWT 공격 방법은 토큰 서명에 쓰인 키 자체를 무차별 대입 기법으로 알아내는 것이다. 대체로 비대칭 알고리즘(RS256 등)은 키가 상당히 길다(1,024비트 이상이다). 따라서 이 방법으로는 깨기 어렵다. 하지만 대칭 알고리즘(HS256 등)의 경우에는 개발자가 엔트로피가 높은(더 긴) 키 대신 짧고 기억하기 쉬운 패스프레이즈passphrase(비밀구절) 사용하기도 한다. 그런 키는 패스워드를 알아내는 데 사용하는 것과 사실상 같은 방법으로 알아낼 수 있다.

예를 들어 `jwt_tool`(제5장 참고)로 단어 목록에 기반한 무차별 대입 공격을 JWT에 적용해서 서명 키를 파악하는 것이 가능하다. 일단 키를 알면 그 키로 서명을 하면 되므로 JWT의 페이로드를 얼마든지 마음대로 조작할 수 있다. 단어 목록 기반 공격의 관건은 좋은 단어 목록을 찾는 것이다. 웹에서 구할 수 있는 단어 목록 중에는 철 지난 것들이 많다.

이 공격 벡터를 주의할 필요가 있긴 하지만, 긴 키를 사용하면 크래킹하는 데 비현실적일 정도로 시간이 오래 걸리므로(8~9자만 되어도 단순한 무차별 대입 공격에 수백 일이 걸린다) 공격 성공 확률이 극도로 작아진다는 점도 기억하기 바란다.

7.2.2 설계상의 약점 공략

마지막으로, API 설계에서 흔히 볼 수 있는 인증 관련 약점 몇 가지를 짚고 넘어가자.

약한 재설정 절차

API 키의 순환(rotation)과 관련한 문제점과 공격자가 그것을 공격해서 API를 침해하는 방법을 제3장에서 언급했었다. 키의 순환과 관련해서, API 기반 플랫폼에서 사용자가 패스워드를 재설정하는 절차에도 공격자가 악용할 만한 취약점이 있을 수 있다. 공격자는 API 자체를 공격하는 대신 사용자의 신원을 도용해서 접근 권한을 얻고 사용자 계정을 침해한다.

공격의 첫 단계는 최종 사용자가 패스워드를 재설정하는 절차를 파악하는 것이다. 이 절차에는 흔히 사용자의 이메일이 관여한다. 서비스는 새 패스워드나 패스워드 재설정 링크를 담은 이메일을 사용자의 이메일 주소로 보낸다. 공격자는 테스트용으로 만든 사용자 계정을 이용해 이 절차의 세부사항을 검토하고 취약점을 파악한다. 서비스가 새 패스워드를 만들어서 보내는 경우, 다음번 로그인에서 패스워드 재설정이 강제되는가? 서비스가 만든 패스워드들에 예측 가능한 패턴이 존재하지는 않는가?

재설정 링크를 보내는 경우에는 링크 URL을 자세히 살펴볼 필요가 있다. 다음 예를 보자.

```
https://www.acmecorp.com/forgot_password.php?user_id=0001&token=66001
```

이 예에는 명백한 공격 벡터가 몇 개 있다. 우선, 사용자 ID를 다른 것으로 바꾸어서 다른 사용자의 계정을 탈취할 수 있는지 확인해 봐야 할 것이다. 둘째로, 토큰이 추측할 수 있는, 따라서 오남용이 가능한 값인지도 확인해 봐야 한다.

어떤 서비스들은 SMS나 음성 통화로 PIN 코드를 전송해서 패스워드 재설정 절차를 시작하기도 한다. 이 경우에도 공격자는 (시험용 계정으로) 토큰을 가로채서 토큰이 예측 가능한 형태인지, 재사용할 수 있는지, 만료 시간이 있는지, 속도 제한이 적용되는지 등을 파악한다.

제4장의 §4.2.10 '사례 10: 스마트 체중계'에서 패스워드 재설정 절차의 결함과 관련한 사례를 소개했다. PIN이 예측 가능한 형태였기 때문에 공격자가 임의의 계정을 탈취할 수 있었다.

비보안 전송

API 공격자에게 가장 손쉬운 먹잇감은 비보안(insecure) 전송 채널을 통해서 클라이언트와 정보를 주고받는 API이다. 다음은 이와 관련해서 공격자가(따라서 방어자도) 주시해야 할 구현상의 약점들이다.

- **비보안 전송을 허용한다**: 대부분의 API는 **TLS**(Transport Layer Security; 전송 계층 보안)를 이용해서 암호화된 트래픽을 전송하지만, 비보안 채널로도 같은 자원에 접근할 수 있는 경우가 없지 않다. 공격자는 HTTPS 대신 HTTP로 API 종단점에 접근해 보아야 한다.
- **민감한 데이터를 URL에 담아서 보낸다**: 가장 흔한 API 구현 약점 중 하나는 민감한 데이터를 URL에 담아서 전송하는 것이다(특히 GET 요청을 통해서). TLS를 사용한다고 해도, URL의 질의 매개변수들은 전송 도중에 중간 호스트들에서 볼 수 있다. 심지어는 로그 파일에 계속 보관될 수도 있다. 읽기 연산(보통의 경우 GET 메서드로 요청된다)에 민감한 데이터가 필요하다면, 해당 종단점에 POST 메서드를 사용하고 민감한 데이터는 URL이 아니라 요청의 본문에 담도록 해야 한다.
- **약한 암호화 메커니즘**: 공격자는 암호화된 것으로 보이는 데이터를 주시해서 혹시 약한 알고리즘으로 암호화되지는 않았는지, 키를 크래킹할 수는 없는지, 키가 노출되지는 않았는지를 확인해 보아야 한다.
- 전송 보안에 약점이 있는지는 **SSL Server Test**(https://www.ssllabs.com/ssltest/) 같은 서드파티 도구를 이용해서 손쉽게 점검할 수 있다.

속도 제한 부재

공격자가 API를 공격하는 가장 쉬운 방법은 무차별 대입이다. 무차별 대입 기법은 자격증명을 추측하거나, 암호화 키를 파악하거나, 서비스 거부(DoS) 공격을 수행하는 등 다양한 용도로 쓰인다. 무차별 대입의 기본적인 방어 수단은 속도 제한이다. 그런데 속도 제한이 개념상으로는 간단하지만 개발자가 제대로 구현하지 못하는 경우가 드물지 않다. 그런 만큼 공격자는 항상 무차별 대입 공격을 시도해 보아야 한다. 방어자의 관점에서 속도 제한을 제대로 구현하는 문제는 **제3부 'API 방어'**(특히 제9장)에서 좀 더 이야기한다.

알아 두어야 할 주요 용어

이 책에 등장하는 API 공격 관련 용어들이 다소 생소한 독자도 있을 것이다. 그런 독자들을 위해 주요 용어를 간단히 정리하겠다.

- **부채널 공격**(side-channel attack): 부채널 공격 또는 사이드채널 공격은 시스템 자체를 직접 공격하는 대신 시스템의 바탕 구현을 공격하는 것이다. 부채널 공격을 위해서는 해당 시스템의 구현 세부사항을 자세히 파악해야 한다. 예를 들어 반도체 메모리 시스템에서 이전에 삭제된 데이터를 조회하거나, 디스크 드라이브의 상태를 표시하는 LED의 점멸을 분석해서 드라이브에 대한 정보를 알아낼 수 있다.

- **타이밍 공격**(timing attack): 타이밍 공격은 부채널 공격의 좋은 예이다. 공격자는 다양한 공격 조건에서 API 명령을 수행하는 데 걸린 시간을 세심하게 모니터링한다. 예를 들어 로그인 실패에 걸리는 시간을 이용하면 사용자 이름은 유효하고 패스워드가 틀렸는지, 아니면 사용자 이름 자체가 틀렸는지를 알아낼 수 있다. 시간이 짧다면 패스워드 복호화가 아예 수행되지 않은 것이므로 사용자 이름 자체가 틀린 것이다.

- **A-B(-A) 테스트**: A-B 테스트는 API 권한 부여 공격에 흔히 쓰이는 기법이다. 먼저 사용자 A의 계정으로 자원을 만들고, 사용자 B의 계정으로 그 자원에 접근해 본다. 만일 접근이 가능하다면 권한 부여가 손상된 것이다. 그런 경우 공격자는 사용자 B의 계정으로 자원을 수정 또는 삭제해 보고, 다시 사용자 A로서 자원에 접근한다. 그러면 A-B-A 테스트이다.

- **반사 공격과 지속 공격**: 이 공격들은 주로 **XSS** 공격(교차 사이트 스크립팅 공격)과 관련이 있다. 지속 공격(persisted attack)은 공격 페이로드가 데이터베이스에 영구적으로 기록되는 것을 말한다. 반면에 공격의 효과가 현재 세션으로 한정되는 것은 반사 공격(reflected attack)이다. 이 경우 세션이 만료되거나 브라우저를 새로 고침하면 공격이 해제된다. 지속 공격은 데이터베이스에 영구히 기록되므로 세션 만료나 브라우저 갱신의 영향을 받지 않는다.

- **블라인드 공격**(blind attack): 공격의 결과를 공격자가 직접 관측하지 못하는 것을 가리켜 블라인드 공격 또는 눈먼 공격이라고 부른다. 데이터베이스 테이블을 삭제하거나 사용자 데이터를 삭제했을 때 응답이 주어지지 않는(터미널 세션이 아니어서, 또는 공격자가 결과를 확인할 출력 창이 없어서 등의 이유로) 경우가 블라인드 공격의 좋은 예이다.

- **대량 공격**(volume attack): 대량 공격 혹은 볼륨 공격은 공격 대상에 비정상적으로 많은 양의 데이터를 전송해서 오작동을 유발하는 공격이다. 전형적인 예가 API에 대한 **DoS**(서비스 거부) 공격이다.

API의 인증 메커니즘을 공격하는 여러 방법을 살펴보았으니, 이제 인증과 짝을 이루는 권한 부여로 초점을 돌리자.

7.3.1 **BOLA 공격**

기억하겠지만, API가 객체에 대한 접근 권한을 혼동해서 권한이 없는 사용자가 자원에 접근하도록 허용하는 취약점을 **BOLA**(broken object-level authorization) 취약점, 즉 **손상된 객체 수준 권한 부여** 취약점이라고 부른다. **제3장 §3.2.1**의 'API1:2019 — Broken object-level authorization' 절에서 이 취약점을 자세히 설명했다.

BOLA를 공격하는 방법은 개념적으로 간단하다. 다음 단계들을 따르면 된다.

1. 객체 ID를 매개변수로 받는 API 종단점을 찾는다.

2. 첫 사용자(사용자 A라고 하자)로 자원을 생성한다.

3. 사용자 A가 새 자원에 접근할 수 있는지 확인한다.

4. 새 자원에 접근할 권한이 없는 둘째 사용자(사용자 B라고 하자)로 그 자원에 접근해 본다. 접근에 성공한다면 이 API에 BOLA 취약점이 있는 것이다.

5. 이제 BOLA를 공격한다. 가장 먼저 해결할 문제는 침해할 객체의 ID를 알아내는 것이다. 객체 ID가 바로 드러나는 경우도 있고(이를테면 요청 URL의 질의 문자열에 포함되어 있는 등), 좀 더 깊숙이 숨겨져 있을 때도 있다(요청 본문 안에 중첩된 객체의 한 필드에 지정되어 있는 등). 다행히 버프 스위트 같은 도구를 이용하면 여러 종단점에 대한 잠재적인 객체 ID를 찾아내기가 그리 어렵지 않다. 객체 ID들은 흔히 다음과 같은 형태로 존재한다.

- GET 요청 URL이나 POST 요청 본문의 마지막 매개변수로 지정된 정수.
- GET 요청 URL이나 POST 요청 본문의 이메일 주소.
- GET 요청 URL이나 POST 요청 본문의 마지막 매개변수로 지정된 UUID.
- GET 요청 URL이나 POST 요청 본문에 담긴, 예측 가능한 키나 토큰.

6. 객체 ID를 알아냈다면, 버프 스위트의 Intruder 모듈이나 Repeater 모듈을 이용해서 해당 종단점을 공격한다.

역시 기억하겠지만, API가 기능(function: 메서드, 함수 등)에 대한 접근 권한을 혼동해서 권한이 없는 사용자가 자원에 접근하도록 허용하는 취약점은 **BFLA**(broken function-level authorization) 취약점, 즉 **손상된 기능 수준 권한 부여** 취약점이라고 부른다. 제3장 §3.2.1의 'API1:2019 — Broken function-level authorization' 절에서 이 취약점을 자세히 설명했다.

API의 어떤 기능을 그럴 권한이 없는 사용자가 사용할 수 있다면 이 취약점이 존재하는 것이다. 몇 가지 흔한 예를 들자면 다음과 같다.

- 다른 사용자의 데이터를 삭제한다(API가 DELETE 메서드에 대한 접근을 제대로 보호하지 않는다).
- 매개변수나 요청을 조작해서 기능에 대한 권한 수준을 강제로 높인다(이를테면 admin=true 매개변수를 추가해서).
- 숨겨진 관리 기능(이를테면 /admin 종단점)에 접근해서 특권적인 연산을 실행한다.

BFLA 취약점을 식별하는 방법은 BOLA 취약점을 식별하는 방법과 비슷하다. 다음과 같은 소위 A-B-A 기법을 이용하면 된다.

1. 사용자 A로 새 자원을 생성한다.
2. 새 자원에 접근할 권한이 없는 사용자 B로 새 자원을 수정해 본다.
3. 다시 사용자 A로 돌아가서 자원이 수정되었는지 확인한다. 수정되었다면 BFLA 취약점이 있는 것이다.

실제 API 취약점들을 분석해 본 경험에 따르면, 가장 흔한 BFLA 공격은 숨겨진 관리용 기능에 대한 공격이다. 예를 들어 CMS(content management system; 콘텐츠 관리 시스템) 중에는 관리용 종단점이 /admin이나 /administrator인 것들이 많다. 공격자는 잘 알려진 관리용 종단점들의 목록을 이용해서 보호가 손상된 종단점을 찾아낸다.

7.4 데이터 공격

데이터 공격(제3장 '흔히 발견되는 API 취약점들' 참고)은 공격자들에게 가장 인기 있는 공격 벡터이다. 이는 암시장에서 데이터가 가장 가치 있는 매물이기 때문이다. 데이터 공격은 대부분 **읽기** 공격이다(관련 사례를 제3장 §3.2.4의 'API3:2019 — Excessive data exposure' 절에서 소개했다). 하지만 **쓰기** 공격도 API에 상당한 피해를 줄 수 있다. 쓰기 공격으로 사용자의 권한을 높이거나 기밀

데이터를 수정할 수 있기 때문이다(§3.2.4의 'API6:2019 — Mass assignment' 참고). 그럼 데이터 읽기 공격과 데이터 쓰기 공격을 차례로 살펴보자.

7.4.1 과도한 정보 노출 취약점 공격

제4장 '최근 침해 사례 분석'에서 소개한 여러 API 침해 사고 사례의 한 가지 공통점이라면, 모두 과도한 정보 노출 문제를 가지고 있었다는 것이다. API는 다양한 이유로 필요 이상의 정보를 노출할 수 있다. 공격자는 그런 정보를 발견할 수 있는 장소들을 알아두어야 한다.

가장 명백한 장소는 API가 돌려준 응답 자체이다. 공격자는 API 클라이언트(curl이나 포스트맨)나 브라우저 개발자 도구, 역방향 프록시 등을 이용해서 API 응답을 조사하는 데 익숙해야 한다(API를 탐색할 때 나는 항상 Charles[역주]나 버프 스위트 같은 프록시 도구를 이용해서 요청과 응답을 캡처한다). 그런데 데이터 표현 형식에 따라서는 원하는 정보가 바로 드러나지 않을 수 있다. 형식을 JSON이나 XML로 바꾸거나 Base64로 디코딩하는 등 여러 방법을 시도해 보아야 한다(버프 스위트는 즉석에서 데이터를 디코딩하는 기능을 제공한다).

API의 데이터 위계구조(data hierarchy)를 탐색할 때 크게 도움이 되는 요령 하나는, 관련 앱으로 API를 사용하면서 실시간으로 API의 응답을 관찰하는 것이다. 역방향 프록시를 이용해서 모바일 앱에 MitM 공격을 진행하면서 데이터 계통구조를 구축하면 어떤 종단점이 어떤 형식의 데이터를 받아들이는지 알아낼 수 있다. 그러한 정보는 이후 좀 더 구체적인 공격을 진행하는 데 도움이 된다.

공격자가 데이터를 탈취하는 또 다른 방법은 API의 페이지 탐색(pagination) 방식을 오남용하는 것이다. 예를 들어 API 요청이 다음과 같은 비슷한 형태라면 그런 식으로 오남용될 가능성이 있다.

```
GET /api/posts?offset=0&limit=10
```

질의 문자열(query string)의 두 매개변수는 API가 돌려줄 레코드들의 시작 색인과 개수를 뜻한다. 버프 스위트의 Intercept 도구나 Repeater 도구를 이용하면, 자동으로 이 매개변수들을 설정해서 요청을 반복함으로써 모든 레코드를 추출하는 것은 식은 죽 먹기이다.

운이 따르는 공격자는 API가 돌려주는 데이터의 양이나 상세도를 지정하는 매개변수를 발견하기도 한다. 다음이 그러한 예이다.

[역주] Charles는 다양한 기능을 가진 웹 프록시 도구이다. 공식 사이트는 https://www.charlesproxy.com/이다. —옮긴이

```
GET /api/posts?verbose=true
```

공격자의 관점에서는, 다른 요청에도 이런 매개변수를 추가해서 실제로 더 상세한 데이터가 반환되는지 살펴보는 것이 도움이 된다.

데이터 유출을 살펴볼 또 다른 유용한 장소는 로깅logging 종단점이다. 흔히 CI/CD 시스템들은 잘 알려진 로깅 종단점들을 제공하는데, 그런 종단점에서 흥미로운 로그 파일들을 얻을 수 있다. 특히, 로그 항목에 토큰이나 키가 포함된 경우도 있다. 또한 사용자 프로파일이나 사용자 정보를 돌려주는 종단점들로 유용하다. 여러분 자신의 프로파일 페이지를 볼 때 API가 어떤 응답을 돌려주는지 자세히 살펴보기 바란다. 웹페이지나 모바일 앱에 표시되는 것보다 훨씬 많은 정보를 API가 돌려주기도 한다.

7.4.2 대량 할당

대량 할당(mass assignment; 또는 집단 할당)은 그리 자주 쓰이지는 않는 공격 벡터이다. 하지만 공격자가 서버 쪽 데이터를 수정하는 데 극히 유용할 수 있다. 특히 이 공격은 권한 상승을 위해 사용자의 역할을 수정하거나, 가격이나 재고량, 주문 정보를 조작하려는 공격자에게 유용하다.

먼저 권한 상승의 예를 보자. [그림 7.9]는 사용자 등록을 위해 사용자가 예제 픽시Pixi 앱에 제출한 데이터를 조사하는 모습이다.

그림 7.9 픽시 사용자 등록.

이 예에서 사용자의 역할(role)은 관리자이고("is_admin": true) 초기 계정 잔액은 100이다 ("account_balance": 100). 만일 이런 사용자 등록 요청을 공격자가 관찰한다면, is_admin 필드와 account_balance 필드에 주목해서 자신의 프로필에서 이 필드들을 조작하려 들 것이다.

실제로 공격자가 /edit_info 종단점에 접근해서 역할을 관리자로 설정하고 계정 잔액을 1000 으로 수정한다고 하자. 안타깝게도 예제 픽시 앱의 이 종단점은 대량 할당에 취약해서, 여분 의 필드들(is_admin과 account_balance)이 담긴 요청에 대해 200 OK를 돌려준다. 덕분에 공격자는 계정의 내부 세부사항을 성공적으로 수정할 수 있게 된다. [그림 7.10]은 해당 요청 과 응답이다.

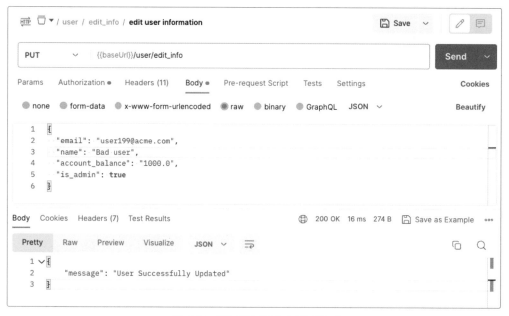

그림 7.10 대량 할당 공격이 성공한 예.

많은 경우 공격자는 해당 필드 이름이나 변수 이름을 알지 못한다. 따라서 추측에 의존해야 한 다. 일단 시도해 볼 것은 좋은 API 매개변수 단어 목록을 구하고 그 목록의 단어들로 요청을 만 들어서 API에 보내 보는 것이다. 이를 공격자가 손수 할 수도 있지만, 버프 스위트 같은 도구 로 자동화하는 것이 바람직하다. 더 나은 방법은 **Arjun**이라는 도구(https://github.com/s0md3v/ Arjun)를 사용하는 것이다. 이 도구는 매개변수 퍼징을 자동화해준다. 요청 URL 매개변수는 물론이고 요청 본문 안의 매개변수도 가능하다. Arjun은 공격 세션을 저장하거나 불러오는 기 능과 속도 제한 수단이 발동하지 않도록 공격 속도를 조정하는 다양한 옵션을 제공한다.

앞의 방법으로 원하는 필드 이름을 알아내지 못했다면, 정보를 좀 더 수집해서 추측해 보아야 할 것이다. 특히, API에 쓰인 기술 스택을 파악해서 여러 내장 변수 이름을 살펴보는 것이 도움이 된다. 그런 변수 이름들도 요청을 보내다 보면 걸리는 것이 나올지 모른다. 예를 들어 다음은 .NET 기반 웹 앱에서 종단점 접근 권한 부여와 관련한 전형적인 코드이다.

```
[Authorize(Roles = "Administrator, PowerUser")]
public class ControlAllPanelController : Controller
{
  public IActionResult SetTime() =>
     Content("Administrator || PowerUser");
     [Authorize(Roles = "Administrator")]

  public IActionResult ShutDown() =>
      Content("Administrator only");
}
```

공격 대상 API가 .NET 기반임을 알고 있다면, `Roles` 필드에 `Administrator`라는 값을 설정한 요청을 보내서 실제로 권한이 상승했는지 확인하면 될 것이다.

7.5 주입 공격

주입 공격(injection attack)은 가장 오래된, 그리고 가장 잘 알려진 소프트웨어 취약점 공격 방법 중 하나이다. 예전에는 주입 관련 취약점을 주로 웹 앱에서 볼 수 있었지만, 이제는 API에서도 흔히 발견된다. 이번 절에서는 주요 주입 공격 유형의 기본적인 내용을 살펴본다. 실습 환경 구성을 비롯해 좀 더 자세한 내용을 원하는 독자라면 이번 장 끝의 **더 읽을거리** 절에 있는 자료들을 살펴보기 바란다. 특히 PortSwigger 사이트의 자료들이 도움이 될 것이다.

7.5.1 주입 취약점 탐지

주입 공격의 개념은 아주 간단하다. 공격자는 교묘히 작성한 페이로드를 API에 입력해서 행동을 관찰한다. 예를 들어 텍스트를 입력받는 웹페이지에 메시지 상자를 띄우는 자바스크립트 코드를 제출한다. 만일 브라우저가 실제로 메시지 상자를 띄운다면, 그 웹페이지는 주입 공격의 일종인 XSS 공격에 취약한 것이다.

API도 이러한 주입 공격의 대상이 된다. 다음은 API에 페이로드를 주입하는 데 사용할 수 있는 요소들이다.

- URL 질의 문자열(이를테면 ?path=...을 이용해서 파일 경로를 조작하는 등).
- 토큰(JWT에 키 경로를 주입하는 예가 이번 장에 나왔다).
- POST · PUT 요청 본문의 매개변수(패스워드를 지정하는 매개변수에 NoSQL 질의문을 주입하는 예가 이번 장에 나온다).
- 헤더

그런데 이런 주입 시도가 성공했는지 알아내기가 쉽지만은 않다. API가 반응하지 않거나 일반적인 오류 메시지만 돌려주는 것이 대부분이다. 하지만 오류 메시지는 다음 단계에 중요한 단서가 되므로 면밀히 검토할 필요가 있다. 예를 들어 SQL 주입의 경우 SQL 구문이 잘못되었다는 뜻의 오류 메시지가 반환되었다면, 해당 종단점이 실제로 SQL 주입에 취약할 가능성이 크다. 그런 경우라면 원하는 결과가 나올 때까지 SQL 질의문(query)을 조율해 나가야 할 것이다. 비슷하게, 경로 순회 공격에서 해당 경로가 존재하지 않는다는 뜻의 오류 메시지가 반환되었다면, 원하는 결과가 나올 때까지 경로를 조율해 볼 필요가 있다.

이런 유형의 취약점은 역사가 길고 회피 방법이나 완화 방법도 많이 알려져 있지만, 그래도 주입 공격은 여전히 흔히 발생한다. 또한, 주입 공격을 위한 훌륭한 지침서와 도구가 많이 나와 있다.

7.5.2 SQL 주입

여러 유형의 주입 공격 중 가장 잘 알려진 것은 다름 아닌 SQL 주입이다. 간단한 예제를 통해서 SQL 주입 공격을 설명해 보겠다. 이 예제는 PortSwigger Academy 웹사이트의 관련 튜토리얼(https://portswigger.net/web-security/sql-injection)을 참고한 것이다. 질의 문자열로 category라는 매개변수를 받는 요청 URL이 있다고 하자.

```
https://insecure-website.com/products?category=Gifts
```

SQL 데이터베이스를 사용하는 백엔드는 이 요청을 흔히 다음과 같은 형태의 질의문을 이용해서 처리할 것이다.

```
SELECT * FROM products WHERE category = 'Gifts'
```

그런데 만일 공격자가 잘 알려진 SQL 주입 페이로드를 이용해서 이런 URL을 만든다면 어떤 일이 벌어질까?

```
https://insecure-website.com/products?category=Gifts'+OR+1=1--
```

허술하게 구현된 백엔드는 다음과 같은 SQL 질의문을 실행하게 된다.

```
SELECT * FROM products WHERE category = 'Gifts' OR 1=1--'
```

이 질의문은 category가 Gifts와 같거나 1이 1과 같다는 조건을[역주] 충족하는 레코드들을 반환한다. 그런데 1은 당연히 1과 같다. 그리고 OR 조건식은 양변의 조건 중 하나만 참이라도 참이 된다. 결과적으로 products 테이블의 모든 레코드가 반환된다.

이 예는 SQL 주입 공격이 아주 간단하면서도 대단히 강력하다는 점을 잘 보여준다. SQL 주입 페이로드만 잘 짜면 백엔드의 데이터베이스에 심각한 영향을 미칠 수 있다. 공격자에게는 다행히도, 취약한 종단점을 공격하는 데 효과적인 여러 패턴이 잘 알려져 있다. 지금 예제처럼 정상보다 더 많은 레코드를 얻는 것은 가장 기본적인 형태의 SQL 주입 공격에 해당한다. UNION을 이용해서 다른 테이블의 데이터를 조회하거나, 응용 프로그램의 로직을 바꾸거나, 바탕 데이터베이스의 구조를 파악하는 등의 좀 더 정교한 공격도 있다.

또한 SQL 주입 취약점을 악용하는 데 아주 유용한 공격 도구들도 있다. 가장 잘 알려진 것은 **sqlmap**(https://sqlmap.org/)이다. SQL 주입 공격을 자동화할 수 있는 이 도구는 버프 스위트와도 연동된다.

7.5.3 NoSQL 주입

지난 20년간 데이터베이스 기술이 크게 변했다. 특히, SQL 기반 데이터베이스들의 후계자를 자처하는 NoSQL 데이터베이스들의 약진이 두드러진다(가장 유명한 것은 MongoDB이다). 공격자에게는 다행히도, SQL 데이터베이스에 대한 여러 주입 공격 방법이 NoSQL 데이터베이스에도 잘 통한다.

앞에서 대량 할당의 예제에 등장한 픽시 앱을 예로 들어서 NoSQL 주입 취약점을 설명해 보겠다. 이 앱의 백엔드는 MongoDB를 데이터베이스로 사용한다. 로그인을 위한 /login 종단점의 pass 매개변수로 NoSQL 페이로드를 주입해 보자(그림 7.11).

[역주] 참고로 우변의 1 다음에 있는 --는 SQL의 주석 기호이다. 따라서 실질적인 조건식은 1=1이다. —옮긴이

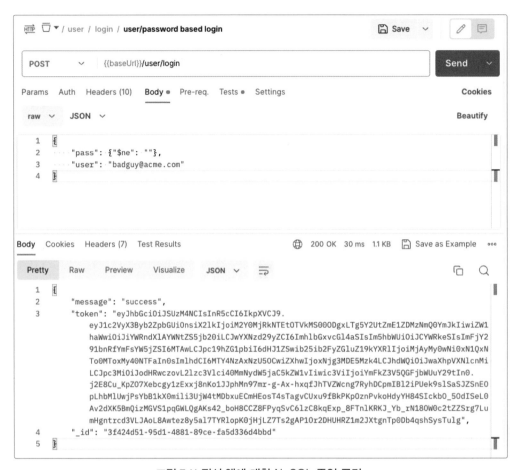

그림 7.11 픽시 앱에 대한 NoSQL 주입 공격.

취약한 API는 NoSQL 페이로드를 제대로 처리하지 못한다.[역주] 결과적으로, 정확한 패스워드를 지정하지 않았는데도 API는 로그인을 승인하고는 접근 토큰을 반환했다.

7.5.4 명령 주입

명령 주입(command injection)도 심각한 주입 공격의 하나이다. 명령 주입 공격에서 공격자는 자신이 원하는 명령을 바탕 운영체제에서 실행하도록 서버를 속인다. **제4장**의 §4.2.8 '사례 8: 가정용 공유기'가 좋은 예이다. 이 침해 사례에서 공격자는 ping 명령을 위한 IP 주소 다음에 운

[역주] 참고로 $ne는 MongoDB에서 '부등(not equal)'을 뜻하는 연산자이다. 또한, pass 필드에 문자열 값이 아니라 JSON 객체를 지정했다는 점도 주목하자. API는 패스워드가 빈 문자열("")와 같지 않은($ne) 사용자 레코드를 조회했을 것이다. —옮긴이

영체제 명령을 덧붙여서 입력했다. 공유기의 결함 때문에 공격자는 그 어떤 명령이라도 실행할 수 있었으며, 이를 통해서 공유기를 완전히 장악할 수 있었다. 내장형 시스템에서 가장 심각하고 가장 자주 발생하는 취약점이 이런 유형의 취약점이다. 내장형 시스템을 다루는 독자라면, 다른 프로세스(앞의 예제에서는 ping)를 실행해야 하는 기능을 구현할 때 세심한 주의를 기울여야 한다. 그런 기능은 명령 주입 공격에 취약할 수 있다.

7.5.5 경로 순회

디렉터리 순회라고도 하는 **경로 순회**(path traversal) 공격은, 바탕 운영체제의 명령에 전달되는 매개변수를 조작할 수 있다는 점에서 명령 주입과 관련이 있다. 경로 순회에서 공격자가 조작하는 것은 바탕 자원(파일, 스크립트, 재지정(redirection) 등)의 경로이다. 이 공격 벡터를 통해 공격자는 자신이 제어하는 장소에 있는 자원을 서버가 사용하도록(이를테면 파일을 읽어 들이는 등) 속인다. 이를 통해서 공격자는 잠재적으로 서버의 동작을 제어할 수 있다.

전형적인 공격 패턴에서 공격자는 먼저 파일 경로를 참조하는 종단점을 찾아내고, 그 종단점에 경로 순회 취약점이 있는지 확인한다. 그런 다음에는 교묘하게 조작한 페이로드를 이용해서 데이터를 탈취하는 등의 공격을 시도한다. 전형적인 예는 상위 디렉터리를 뜻하는 ../를 이용해서 파일 시스템의 루트 디렉터리로 올라간 후 다른 디렉터리의 민감한 데이터에 접근하는 것이다. 다음이 그러한 예이다.

```
filename=/var/www/images/../../../etc/passwd
```

명령 주입처럼, 경로 순회 공격이 성공하면 여러 추가 공격이 가능해진다. 그런 만큼 공격자에게 이런 취약점은 멋진 선물이라 할 수 있다.

7.5.6 서버 쪽 요청 위조

마지막으로 살펴볼 주입 공격은 **SSRF**(server-side request forgery), 즉 **서버 쪽 요청 위조**이다. SSRF 취약점은 2023년 OWASP 10대 API 보안 위험에 올랐다. 이 공격의 개념은 간단하다. 공격자는 자신이 제어하는 장소를 가리키는 URL을 받아들이도록 서버를 속인다. 서버가 그 URL을 참조하면 그때부터 공격자는 서버를 통제하게 된다. 그런 면에서 이 공격은 앞에서 설명한 경로 순회 공격과 그 영향이 매우 유사하다.

한 예로, API 서버가 다음과 같은 형태의 요청을 받는다고 하자.

```
POST /product/stock HTTP/1.0
Content-Type: application/x-www-form-urlencoded
Content-Length: 118
basketApi=http://order.myshop.net/product/order/check_order
```

공격자가 이런 형태의 요청을 보내면 어떻게 될까?

```
POST /product/stock HTTP/1.0
Content-Type: application/x-www-form-urlencoded
Content-Length: 118
basketApi=http://공격자의-서버-주소/admin
```

SSRF에 취약한 서버는 공격자가 제어하는 서버에 있는 파일을 참조하게 된다.

7.6 그 밖의 API 공격

이번 장의 마지막 절인 이번 절에서는 2019년 OWASP 10대 API 보안 위험의 취약점들에 국한되지 않는, 좀 더 일반적인 공격들을 개괄한다.

7.6.1 API 오남용

API의 실제 취약점을 악용하지는 않고 단지 API를 설계자가 의도하지 않은 방식으로 사용하는 모든 행위는 API 오남용(abuse) 공격에 속한다. API가 과도하게 데이터를 유출하게 만드는 것(항공권 예약 사이트나 부동산 정보 사이트들에서 데이터를 스크레이핑하는 등)과 웹사이트가 내부적으로 사용하는 API를 찾아서 API에 직접 접근하는 것 등이 API 오남용의 전형적인 사례이다.

7.6.2 민감한 업무 프로세스에 대한 제한 없는 접근

민감한 업무 프로세스에 대한 제한 없는 액세스(Unrestricted access to sensitive business flows)는 2023년 OWASP 10대 API 보안 위험에 새로이 추가된 유형의 취약점이다. 내부 API를 찾아서 접근하는 API 오남용과 비슷하게, 이 취약점은 하나의 API를(또는 일단의 API들을) 뒷받침하는 업무 프로세스(또는 비즈니스 흐름)를 공격자가 악용할 수 있게 만든다. 티켓을 자동으로 구매해서 웃돈을 받고 판매하는 티켓 되팔이(ticket scalping & resale) 사이트의 봇들이 흔히 이 공격 기법을 사용한다.

이 공격은 방지하기가 어렵다. 공격이 대규모로 진행된 후에야 그 징후가 나타나기 때문이다. 징후가 나타났다면 방지하기에는 이미 늦은 것이다. 공격자가 이 공격 벡터를 찾아내는 것은 쉬운 일이다. 정상적인 업무 프로세스와 바탕 API, 데이터 흐름을 살펴보고 이를 자동화하여 정상적인 작업을 조작해보면 어렵지 않게 파악할 수 있다.

7.6.3 비즈니스 로직 공격

마지막으로, 소위 **비즈니스 로직 공격**(business logic attack)도 API를 공격하는 방법에 속한다. 일반적으로 비즈니스 로직 공격에서 공격자는 반드시 미리 정해진 방식으로만 사용해야 하는, 구현이 튼튼하지 못한 API를 공격한다. 튼튼하지 못한 구현의 대표적인 특징은 API를 반드시 특정한 순서로만 사용해야 하거나(이 함수를 호출하기 전에 반드시 저 함수를 호출해야 하는 등), 임의적인 제약이 있거나(사용하면 안 되는 HTTP 메서드가 있는 등), 입력 데이터에 특별한 제한이 있는(특정 형식의 데이터만 받는 등) 것이다. 공격자는 그런 제한을 의도적으로 위반함으로써 API를 공격한다. 예를 들어 초기화 단계를 생략하고 API에 접근하면 중요한 정보가 담긴 기본값이 반환될 수도 있다. 또는, API가 기대하는 것과는 다른 형식의 데이터를 제출하면 API가 오작동해서 내부 작동 방식에 대한 정보가 유출될 수도 있다.

이번 장 요약

이번 장을 무사히 마치게 된 것을 축하한다. 이번 장에서 우리는 실질적인 API 공격 방법을 자세히 살펴보았다. 이제 여러분은 여러 API 공격 유형의 기본 사항을 이해했을 것이다. 어쩌면 몇 가지 공격을 직접 시도해 볼 마음도 생겼을 것이다.

이번 장에서는 주로 OWASP 10대 API 보안 위험의 취약점들에 대응되는 공격 기법들을 소개했다. 특히, 인증과 권한 부여, 그리고 데이터 지향적 공격들을 중점적으로 이야기했다. 아마도 가장 중요한 교훈은, API 시스템의 인증 메커니즘을 공격해서 무력화하는 방법이 다양하다는 것이다. 방어자로서 여러분이 제일 먼저 고려해야 할 것이 바로 인증 관련 공격들이다. 인증 다음으로 중요한 것은 권한 부여에 대한 다양한 공격들이다. 객체 수준과 기능 수준 모두에서 권한 부여의 취약점을 제거할 필요가 있다. 이번 장에서는 또한 요청과 응답을 통해 API 와 주고받는 데이터를 공격하는 핵심 기법들도 살펴보았다. 마지막으로, 주입 공격과 비즈니스 로직 공격, API 오남용 등 앞의 공격 방법들이 모두 실패했을 때 시도할 만한 기타 공격 기법들을 소개했다. API 공격을 좀 더 배우고 싶다면, 온라인 실습 사이트들에서 직접 실습해 보는 것이 가장 좋은 방법이다.

이번 장으로 이 책의 제2부 'API 공격'이 끝났다. 제3부에서는 초점을 API의 방어로 옮긴다. 제3부의 첫 장인 다음 장에서는 이번 장에서 살펴본 공격들을 방어하는 방법을 논의한다.

더 읽을거리

다음은 패스워드 무차별 대입과 퍼징에 관한 참고자료들이다.

- Vulnerabilities in password-based login(https://portswigger.net/web-security/authentication/password-based)
- 깃허브 0xZDH/burp-password-spray(https://github.com/0xZDH/burp-password-spray)
- 깃허브 OJ/gobuster: Directory/File, DNS and VHost busting tool written in Go(https://github.com/OJ/gobuster)
- Testing for Weak Password Change or Reset Functionalities(https://owasp.org/www-project-web-security-testing-guide/latest/4-Web_Application_Security_Testing/04-Authentication_Testing/09-Testing_for_Weak_Password_Change_or_Reset_Functionalities)

다음은 토큰 공격 및 조작에 관한 참고자료들이다.

- How attackers abuse Access Token Manipulation (ATT&CK T1134)(https://www.elastic.co/blog/how-attackers-abuse-access-token-manipulation)
- JWT attacks(https://portswigger.net/web-security/jwt)
- Algorithm confusion attacks(https://portswigger.net/web-security/jwt/algorithm-confusion)
- How to use Azure to crack API auth tokens(https://danaepp.com/how-to-use-azure-to-crack-api-auth-tokens)
- Access Token Manipulation, Technique T1134(https://attack.mitre.org/techniques/T1134/)
- How Many Days Has It Been Since a JWT alg:none Vulnerability?(https://www.howmanydayssinceajwtalgnonevuln.com/)

다음은 API 키와 토큰에 관한 참고자료들이다.

- API Keys ≠ Security: Why API Keys Are Not Enough(https://nordicapis.com/why-api-keys-are-not-enough/)
- The Difference Between API Keys and API Tokens(https://nordicapis.com/the-difference-between-api-keys-and-api-tokens/)
- API Security 101: Broken User Authentication(https://blog.shiftleft.io/api-security-101-broken-user-authentication-1df2ef3420d8)
- Security Best Practices for Managing API Access Tokens(https://dzone.com/articles/security-best-practices-for-managing-api-access-to)
- Testing for Weak Password Change or Reset Functionalities(https://owasp.org/www-project-web-security-testing-guide/latest/4-Web_Application_Security_Testing/04-Authentication_Testing/09-Testing_for_Weak_Password_Change_or_Reset_Functionalities)

다음은 권한 부여 공격에 관한 참고자료들이다.

- A Deep Dive On The Most Critical API Vulnerability — BOLA (Broken Object Level Authorization)(https://inonst.medium.com/a-deep-dive-on-the-most-critical-api-vulnerability-bola-1342224ec3f2)
- How-To: Find IDOR (Insecure Direct Object Reference) Vulnerabilities for Large Bounty Rewards(https://www.bugcrowd.com/blog/how-to-find-idor-insecure-direct-object-reference-vulnerabilities-for-large-bounty-rewards/)

다음은 그 밖의 공격 유형에 관한 참고자료들이다.

- Business logic vulnerability(https://owasp.org/www-community/vulnerabilities/Business_logic_vulnerability)
- What is XXE (XML external entity) injection?(https://portswigger.net/web-security/xxe)
- What is SSRF (Server-side request forgery)?(https://portswigger.net/web-security/ssrf)
- What is SQL Injection?(https://portswigger.net/web-security/sql-injection)
- Rails mass assignment(https://www.acunetix.com/vulnerabilities/web/rails-mass-assignment/)
- Mass Assignment(https://cheatsheetseries.owasp.org/cheatsheets/Mass_Assignment_Cheat_Sheet.html)

API 방어

이 책의 마지막 부인 제3부에서는 개발 수명 주기 전반에서 각종 도구와 기술을 이용해 API를 지키고 보호하는 방법을 심도 있게 논의한다. 처음 네 장에서 API 보안을 위한 '왼쪽 이동', 일반적인 취약점 방어 방법, API 프레임워크 및 언어를 지키기 위한 모범관행, 실행 시점 API 방어를 위한 오른쪽 보호(shield-right) 등 API 방어의 핵심 주제들을 살펴본다. 나머지 두 장에서는 점점 인기를 끌고 있는 마이크로서비스 아키텍처의 API를 방어하는 방법과 API 보안 전략 구현의 주요 측면을 논의한다.

제3부의 장들은 다음과 같다.

- 제8장 'API 보안을 위한 왼쪽 이동'
- 제9장 '주요 취약점 방어'
- 제10장 '프레임워크와 구현 코드 수준의 보안'
- 제11장 '실행 시점 보호를 통한 API 오른쪽 보호'
- 제12장 '마이크로서비스 보안'
- 제13장 'API 보안 전략 구현'

제**08**장
API 보안을 위한 왼쪽 이동

제2부에서 우리는 API 공격자가 사용하는 공격 방법과 기법을 자세히 살펴보았다. 이제 이 책의 핵심 주제인 API 방어, 즉 그런 공격에 맞서 API를 지키는 문제로 눈을 돌릴 때가 되었다.

제3부 'API 방어'의 첫 장인 이번 장에서는 소위 왼쪽 이동(shift-left)[역주] 접근 방식으로 API 보안을 개선하는 방법에 초점을 둔다. 취약점이 없는 API를 만드는 가장 좋은 방법은 애초에 취약점이 생기지 않게 하는 것이다. 말처럼 쉽지는 않지만, 소프트웨어 개발 업계에서 보안 문제를 가능한 한 소프트웨어 수명 주기의 초기에 미리 해결하면 전체적인 위험과 비용이 줄어든다는 증거가 점점 많아지고 있다.

API 개발에서 매력적인 **설계 우선** 접근 방식(OpenAPI 정의서를 API에 대한 진실 공급원으로 사용하는)이 사실상 표준으로 빠르게 자리 잡고 있는 만큼, API는 왼쪽 이동 접근 방식에 아주 잘 맞는다. 이번 장에서는 코드를 작성하기 전에 설계 단계에서부터 보안을 고려해서 API를 설계하고, OpenAPI 정의서 API 보안을 정의해서 소프트웨어 수명 주기의 이후 단계들에서 보안을 더 쉽게 적용하는 여러 접근 방식을 설명한다.

이번 장의 주요 주제는 다음과 같다.

- OpenAPI 정의서 활용
- 양성 보안 모델 활용
- API의 위협 모델링
- API 보안의 자동화
- 공격자처럼 생각하기

[역주] 왼쪽 이동의 '왼쪽'은 소프트웨어 개발 과정을 왼쪽 끝이 시작, 오른쪽이 끝이 되도록 가로로 펼쳐 놓은 것을 기준으로 한다. 즉, 뭔가를 왼쪽으로 이동한다는 것은 소프트웨어 개발 과정에서 그것을 좀 더 일찍 처리한다는 뜻이다. —옮긴이

실습 환경 준비

이번 장의 예제를 따라 하려면 독자와 독자의 개발용 컴퓨터가 다음 조건들을 충족해야 한다.

- 도커를 실행할 수 있다.
- VS Code를 실행할 수 있고 VS 마켓플레이스에 있는 다양한 확장 프로그램을 설치할 수 있다.
- 인터넷에 연결되어 있으며, 예제들에 접근하기 위한 깃허브 계정이 있다.

이번 장에는 다양한 언어로 된 여러 예제 코드가 나온다. 이들을 지역(로컬)에서 직접 실행할 수도 있고, 도커 빌드 컨테이너 안에서 실행할 수도 있다. 지역에서 직접 실행하려면 관련 컴파일러와 SDK, 프레임워크를 미리 설치해 두어야 한다.

원서 깃허브 저장소의 Chapter8 폴더에 이번 장의 예제 코드가 있다. 또한, 이 책이 출간된 후에 뭔가 바뀌어서 예제가 제대로 실행되지 않는 경우 수정 방법을 이 저장소에 올리겠다. 해당 폴더의 주소는 https://github.com/PacktPublishing/Defending-APIs/tree/main/Chapter8이다.

8.2 **OpenAPI 정의서 활용**

제1장 'API 보안이란?'에서 **설계 우선**(design-first) 접근 방식의 여러 장점을 이야기했다. 설계 우선은 코드 생성, 모의 서버, 데이터 검증, 문서화에 도움이 되며, 무엇보다도 보안에 도움이 된다(API를 위한 **코드형 보안**(security-as-code)이라고 생각하면 될 것이다).

이번 절에서는 API의 OpenAPI 정의서에 포함할 수 있는 보안 요소들을 좀 더 자세히 살펴본다. 이들은 크게 데이터 정의와 보안 명세로 나뉜다.

API 우선 대 설계 우선 대 코드 우선

이번 장에서는 이 세 용어가 자주 등장한다. API 설계의 세계에서 이들은 상당히 구체적이고도 함축적인 의미를 지니므로, 이 용어들을 제대로 이해하는 것이 중요하다.

- **API 우선**(API-first)은 사업상의 목표에 관한 것이다. API 우선 접근 방식에서는 API를 중심으로 제품을 먼저 구축하고, 그것을 기반으로 사용자 인터페이스 등을 개발해 나간다. 모놀리스 앱이나 내부 API 집합을 기반으로 사용자 인터페이스(웹 앱 또는 모바일 앱)를 먼저 설계하는 일반적인 패러다임과는 대조된다. API 우선은 주로 앱이 아니라 API로 수익을 창출하는 기업에 적

합하다. API 우선 비즈니스의 대표적인 예로는 Twilio(https://www.twilio.com/)를 꼽을 수 있다.

- **설계 우선**(design–first)은 소프트웨어 개발 방법론에 관한 것이다. 설계 우선 접근 방식에서는 먼저 명세 언어(주로는 스웨거나 OAS)를 이용해서 API를 설계하고, 그런 다음 코드를 만든다. 소프트웨어 개발자는 주어진 설계에 따라 API를 구현한다. 설계 우선 접근 방식에는 "설계에 의한 보안" 외에도 여러 장점이 있다. 이 책이 선호하는 접근 방식이 바로 이 설계 우선 접근 방식이다.

- **코드 우선**(code–first)은 소프트웨어 개발 프로세스에 관한 것이다. 코드 우선 접근 방식에서 개발자는 공식 설계가 합의되기 전에 API 코드를 구현한다. 코딩 시 설계 요구 명세서를 따르기도 하고, 기존 시스템과의 통합을 기준으로 삼기도 한다. 코드 우선은 다소 낡은 접근 방식으로 간주되지만, 2023년에도 여전히 지배적이다.

8.2.1 데이터

데이터가 오가는 통로로 가장 중요하고 두드러진 것이 바로 API이다. 소비자는 생산자가 게시한 데이터에 API를 통해 접근한다. 생산자는 데이터 민감도를 완전하게 파악해야 하며, 비공개로 유지해야 하는 데이터가 실수로 API를 통해 노출되지 않게 하는 데 주의를 기울여야 한다. 이 점이 대단히 중요하다. 이렇게 하지 않으면 데이터 유출 사고가 발생한다. API가 다루는 데이터를 정확하고 엄밀하게 명시하려면, 데이터 타입data type(자료형), 열거형, 사전, 배열, 해시맵 등으로 데이터를 정확하게 정의하는 **데이터 모델**data model 혹은 **스키마**schema를 활용하는 것이 핵심이다. 그런 용도로 흔히 쓰이는 것이 OpenAPI 정의서이다.

OpenAPI 정의서가 기반하는 OAS(OpenAPI Specification)는 다음과 같은 기본 데이터 타입들을 지원한다.

- string(날짜, 파일 이름 등이 포함된다)
- number
- integer
- boolean
- array
- object

또한 OAS는 맵 또는 사전(dictionary) 같은 복합 데이터 타입도 지원한다. 다음은 사전 데이터의 예이다.

```
Components:
  schemas:
    Messages:          # <---- 맵
      type: object
      additionalProperties:
        $ref: '#/components/schemas/Message'
    Message:
      type: object
      properties:
        code:
        type: integer
        text:
                type: string
```

이 예는 Messages라는 맵을 정의한다. 이 맵의 키는 문자열이고[역주] 값은 Message 타입의 객체이다. additionalProperties 지시자(directive)는 이것이 하나의 맵임을 나타낸다. 그리고 $ref는 값의 타입(이 예에서 Message)이 실제로 정의된 위치를 가리킨다. Message가 필요할 때마다 매번 다시 정의하는 대신, 한 번만 정의해 두고 $ref로 참조하면 불필요한 중복을 피할 수 있다. 다른 프로그래밍 언어들에서 클래스 같은 수단으로 데이터 타입에 이름을 붙여서 재사용하는 것을 생각하면 될 것이다.

Message 타입 자체는 두 개의 속성(property)으로 구성된다. code는 integer 타입의 값을 가지고 text는 string 타입의 값을 가진다.

여러 개의 스키마를 oneOf나 anyOf, allOf, not 같은 지시자로 조합할 수 있다. 다음 예를 보자.

```
paths:
  /pets:
    patch:
      requestBody:
        content:
          application/json:
            schema:
              oneOf:
                - $ref: '#/components/schemas/Cat'
                - $ref: '#/components/schemas/Dog'
```

[역주] 키가 문자열이라는 점이 정의 자체에 명시되지는 않는다. 애초에 OpenAPI 정의서는 JSON 또는 YAML에 기초하며, JSON이나 YAML에서 키는 항상 문자열이다. —옮긴이

이것은 요청의 본문에 Cat나 Dog 중 **딱 하나**가 포함되어야 함을 뜻한다. 둘 다 포함하거나 하나도 없는 요청은 허용되지 않는다.

다음은 Dog 타입의 정의이다.

```
Components:
  schemas:
    Dog:
      type: object
      properties:
        bark:
          type: boolean
        breed:
          type: string
          enum: [Dingo, Husky, Retriever, Shepherd]
```

이 정의는 열거형(enumeration)을 위한 enum 지시자의 용법을 보여준다. breed 속성의 값은 열거된 네 가지 값 중 하나이어야 한다.

OAS를 이용해서 이 예보다 훨씬 복잡한 자료구조도 얼마든지 정의할 수 있다. 좀 더 자세한 내용은 OpenAPI의 공식 OAS 문서를 참고하기 바란다. 버전 3.1의 문서화는 https://spec.openapis.org/oas/v3.1.0에 있다.

그럼 개발자가 데이터 타입을 완전하게 정의하지 않은 탓에 공격자가 악용 또는 오남용할 수 있는 취약점이 만들어지는 예를 하나 살펴보자. [그림 8.1]은 42Crunch사가 만든 무료 VS Code 확장 프로그램 OpenAPI (Swagger) Editor(https://marketplace.visualstudio.com/items?itemName=42Crunch.vscode-openapi)을 이용해서 OpenAPI 정의서를 감사(auditing)한 결과이다.

```
{ } Chapter Nine example 1.json 9, U  ×

Chapter Nine > { } Chapter Nine example 1.json > { } paths > { } /users > { } get > { } responses > { } 200 > { } content > { } application/json >
                    Try it
15          "description": "",
16          "parameters": [],
17          "responses": {
18            "200": {
19              "description": "OK",
20              "content": {
21                "application/json": {
22                  "schema": {
23                    "type": "object",
24                    "properties": {
25                      "username": {

⚠ Chapter Nine example 1.json  9 of 9 problems                                    ↓ ↑ × ─

String schema in a response has no pattern defined (score impact 7) audit of Chapter Nine example 1.json

26                        "type": "string",
27                        "minLength": 6,
28                        "maxLength": 255
29                      },
30                      "userID": {
31                        "type": "integer",
32                        "minimum": 1,
33                        "maximum": 999,
34                        "exclusiveMinimum": false
35                      }
36                    }
37                  },
38                  "examples": {}
39                }
40              }
```

그림 8.1 문자열 값에 대한 제약을 빠뜨린 예.

이 예에서 API 설계자는 응답 문자열의 최대 길이와 최소 길이를 명시하긴 했지만, 그 문자열의 형식에 대한 제약은 지정하지 않았다. 사용자 이름이 반드시 USR-colin.domoney 같은 형태이어야 한다고 가정하자. 주어진 입력이 이 형식인지는 ^USR-[a-z]+\.[a-z]+라는 정규표현식으로 검사할 수 있다. 이 정규표현식은 USR-로 시작하고, 그다음에 영문 소문자([a-z])가 하나 이상(+) 있고(**이름**(first name)에 해당), 그다음에 마침표(\.)가 있고, 그다음에 다시 소문자가 하나 이상 있는(**성**(last name)에 해당) 문자열과 부합한다. 이 정도는 아주 간단한 정규표현식이다.

pattern 지시자로 이 정규표현식을 지정하면 OpenAPI 정의서가 완전해진다. [그림 8.2]는 제약 관련 오류 메시지가 사라진 모습이다.[역주]

[역주] 그림에서는 [a-z] 대신 \D가 쓰였는데(문자열 리터럴의 '\\'은'\'를 의미한다), 이것은 숫자(digit)가 아닌 모든 글자를 뜻한다. 따라서 예를 들어 USR-해리.포터도 그림의 패턴과 부합한다. 한편, *는 "0개 이상"을 의미한다. 따라서 이름과 성이 없는 USR-.도 그림의 패턴과 부합한다. API 백엔드의 구현에 따라서는 이 패턴이 일종의 취약점이 될 수도 있다. 참고로 OAS의 정규표현식은 자바스크립트(구체적으로는 ECMA-262)의 정규표현식 문법을 따른다. —옮긴이

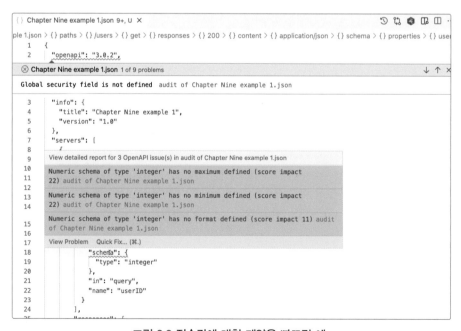

```
     {} Chapter Nine example 1.json 9+, U  ×                                    ⟳ ⇄ ● ▭ ▯ ···
paths > {} /users > {} get > {} responses > {} 200 > {} content > {} application/json > {} schema > {} properties > {} username
    21            "in": "query",
    22            "name": "userID"
    23          }
    24        ],
    25        "responses": {
    26          "200": {
    27            "description": "OK",
    28            "content": {
    29              "application/json": {
    30                "schema": {
    31                  "type": "object",
    32                  "properties": {
    33                    "username": {
    34                      "type": "string",
    35                      "minLength": 6,
    36                      "maxLength": 255,
    37                      "pattern": "^USR-\\D*\\.\\D*"
    38                    },
    39                    "userID": {
    40                      "type": "integer",
    41                      "minimum": 1,
    42                      "maximum": 999,
    43                      "exclusiveMinimum": false
    44
```

그림 8.2 `pattern` 지시자를 추가한 결과.

다른 타입의 속성들도 비슷한 방식으로 제약할 필요가 있다. [그림 8.3]은 정수형(integer 타입) 매개변수를 받는 API의 정의인데, 최솟값과 최댓값이 명시되지 않아서 감사 도구가 오류 메시지를 표시했다.

```
     {} Chapter Nine example 1.json 9+, U  ×                                    ⟳ ⇄ ● ▭ ▯ ···
ple 1.json > {} paths > {} /users > {} get > {} responses > {} 200 > {} content > {} application/json > {} schema > {} properties > {} user
    1   {
    2     "openapi": "3.0.2",
  ⊗ Chapter Nine example 1.json 1 of 9 problems                                          ↓ ↑ ✕
  Global security field is not defined  audit of Chapter Nine example 1.json
    3     "info": {
    4       "title": "Chapter Nine example 1",
    5       "version": "1.0"
    6     },
    7     "servers": [
    8       {
    9    │ View detailed report for 3 OpenAPI issue(s) in audit of Chapter Nine example 1.json
    10   │ Numeric schema of type 'integer' has no maximum defined (score impact
    11   │ 22) audit of Chapter Nine example 1.json
    12   │
    13   │ Numeric schema of type 'integer' has no minimum defined (score impact
    14   │ 22) audit of Chapter Nine example 1.json
    15   │ Numeric schema of type 'integer' has no format defined (score impact 11) audit
    16   │ of Chapter Nine example 1.json
    17   │ View Problem   Quick Fix... (⌘.)
    18            "schema": {
    19              "type": "integer"
    20            },
    21            "in": "query",
    22            "name": "userID"
    23          }
    24        ],
    25        "responses": {
```

그림 8.3 정숫값에 대한 제약을 빠뜨린 예.

데이터에 대한 제약이 얼마나 중요한지는 **제4장**의 §4.2.5 '사례 5: 온라인 데이트 앱'에 나온 온라인 데이트 앱 침해 사례가 잘 보여준다. 그 사례에서 공격자는 API가 필요 이상으로 정밀한 지리 정보를 제공하는 취약점을 알아내고 그것을 이용해서 특정 사용자의 실제 위치를 추적했다. 해당 취약점의 근본 원인은 API가 다음처럼 소수점 이하 여섯 자리의 고정밀도 GPS 데이터를 제공하는 것이었다.

```
{
  "user_id": 1234567890,
  "location": {
    "latitude": 37.774904,
    "longitude"": 122.419422
  }
// ...기타 등등...
}
```

OpenAPI 정의서의 적절한 항목에 응답 GPS 데이터의 자릿수를 제약하는 패턴을 지정해 두었다면, 그리고 그 패턴에서 벗어나는 응답 데이터를 API 방화벽에서 검출했다면 이 취약점을 일찍 발견할 수 있었을 것이다. 애초에 제품을 출시하기 전에 OpenAPI 정의서를 기준으로 API를 테스트했다면 더욱더 좋았을 것이다. (방화벽 등을 이용해서 실시간으로 API를 보호하는 문제는 **제11장** '마이크로서비스 보안'에서 자세히 논의한다).

[그림 8.4]는 지리 정보 값을 제약하는 pattern 지시자를 추가한 예이다.

```
{ } Chapter Nine example 2.json 8, U  ✕

Chapter Nine > { } Chapter Nine example 2.json > ...
    1    {
    2      "openapi": "3.0.2",
    3      "info": {
    4        "title": "Chapter Nine example 1",
    5        "version": "1.0"
    6      },
    7      "servers": [
    8        {
    9          "url": "https://api.server.test/v1"
   10        }
   11      ],
   12      "paths": {
   13        "/user_location": {
   14          "get": {
              Try it
   15            "description": "",
   16            "parameters": [],
   17            "responses": {
   18              "200": {
   19                "description": "OK",
   20                "content": {
   21                  "application/json": {
   22                    "schema": {
   23                      "type": "object",
   24                      "properties": {
   25                        "latitude": {
   26                          "type": "string",
   27                          "pattern": "^\\d{1,3}\\.\\d{1}$"
   28                        },
   29                        "longitude": {
   30                          "type": "string",
   31                          "pattern": "^\\d{1,3}\\.\\d{1}$"
   32                        }
   33                      }
   34                    }
   35                  }
   36                }
   37              }
   38            }
   39          },
```

그림 8.4 과도하게 정밀한 데이터에 대한 제약.

이 예에 쓰인 정규표현식은 ^\d{1,3}\.\d{1}$이다. 이 패턴은 숫자 1~3개 다음에 마침표 하나, 그 다음에 숫자가 딱 하나 있는 문자열과 부합한다. 37.774904는 이 패턴과 부합하지 않지만(마침표 다음의 숫자가 6개이므로) 37.7은 부합한다.

OpenAPI 정의서에 데이터 타입을 완전하게 명시하는 것은 API 보안에 대단히 중요한 요인임을 다시금 강조하고 싶다. 개발자가 이 '계약(contract)'을 무시하고는, 백엔드가 고정밀도 데이터를 돌려주도록 구현할 수도 있다. 그래 봤자 OpenAPI 정의서 기반 테스트가 그런 정의 위반 사례를 검출하거나, 실행 중에 API 방화벽이 그런 위반 사례를 차단할 것이다. **정의는 계약이다.** 계약서에 없는 것은 모두 무효이다.

> ### 개발자의 IDE 안에서 OpenAPI 정의서 감사하기
>
> 앞의 예제들은 42Crunch사의 VS Code 확장 프로그램(마이크로소프트 마켓플레이스에서 무료로 구할 수 있다)을 이용해서 VS Code 안에서 OpenAPI 정의서를 감사(auditing)하거나 린팅했다. 42Crunch사는 그 밖에도 https://42crunch.com/free-tools/에서 여러 무료 도구를 제공한다. OpenAPI 정의서를 사람이 일일이 작성하기란 쉽지 않다. 따라서 GUI 기반 편집 기능과 코드 자동 생성 등을 지원하는 전용 OpenAPI 편집기를 사용하는 것이 바람직하다. 맥 사용자에게는 Paw 편집기(https://paw.cloud/)를 추천한다. 또한 StopLight(https://stoplight.io/)도 훌륭한 범용 도구이다.

이상으로 OpenAPI 정의서에서 데이터와 관련한 여러 지시자를 살펴보았다. 그럼 중요한 보안 관련 지시자들로 넘어가자.

8.2.2 보안

OAS는 API에 적용되는 다양한 보안 메커니즘과 해당 설정값을 지정하기 위한 여러 지시자를 제공한다. 특히, 인증과 권한 부여 메커니즘과 관련한 지시자들이 있다.

다음은 OpenAPI 정의서에 사용할 수 있는 여러 보안 스킴이다.

- HTTP 인증 스킴(기본 인증 및 소지자 인증 포함)
- 헤더나 질의 문자열, 쿠키 안의 API 키
- OAuth 2
- OpenID Connect Discovery

보안 관련 지시자는 securitySchemes와 security이다. securitySchemes 지시자는 API가 지원하는 모든 보안 스킴(앞에서 나열한 네 가지 유형)을 지정하는 데 쓰인다. security 지시자는 API 전체 또는 개별 종단점에 특정 스킴을 적용하는 데 쓰인다.

다음은 securitySchemes 지시자를 사용한 예이다. 예시를 위한 것일 뿐이며, 실제 API에서는 이처럼 가능한 모든 보안 스킴을 지정하는 경우가 드물다.

```
components:
  securitySchemes:
    BasicAuth:
      type: http
      scheme: basic
    BearerAuth:
      type: http
      scheme: bearer
    ApiKeyAuth:
      type: apiKey
      in: header
      name: X-API-Key
    OpenID:
      type: openIdConnect
      openIdConnectUrl: ...
    OAuth2:
      type: oauth2
      flows:
        authorizationCode:
          authorizationUrl: ...
          tokenUrl: ...
          scopes:
            read: Grants read access
            write: Grants write access
            admin: Grants access to admin operations
```

이 API는 두 종류의 HTTP 인증을 포함해 다섯 가지 보안 스킴을 사용한다. ApiKeyAuth 의 경우 X-API-Key라는 이름의 헤더에 API 키를 담도록 한다. oath 2의 경우에는 OAuth Authorization Code 흐름을 사용한다(flows의 authorizationCode 속성). 이에 필요한 권한 부여와 토큰을 위한 두 가지 URL도 지정되어 있다.

다음으로, 특정 종단점 하나에 적용할 구체적인 보안 방법을 security 지시자로 지정하는 예를 보자.

```
paths:
  /billing_info:
    get:
      summary: Gets the account billing info
      security:
        - OAuth2: [admin]
      responses:
        '200':
          description: OK
        '401':
          description: Not authenticated
  /ping:
    get:
      security: []
      responses:
        '200':
          description: Server is up and running
        default:
          description: Something is wrong
```

/billing_info 종단점은 admin 범위 안에서 OAuth2로 보호한다. /ping 종단점은 보호하지 않는다. 이 예에서 보듯이, OpenAPI 정의서에서 중요한 보안 사항을 쉽고 직관적으로 설정할 수 있다.

OpenAPI 정의서에 접근 제어와 관련해서 뭔가 빼먹은 사항이 있는지 감사하는 것도 그만큼이나 쉽고 직관적이다. [그림 8.5]를 보자. 감사 도구는 정의에 전역 보안 스킴이 명시되지 않았음을 검출했다(그림은 스웨거/OpenAPI 버전 2를 기준으로 한 것이라서 감사 도구가 제시한 지시자 이름이 securitySchemes가 아니라 securityDefinitions이다). 전역 보안 스킴이 없다는 것은 이 API에 아무런 접근 제어도 적용되지 않는다는 뜻이다.

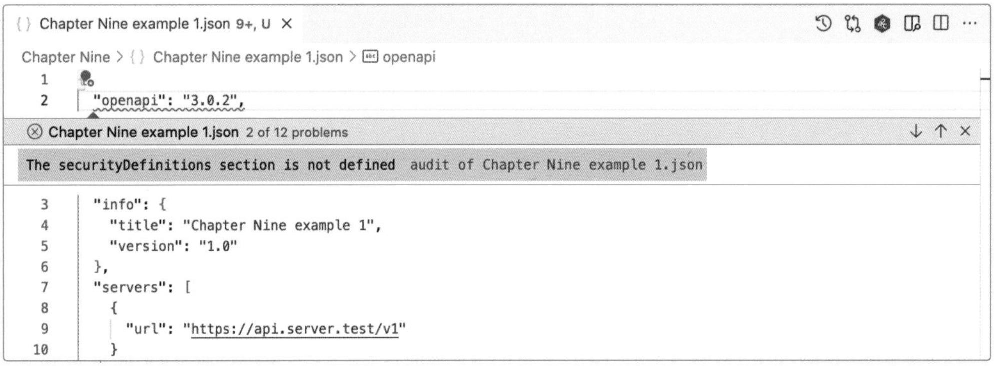

그림 8.5 전역 보안 스킴 설정이 빠진 예.

[그림 8.6]은 /users 종단점의 GET 요청에 대해 아무런 접근 제어가 없음을 감사 도구가 검출한 모습이다.

그림 8.6 개별 종단점에 대한 보안 설정이 빠진 예.

해결책은 간단하다. API 설계자가 해당 종단점 정의에 다음과 같은 형태의 security 지시자를 추가하면 된다.

```
security:
  - OAuth2: [user]
```

security 지시자를 지역 범위에서 지정할 수도 있고(개별 종단점에 적용된다) 전역 범위에서 지정할 수도 있다(개별 종단점들의 기본 설정이 된다). 모범관행은 전역에서 보안을 엄격하게 설정하고, 지역 범위에서 필요에 따라 보안을 완화하는 것이다. 예를 들어 전체적으로는 OAuth2 인증을 요구하되 특정 종단점에서는 security에 'null'을 설정해서 인증을 생략할 수 있다. 이런 접근 방식의 장점은 어떤 종단점에 대해 개발자가 실수로 security 지시자를 빼먹더라도 엄격한 전역 기본 설정이 적용되어서 그 종단점이 무방비 상태로 남겨지는 일이 없다는 것이다. 이는 방화벽 규칙을 설정하는 것과도 비슷하다. 방화벽을 설정할 때는 일단 deny-all로 시작하고, 필요에 따라 개별 allow 규칙을 추가하는 것이 정석이다.

OpenAPI 정의서에서 security 지시자는 전송 계층의 보안을 설정하는 데에도 쓰인다. [그림 8.7]은 HTTP로 요청을 받도록 설정된 정의에 대해 감사 도구가 오류 메시지를 표시한 예이다. 알다시피 HTTP는 권장되지 않는다. 이런 문제는 감사 도구가 잘 잡아준다. HTTP 대신 HTTPS를 사용하도록 변경하면 문제가 해결된다.

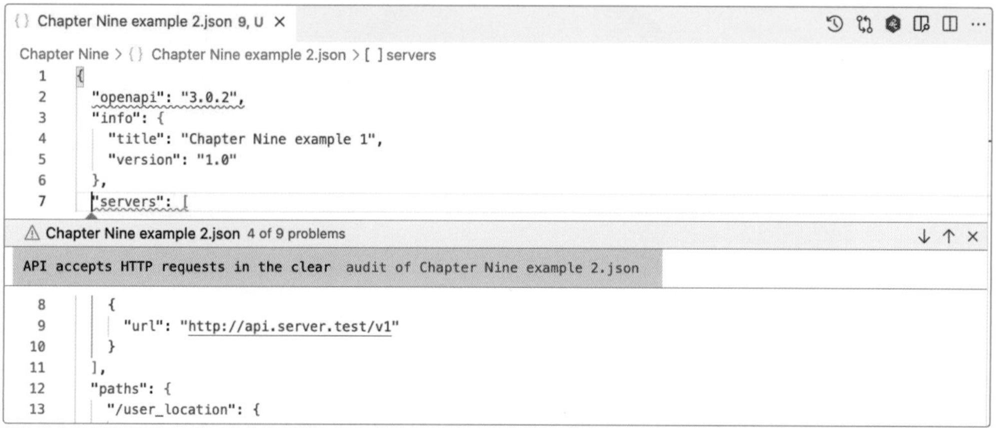

```
{ } Chapter Nine example 2.json 9, U  ×
Chapter Nine > { } Chapter Nine example 2.json > [ ] servers
  1  {
  2    "openapi": "3.0.2",
  3    "info": {
  4      "title": "Chapter Nine example 1",
  5      "version": "1.0"
  6    },
  7    "servers": [
⚠ Chapter Nine example 2.json  4 of 9 problems                          ↓ ↑ ×
API accepts HTTP requests in the clear  audit of Chapter Nine example 2.json
  8      {
  9        "url": "http://api.server.test/v1"
 10      }
 11    ],
 12    "paths": {
 13      "/user_location": {
```

그림 8.7 약한 전송 보안 검출.

이상의 간단한 예제들은 불완전한 OpenAPI 정의서를 설계 시점에서 검출하는 것이 얼마나 쉬운지 잘 보여준다. 코드를 작성한 후보다 코드를 작성하기 전에 문제를 찾아내서 고치는 것이 훨씬 쉽다.

8.2.3 **클라이언트 및 서버 코드 생성**
- -

OpenAPI 정의서를 충실하게 작성하고 관련 도구로 검증까지 했다면, 다음은 그 정의에 기반해서 서버와 클라이언트를 구현할 차례이다. 다행히 정의서를 직접 클라이언트 쪽 스텁(stub) 코드와 서버 쪽 백엔드 코드로 변환해 주는 멋진 API 코드 생성 도구들이 있다. 이처럼 API를 먼저 설계하고 그것에 기반해서 코드를 생성하는 접근 방식을 **설계 우선** 접근 방식이라고 부른다. 그 반대의 접근 방식은 **코드 우선**이다. 코드 우선 접근 방식에서는 개발자가 먼저 API를 구현하고 그 구현 코드를 분석해서 API 정의를 유도한다.

API를 새로 만드는 경우에는 설계 우선 접근 방식이 권장되지만, 업계에는 기존 API들이 많이 남아 있기 때문에 코드 우선 접근 방식이 흔하다. 두 접근 방식을 오가는 혼합 접근 방식도 가능할 것이다. 예를 들어 이런 시나리오를 생각할 수 있겠다. 새로운 API의 버전 1을 OpenAPI 정의서부터 만들어서 코드를 생성한다. 버전 1을 테스트하고 실무에 사용하면서 코드를 개선, 확장한다. 변경된 코드를 분석해서 API 버전 2의 정의를 만든다. [그림 8.8]은 이러한 '왕복 (round-trip)' 접근 방식을 도식화한 것이다.

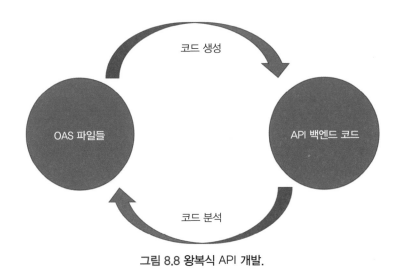

그림 8.8 왕복식 API 개발.

다음은 API 코드를 자동으로 생성하는 데 흔히 쓰이는 도구 두 가지이다.

- Swagger Codegen (https://swagger.io/tools/swagger-codegen/)
- OpenAPI Generator (https://openapi-generator.tech/)

두 도구 모두 인기 있는 여러 프로그래밍 언어를 지원하며, 개발자의 요구에 맞게 코드를 생성할 수 있는 세밀한 코드 생성 옵션들을 제공한다. 이 도구들은 **제11장** '실행 시점 보호를 통한 API 오른쪽 보호'에서 좀 더 자세히 논의한다.

OpenAPI 정의서의 가장 큰 장점 중 하나는 정의로부터 API 포털을 자동으로 생성할 수 있다는 것이다. 대부분의 API 프레임워크가 OpenAPI 정의서로부터 API 포털을 생성하는 기능을 제공한다. API 포털portal은 소비자가 클라이언트 앱을 개발하기 전에 API를 시험해 볼 수 있는 공간이다. API 포털이 있으면 앱 개발자가 API를 채용하기가 쉬워진다.

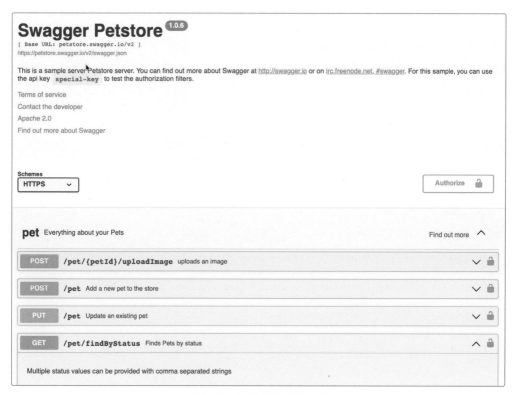

그림 8.9 스웨거 UI 포털의 예.

좋은 예가 유명한 스웨거 프레임워크이다. [그림 8.9]는 스웨거를 이용해서 생성한 예제 API petstore의 포털인데, https://petstore.swagger.io/#/에서 직접 시험해 볼 수 있다.

> **중요한 참고사항**
>
> 예제 API petstore의 OpenAPI 정의서는 의도적으로 부실하게 만든 것임을 주의하자. 이것은 스웨거 UI를 예시하기 위한 것일 뿐, 좋은 OSA 정의의 예는 아니다.

8.3 양성 보안 모델의 활용

이전 절에서 **정의는 계약**이고 계약에 없는 것은 모두 무효라는 말을 했다. 이것이 안전한 API를 만들 때 대단히 중요한 요소인 **양성 보안 모델**(positive security model)의 핵심 장점이다.

양성 보안 모델을 따르는 계약 기반 보안의 장점은 반대의 모델, 즉 **음성 보안 모델**(negative

security model)을 생각해 보면 명확해진다. 음성 보안 모델을 **차단 목록**(blocklist 또는 disallow list) 접근 방식이라고도 부른다. 이 접근 방식에서 **WAF**(웹 앱 방화벽) 같은 보호 도구는 미리 정해 진 악성 데이터와 패턴의 목록을 사용한다. 보호 도구는 그 목록에 있는 어떤 데이터를 포함 한 요청을 차단한다.

음성 보안 모델이 얼마나 약한지를 예제를 통해 살펴보자. 다음은 ModSecurity(유명한 WAF 엔 진)를 위한 규칙 집합이다.

```
# Example Payloads Detected:
# ------------------------
# OR 1#
# DROP sampletable;--
# admin'--
# DROP/*comment*/sampletable
# DR/**/OP/*bypass blacklisting*/sampletable
# SELECT/*avoid-spaces*/password/**/FROM/**/Members
# SELECT /*!32302 1/0, */ 1 FROM tablename
# ' or 1=1#
# ' or 1=1-- -
# ' or 1=1/*
# 1='1' or-- -
# ' /*!50000or*/1='1
# ' /*!or*/1='1
# 0/**/union/*!50000select*/table_name'foo'/**/
```

이 규칙 집합에는 SQL 주입 공격을 탐지할 수 있는 규칙들이 포함되어 있다. 하지만 이 규칙 들만으로는 모든 SQL 주입 공격을 막지 못한다. 능숙한 공격자라면 ' or 1=1;\x00 같은 교묘 한 페이로드를 이용해서 탐지를 피해갈 것이다. 이런 접근 방식에서 WAF가 효과적이려면 경 험 많은 규칙 관리자가 모든 가능한 상황을 예상해야 하는데, 쉽지 않은 일이다.

이러한 음성 보안 모델은 개념적으로는 간단하지만 완벽하게 튼튼하지는 않다. 특히, 다음 세 가지 단점을 유념해야 한다.

- 차단 목록을 관리하려면 손이 많이 간다. 새 항목을 추가하고 유효하지 않은 항목을 제거하 는 작업을 끊임없이 반복해야 한다.
- 규칙 집합에 모든 가능한 규칙을 담을 수는 없으므로 **거짓 음성**(false negative) 결과가 발생할 수밖에 없다. 즉, 악성 데이터를 규칙 집합으로 탐지하지 못하는 경우가 생긴다.
- 반대로, 필요 이상으로 엄격한 규칙 때문에 유효한 데이터를 공격으로 오탐할 수도 있다. 이 러한 **거짓 양성**(false positive) 결과는 앱이 의도와는 다르게 행동하게 만들 수 있다.

이 세 가지 단점 때문에, 음성 보안 모델에 기반한 보호 기술을 좋아하지 않는 사람이 많다.

양성 보안 모델은 모든 것이 음성 보안 모델의 반대이다. 이 모델에서는 알려진 악성 데이터를 차단하는 대신 알려진 유효한 데이터만 허용한다. 즉, **차단 목록**이 아니라 **허용 목록**(allowlist)을 사용한다. 이것은 매우 중요한 차이니 반드시 기억하기 바란다.

허용 목록 접근 방식의 직접적인 장점은 보호의 정확성이다. 이 모델에서는 거짓 양성 오류와 거짓 음성 오류 둘 다 사라진다. 하지만 아주 중요한 주의 사항이 있다. 바로, 이 모델이 제대로 작동하려면 모든 데이터와 연산에 대해 계약을 정밀하게 작성해야 한다는 것이다.

다행히 API의 경우에는 그런 계약이 이미 있다. 다름 아닌 OpenAPI 정의서이다. 잘 작성된 OpenAPI 정의서는 양성 보안 모델에 기반한 API 보호를 위한 진실 공급원이 된다.

8.4 API의 위협 모델링

API 개발의 왼쪽 이동 접근 방식이 주는 또 다른 이득은 보안팀과 개발팀이 협업해서 **위협 모델링**(threat modeling) 활동을 수행할 수 있다는 것이다. 위협 모델링의 상세한 설명은 이 책의 범위를 벗어나는 것이므로 간단하게만 소개하겠다. **Threat Modeling Manifest**(위협 모델링 선언문; https://www.threatmodelingmanifesto.org/)에 따르면 위협 모델링은 다음과 같은 네 가지 핵심 질문을 던진다.

1. 우리가 다루는 것은 무엇인가?
2. 무엇이 잘못될 수 있는가?
3. 잘못되면 무엇을 해야 하는가?
4. (3번을) 충분히 잘 해냈는가?

그럼 간단한 예를 통해서 위협 모델링의 장점을 살펴보자. **제4장**의 §4.2.1에서 소개한 국제 배송업체의 사례를 떠올리기 바란다. 해당 웹사이트의 개발자들은 설계에서 다음과 같은 기본적인 세 가지 실수를 범했다.

- '모호함에 의한 보안(security by obscurity)'에 의존해서, 지도 이미지를 반환하는 것이 그리 위험하지 않다고 오판했다. 연구자들은 도로명을 검색해서 지도로부터 정확한 우편번호를 얻을 수 있었다.

- 배송 조회 종단점에 속도 제한을 가하지 않았다. 연구자들은 무차별 대입 기법으로 택배 번호를 추측할 수 있었다.
- API가 노출하는 PII 데이터를 모바일 앱이 걸러내는 방식의 클라이언트 쪽 보호에 의존했다.

여기서 주목할 점이 두 가지 있다. 첫째로, 이 문제들은 모두 코드상의 취약점이 아니며 스캐닝이나 감사로 검출할 수 있었다. 둘째로, 설계 시점에서 몇 가지 질문만 던졌다면 세 문제 모두 예방할 수 있었다.

위협 모델링은 중요한 질문을 던짐으로써 문제를 예방한다. 지도가 필요 이상으로 세부적이지는 않다는 가정이 유효한가? 공격자가 배송 조회 종단점을 어떻게 악용할 수 있을까? 모바일 앱에 PII가 꼭 필요한가? 이런 질문들을 미리 고민했다면 앞의 세 문제 모두 쉽게 피할 수 있었다.

위협 모델링의 장점은 그 밖에도 여러 가지이다. 특히 보안팀과 개발팀의 협업이 강화된다는 장점이 있다.

위협 모델링에 관한 관심이 높아지면서 모델링 과정을 자동화하는 훌륭한 도구도 많이 나왔다 (유료도 있고 무료도 있다). [그림 8.10]은 인기 있는 **IriusRisk**(https://www.iriusrisk.com/threat-modeling-platform) 도구의 API 위험 대시보드이다.

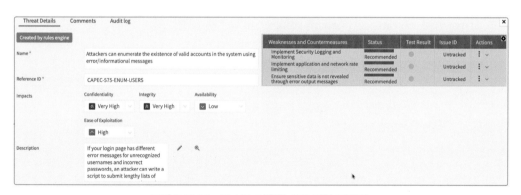

그림 8.10 IriusRisk를 이용한 API 위협 모델링.

[그림 8.10]의 화면은 REST API에 대한 위협의 세부 페이지로, 오류 메시지나 정보 메시지를 통해서 유효한 계정의 존재 여부가 노출되는 문제를 알려준다. 이런 취약점은 무차별 대입을 통해서 계정이나 사용자 이름을 열거하는 공격으로 이어진다. 오른쪽 위의 표에 구체적인 약점과 그 대응책도 제시되어 있음을 주목하자. 이 예의 경우 가장 효과적인 대응책은 속도 제한이다.

이런 도구의 진정한 장점은 위협 및 완화 사항을 여러 프로젝트에서 재사용하기가 쉽다는 것이다. 그냥 REST API 컴포넌트를 끌어다 놓은 후, 이미 정의되어 있는 위협 및 완화 사항을 적용하면 된다. 이것이야말로 집단 지성의 힘이 실제로 발휘되는 예일 것이다.

8.5 API 보안의 자동화

API가 공격받을 만한 모든 시나리오를 고려하다 보면 막막해지기 마련이다. 공격 벡터, 프레임워크, 접근 제어 방식, 코딩 결함 등 생각해야 할 것이 너무나 많기 때문에 어디서 시작해야 할지도 감을 잡기 어렵다.

불행 중 다행인 것은 대단히 많은 종류의 결함을 개발 과정에서 자동화 도구를 이용해서 쉽게 검출할 수 있다는 점이다. [그림 8.11]은 전형적인 탐지 난이도 대비 결함 개수의 분포 곡선이다.

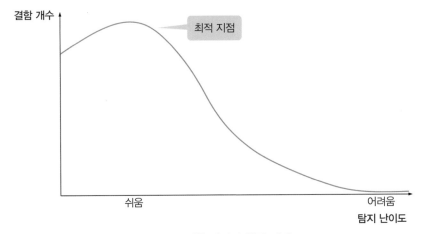

그림 8.11 결함 탐지의 최적 지점.

그림에서 '최적 지점(sweet spot)'은 노력 대비 성과가 제일 큰 지점이다. 이곳은 손쉽게 탐지할 수 있는 아주 기본적인 결함들에 해당한다. 예를 들어 앞에서 본 모든 OpenAPI 정의서의 결함들을 개발 과정의 여러 단계(IDE, 코드 저장소, CI/CD 파이프라인 등)에서 실시간으로 정확하게 잡아낼 수 있다. 그럼 개발 과정에서 이런 통합 API 보안 점검으로 손쉽게 얻을 수 있는 성과 몇 가지를 살펴보자.

8.5.1 CI/CD 통합

보안 도구가 CI/CD 파이프라인과 잘 통합되려면 다음과 같은 특성을 갖추어야 한다.

- **실행 시 잠복지연(latency)이 낮다**: 보안 도구가 파이프라인을 불필요하게 차단해서는 안 된다. 파이프라인의 실행을 지연하는 시간이 1분 미만인 것이 이상적이다.
- **거짓 양성 오류가 적다**: 유효하지 않거나 별로 심각하지 않은 결함 때문에 빌드가 중단되어서는 안 된다.
- **좋은 API를 제공한다**: API를 통해 점검 작업을 완전히 자동화할 수 있어야 한다. 사람의 개입(파일 다운로드 등)이 필요한 과정은 자동화에 적합하지 않다.

그럼 CI/CD 파이프라인에서 보안 점검을 자동화하는 예를 몇 가지 살펴보자.

깃허브 액션

깃허브 액션GitHub Actions을 이용하면 CI/CD 파이프라인을 코드로 정의하고 코드의 수명 주기 중 주요 지점에서 파이프라인을 자동으로 실행할 수 있다. 전형적인 예는 코드를 커밋하거나 **PR**(pull request)을 승인할 때 자동으로 감사 스캐닝이 실행되게 하는 것이다. [그림 8.12]는 42Crunch사의 감사 도구를 깃허브 액션과 통합한 모습이다.

그림 8.12 깃허브 액션과 감사 도구의 통합.

또 다른 예로, 다음은 **Semgrep**(잠시 후에 소개한다)을 깃허브 액션과 통합한 예이다.

```
code_analysis:
  runs-on:  ubuntu-latest
  name: Analyse code for security flaws
  steps:
    - uses: actions/checkout@v2
    - name: Code Security Analysis

    run: pip3 install semgrep && semgrep --config "p/ci"
    shell: bash
```

젠킨스

젠킨스Jenkins는 소프트웨어 개발 업계를 떠받치는 충실한 도구로, 여전히 널리 쓰이고 있다. [그림 8.13]은 42Crunch의 감사 도구를 젠킨스에 포함한 모습이다.

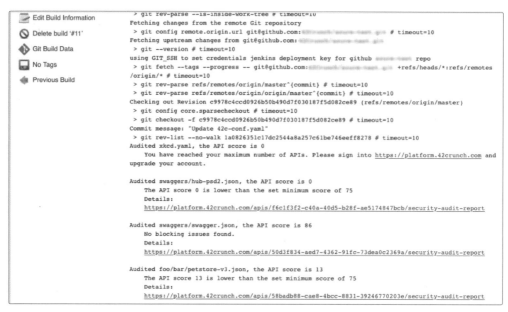

```
    > git rev-parse --is-inside-work-tree # timeout=10
Fetching changes from the remote Git repository
    > git config remote.origin.url git@github.com:                    # timeout=10
Fetching upstream changes from git@github.com:
    > git --version # timeout=10
using GIT_SSH to set credentials jenkins deployment key for github                repo
    > git fetch --tags --progress -- git@github.com:                   +refs/heads/*:refs/remotes
/origin/* # timeout=10
    > git rev-parse refs/remotes/origin/master^{commit} # timeout=10
    > git rev-parse refs/remotes/origin/origin/master^{commit} # timeout=10
Checking out Revision c9978c4ccd0926b50b490d7f030187f5d082ce89 (refs/remotes/origin/master)
    > git config core.sparsecheckout # timeout=10
    > git checkout -f c9978c4ccd0926b50b490d7f030187f5d082ce89 # timeout=10
Commit message: "Update 42c-conf.yaml"
    > git rev-list --no-walk 1a0826351c17dc2544a8a257c61be746eeff8278 # timeout=10
Audited xkcd.yaml, the API score is 0
        You have reached your maximum number of APIs. Please sign into https://platform.42crunch.com and
upgrade your account.

Audited swaggers/hub-psd2.json, the API score is 0
        The API score 0 is lower than the set minimum score of 75
        Details:
        https://platform.42crunch.com/apis/f6c1f3f2-c40a-40d5-b28f-ae5174847bcb/security-audit-report

Audited swaggers/swagger.json, the API score is 86
        No blocking issues found.
        Details:
        https://platform.42crunch.com/apis/50d3f834-aed7-4362-91fc-73dea0c2369a/security-audit-report

Audited foo/bar/petstore-v3.json, the API score is 13
        The API score 13 is lower than the set minimum score of 75
        Details:
        https://platform.42crunch.com/apis/58badb88-cae8-4bcc-8831-39246770203e/security-audit-report
```

그림 8.13 젠킨스 안으로 통합된 감사 도구.

8.5.2 Semgrep

앞의 예들은 API 백엔드 코드 자체가 아니라 백엔드 코드를 생성하기 위한 OpenAPI 정의서를 감사하는 문제에 초점을 두었다. 그런데 완벽한 OpenAPI 정의서에서 취약한 코드가 만들어질 가능성이 아예 없지는 않다. 따라서 철저한 보안을 위해서는 정의와 코드를 모두 감사할 필요가 있다.

전통적으로 **SAST**(static application security testing; 정적 응용 프로그램 보안 테스트)는 고급 상용 솔루션을 사용하는, 자금력이 풍부한 보안팀이나 할 수 있는 활동이었다. 하지만 지난 몇 년 동안 정적 분석을 좀 더 효율적이고 저렴하게 만드는 노력 덕분에 진입 장벽이 훨씬 낮아졌다. 이 글을 쓰는 현재, 그러한 노력의 선두 주자는 바로 **Semgrep**(https://semgrep.dev/)이다.

Semgrep은 유닉스의 **grep** 유틸리티와 비슷한 코드 검색 도구이다. 단, 함수나 키워드, 클래스 같은 코드 구성요소를 인식한다는 특징이 있다. Semgrep은 검색 속도가 대단히 빠르다. 또한, 사용자는 내장 규칙 문법을 이용해 복잡한 질의문을 작성해서 소스 코드의 취약점을 찾아낼 수 있다. Semgrep에는 상용 버전과 커뮤니티 버전(무료)이 있다. 커뮤니티 버전에서는 사용자들이 만들어서 제출한 커뮤니티 기반 규칙 저장소의 규칙들을 사용할 수 있다. 또한, 커스텀 규칙을 작성하고 시험할 있는 플레이그라운드도 제공된다.

그럼 Semgrep으로 기본적인 API 코드 결함을 찾아내는 방법을 살펴보자. API 개발자들이 어려워하는 것 중 하나는 JWT를 정확하게 사용하는 것이다. 특히, JWT를 생성하는 코드와 검증하는 코드에서 버그가 많이 생긴다. Semgrep의 기본 규칙 집합에는 여러 인기 프로그래밍 언어에서 JWT의 정확한 사용 여부를 평가하는 규칙들이 내장되어 있다.

처음으로 살펴볼 시나리오는 서명을 확인하지 않고 JWT를 사용하는 코드 결함을 찾는 것이다. 그런 결함이 있으면 전송 도중 변조된 JWT를 이용한 공격에 당하게 된다. JWT가 전송 도중 변조되지는 않았음을 확신하려면 반드시 서명을 확인해야 한다. [그림 8.14]의 오른쪽 패널은 결함이 있는 자바 코드이다. 강조된 부분을 보면 JWT의 서명을 확인하지 않고 바로 디코딩한다. 왼쪽 패널은 이런 취약점을 찾는 규칙인데, 강조된 부분이 지금 시나리오와 관련된 패턴이다. 이 규칙은 `verify()` 호출 없이 `decode()`를 호출하는 코드를 찾는다. 이 규칙을 개발 과정의 적절한 지점에 통합해서 필요할 때마다 자동으로 검색이 일어나게 한다(검색에 몇 초 걸리지 않는다). 이렇게 하면 아주 기본적이지만 심각한 결함을 완전히 피할 수 있다.

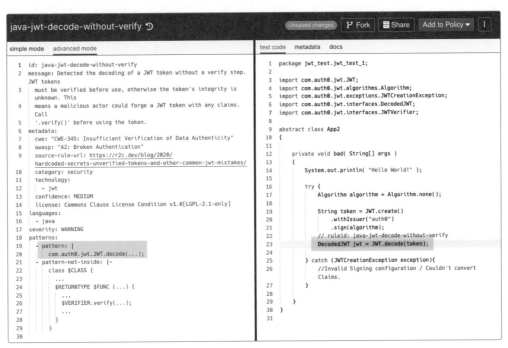

그림 8.14 JWT 서명을 확인하지 않은 결함.

다음으로, 서명 알고리즘을 지정하지 않고 JWT를 생성하는 결함을 찾는 예를 살펴보자. 그렇게 생성한 JWT는 확인할 수 없다. 이는 제7장의 'None 공격' 절에서 이야기한 alg=none 취약점인데, 워낙 악명이 높다 보니 이 취약점만 다루는 웹사이트가 있을 정도이다. 주소는 https://www.howmanydayssinceajwtalgnonevuln.com/이다.

이 결함 역시 Semgrep이 아주 잘 찾아낸다(그림 8.15).

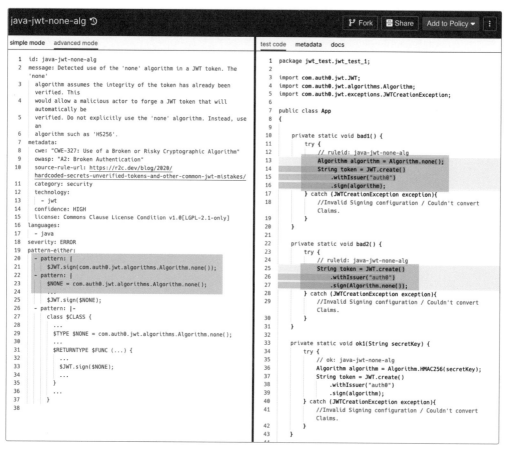

그림 8.15 암복호화 알고리즘을 지정하지 않은 결함.

이상의 예에서 보듯이, 정확하고 설정 가능하고 속도 빠른 도구의 위력은 엄청나다. Semgrep을 소프트웨어 개발 주기의 모든 단계에 통합하면 이런 부류의 결함을 완전히 제거할 수 있다. 자금이 풍부해서 본격적인 상용 SAST를 사용할 여유가 조직이라면, 역시 마찬가지로 개발 주기의 모든 단계에 해당 도구를 사용해야 마땅하다.

공격자처럼 생각하기

API를 만들거나 지키는 사람이 귀담아들어야 할 가장 강력한 조언은 "공격자처럼 생각하라"일 것이다. 이번 장 도입부에서 이야기했듯이, 공격자가 API를 악용하는 방법이나 도구를 개발자가 잘 모를 수 있다. **제4장** '최근 침해 사례 분석'의 사례들을 보면 알겠지만, API들은 너무나도 쉽게 공격당한다.

다음은 안전한 API를 구축하고자 하는 개발자가 염두에 두어야 할 사항이다.

- **필요한 도구와 자료를 갖추자**: 현재 가장 상세한 API 보안 자료 모음으로는 깃허브의 *Awesome API Security* 저장소(https://github.com/arainho/awesome-api-security)가 있다.
- **학습 자료로 시작하자**: 유튜브에 훌륭한 튜토리얼들이 있다. 또한, 무료 API 보안 강좌를 제공하는 온라인 학습 사이트도 있다. 항상 그렇듯이 OWASP는 훌륭한 참고자료이다.
- **내가 만든 API를 테스트하자**: 포스트맨이나 역방향 프록시 도구를 이용해서 API와 상호작용한다. 비정상적인 순서로 작업을 수행하거나, 일부 요청 매개변수를 변경하거나, 인증 없이 접근하는 등 다양하게 시도한다.
- **실습으로 배우자**: 학습에 도움이 되는, 의도적으로 취약하게 구현한 API 앱들이 있다. 그런 앱을 설치하고, 튜토리얼을 따라 하고, API를 직접 악용해 보자.
- **다른 사람에게 배우자**: 내가 생각하기에, 가장 유용한 교훈은 다른 사람의 불행에서 배울 수 있다. API 침해가 어떻게 발생하는지 조사하고, 그로부터 근본적인 문제를 찾아보기 바란다. APISecurity.io의 뉴스레터는 최근 침해 사고를 상세하게 분석한 글을 제공한다.

내가 제시하고 싶은 출발점은, 여러분이 만든 API를 포스트맨으로 조사해서 API가 내부적으로 어떻게 작동하는지를 상세히 파악하는 것이다. 그런 다음에는 위협 모델을 만들어서 공격자의 관점을 이해하는 것으로 나아간다.

이번 장 요약

이번 장에서도 많은 내용을 다루었다. 이제는 API 보안에 대한 왼쪽 이동 접근 방식을 긍정적으로 생각하게 되었을 것이다. 설계 우선 접근 방식을 따르는 개발팀은 초기 설계 단계부터 API의 보안 및 데이터 관련 설정을 OAS 지시자의 형태로 설계에 통합한다. 이러한 접근 방식에서 개발자는 OWS 정의를 단일한 진실 공급원으로 두고 API 감사 도구와 테스트 도구를 이용해서 개발 프로세스를 진행한다. 이런 '계약' 기반 접근 방식의 이점은 근본적으로 '양성 보안 모델'에서 나온다. 좋은 데이터만 허용하는 양성 보안 모델에서는 악성 데이터를 사람이 일일이 예상해서 나열할 필요가 없다. 현대적인 API 개발 프로세스의 관건은 도구들을 CI/CD 파이프라인에 밀접하게 통합해서 빌드/테스트/배포 프로세스를 완전히 자동화하는 것이다. 흔히 발생하는 API 취약점 중 다수는 완전히 자동으로 검출하고 제거할 수 있다. **그것이 왼쪽 이동 접근 방식의 핵심이다.** 마지막으로, 위협 모델링과 보안 설계를 통해서 보안 요구사항을 개발 주기의 초기 단계에 통합하면 이후 단계들에서 보안 요구사항을 제대로 챙길 수 있게 된다.

다음 장은 API에 영향을 미치는 주요 취약점들을 방어하는 문제에 초점을 둔다.

더 읽을거리

위협 모델링을 더 알고 싶은 독자에게는 다음 자료를 추천한다.

- Threat Modeling Process(https://owasp.org/www-community/Threat_Modeling_Process)
- Shostack + Associates(https://shostack.org/)
- IriusRisk(https://www.iriusrisk.com/threat-modeling-platform)
- Threat Modeling Manifesto(https://www.threatmodelingmanifesto.org/)

ModSecurity 설정에 관한 추가 정보는 다음을 참고하기 바란다.

- How To Set Up mod_security with Apache on Debian/Ubuntu(https://www.digitalocean.com/community/tutorials/how-to-set-up-mod_security-with-apache-on-debian-ubuntu)

Swagger.io 웹사이트는 OpenAPI 명세(OAS)에 관한 풍부한 정보를 제공한다.

- Code-First vs. Design-First: Eliminate Friction with API Exploration(https://swagger.io/blog/api-design/design-first-or-code-first-api-development/)
- Data Models (Schemas)(https://swagger.io/docs/specification/data-models/)

Semgrep 공식 사이트는 semgrep의 무료 버전과 함께 상세한 가이드를 제공한다.

- https://semgrep.dev/

API 보안 도구, 방법, 기술에 관한 자료를 모아 둔 장소로는 깃허브의 Awesome API Security 저장소가 최고이다.

- 깃허브 arainho/awesome-api-security(https://github.com/arainho/awesome-api-security)

제**09**장
주요 취약점 방어

제8장에서 이야기한 접근 방식과 조언에 기초해서, 이제 API를 방어하는 좀 더 구체적인 방법을 살펴볼 때가 되었다. 그 첫걸음으로 이번 장에서는 API에서 흔히 볼 수 있는 주요 취약점들을 **소프트웨어 개발 수명 주기**(Software Development Lifecycle, SDLC)의 설계 및 개발 단계에서 방어하는 방법을 소개한다. 제2부에서 우리는 공격자가 API의 설계와 구현에 존재하는 취약점을 어떻게 악용하는지 이야기했다. 또한 제1부에서는 흔히 볼 수 있는 API 취약점과 실제 침해 사례를 소개했다. 이제는 안전한 API 구축을 위한 방어적 사고방식을 익히는 데 초점을 두고, 주요 취약점 유형별로 방어를 위한 모범관행과 일반적인 함정을 논의한다. 또한 관련 도구와 라이브러리를 추천하고 핵심 방어 방법을 보여주는 예제 코드도 제시한다. API를 실제로 개발하고 지켜야 하는 독자라면 이번 장이 이 책 전체의 핵심이라고 할 수 있겠다. 이번 장이 안전한 API 구축에 큰 도움이 될 것이다. 그 밖의 독자라면, 이번 장을 통해서 핵심 방어 기법들을 확실하게 이해할 수 있을 것이다.

제7장 'API 공격'에서 우리는 인증과 권한 부여의 조합이 API 보안에 얼마나 중요한지 배웠다. 이번 장의 앞쪽 절반을 관통하는 주제도 바로 그것이다. API 개발자에게는 다행히도, 이 조합의 보안을 일련의 핵심 관행과 패턴, 지원 라이브러리를 통해서 아주 쉽게 개선할 수 있다. 데이터 관련 취약점 역시 이번 장 후반부에서 익힐 일반적인 방어적 코딩 패턴으로 해결할 수 있다. 마지막으로, 이번 장의 끝부분에서는 그 밖의 일반적인 구현 취약점에 적용할 수 있는 방어 기법들과 구현 계층의 비즈니스 로직 취약점을 방어하기 위한 접근 방식들도 살펴볼 것이다.

이번 장의 주요 주제는 다음과 같다.

- 인증 취약점 방어
- 권한 부여 취약점 방어

- 데이터 취약점 방어
- 구현 취약점 방어
- 제한 없는 자원 소비 방지
- 비즈니스 수준의 API 공격에 대한 방어

이번 장에서는 API 보안의 2대 요소인 인증과 권한 부여 중 인증과 관련한 취약점을 방어하는 방법부터 살펴본다. 그 전에 실습 환경부터 준비하자.

9.1 실습 환경 준비

이번 장의 예제를 따라 하려면 독자와 독자의 개발용 컴퓨터가 다음 조건들을 충족해야 한다.

- VS Code를 실행할 수 있고 VS 마켓플레이스에 있는 다양한 확장 프로그램을 설치할 수 있다.
- 인터넷에 연결되어 있으며, 예제들에 접근하기 위한 깃허브 계정이 있다.

이번 장의 예제들에는 도커나 기타 본격적인 도구가 필요하지 않다. 보통의 웹 브라우저로 온라인 도구들에 접근할 수만 있으면 된다. 예제들은 대부분 간단한 코드 조각 형태로, 주로는 JWT이다.

원서 깃허브 저장소의 `Chapter9` 폴더에 이번 장의 예제 코드가 있다. 또한, 이 책이 출간된 후에 뭔가 바뀌어서 예제가 제대로 실행되지 않는 경우 수정 방법을 이 저장소에 올리겠다. 해당 폴더의 주소는 `https://github.com/PacktPublishing/Defending-APIs/tree/main/Chapter9`이다.

9.2 인증 취약점 방어

API에서 가장 흔히 발생하는 공격이 인증 취약점에 대한 공격이다. 다행히 이 공격은 개발자가 JWT 보안과 관련한 핵심 모범관행을 잘 따른다면, 그리고 OAuth2를 안전하게 구현하고 패스워드, 토큰 및 재설정 프로세스를 강화하기만 한다면 방어하기가 어렵지 않다.

9.2.1 JWT 보안 모범관행

제7장 'API 공격'에서 우리는 **JWT**(JSON Web Tokens; JSON 웹 토큰)에 대한 여러 공격 방법을 살펴보았다. 요즘 API 구현에서 JWT가 쓰이지 않는 경우가 거의 없는 만큼, 공격 방법이 다양한 것도 당연하다면 당연하다. 다행히 그런 공격의 대부분은 JWT를 생성하고 소비하는 코드에서 JWT를 안전하게 처리함으로써 완전히 방지할 수 있다. 이를 위한 모범관행 및 권장 사항을 살펴보자.

제일 먼저 강조하고 싶은 모범관행은 **JWT를 원래의 용도와 목적에 맞게 사용하는 것**이다. 원래 JWT의 용도는 신원(identiy)과 접근 권한(permission)에 관한 정보를 이식성 있게 교환하는 것이다. 그것과는 벗어난 용도로 JWT를 사용하면 안 된다. 예를 들어 JWT를 세션 쿠키로 사용하지는 말아야 한다. JWT를 세션 쿠키로 사용하는 것은 일종의 안티패턴이다. JWT를 세션 쿠키로 사용하면 사용자는 JWT가 만료되기 전까지는 로그아웃할 수 없다. 그리고 그런 JWT는 도난 및 재사용 위험이 있다. 게다가 JWT는 덩치가 비교적 크기 때문에 전송 시간이 길어지고 저장 용량이 커진다. 더 나아가서, 모든 요청에서 암복호화 연산이 거듭 필요한 경우 암복호화 연산이 시간을 많이 잡아먹는다.

클라이언트 쪽에서 고려해야 할 중요한 사항 하나는 **JWT의 안전한 저장**이다. 이는 **XSS**(Cross-Site Scripting; 교차 사이트 스크립팅) 공격을 통한 도용을 막는데 필요하다. 가장 안전한 저장 장소는 브라우저 메모리 또는 캐시이다. 세션 저장소(session storage)라고도 부르는 이 브라우저 내부 저장소들은 웹페이지를 갱신(refresh; 새로 고침)하면 지워진다. 또 다른 옵션은 브라우저의 지역 저장소(local storage)인데, XSS 공격에서 완전히 자유롭지는 않다. 현재 안전한 토큰 저장에 권장되는 방법은, 쿠키 위치에 HttpOnly 태그를 지정해서 도용을 방지하는 것이다.

다음으로, 토큰의 유형을 typ 필드로 명확히 선언하는 것도 JWT의 보안에 권장되는 모범관행이다. 다음과 같은 JWT 헤더를 생각해 보자.

```
{
  "alg": "HS256",
  "typ": "JWT",
  "kid": "BTVBRYNjEyxc"}
```

이 경우에는 typ 필드에 일반적인 기본값 JWT를 설정했기 때문에 클라이언트는 이 토큰의 출처를 추측해야 한다. 그러다 보면 유효하지 않은 맥락에서 잘못 사용하게 될 수도 있다. typ

필드에 토큰의 매체 유형(media type)[역주]을 구체적으로 설정하면 해당 JWT의 용도가 명확해지므로 그럴 위험이 줄어든다. 다음은 주어진 토큰이 하나의 신원 토큰(identity token)임을 **IT**라는 약자를 이용해서 좀 더 명시적으로 표현한 예이다.

```
{
  "alg": "HS256",
  "typ": "IT+JWT",
  "kid": "BTVBRYNjEyxc"}
```

JWT의 가장 중요한 속성 하나는 만료 시간이다. 만료 시간은 토큰이 의도한 것보다 더 오래 유효하게 남는 일을 방지하기 위한 것이다. JWT를 생성할 때는 적절한 만료 시간을 설정해야 한다. 그리고 클라이언트 쪽에서는 토큰을 믿고 사용하기 전에 토큰이 이미 만료되지는 않았는지를 반드시 점검해야 한다. 이 두 가지가 안전한 **만료 시간 처리**의 핵심이다. 토큰의 적절한 유효 기간 또는 만료 시간은 토큰 사용 대상에 따라 다르다. 내부 서비스의 경우에는 몇 초면 충분하지만, 인간의 로그인을 요구하는 외부 API의 경우에는 훨씬 더 길어야 할 수도 있다(며칠 정도). 안타깝게도 이 부분에 대해 어떤 확실한 규칙은 없다. 보안 설계상의 결정 사항들이 그렇듯이, 이 부분에서 보안과 편의성은 하나가 강해지면 다른 하나가 약해지는 절충 관계이다. 적절한 만료 시간을 정하는 데에는, 토큰을 분실하거나 도난당했을 때의 최악의 시나리오와 토큰 재발급의 상대적 어려움을 위협 모델을 만들어서 저울질해 보는 것이 도움이 될 것이다.

정확한 서명 알고리즘 설정

제7장 'API 공격'의 **토큰 기반 공격** 절에서 보았듯이 공격자는 다양한 방법으로 키를 주입하거나 서명 알고리즘과 관련해서 클라이언트를 속이려 든다. 이런 공격 벡터를 피하는 가장 간단한 방법은 미리 정해진 알고리즘과 키를 사용하고, **JWT 헤더에 설정된 값들은 무시**하는 것이다. 그러면 클라이언트가 공격자의 조작에 속아서 엉뚱한 알고리즘이나 서명 키를 사용하는 사고가 발생하지 않는다. 이렇게 하면 확장이 가능하도록 매개변수화된 JWT 아키텍처가 주는 유연성이 어느 정도 사라지겠지만, 어차피 대부분의 경우 JWT 발급자와 소비자는 미리 정의된 방식으로 협동하므로 유연성 감소가 크게 아쉽지는 않다. 그냥 발급자와 소비자 둘 다 미리 하드코딩된 값을 사용해도 아무 문제가 없을 때가 많다.

[역주] 참고로 IANA가 정의하는 '표준' 매체 유형 이름(https://www.iana.org/assignments/media-types/media-types.xhtml) 중 JWT에 대한 것은 2024년 4월 현재 jwt와 at+jwt(OAuth2 접근 토큰)를 비롯해 총 7개이다. 예제에 나온 IT+JWT는 표준 이름은 아니지만, (소문자로 바꾼다고 할 때) ???+jwt라는 일반적인 포맷을 따른다. —옮긴이

JWT를 만드는 쪽에서 지켜야 할 것은 **항상 반드시 JWT를 서명하는 것**(HS256 같은 적절한 알고리즘으로)이다. 마찬가지로, JWT를 소비하는 쪽은 반드시 서명을 확인해야 한다.

마지막으로, 대칭 키 알고리즘을 이용하는 경우에는 비밀 키를 클라이언트가 알아야 하므로, **그 키를 클라이언트에 안전하게 배포하는 데 총력을 기울여야 한다.** 이 부분에서는 비밀값 배포(secret distribution)와 관련한 여러 안티패턴들을 특히나 조심해야 한다. 예를 들어 비밀값을 평문 텍스트로 저장하거나 소스 코드 저장소에 커밋하는 일은 절대로 없어야 한다. 여러분의 환경에 맞는 적절한 키 보관 솔루션을 사용하기 바란다.

올바른 라이브러리 사용

사실 JWT를 안전하게 생성하고 소비하는 것은 쉬운 일이다. 잘 확립된 패턴 몇 가지를 충실하게 따르기만 하면 된다. 다음은 표준 jwt 라이브러리를 이용해서 JWT를 생성하는 방법을 보여주는 전형적인 파이썬 코드이다.

```
def signJWT(user_id: str) -> Dict[str, str]:
    payload = {"user_id": user_id,
               "expires": time.time() + 600}
    token = jwt.encode(payload,
            JWT_SECRET,
            algorithm=JWT_ALGORITHM)
    return token_response(token)
```

핵심은 encode 메서드이다. 이 메서드는 지정된 비밀값과 알고리즘을 이용해서 JWT 토큰을 생성한다. 코드에 명시적으로 나오지는 않지만 비밀값(JWT_SECURE)과 알고리즘(JWT_ALGORITHM) 모두 안전한 저장소에서 가져온 것이다. 또한 만료 시간도 빼먹지 않고 지정했음을 주목하자. 600초는 10분이다.

다음은 이런 식으로 만든 토큰을 소비하는 클라이언트 코드이다.

```
def decodeJWT(token: str) -> dict:
    try:
      decoded_token = jwt.decode(token,
              JWT_SECRET, algorithms=[JWT_ALGORITHM])
      return decoded_token if decoded_token["expires"]
                         >=    time.time()
                         else None
    except:
      return {}
```

이 코드에서 decode 메서드는 주어진 비밀값과 알고리즘(이번에도 둘 다 안전한 저장소에서 가져온 것이다)을 이용해서 토큰을 디코딩한다. 주목할 점은 앞에서("정확한 서명 알고리즘 설정" 절) 언급한 것처럼 JWT 헤더에 설정된 알고리즘을 사용하는 것이 아니라 미리 정해진 알고리즘을 사용한다는 것이다. 또한, decode라는 이름만 봐서는 모르겠지만 이 메서드가 디코딩뿐만 아니라 서명 확인도 수행한다는 점을 유념하기 바란다(다른 라이브러리들도 반드시 이런 식이라는 보장은 없으므로 반드시 해당 문서화를 확인해야 한다). 디코딩을 마친 후에는 토큰이 이미 만료된 것은 아닌지 확인한다. 이 함수는 유효한(만료되지 않은) 토큰만 돌려주고, 이미 만료되었다면 None을 돌려준다.

JWT를 검증할 때는 헤더에 여분의 필드가 있는지도 확인해야 한다. 공격자나 서드파티가 여분의 필드를 삽입했을 수 있다. 이 부분은 클라이언트와 서버가 항상 미리 정해진 방식으로 상호작용하는 폐쇄형 시스템에 특히나 중요하다. 여분의 필드는 시스템이 침해되었다는 뜻일 수 있다.

JWT 관련 코드의 테스트

마지막으로, JWT를 안전하게 처리하는 데에는 개발 도중 기본적인 테스트를 수행하는 것이 크게 도움이 될 수 있다.

개발 프로세스의 일환으로, JWT 처리와 관련된 모든 함수에 엄격한 단위 테스트(unit test)를 수행하자. 검증 테스트 프레임워크를 이용해서 다양한 특수 경우(corner case)를 점검하는 것도 필요하다. 이를테면 alg:none이나 잘못된 키, 잘못된 알고리즘, 누락된 필드, 부적절한 만료 시간 등을 잡아내야 한다.

또한 제8장 'API 보안을 위한 왼쪽 이동'에서 이야기한 정적 코드 분석 도구 역시 기본적인 구현 문제를 발견하는 데 도움이 될 수 있다. 이를테면 서명 확인 메서드 호출을 빼먹거나 잘못된 알고리즘을 사용하는 코드를 잡아낼 수 있다. 다양한 구현 문제를 검출하는 이런 점검들을 작성하기가 어렵지 않다. 또한 실행이 효율적이라서 CI/CD 파이프라인에 큰 부담을 주지 않는다.

9.2.2 OAuth2 구현

제2장의 §2.3.6 'OAuth 2.0'에서 OAuth2 프로토콜의 기본 사항과 함께 이것이 현대적인 웹 앱과 API에서 왜 중요한지를 이야기했다. OAuth2는 잘 확립되어 있고(현재 버전 2이다) 애초에 보안을 염두에 두고 설계한 것인 만큼 믿을 수 있는 프로토콜이다. 하지만 프로토콜 자체가 튼튼

해도 구현이 부실하면 소용이 없다. OAuth2를 약하게 만드는 구현상의 안티패턴들이 몇 가지 있다. 이번 절에서는 여러 응용 프로그램 구조에서 OAuth2를 제대로 구현하는 데 도움이 되는 권장 사항들을 살펴본다.

첫 번째 권장 사항은 주어진 환경에 적합한 흐름(flow)을[역주] 사용하라는 것이다. 인간 사용자가 관여하는 시스템에는 **권한 부여 코드 흐름**(Authorization Code Flow)이 적합하다. 모든 개발자는 이 흐름을 확실하게 이해할 필요가 있다. OAuth2의 공식 실습장(playground)[역주]에서 충분히 실습해 볼 것을 권한다.

공용 클라이언트(웹 브라우저)나 신뢰할 수 없는 클라이언트의 접근을 허용해야 하는 경우에는 권한 부여 코드 흐름의 확장 버전인 **PKCE가 있는 권한 부여 코드 흐름**(Authorization Code Flow with Proof Key for Code Exchange), 줄여서 PKCE 흐름을 사용해야 한다. PKCE 흐름은 권한 부여 코드 흐름에 코드 시도값(code challenge)를 추가한 것이다. 이 시도 요소는 공격자가 권한 부여 코드를 중간에 가로채서 확인 코드 없이 그것을 접근 토큰으로 교환하는 공격을 방지하는 데 쓰인다.

OAuth2의 흐름 중 **암묵적 흐름**(Implicit Flow)은 새 프로젝트에는 사용하지 말아야 한다. 비록 어떤 명시적인 취약점이 있는 것은 아니지만, 토큰 유출과 접근 토큰 리플레이의 여지가 있다는 점에서 IETF OAuth2 실무진(working group)은 이 흐름을 더 이상 추천하지 않는다. 대신 PKCE 흐름을 추천한다.

사람의 개입이 없는 컴퓨터 대 컴퓨터 연동의 경우에는 **클라이언트 자격증명 흐름**(Client Credentials Flow)을 사용해야 한다(권한 부여 코드 흐름에서는 중간에 인간 사용자가 요청을 확인해 주어야 하므로 사용할 수 없다). 클라이언트 자격증명 흐름에서는 **클라이언트 비밀값**(client secret)을 토큰(수명이 짧은)으로 교환해서 API 접근을 허용한다. 그 토큰이 유출되었을 때의 피해를 줄이기 위해 만료 시간을 짧게 잡고(보통은 24시간 이하로), 클레임들의 범위도 제한한다. 그 덕분에 이 흐름은 범위가 넓고 수명도 훨씬 긴 API 키를 사용하는 흐름보다 훨씬 유연하다. 클라이언트 자격증명 흐름의 보안과 관련해서 제일 중요한 사항은 클라이언트 비밀값을 이름 그대로 비밀에 부치는 것이다. 이를 위해서는 브라우저처럼 공개적으로 접근 가능한 곳에 비밀값을 전송하거나 저장해서는 안 된다. 반드시 클라이언트 코드나 이진 파일에 암호학적으로 안전한 방식으로 저장해야 한다.

[역주] 참고로 OAuth2 공식 명세서에서는 flow 대신 grant type(허가 유형)이라는 용어를 사용한다(https://oauth.net/2/grant-types/ 참고). —옮긴이

[역주] https://www.oauth.com/playground/를 말한다. —옮긴이

OAuth2 갱신 토큰이 유출되는 사례가 **제4장**의 §4.2.10 '사례 10: 스마트 체중계'에 나왔다. 갱신 토큰(refresh token)은 대단히 민감한 요소이다. 갱신 토큰이 있으면 공격자는 접근 토큰을 얼마든지 찍어낼 수 있다(갱신 토큰 자체가 만료될 때까지). 그런 만큼 갱신 토큰을 철저히 지켜야 한다. 클라이언트 쪽에서는 갱신 토큰을 안전하게 저장하는 데 신경을 써야 한다. 안전한 저장소가 없는 프런트엔드 웹 클라이언트의 경우에는 유출 시 피해를 줄이기 위해 만료 시간을 가능한 한 짧게 잡을 필요가 있다. 서버 쪽에서는, 사용자가 세션에서 명시적으로 로그아웃하거나 패스워드를 변경할 때 반드시 갱신 토큰을 무효화해야 한다. 그리고 무효화된 토큰을 사용하려는 시도가 있는지 계속 모니터링해야 한다. 그런 시도는 공격이 진행 중이라는 신호일 수 있음을 명심하자.

OAuth2의 설계 목표 중 하나가 권한 부여의 위임인 만큼, 토큰에는 최소한의 접근 권한을 부여하는 것이 중요하다. 토큰을 발급할 때 토큰의 범위(scope)를 필요 이상으로 넓게 설정하면 안 된다. 더 나아가서, aud 필드에 토큰의 대상(audience)을 구체적으로 지정해서 토큰의 범위를 한층 더 제한하는 것이 바람직하다. 또한 만료 시간(exp 필드)을 적절히 설정해서 유출 시 피해를 최소화하는 것도 중요하다.

토큰 유출을 위해 공격자들은 흔히 프런트엔드의 XSS 취약점을 공격한다. 따라서 XSS 취약점을 완전히 제거하는 데 총력을 기울여야 한다. 그리고 API에 대해 **CORS**(Cross-Origin Resource Sharing; 교차 출처 자원 공유)를 제대로 설정해서 토큰 유출 가능성을 최소화해야 한다.

마지막으로, 이번 장 끝의 **더 읽을거리** 절에 있는 훌륭한 자료들도 참고하기 바란다. 특히 나는 OAuth2 모범관행들을 일목요연하게 정리한 *Pragmatic Web Security*의 *OAuth 2.0 best practices for developers* 치트시트와, OAuth2 모범관행과 위협 모델링에 관한 IETF의 두 자료를 추천한다.

9.2.3 패스워드와 토큰 강화

패스워드와 토큰의 보안을 강화하는 방법은 두 가지이다. 하나는 패스워드나 토큰의 복잡성(사용 가능한 문자들의 순열들)을 높이는 것이고, 다른 하나는 길이(사용 가능한 문자들의 개수)를 늘리는 것이다. 이는 보안 개선에 가장 결정적인 방법의 하나이다. 패스워드와 토큰을 길고 복잡하게 만드는 것은 사실 당연한 선택이다.

하지만 인증 과정에 인간 사용자가 관여하는 경우에는, 사용자가 길고 복잡한 패스워드를 사용하길 꺼릴 수 있다. 그럴 때는 1Password나 LastPass 같은 안전한 패스워드 저장 솔루션을 사용하는 것이 바람직하다. 물론 보안의 관점에서는 사용자를 조금 불편하게 하는 것이 약한 패스워드를 사용하는 것보다 낫다. 이전에 보았듯이 약한 패스워드는 쉽게 깨진다.

패스워드나 토큰을 깨는(크래킹) 데 걸리는 시간은 복잡도와 길이의 지수 함수이다. 즉, 지수적으로 비례해서 증가한다. [표 9.1]이 이 점을 잘 보여 준다(2023년 기준이다).

표 9.1 패스워드/토큰 크래킹 시간

문자 개수	복잡도	소요 시간
4	영문 대소문자 혼합	즉시
8	영문 대소문자 혼합	28초
12	영문 대소문자 혼합	6년
14	영문 대소문자 혼합	17,000년
16	숫자, 영문 대소문자 혼합	7억 7900만 년
18	숫자, 영문 대소문자 혼합	2조 년

2023년을 기준으로, 여러 문자를 섞은 16자 이상의 패스워드나 토큰은 **제7장** 'API 공격'에서 이야기한 공격들로는 사실상 깨지지 않는다.

엔트로피가 높은 의사난수 발생기(pseudo-random number generating, PNRG)를 사용하는 것도 패스워드 및 토큰 생성 시 권장되는 사항이다. 엔트로피가 높다는 것은 패스워드나 토큰에 예측 가능한 문자열이 포함될 가능성이 작다는 뜻이다. 프로그래밍 언어마다 표준 함수나 라이브러리가 사용하는 난수 발생 알고리즘이 다르므로, 반드시 참조 매뉴얼을 확인해서 **암호학적으로 안전**하다고 권장되는 수단을 써야 한다. 자바Java의 경우에는 `Random()` 클래스 대신 `SecureRandom()` 클래스를 사용하는 것이 좋다.

9.2.4 재설정 절차의 보안

제4장의 §4.2.10 '사례 10: 스마트 체중계'는 손상된 패스워드 재설정 절차의 문제점도 잘 보여 준다. 그 사례에서 패스워드는 길이가 4자이고 사용하는 문자도 아주 적었기 때문에 연구원들이 패스워드를 추측하기가 어렵지 않았다. 게다가 백엔드가 재설정(reset) 토큰을 무효화하지 않았기 때문에, 한 재설정 토큰을 다른 패스워드를 재설정하는 데 재활용할 수 있었다.

패스워드 재설정은 보안에 대단히 중요한 요소이다. 그런 만큼 패스워드 재설정 절차를 설계하고 구현할 때 세심한 주의를 기울여야 한다. 위협 모델을 만들어서 예상 가능한 악용 사례와 특수 경우들을 파악하고 대비책을 마련해야 함은 물론이다.

다음은 패스워드 재설정 절차에 대한 모범관행과 권장 사항이다.

- 절차의 시작에서 종료까지의 시간을 제한한다. 정해진 시간을 넘기면 모든 절차를 완전히 초기화해야 하는데, 특히 사용 중인 토큰이나 PIN을 확실하게 무효화해야 한다.
- 재설정 순서를 신뢰할 수 있는 부채널(일반적으로 이메일)을 통해 사용자에게 알린다.
- 열거 공격을 막기 위해, 계정의 존재 여부와 무관하게 응답의 내용과 타이밍이 일정하게 만든다.
- 잠재적인 침해 사고 탐지 및 대응을 위해, 의심스러운 재설정 활동을 기록하고 추적한다.
- 재설정 PIN이나 재설정 토큰을 충분히 무작위하게 만들어서 쉽게 추측할 수 없도록 한다.
- 공격자가 무차별 대입으로 재설정 절차를 공격할 수 없도록, 재설정 요청 API 종단점에 점진적 속도 제한을 구현한다.
- 사용자가 재설정을 여러 번 시도하거나 부정확한 정보를 입력했을 때 **스텝업**step-up 프로세스를 사용한다(보안 질문 같은 추가적인 보안 요소를 적용하는 등).
- 재설정 절차의 시작과 끝에서 패스워드 재설정 절차가 진행 중임을 사용자에게 알리고, 원한다면 재설정을 취소할 수 있게 한다.

패스워드 재설정 절차를 구현했다면 정상적인 용법은 물론이고 비정상적인 용법으로도 상세하게 테스트해야 한다. 가능하다면 그런 시스템을 악용하는 데 능숙한 조직 내 **레드팀**이나 외부 침투 테스터에게 맡기는 것이 이상적이다.

9.2.5 인증 처리 예제 코드

API 종단점에 인증을 추가하는 예제 코드 몇 가지를 살펴보는 것으로 인증 관련 취약점 방어에 관한 이야기를 마무리하자. 먼저 **파이썬 3**과 **FastAPI** 프레임워크를 사용하는 경우를 살펴보고 그런 **Node.js**와 **Express** 프레임워크의 예로 넘어가겠다.

다음 예제 코드에서 보듯이, FastAPI에서는 의존성 주입(dependency injection)을 이용해서 인증 처리부(authentication handler)를 API 종단점 처리부에 주입한다.

```
@app.post("/posts", dependencies=[Depends(JWTBearer())], tags=["posts"])
async def add_post(post: PostSchema) -> dict:
    post.id = len(posts) + 1
    posts.append(post.dict())
    return {
      "data": "post added."
    }
```

인증의 유효성을 검사하는 JWTBearer() 클래스는 다음과 같다.

```
class JWTBearer(HTTPBearer):
    async def __call__(self, request: Request):
    credentials: HTTPAuthorizationCredentials =
        await super(JWTBearer, self).__call__(request)
    if credentials:
        if not credentials.scheme == "Bearer":
            raise HTTPException(status_code=403, detail="Invalid authentication
scheme.")
        if not self.verify_jwt(credentials.credentials):
            raise HTTPException(status_code=403,
                detail="Invalid token or expired token.")
        return credentials.credentials
    else:
        raise HTTPException(status_code=403, detail="Invalid authorization
code.")
```

이 코드는 다음 사항을 점검한다.

1. 자격증명이 주어졌는지 확인한다. 주어지지 않았다면 "Invalid authorization code."
(유효하지 않은 인증 코드)라는 메시지를 담은 예외를 발생한다.

2. 주어진 자격증명의 유형이 '소지자(bearer)'인지 확인한다. 아니라면 "Invalid authentication
scheme."(유효하지 않은 인증 스킴)이라는 메시지를 담은 예외를 발생한다.

3. 마지막으로, JWT 토큰이 유효한지 점검한다. 아니라면 "Invalid token or expired
token." (유효하지 않은 토큰 또는 만료된 토큰)이라는 메시지를 담은 예외를 발생한다.

4. 아무런 예외도 발생하지 않았다면 함수는 API 처리부에 자격증명을 돌려준다. 이제 인증이
성공한 것이므로, 이후 과정이 정상적으로 진행된다.

이 예에서 보듯이, 인증을 정확하고 안전하게 처리하는 데 필요한 코드 자체는 그리 길지 않다.
중요한 것은 이러한 인증 처리부를 모든 API 종단점에 주입하는 것이다.

이번에는 Node.js와 Express 프레임워크에서는 이를 어떤 식으로 처리하는지 살펴보자. 먼저, 다음은 API 종단점 처리부를 정의하는 코드이다. 종단점 처리부가 isAuth 메서드를 호출하도록 설정했음을 주목하자.

```
app.get("/secrets", isAuth , (req,res) => {
    const secrets = [{
        id: 1,
        name: "Secret 1"
        }];
    res.json(secrets);
});
```

다음은 인증을 처리하는 isAuth 함수이다.

```
function isAuth(req, res, next) {
    const auth = req.headers.authorization;
    if (auth === 'password') {
        next();
    } else {
        res.status(401);
        res.send('Access forbidden');
    }
  }
```

인증 처리 함수가 패스워드를 확인하는 방법이 아주 원시적인데, 이는 단지 예제의 간결함을 위한 것일 뿐임을 유념하기 바란다. 패스워드가 맞지 않으면 함수는 **Access forbidden**이라는 메시지와 함께 상태 코드 **401**을 돌려준다.

예제 코드에 대해

이번 장에는(그리고 이후의 제10, 11, 12장에도) 학습 내용의 요점을 설명하기 위한 예제 코드가 등장한다. 독자들이 사용하는 프로그래밍 언어와 프레임워크가 워낙 다양하기 때문에, 모든 독자가 만족할 정도로 다양한 예제 코드를 제시하는 것은 현실적으로 불가능하다. 그래서 나는 기준 언어로는 **파이썬 3**을(문법이 영어에 가장 가깝고, 가독성도 좋기 때문이다), 기준 프레임워크로는 **FastAPI**(파이썬을 위한 현대적인 API 프레임워크이다)를 사용하기로 했다. 파이썬과 FastAPI가 생소한 독자들에게 사과의 말을 전한다. 이 때문에 학습에 방해가 되지 않길 바랄 뿐이다.

여건이 허락한다면 다른 여러 인기 있는 프로그래밍 언어와 프레임워크를 위한 예제 코드도 이 책의 깃허브 저장소에 올릴 생각이다. 주소는 다음과 같다.

https://github.com/PacktPublishing/Defending-APIs

권한 부여 취약점 방어

앞에서 우리는 API 인증을 방어하는 방법을 살펴보았다. 이제 인증과 짝을 이루는 권한 부여로 눈을 돌리자. 이번 절에서는 객체 수준 권한 부여 취약점과 기능 수준 권한 부여 취약점을 방어하는 패턴들을 소개하고, 다양한 권한 부여 미들웨어를 이용해서 권한 부여 프로세스의 전반적인 안전성과 확장성을 개선하는 방법을 논의한다.

9.3.1 객체 수준 취약점(BOLA) 방어

BOLA, 즉 손상된 객체 수준 권한 부여 취약점의 근본 원인에 관해서는 **제3장** §3.2.1의 'API1: 2019 – Broken object-level authorization' 절에서 이야기했다. 기억하겠지만 이 취약점은 접근을 요청한 사용자 또는 클라이언트의 소유가 아닌 객체에 대한 접근을 API가 잘못 허용해서 발생한다.

BOLA는 아주 흔하다. 그리고 API 취약점 중 가장 심각한 취약점으로 간주된다. 하지만 역설적으로 이것은 방어자가 해결하기 가장 쉬운 취약점 중 하나이기도 하다. 규칙은 간단하다. 객체에 대한 접근을 항상 명시적으로 검증하면 된다. 예를 들어 기존 세션 식별자나 매개변수 또는 JWT로 전달된 식별자의 권한을 무조건 믿고 처리를 진행해서는 안 된다.

제3장 '흔히 발견되는 API 취약점들'에 이 점을 잘 보여주는 예제 코드가 나왔었다. 독자의 편의를 위해 다시 제시한다.

```
Class UserController < ApplicationController
  def show
    if Autorization.user_has_access(current_user, params[:id])
      @this_user = User.find(params[:id])
      render json: @this_user
  end
end
```

굵게 강조된 코드 한 줄이 이 API 처리부에서 BOLA 취약점을 제거하는 데 필요한 전부이다. 이 코드는 current_user(API 미들웨어의 인증 처리부가 돌려준 것이다)가 id 값으로 지정된 매개변수에 접근할 권한이 있는지 명시적으로 확인한다.

안전하지 않은 구현은 클라이언트가 제공해서 이 함수에 전달된 id 값이 이전 호출에서 확인된 것이라고 가정하고는 이 권한 확인 단계를 생략한다. 제공된 객체 식별자를 API 백엔드가 제대로 검증하지 않을 때 얼마나 심각한 사고가 발생할 수 있는지는 **제4장**의 §4.2.4 '사례 4: 암호화폐 거래소'에서 소개한 사례가 잘 보여준다. 그 사례에는 두 개의 함수가 관여한다. 첫 함수는 거래(트랜잭션)를 설정하는 것이고, 다른 하나는 거래를 실행하는 것이다. 안타깝게도 거래를 실행하기 위한 둘째 함수 호출에서 API는 출금 계좌 ID를 무작정 신뢰했고, 그래서 공격자는 잔액이 없는 계좌를 출금 계좌로 지정할 수 있었다. 구현을 제대로 했다면 API는 출금 계좌의 유효성을 명시적으로 확인해서, 잔액이 없다는 이유로 거래를 취소했을 것이다.

BOLA 취약점에 대한 공격을 방어하기 위한 또 다른 핵심적인 방어 활동은 포괄적이고 구체적인 테스트를 통해서 그런 유형의 취약점을 사전에 제거하는 것이다. 안타깝게도 현재 대부분의 테스트 프레임워크는 BOLA 취약점을 식별하는 데 필요한 다단계 A-B 테스트(multistage A-B testing)를 지원하지 않는다. 그래서 나는 파이썬이나 Node.js의 단위 테스트 프레임워크를 이용해 맞춤형 테스트를 만들어서 이 유형의 취약점을 위한 구체적인 테스트를 수행하는 접근 방식을 추천한다. 일반적으로 이런 유형의 취약점을 검출하기란 그리 어렵지 않다. BOLA 취약점은 상당히 심각한 취약점인 만큼, 투자 대비 효과가 좋다.

9.3.2 기능 수준 취약점(BFLA) 방어

BFLA, 즉 손상된 기능 수준 권한 부여 취약점도 안전한 코딩(secure coding; 보안 코딩) 패턴을 적용해서 비교적 쉽게 제거할 수 있다. 규칙은 BOLA의 경우와 정확히 동일하다. 사용자나 클라이언트의 접근 권한을 명시적으로 검증하면 된다. 물론 기능 수준 취약점의 경우 요청자가 객체가 아니라 기능(함수, 메서드 등)에 접근할 권한이 있는지 확인해야 한다. 전형적인 예는 클라이언트가 /admin 종단점처럼 특권적인(previleged) 종단점, 즉, 높은 수준의 권한을 요구하는 종단점에 접근할 수 있는지를 확인하는 것이다.

다음의 파이썬/FastAPI 예제 코드는 사용자가 특권적 종단점에 접근할 수 있는지를 확인하는 방법을 보여준다.

```
oauth2_scheme = Oauth2PasswordBearer(tokenUrl="token")
    ...
async def get_current_user(token: str = Depends(oauth2_scheme)):
    ...
@app.g"t("/ad"in")
async def do_admin(current_user: User = Depends(get_current_active_user)):
    if not AuthZ.user_has_admin_access(current_user):
        raise HTTPException(status_code=401, deta"l="User does not have admin
```

```
    privi
leg"s.")
    else:
        # Perform admin operations here
        pass
```

굵게 강조된 행은 current_user가 관리자 수준의 접근 권한이 있는지를 user_has_admin_access () 메서드로 점검한다. 그런 권한이 없으면 "User does not have admin privileges." (사용자에게 관리자 권한이 없음)이라는 메시지를 담은 예외를 발생한다. 권한이 있는 경우에는 정상적으로 진행한다.

이 예제는 코드에서 BFLA 취약점을 해소하는 것이 개념적으로 얼마나 간단한지 보여준다. 그 밖에 다음과 같은 모범관행이 권장된다.

- 접근 제어 로직을 API 처리 메서드의 처음 부분에서 구현한다(앞의 예제처럼). 이렇게 하면 메서드 전체가 보호된다.
- 항상 접근 허용이 아니라 접근 거부를 기본 행동으로 둔다. 이렇게 하면 코드에 오류가 있거나 예외가 제대로 처리되지 않아도 접근이 의도치 않게 허용되는 일이 없다.
- 사용자의 그룹/역할에 따라 표준적인 검사를 수행하는 추상 기반 클래스(abstract base class)를 바탕으로 접근 제어 메서드를 구현한다. LDAP나 Active Directory 같은 중앙 접근 제어 시스템을 기반으로 삼을 수도 있을 것이다.

객체 수준 취약점과 마찬가지로, 적절한 테스트 프레임워크를 이용해서 테스트를 잘 작성하면 기능 수준 취약점을 수월하게 찾아낼 수 있다. 한마디 덧붙이자면 객체 식별자를 받을 뿐만 아니라 특권적 기능도 제공하는 종단점은 특히나 주의해야 한다. 그런 종단점은 객체 수준 취약점과 기능 수준 취약점을 모두 가지고 있을 수 있기 때문이다.

9.3.3 권한 부여 미들웨어 활용

앞에서 객체 수준 취약점과 기능 수준 취약점을 논의하면서 나는 코드에 있는 그런 취약점을 해결하는 것이 비교적 쉬운 일이라고 주장하고 관련 예제 코드도 제시했다. 그런데 그것으로 이야기가 끝나지는 않는다. 권한 부여와 관련해서 가장 어려운 문제는 응용 프로그램의 규모 변화에 맞게 권한 부여를 관리하는 것이다. 권한 부여 로직을 하드코딩하는 것은 규모 변화에 대응하기 힘들다는 점에서 하나의 안티패턴으로 간주된다(객체, 기능 수준 취약점에 대한 앞의 예제 코드들이 그런 안티패턴을 따랐다). 또한, 확장성(extensibility: 코드를 다시 작성하지 않고도 정책을 확장하거나 권한을 조정하는 능력)이 전혀 없는 솔루션 역시 같은 이유로 안티패턴이다.

이것은 결합도(coupling)가 과도하게 높은 시스템들에서 볼 수 있는 전형적인 소프트웨어 공학 문제로, 애초에 권한 부여가 생각보다 해결하기가 훨씬 어려운 주요 원인이다. 다행히도 시스템 설계자를 위해 로직과 정책 프레임워크를 최종 사용자로부터 분리해서 추상화해주는, 성숙하고 잘 설계된 **권한 부여 프레임워크**(authorization framework)들이 나와 있다.

[그림 9.1]은 전형적인 권한 부여 프레임워크를 도식화한 것이다.

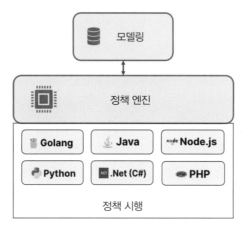

그림 9.1 권한 부여 프레임워크의 추상적인 구조.

이 프레임워크의 세 가지 핵심 구성요소는 다음과 같다.

- **모델링**: 개념적으로, 시스템 디자이너는 권한 부여 프레임워크의 모델링 구성요소를 이용해서 자신의 도메인을 사용자, 그룹, 역할, 권한으로 모델링한다.
- **정책 엔진**: 권한 부여의 로직을 구현하는 지점이 정책 엔진(policy engine)이다. 주어진 접근 요청에 대해 정책 엔진은 접근을 허락할 것인지를 사용자, 자원, 사용자의 접근 권한들을 바탕으로 결정한다. 정책 엔진은 RBAC나 ABAC, 또는 단순 **ACL**(Access Control List; 접근 제어 목록) 같은 다양한 모델을 지원한다.
- **정책 시행**: 마지막으로, 정책 결정들을 처리하기 위해 대상 플랫폼에 통합하는 클라이언트 라이브러리를 정책 시행(policy enforcement) 라이브러리라고 부른다. 정책 시행 코드는 이전 절들에 나온 예제 코드와 비슷한 모습이되, 권한 부여 여부를 직접 결정하는 대신 정책 엔진에 위임한다.

시장에는 우수한 권한 부여 프레임워크가 많다. 다음은 가장 흔히 쓰이는 몇 가지이다.

- **Open Policy Agent**(https://www.openpolicyagent.org/): 흔히 **OPA**로 줄여서 표기하는 Open Policy Agent는 가장 잘 알려진 권한 프레임워크의 하나로, **CNCF**(Cloud Native Computing Foundation)의 프로젝트이다. 엄밀히 말해서 이것은 정책 엔진에 가깝다. 정책 시행 계층을 직접 지원하지 않기 때문이다.
- **Oso**(https://www.osohq.com/): Oso는 점점 더 인기를 얻고 있는 프레임워크로, 대부분의 권한 부여 패턴을 지원하는 **배터리 포함**(batteries-included) 솔루션으로 광고된다. 다양한 정책 시행 라이브러리를 제공하며, 정책 정의를 위해 Polar라는 자체 모델링 언어를 사용한다.
- **Casbin**(https://casbin.org/): Casbin은 잘 설계된 경량 권한 부여 프레임워크이다. 대부분의 권한 부여 패턴과 다수의 일반적인 시행 라이브러리를 제공한다. Casbin은 모델과 정책을 사용자가 정의할 수 있는 단순하고도 강력한 모델링 엔진을 갖추었다. 모델과 정책 둘 다 실행 시점에서 해석(interpret)된다.

이번 절을 마무리하는 의미에서, Casbin을 사용하는 예제를 통해서 이런 프레임워크가 실제로 어떻게 작동하는지 살펴보자. [그림 9.2]는 Casbin에서 정책을 작성하고 시험하는 데 쓰이는 브라우저 기반 정책 편집기의 모습이다

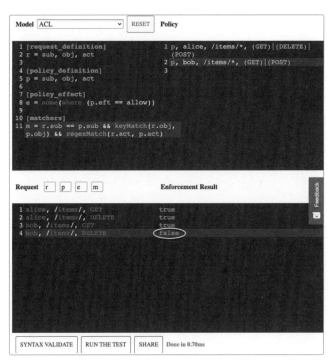

그림 9.2 Casbin의 정책 편집기.

편집기는 크게 세 부분으로 구성된다.

- 왼쪽 위 편집 창은 **모델 정의**이다. 지금 예에서는 간단한 ACL 모델이 정의되어 있다.
- 오른쪽 위 편집 창은 **정책 정의**이다. 지금 예에서는 기본적인 HTTP 접근 권한을 가진 사용자 두 명이 정의되어 있다.
- 아래쪽 창은 **테스트 결과 뷰어**이다. 여기서 디자이너는 다양한 테스트 시나리오를 모델과 정책에 기반해서 평가할 수 있다.

Casbin에서 모델과 정책이 어떻게 작동하는지 이해하려면 몇 가지 약자를 알아야 한다.

- r: 이것은 요청(request) 정의이다. 지금 예에서 요청은 주체(subject), 대상(ojbect), 바람직한 동작(desired action)으로 구성된다.
- p: 이것은 정책(policy)이다. 정책 역시 주체, 대상, 바람직한 동작으로 구성된다.
- e: 이것은 효과(effect)이다. 효과는 정책을 평가하는 방법을 말해주는 논리식(logical expression; 조건식)이다.
- m: 이것은 요청이 정책에 어떻게 부합(match)하는지를 결정하는 논리식이다.

이들을 이용해서 실질적인 정책 엔진을 구성하는 방법을 살펴보자. [그림 9.2]의 정책 정의(오른쪽 위 편집 창)과 테스트 데이터(아래쪽 창의 네 항목)를 기준으로 한다. alice를 위한 정책을 보면, alice는 /items/* 종단점에 GET, DELETE, POST 메서드로 접근할 수 있다. 실제로 결과 창을 보면 alice에게 GET과 DELETE 접근 요청이 허락되었다.

한편 bob은 GET과 POST에 대한 권한만 있다. 그래서 DELETE 요청은 거부되었다. 이상은 간단한 예였지만 핵심 개념을 잘 보여준다. Casbin의 정책 모델과 정의는 확장성이 아주 좋다. 그래서 현실의 여러 시나리오를 충분히 구현할 수 있다.

Casbin의 위력은 이런 모델과 정책을 실제로 시행하는 코드에서 잘 드러난다. 그럼 [그림 9.2]의 정책을 파이썬 3/FastAPI에서 구현한 코드를 살펴보자.

먼저, 다음은 정책 엔진을 호출해서 권한 부여 여부를 결정하는 코드이다. 이 코드는 요청자(주체), 요청 URL(대상), 연산(동작)에 기초해서 권한 부여를 결정한다.

```
async def get_current_user_authorization(req: Request, curr_user: User =
Depends(get_current_active_user)):
    e = casbin.Enforcer("model.conf", "policy.csv")
    sub = curr_user.username
    obj = req.url.path
    act = req.method
```

```
        if not(e.enforce(sub, obj, act)):
            raise HTTPException(
                tatus_code=status.HTTP_401_UNAUTHORIZED,
                detail="Method not authorized for this user")
        return curr_user
```

우선 주목할 점은, 실행 시점에서 Casbin 엔진의 인스턴스를 생성할 때 코드 바깥의 데이터 (모델 설정 및 정책을 담은 CSV 파일)를 사용한다는 점이다. 이는 외부 데이터(이를테면 어떤 중앙 저장소에 있는)를 수정함으로써 정책을 바꿀 수 있다는 뜻이다. 이는 중요한 장점이다. 정책을 바꿀 때마다 코드를 다시 빌드할 필요가 없으므로, 정책 정의와 응용 프로그램 코드가 분리된다.

둘째로, 주체와 대상, 동작을 여러 API 요청 객체에 배정하는 방식도 눈여겨보기 바란다 이 역시 정책과 코드의 결합도를 낮추는 요인이다.

그럼 종단점 구현은 어떤지 살펴보자. 다음은 DELETE 메서드를 처리하는 함수이다.

```
@app.delete("/items/{item_id}", status_code=status.HTTP_204_NO_CONTENT)
async def delete_item(item_id: int, req: Request, curr_user: User = Depends(get_
current_user_authorization)):
    items_dao.delete_item(item_id)
    return Response(status_code=status.HTTP_204_NO_CONTENT)
```

이 구현에서 가장 눈에 띄는 점은 코드가 아주 간결하고 깔끔하다는 점이다. 권한 부여 제어 로직을 구현하는 데 필요한 것은 get_current_user_authorization 메서드에 의존성을 주입하는 것 뿐이며, 그나마도 **편의 구문**(syntactic sugar; 문법적 설탕)을 사용한 덕분에 코드가 아주 짧다. 또한 권한 부여 결정 로직에 하드코딩된 이름이나 변수가 없다는 점에 주목해야 한다. API 개발자는 접근과 관련해서 무엇을 점검해야 하는지 고민할 필요가 없다. 그냥 Casbin이라는 미들웨어의 권한 부여 계층에 처리를 위임하면 된다. 적절한 미들웨어 메서드를 호출하는 코드를 삽입하기만 하면 끝이다. 물론 그런 코드를 삽입하는 것을 개발자가 까먹거나 잘못 호출할 수도 있지만, 다행히 API 코드에 대한 정적 분석을 실행해서 미들웨어 메서드를 제대로 호출하는지 점검하는 것은 간단한 문제이다.

정리하자면, 이 코드 예제는 권한 부여 프레임워크의 다음과 같은 위력을 잘 보여준다.

- 규칙과 정책을 API 코드 자체와 분리할 수 있다.
- 규칙과 정책을 동적으로 조정하거나 중앙 서버에서 가져올 수 있다.
- 표준 접근 메서드들 덕분에 API 코드를 작성하기가 쉽다. API 개발자는 복잡한 세부사항을 알 필요가 없다.

- 표준 접근 메서드들 덕분에 코드 검토와 테스트 자동화도 쉽다. 개발자가 권한 부여 코드를 제대로 작성했는지 쉽게 검사할 수 있다.

여러 권한 부여 프레임워크 중 하나를 선택해서 적절한 접근 모델과 정책을 정의하고 시행한다면 대부분의 객체/기능 수준 권한 부여 취약점들을 해결할 수 있다.

9.4 데이터 취약점 방어

데이터 취약점은 API 보안에 영향을 미치는 가장 중요한 약점 중 하나이다. 거의 모든 침해 사고는 어느 정도 데이터 유출과 관련된다. API 방어자에게 다행인 점은, 이런 유형의 취약점들은 몇 가지 핵심 원칙과 기법으로 방어할 수 있다는 것이다.

그럼 API에서 데이터가 어떤 경로로 전파되는지 살펴보자. 요청에서 비롯한 데이터는 API 계층을 거쳐 데이터베이스 계층에 도달한다. 데이터베이스 저장소 계층에서 데이터는 영구적으로 저장된다. 응답 데이터는 그 반대로 흐른다. 데이터베이스 계층을 통해서 데이터베이스에서 조회한 데이터를 API 계층이 처리하고, 그 결과가 담긴 응답이 사용자 또는 클라이언트에 전달된다.

[그림 9.3]은 이러한 과정을 도식화한 것이다.

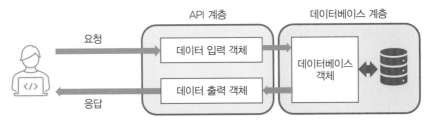

그림 9.3 전형적인 API 데이터 컨트롤러 모델.

데이터 처리 계층은 총 세 개이다. 이들은 각각 다음과 같은 데이터 객체를 사용한다.

- **데이터 입력 객체**: 이것은 API 요청에 담겨 전송된 고유 형식의 입력 데이터이다. 흔히 쓰이는 형식은 JSON이나 XML, 또는 일반 텍스트이다.
- **데이터베이스 객체**: 이것은 데이터베이스에 저장된 데이터로, 해당 데이터베이스의 형식을 따른다. 기본 키(primary key)나 외래 키(foreign key), 색인 같은 데이터베이스 고유의 필드들이 포함되기도 한다.

- **데이터 출력 객체**: API 응답에 담겨 전송되는 고유 형식의 출력 데이터이다. 흔히 쓰이는 형식은 JSON이나 XML, 또는 일반 텍스트이다.

여기서 꼭 기억해야 할 점이 있다. 바로, 일반적으로 API 데이터 취약점은 개발자가 데이터의 민감성을 고려하지 않고 한 데이터 객체를 다른 데이터 객체로 **직접** 매핑시킬 때 발생한다는 것이다. 예를 들어 데이터베이스 객체에 패스워드를 해싱한 값이 들어 있다고 할 때, 데이터베이스 객체를 그대로 데이터 출력 객체에 대응(매핑)시키면 패스워드 해시가 클라이언트에 노출된다. 마찬가지로, API 요청에 담긴 is_admin 필드를 자동으로 데이터베이스에 저장해서도 안 된다. 이런 의심스러운 활동은 반드시 검출해서 로그에 남겨야 한다.

API가 단순히 데이터를 넘겨받고 넘겨주는 기계적인 장치가 아님을 명심하자. API는 사용자와 데이터베이스 사이의 **변환 계층**(translation layer)으로서, 양방향으로 여러 가지 변환 규칙을 적용해야 한다. 이것은 여러분이 반드시 숙지해야 하는 중요한 개념이다.

그럼 이런 개념을 실제로 적용해서 데이터를 보호하는 방법을 두 가지 데이터 취약점에 대한 예제를 통해서 살펴보자.

9.4.1 과도한 데이터 노출

과도한 데이터 노출 또는 과도한 정보 노출은 API가 의도했거나 바람직한 것보다 더 많은 데이터를 돌려주는 것을 말한다. 이는 가장 흔하게 발생하는 API 취약점이다. **제4장** '최근 침해 사례 분석'에 나온 대부분의 침해 사례는 이 취약점이 주된 약점이거나 보조적인 약점이었다.

과도한 데이터 노출은 구현 코드에서 방지할 수도 있고 데이터를 분류하는 과정에서 방지할 수도 있다. 그럼 구현 코드부터 보자.

구현 코드에서 과도한 데이터 노출 방지하기

데이터베이스에서 가져온 이진 데이터 객체를 API 응답에 담아 클라이언트에 전달하려면 이진 데이터를 네트워크 전송에 적합한 형식으로 변환해야 한다. 개발자로서는 그냥 to_json()나 to_string() 같은 기본적인 변환 메서드를 사용하는 것이 가장 편하다. 이런 메서드들은 디버깅을 위해 데이터를 조사하거나 다른 중간 형식으로 데이터를 변환하는 데 대단히 유용하다. 하지만 조심해서 사용하지 않으면 의도치 않은 결과가 빚어진다. 특히 API 요청 데이터와 응답 데이터를 만들 때는 이런 메서드들을 아예 사용하지 않는 것이 좋다. 예를 들어 데이터베이스에 매우 민감한 사용자 개인정보가 들어 있는 경우, to_json() 메서드를 부주의하게 사용하면 그런 정보가 유출될 위험이 있다. 코드를 더 많이 작성해야 한다고 해도, 데이터 변환 시 각각의 필드를 명시적으로 매핑하는 것이 바람직하다.

같은 이유로, 원본 데이터베이스 레코드와 데이터 객체의 상호 변환을 담당하는 **ORM**(object-relational mapping; 객체 관계 매핑)도 주의해서 사용해야 한다. ORM은 데이터베이스의 구현 세부사항을 숨겨준다는 점에서 개발자에게 아주 유용한 도구이다. 개발자가 데이터 객체를 생성하면 ORM이 그것을 적절히 변환하고 색인화해서 데이터베이스에 기록한다. 하지만 ORM은 데이터 필드들의 민감성을 인식하지 않기 때문에 to_json() 메서드를 사용할 때와 마찬가지로 민감한 데이터가 유출될 위험이 있다.

[그림 9.3]으로 돌아가서, 구현 코드에서 세 가지 데이터 객체를 안전하게 처리하는 방법을 예제를 통해서 살펴보자. 이 예제는 FastAPI의 **데이터 전송 객체**(Data Transfer Object, DTO)를 이용해서 과도한 정보 노출을 방지한다. 예제 API는 입력 데이터(패스워드를 포함한)를 위한 데이터 객체와 데이터베이스를 위한 데이터 객체(패스워드 해시 포함), 그리고 사용자에게 보낼 출력 데이터 객체를 사용한다. 출력 객체에 패스워드에 관한 그 어떤 정보도 포함하지 않는 것이 목표이다.

다음은 세 데이터 객체를 대표하는 클래스들이다.

```python
class UserBase(BaseModel):
    username: str
    email: EmailStr
    full_name: str | None = None

class UserIn(UserBase):
    password: str

class UserOut(UserBase):
    pass

class UserInDB(UserBase):
    hashed_password: str
```

UserBase는 모든 객체에 있는 공통 데이터 필드들로 구성된다. 나머지 세 클래스(UserIn, UserOut, UserInDB)는 이 기반 클래스를 파생해서 각자 필요한 필드를 추가한다.

파이썬의 사전(dictionary) 연산자들을 이용하면 기반 객체에서 파생 객체를 간단하게 생성할 수 있다. 아래는 UserInDB 타입의 파생 객체를 만드는 예이다.[역주]

[역주] get_hash는 파이썬 표준 라이브러리의 함수가 아니고 예제를 위한 가상의 해시 함수이다. 원서에는 MD5 알고리즘을 암시하는 md5sum 이라는 함수가 쓰였는데, MD5 알고리즘은 해시 충돌 공격에 취약하므로 패스워드 해시 생성에 사용하지 말아야 한다는 점을 강조하기 위해 번역서에서는 좀 더 일반적인 이름인 get_hash로 바꾸었다. 참고로 파이썬 표준 라이브러리의 hashlib 모듈은 SHA-256을 비롯해 좀 더 안전한 다이제스트 알고리즘들을 제공한다. —옮긴이

```
    user_in_db = UserInDB(**user_in.dict(),          hashed_
password=get_hash(password))
```

이것은 개발 생산성과 보안 요구사항을 잘 절충한 예라고 할 수 있다. 개발자가 개별 필드를 일일이 복사할 필요가 없다. dict() 연산자 덕분에 기반 객체의 공통 필드들이 자동으로 지정되므로, 개발자는 파생 객체에 필요한 필드만 따로 지정하면 된다.

중의성을 피하기 위한 데이터 분류

제4장의 §4.2.3 '사례 3: 수제 맥주 양조 앱'에 나온 침해 사례를 기억할 것이다. 그 사례에서 API는 원래 의도한 목적보다 더 많은 데이터를 돌려주었다. API가 돌려준 여분의 데이터에는 클라이언트에게 꼭 필요한 것이 아닌 PII(개인식별정보) 데이터가 포함되어 있었던 것이 문제였다. 그런데 생각해 보면, 실제로 그런 PII 데이터를 필요로 하는 다른 클라이언트 앱도 바로 그 API를 사용했을 가능성이 있다. 이는 API 하나에 너무 많은 용도를 부여해서 서로 다른 여러 클라이언트에게 서비스를 제공하는 또 다른 안티패턴에 해당한다. 안타깝게도 이런 안티패턴을 흔하게 볼 수 있다. 하나의 API로 모든 옵션을 처리하는 것은 바람직하지 않다. API 팀은 서로 다른 데이터 집합(dataset)마다 각각 다른 API를 제공해야 마땅하다. 가장 중요한 점은 그런 데이터 집합에 대한 접근을 데이터 분류(data classification)에 기반해서 엄격하게 제어해야 한다는 것이다.

모든 데이터를 반드시 민감도와 의도한 대상에 따라 여러 유형으로 분류해야 한다. 클라이언트 앱이 API에 대한 접근을 요청한 경우 무조건 접근 권한을 부여해서는 안 되고, 반드시 업무상 타당성(business case)을 확인한 후 접근을 허락해야 한다. 최소 권한 원칙(principle of least privileg; 또는 최소 특권 원칙)과 비슷하게, 데이터가 꼭 필요한 사용자가 아니라면 데이터에 접근하지 못하게 해야 한다.

API를 위한 데이터를 비즈니스/위험 평가/규제 준수 담당자들이 적절히 분류했다고 하자. API 팀이 할 일은 정상 사용 범위를 벗어나는 데이터 유형을 모니터링하고, 그런 사례가 발생한 경우 데이터 유출 사고로 간주해서 경보(alert)를 발생하도록 API 테스트 설비를 개선하는 것이다. API 응답에서 전화번호나 주민등록번호, 신용카드 번호 같은 PII 데이터를 식별하는 테스트를 작성하는 것은 비교적 쉽다.

제8장의 §8.2 'OAS 사용'에서 우리는 OpenAPI 명세의 스키마를 이용해서 API 데이터를 정의했다. 데이터를 분류했다면, 모든 응답 레코드에 허용되는 데이터 유형을 지정해서 그 스키마

를 갱신해야 한다. 또한 테스트 도구들은 그러한 계약에 따라 테스트를 진행해야 한다. 이 주제는 **제11장** '실행 시점 보호를 통한 API 오른쪽 보호'에서 좀 더 자세히 살펴볼 것이다.

9.4.2 대량 할당

대량 할당(mass assignment)은 과도한 데이터 노출보다는 덜 흔한 취약점이다. 이 취약점은 API가 필요 이상으로 많은 데이터를 받아들일 때 발생한다. 일반적으로 공격자는 민감한 데이터를 담는 필드의 이름을 추측해서 요청 페이로드에 추가한다. 손상된 API 구현이 그런 여분의 필드를 그대로 데이터베이스에 기록해 버리면 문제가 발생한다. 그러면 공격자는 접근 권한을 상승하거나, 패스워드나 기타 재설정 정보를 임의로 수정할 수 있다.

과도한 데이터 노출과 비슷하게, 이런 대량 할당은 주로 ORM을 부주의하게 사용하는 것이 근본 원인이다. ORM이 요청의 입력 필드들을 같은 이름의 데이터베이스 필드들에 그대로 대응시키면 대량 할당 취약점이 발생할 수 있다. 공격자가 흔히 쓰이는 입력 필드 이름들의 목록을 이용해서 유명 프레임워크나 ORM을 사용하는 API에 대해 이런 공격을 시도하는 것은 어렵지 않은 일이다. 흔히 쓰이는 이름은 is_admin이나 admin, privileged 등이다. 방지책은 과도한 데이터 노출에서와 같다. 자동적인 할당에 의존하지 말고, 데이터베이스 객체에 기록할 값들을 명시적으로 지정해야 한다.

앞에서 과도한 데이터 노출을 방지하는 방법을 보여주는 예제 코드가 이 문제에도 그대로 적용된다.

```
    user_in_db = UserInDB(**user_in.dict(),        hashed_password=get_
hash(password))
```

이 코드는 대량 할당을 완전히 방지한다. 먼저, user_in 객체의 클래스인 UserIn 클래스는 민감하지 않은 값들만 담는다. 그 필드들 외에 데이터베이스에 기록되는 추가 필드는 패스워드 해시를 담은 hashed_password 뿐이다. 이처럼 필드를 명시적이고 의도적으로 추가해서 암묵적인 할당이 일어날 여지를 없애야 한다.

WAF(웹 앱 방화벽)에서 요청 입력 데이터에 입력 필터링을 적용해서, 잘 알려진 필드들을 제거하는 방법도 있다. 하지만 이런 '차단 목록' 접근 방식은 세밀하지 못하며, 거짓 양성 오류(유효한 필드를 잘못 걸러내는 것)가 자주 발생한다. 하지만 흔히 쓰이는 몇몇 필드 이름에는 대단히 효과적이다.

제8장의 §8.2 'OAS 사용'에서 보았듯이 OpenAPI 명세의 스키마를 이용해서 API 데이터를 상세하게 정의할 수 있다. API 방화벽에서 그런 정의를 이용해서 여분의 필드들을 검출하고 걸러내게 만드는 것이 가능하다. 이 주제는 **제11장** '실행 시점 보호를 통한 API 오른쪽 보호'에서 좀 더 자세히 살펴본다.

9.5 기타 구현 취약점 방어

마지막으로, 앞에서 말한 취약점 유형에 속하지 않는 나머지 취약점들을 개괄적으로 살펴보는 것으로 이번 장을 마무리하겠다. 이 취약점 중 상당수는 API에만 국한된 것이 아니라 다른 여러 소프트웨어 시스템에도 영향을 미친다. 그런 만큼 이 업계에는 이런 문제점을 해결하는 방법에 관한 지식이 많이 축적되어 있다. 항상 그렇듯이 이번 장 끝의 **더 읽을거리** 절에 여러 참고자료가 있다. 특히, OWASP의 여러 훌륭한 가이드와 자료를 살펴보기 바란다.

9.5.1 주입 공격

주입(injection) 취약점들은 20년 넘게 소프트웨어 시스템들을 좀먹어 왔다. 다행히 이 부류의 취약점들은 안전한 코딩을 위한 패턴을 따르기만 하면 완전히 제거할 수 있다. 주입 취약점은 시스템이 사용자 입력을 검증 없이 신뢰할 때 발생한다. 공격자는 주입 공격을 통해서 데이터베이스나 운영체제, 파일 시스템 같은 바탕 구성요소를 침해할 수 있다. 전형적인 예는 SQL 주입, 명령 주입, XSS 등이다.

주입 공격 방어의 핵심은 사용자 입력을 철저히 검증하는 것, 뒤집어 말해서 사용자 입력을 절대로 신뢰하지 않는 것이다. 신뢰하지 않은 입력 데이터로부터 API를 보호하는 데 사용할 수 있는, 잘 개발되고 테스트된 검증(validation; 유효성 검사) 라이브러리들이 많다. 그런 라이브러리들은 대부분 다양한 언어와 프레임워크를 지원한다.

SQL 주입의 경우에는 바탕 데이터베이스에 대한 SQL 질의문(query statement)을 항상 매개변수화된 형태로 생성해서 사용해야 한다. 단순한 문자열 대입 방식으로 질의문을 만들면, 공격자가 입력 데이터를 교묘하게 작성해서 질의를 조작할 위험이 있다. 매개변수화된 질의문(parameterized query)을 이용하면 데이터베이스 계층에서 SQL 주입이 방지된다.

모든 사용자 입력 데이터를 필터로 '살균'해야 한다. 특히, 특수 문자들(경로 구분자, SQL 구분 문자 등)을 안전하게 탈출시키거나(escape) 아예 거부하는 등으로 적절히 처리할 필요가 있다.

OpenAPI 정의서를 이용해서 모든 입력 데이터의 형식을 완전하게 서술하고 제약한다면, 악성 입력 데이터를 API 방화벽에서 차단해서 API 백엔드에 아예 도달하지 못하게 만드는 것도 가능하다. 이 주제는 **제11장** '실행 시점 보호를 통한 API 오른쪽 보호'에서 좀 더 자세히 살펴본다.

9.5.2 서버 쪽 요청 위조(SSRF)

흔히 **SSRF**로 줄여서 표기하는 서버 쪽 요청 위조(Server-Side Request Forgery)는 몇십 년 전부터 소프트웨어 시스템들을 괴롭힌 문제이다. API 분야에서도 이 취약점이 흔해서, 2023년의 OWASP 10대 API 보안 위험의 하나로 선정되기까지 했다. SSRF에 취약한 웹 서버가 URL을 제대로 검증하지 않으면 공격자가 서버를 강제로 임의의 URL로 재지정(redirection)할 수 있게 된다. 그러면 공격자는 잠재적으로 위험한 웹사이트를 화면에 띄우거나 악성 데이터를 불러오게 만들 수 있다.

웹사이트 이런 공격 벡터로부터 API를 방어하는 가장 쉬운(그리고 이 책에서 권장하는) 방법은 재지정을 허용할 URL들로 이루어진 **허용 목록**을 명시적으로 사용하는 것이다. 이 방법을 사용하려면 API가 어떻게 쓰일지, 어떤 URL로의 재지정이 필요한지를 미리 파악해야 한다.

허용 목록 접근 방식을 사용할 여건이 안 된다면, 해로운 재지정을 다음과 같은 방법으로 최대한 방지해야 할 것이다.

- 재지정 가능한 URL의 스키마와 포트를 제한한다.
- HTTP 재지정을 금지한다.
- 클라이언트에게 재지정된 URL의 응답 원본을 그대로 돌려주지 않는다.
- 재지정 가능한 매체 유형(media type)을 제한한다.

SSRF는 다른 결함들보다 방어하기가 좀 더 어렵다. 보안을 강화하기 위해 허용 목록을 너무 엄격하게 만들면 응용 프로그램의 기능성이 떨어질 수 있다. SSRF는 보안과 기능성의 균형을 잘 잡아야 하는 취약점 중 하나이다.

9.5.3 불충분한 로깅 및 모니터링

이 문제는 API 보안과 관련해서 구체적인 권장 사항이나 모범관행이 없는 범주에 속한다. 다른 모든 소프트웨어 시스템과 마찬가지로, API 기반 시스템은 다음 사항들을 충분히 기록하고 감시할 필요가 있다.

- API의 정상 작동(과도한 오류나 장애가 없는 상황)
- 실패한 작동. 근본 원인을 추적하려면 모든 트랜잭션 세부정보를 로그 항목에 포함해야 한다.
- 의심스러운 트랜잭션. 검출 시 단순히 로그에 기록하는 것을 넘어서 적절한 경보 또는 알림을 보내야 한다.

API의 로깅 및 모니터링과 관련해서 가장 중요한 사항은 조직의 기존 기준 및 관행과 일치하는 방식으로 로깅/모니터링/보고를 수행하는 것이다. 가능하면 API 로그를 표준 SIEM 및 SOC 솔루션으로 수집해야 한다. 그러면 추가적인 모니터링과 분석이 수월해진다. 전반적인 위험 및 위협 상황에 대한 완전한 그림이 필요할 것이므로, 분석을 지역(API 개발팀 내부 등)에서 너무 많이 수행하려는 유혹을 떨쳐야 한다.

PII나 자격증명 정보 같은 민감한 데이터는 로그에 기록하지 말아야 한다. 로그가 생각보다 오래 남아있을 수 있으며, 자격이 없는 사람이 로그를 들여다볼 수 있기 때문이다.

9.6 제한 없는 자원 소비 방지

API 자원이 과도하게 소비되는 상황을 막는 일차적인 방법은 속도 제한(rate limiting)과 스로틀링을 구현해서 API 사용을 제한하는 것이다. API 속도 제한 기능은 각 클라이언트의 API 종단점에 대한 접근들을 모니터링해서, 일정 기간 안에 미리 정해진 횟수 이상으로 접근이 많으면 접근을 제한한다. 그런 경우 흔히 상태 코드를 **429**(Too Many Requests)를 돌려준다. 이에 대해 클라이언트는 잠시 기다렸다가 다시 요청하거나 작업을 아예 포기하는 등으로 대응한다.

서버가 속도 제한 허용 횟수와 발동 여부를 결정하는 방법은 여러 가지이다. 남용이 극심한 경우에만 속도 제한이 발동하는 적응적(adaptive) 알고리즘도 있다. 예를 들어 서버는 긴 기간 동안 요청이 아주 많은 클라이언트를 제한할 수도 있고, 짧은 기간 동안 요청이 갑자기 많아진 클라이언트를 제한할 수도 있다. 어떤 방식을 선택할지는 API에 가해지는 위협의 종류(서비스 거부 공격이나 대량 데이터 유출 등)에 따라 달라진다.

속도 제한을 프로그래밍 언어의 표준 라이브러리나 프레임워크의 기본 기능을 이용해서 API 코드 자체에서 구현할 수도 있다. 하지만 이 방식에는 허용 한계 이상의 요청들이 여전히 API 구현 코드에 도달한다는 문제가 있다. 요청이 많으면, 그냥 차단하는 것도 API에 부담이 된다.

좀 더 튼튼하고 바람직한 방식은 API 게이트웨이나 API 방화벽에서 속도 제한을 시행하는 것이다. 이렇게 하면 해당 처리 부담을 다른 프로세서들에 전담시킬 수 있다. 이 주제는 **제11장** '실행 시점 보호를 통한 API 오른쪽 보호'에서 좀 더 자세히 살펴본다.

마지막으로, API 서버를 설계할 때는 반드시 자원의 규모를 매끄럽게 확장할 수 있도록 해야 한다. 그래야 종종 처리 부하(load)가 예상보다 커지는 상황을 버틸 수 있다. 현대적인 클라우드 네이티브 플랫폼들은 매끄러운 자동 규모 확장 능력이 있다. 서비스 장애를 피하려면 API 플랫폼도 그런 능력을 갖추어야 한다.

API 설계자는 API가 과도하게 많은 데이터를 돌려주는 일이 없게 해야 한다. API가 필요 이상으로 많은 데이터를 돌려주면 메모리가 소진되어서 서버에 부담이 생긴다. 항상 데이터를 적당한 크기의 페이지들로 나누어서 제공하도록 하자.

속도 제한 대 스로틀링 대 할당량

API 접근을 제한하는 여러 기법을 혼동하는 경우가 있다. 흔히 쓰이는 몇 가지 용어를 명확히 하고 넘어가자.

- **속도 제한**(rate limiting): 속도 제한은 클라이언트가 일정 기간 API를 너무 많이 사용한 경우 한 동안 그 클라이언트와의 모든 상호작용을 아예 차단하는 것이다. 흔히 일정 기간에 한 클라이언트가 수행한 트랜잭션의 횟수를 속도 제한의 기준으로 삼는다. 그 횟수가 허용 한계를 넘기면 정해진 시간 동안 접근을 차단한다. 흔히 API는 상태 코드 **429 Too Many Requests**를 돌려준다. 현재의 속도 제한 상태를 반영한 추가적인 X 헤더를 응답에 포함하기도 한다.

- **스로틀링**throttling: 스로틀링은 서버나 API 자원에 과부하가 걸리는 것을 방지하기 위해 서버가 처리하는 요청의 개수를 제한하는 기법이다. 흔히 서버를 잠시 멈추거나, 트랜잭션들에 버퍼링을 가한다(지연 시간을 도입해서). 스로틀링은 요청을 보내는 클라이언트를 제한하는 것이 아니라 서버를 제한하는 것이라는 점이 특징이다.

- **할당량**(quota): 앞의 두 기법은 주로 보안이나 가용성을 제어하기 위한 것이지만, 할당량은 API의 비즈니스 모델에 기반한 제어를 구현하는 데 쓰인다. 흔히 API들은 구독 모델(유료 플랜과 기능이 제한된 무료 플랜을 제공하는 경우가 많다)에 기반해서 접근을 제어한다. 할당량은 주어진 과금 구간에서 API를 얼마나 많이 호출할 수 있는지를 결정한다. 할당량은 API 보안과는 전혀 무관하다. 전적으로 비즈니스 모델/과금 정책상의 문제이다.

9.7 API 비즈니스 수준 공격의 방어

마지막으로, 2023년 OWASP 10대 API 보안 위험에 속한 두 가지 비즈니스 수준 취약점을 살펴보는 것으로 이번 장을 마무리하겠다.

9.7.1 민감한 업무 프로세스에 대한 제한 없는 접근

민감한 업무 프로세스에 대한 제한 없는 액세스(unrestricted access to sensitive business flows) 취약점을 공격하는 공격자는 API 기반 응용 프로그램의 표준적인 흐름을 오남용해서, 원래의 비즈니스 의도와는 다르게 공격자 자신의 이익을 위해 앱을 사용한다. 대표적인 예는 항공권 예약 시스템이나 온라인 행사 티켓 발권 시스템, 그 밖에 여러 온라인 유통업체의 오남용이다.

이런 오남용의 구체적인 성격은 해당 업계의 특성이나 API 설계와 업무 프로세스의 대응 관계에 따라 다르다. 안타깝게도 이 취약점은 방어하기가 몹시 어렵다. 앞에서 본 다른 여러 취약점과는 달리, 한 곳을 고쳐서 해결할 수 있는 문제가 아니기 때문이다. API 자체는 완벽히 안전해도, 공격자가 악의적인 방식으로 사용함으로써 비즈니스에 피해가 갈 여지가 여전히 존재한다.

일반적으로 위험 최소화(risk minimization)에는 비즈니스팀과 엔지니어링팀이 모두 관여한다. 비즈니스 소유자는 판매 가능한 티켓을 제한하거나 아이템의 재판매를 금지하는 등 제품 및 서비스 제공 방식을 리팩터링함으로써 오남용 가능성을 줄일 수 있다. 한편 엔지니어링팀은 다음과 같은 기법들을 고려해 보아야 할 것이다

- API에 접근하는 기기들을 식별해서, 스크레이퍼scraper나 헤드리스 기기headless device는 접근을 금지한다.
- 프로세스의 주요 지점에서 MFA 스텝업 인증(step-up authentication)을 사용하는 등으로 본인 확인 절차를 강화한다.
- 비인간적인 행동 패턴(이를테면 엄청나게 빠른 거래)을 식별한다.

안된 일이지만, 이 문제는 API 기반 비즈니스에서 해결하기 몹시 어려운 공격 벡터이자 점점 증가하는 위협 중 하나이다.

안전하지 않은 API 소비

API는 한편으로는 고객과 소비자에게 서비스를 제공하고, 다른 한편으로는 상부(upstream) API 를 소비해 비즈니스 가치를 전달함으로써 비즈니스들을 서로 연결한다. 상부 API를 공급망 의 필수 요소로 간주하기도 하지만, 안타깝게도 상부 API는 점점 더 많은 조직에서 위험 요소 가 되고 있다.

상부 API를 신뢰할 수 있는 요소로 간주하는 조직도 있을 것이다. 하지만 부주의하게 사용하 면 소비자(API 자신)가 위험에 노출될 수 있음을 유념하자. 외부 입력을 절대로 신뢰하지 말라 는 주입 공격에 대한 조언은 서드파티 API를 사용할 때도 동일하게 적용된다. 다른 API의 출 력을 무작정 신뢰해서는 안 된다.

마지막으로, 타 API의 소비자로서 API 개발자는 상부 API 제공업체의 보안 태세(security posture) 를 평가하고 문제점이 있으면 지적해야 한다. 예를 들어, 제공업체가 API 보안 테스트를 수행 했다는 증거를 제시하는가? 개발자 교육 같은 사전 보안 조치를 수행한다는 증거가 있는가?

이번 장 요약

이번 장은 공격으로부터 API를 방어하는 방법을 배우는 여러분의 학습 여정에서 핵심적인 장 이었다. 이번 장에서 여러분이 기억해야 할 요점은 바로, 공격 벡터가 다양하긴 하지만, 일반 적인 취약점들로부터 API를 방어하기 위한 패턴들이 잘 정립되어 있다는 것이다.

이번 장에서는 먼저 일반적인 인증 취약점을 다루는 방법을 이야기했다. 특히, JWT를 안전 하게 다루고, OAuth2를 안전하게 사용하고, 패스워드와 토큰, 재설정 프로세스의 보안을 강 화하기 위한 모범관행들을 중점적으로 살펴보았다. 이를 위한 권장 사항들은 이번 장에서 이 야기한 것 말고도 많지만, 이번 장에 나온 것들만 잘 따라도 아주 심각한 여러 인증 취약점들 을 피할 수 있을 것이다. 그다음으로 이번 장에서는 역시 심각한 문제를 발생하는 API 권한 부 여 관련 취약점들을 다루는 방법을 이야기했다. 특히 권한 부여 미들웨어를 적절히 사용해서 방어를 강화함으로써 객체 수준 및 기능 수준 취약점들을 함께 해결하는 방법을 알아보았다.

다음으로는 API 데이터와 관련한 두 가지 치명적인 취약점인 과도한 데이터 노출과 대량 할당 을 처리하는 방법을 살펴보았다. 데이터 객체를 다루는 코드를 방어적 코딩 접근 방식으로 구 현함으로써 두 취약점을 완전히 해결할 수 있음을 배웠다. 마지막으로는 주입 공격, SSRF 공격, 제한 없는 자원 소비, 비즈니스 수준 공격 등 나머지 부류의 공격들을 방어하는 방법을 간단하게나마 살펴보았다.

다음 장에서는 여러 프로그래밍 언어와 프레임워크에서 API를 안전하게 구현하는 방법을 이야기한다.

더 읽을거리

다음은 JWT에 관한 참고자료들이다.

- 7 Ways to Avoid API Security Pitfalls when using JWT or JSON(https://42crunch.com/7-ways-to-avoid-jwt-pitfalls/)
- A Look at The Draft for JWT Best Current Practices(https://auth0.com/blog/a-look-at-the-latest-draft-for-jwt-bcp/)
- JWT Security Best Practices(https://curity.io/resources/learn/jwt-best-practices/)
- JSON Web Tokens (JWT) are Dangerous for User Sessions—Here's a Solution(https://redis.com/blog/json-web-tokens-jwt-are-dangerous-for-user-sessions/)

다음은 OAuth2의 구현에 관한 참고자료들이다.

- OAuth 2.0 best practices for developers(https://pragmaticwebsecurity.com/files/cheatsheets/oauth2securityfor developers.pdf) (§9.2.2에서 언급한 치트시트)
- OAuth 2.0 Security Best Current Practice(https://datatracker.ietf.org/doc/html/draft-ietf-oauth-security-topics) (§9.2.2에서 언급한 모범관행 IETF 자료)
- OAuth2 and OpenID Connect: The Professional Guide(https://auth0.com/resources/ebooks/oauth-openid-connect-professional-guide/)
- Authoritative guide to CORS (Cross-Origin Resource Sharing) for REST APIs(https://www.moesif.com/blog/technical/cors/Authoritative-Guide-to-CORS-Cross-Origin-Resource-Sharing-for-REST-APIs/)
- Using OAuth for Single Page Applications(https://curity.io/resources/learn/spa-best-practices/)
- RFC 6819 – OAuth 2.0 Threat Model and Security Considerations(https://datatracker.ietf.org/doc/html/rfc6819) (§9.2.2에서 언급한 위협 모델링 IETF 자료)

다음은 권한 부여 미들웨어 활용에 관한 참고자료들이다.

- Casbin(https://casbin.org/)
- Oso: Authorization as a Service(https://www.osohq.com/)
- Why Authorization is Hard(https://www.osohq.com/post/why-authorization-is-hard)

다음은 권한 부여의 보호에 관한 참고자료들이다.

- Are Your Passwords in the Green?(https://www.hivesystems.io/blog/are-your-passwords-in-the-green)
- A Deep Dive On The Most Critical API Vulnerability — BOLA (Broken Object Level Authorization)(https://inonst.medium.com/a-deep-dive-on-the-most-critical-api-vulnerability-bola-1342224ec3f2)

다음은 데이터 취약점에 관한 참고자료들이다.

- Extra Models(https://fastapi.tiangolo.com/tutorial/extra-models/)
- Mass Assignment(https://cheatsheetseries.owasp.org/cheatsheets/Mass_Assignment_Cheat_Sheet.html)
- 7 ways to implement DTOs in Python and what to keep in mind(https://dev.to/izabelakowal/some-ideas-on-how-to-implement-dtos-in-python-be3)

다음은 그밖의 취약점들에 관한 참고자료들이다.

- Injection Flaws(https://owasp.org/www-community/Injection_Flaws)
- Server Side Request Forgery Prevention(https://cheatsheetseries.owasp.org/cheatsheets/Server_Side_Request_Forgery_Prevention_Cheat_Sheet.html)
- Everything You Need To Know About API Rate Limiting(https://nordicapis.com/everything-you-need-to-know-about-api-rate-limiting/)

제**10**장
프레임워크와 구현 코드 수준의 보안

이번 장에서는 API 개발의 핵심 활동인, API 설계 또는 명세를 실제로 작동하는 코드로 변환하는 활동에서 보안과 관련해 고려해야 할 사항들을 논의한다. API 보안과 관련한 이론이 현실과 마주치는 지점이 바로 이곳이다. 애초에 보안을 고려해서 API를 잘 설계하는 것이 매우 중요하긴 하지만, 실제 API의 보안은 오직 구현의 보안 수준만큼만 강하다. API 개발자는 API를 안전하게 코딩하기 위한, 그리고 프레임워크와 라이브러리를 안전하게 사용하기 위한 모범관행들을 반드시 배우고 따라야 한다.

먼저 이번 장에서는 설계 우선 프로세스의 관리와 관련한 문제들을 살펴본다. API 명세와 API 구현의 수명 주기를 관리하는 방법을 배우게 될 것이다. 보안을 위한 설계 우선 프로세스의 핵심은 API 코드를 반드시 API 명세로부터 생성하는 것이다. 이번 장에서 최신 코드 생성 도구의 사용법도 배우게 될 것이다. 마지막으로, 프레임워크를 이용해서 안전한 API 구현을 보장하기 위한 여러 모범관행을 소개한다.

이번 장의 주요 주제는 다음과 같다.

- 실제 개발 과정에서 설계 우선 프로세스 관리하기
- 코드 생성 도구 활용
- 프레임워크에서 OpenAPI 명세 활용
- 프레임워크 보안 패턴

10.1 실습 환경 준비

이번 장의 예제를 따라 하려면 독자와 독자의 개발용 컴퓨터가 다음 조건들을 충족해야 한다.

- 도커를 실행할 수 있다.
- VS Code를 실행할 수 있고 VS 마켓플레이스에 있는 다양한 확장 프로그램을 설치할 수 있다.
- 인터넷에 연결되어 있으며, 예제들에 접근하기 위한 깃허브 계정이 있다.

이번 장에는 다양한 언어로 된 여러 예제 코드가 나온다. 이들을 지역(로컬)에서 직접 실행할 수도 있고, 도커 빌드 컨테이너 안에서 실행할 수도 있다. 지역에서 직접 실행하려면 관련 컴파일러와 SDK, 프레임워크를 미리 설치해 두어야 한다.

원서 깃허브 저장소의 Chapter10 폴더에 이번 장의 예제 코드가 있다. 또한, 이 책이 출간된 후에 뭔가 바뀌어서 예제가 제대로 실행되지 않는 경우 수정 방법을 이 저장소에 올리겠다. 해당 폴더의 주소는 https://github.com/PacktPublishing/Defending-APIs/tree/main/Chapter10이다.

10.2 실제 개발 과정에서 설계 우선 프로세스 관리하기

제8장 'API 보안을 위한 왼쪽 이동'에서 이야기했듯이, 설계 우선(design-first) 접근 방식을 따르는 API 개발팀은 먼저 API를 설계하고(OpenAPI 정의서를 이용해서), 그런 다음에 API 코드를 구현한다. 이 접근 방식에는 많은 장점이 있다. 주요 장점은 다음과 같다.

- **보안의 조기 도입**: 초기 설계 단계부터 보안을 시스템에 도입하면, 개발자와 설계자는 API를 보호하는 방법에 신경을 쓰지 않을 수가 없게 된다(예를 들어 OpenAPI 정의서를 파싱해서 자동으로 점검하게 만들면, 적절한 보안 메서드가 적용되지 않은 코드에 대해 자동으로 경고가 발생하게 할 수 있다). 이렇게 하면 보안 고려 사항을 수명 주기의 후반으로 미루기가 어려워진다.
- **도구 생성 자동화**: OpenAPI 정의서를 잘 만들어 두면 API 개발자 포털을 위한 상세한 문서화를 생성할 수 있다. 그런 포털이 있으면 소비자가 API를 자신의 시스템에 통합하기가 쉬워진다.

- **모의 객체 및 스텁 생성 자동화**: OpenAPI 정의서에 API 요청 데이터와 응답 데이터가 서술되어 있으므로, API 구현의 실제 행동을 흉내 내는 모의 객체(mock object)나 스텁을 자동으로 생성할 수 있다.
- **보안 테스트 자동화**: OpenAPI 정의서에 보안 요소들이 지정되어 있으므로, 42Crunch의 API 보안 스캐너 같은 도구를 이용해서 보안 테스트를 자동으로 실행할 수 있다.
- **테스트 코드 생성**: OpenAPI 정의서에는 특정 조건에서 API의 기대 반응이 정의되어 있으므로, 테스트 프레임워크가 그런 정보를 이용해서 테스트 코드를 자동으로 생성할 수 있다.
- **클라이언트 및 서버 코드 생성**: 마지막으로 가장 유용한 장점은 바로 OpenAPI 정의서에 기반해서 클라이언트 코드와 서버 코드 스텁을 생성하는 것이다. 이 주제는 잠시 후 §10.3 '코드 생성 도구 활용'에서 상세히 살펴본다.

설계 우선 접근 방식에는 중요한 장점이 많지만, 실제로 적용하려면 몇 가지 미묘한 사항을 해결해야 한다. 전통적으로 API는 개발자가 비즈니스 요구사항을 파악한 후 바로 API 코드를 작성하는 **코드 우선**(code-first) 접근 방식으로 개발되었다. 이 경우 API 코드 자체가 API에 진실 공급원(source of truth)이 된다. API를 변경할 일이 생기면 개발자가 코드를 변경하는데, 변경에 대한 관리는 소스 코드 관리 시스템을 사용하는 것이 최선이다. 그런데 이런 접근 방식에서는 OpenAPI 정의서를 활용하기가 애매하다. 설계나 구현에서 OpenAPI 정의서를 이용하지 않는다면, 애초에 OpenAPI 정의서가 필요 없는 것이 아닐까? 이 질문에 대한 일반적인 답은 문서화에 OpenAPI 정의서가 유용하다는 것이다(API 소비자의 관점에서는 OpenAPI 정의서가 없는 API 보다 있는 API가 사용하기 쉽다).

OpenAPI 정의서가 없고 코드만 있는 상황을 극복하는 한 가지 방법은 여러 소프트웨어 도구와 기법(조사(introspection)나 반영(reflection) 같은)으로 코드를 역설계(reverse-engineering; 역공학)해서 OpenAPI 정의서를 뽑아내는 것이다. 이번 장에서 이를 위한 도구들을 언어별로 소개할 것이다.

[그림 10.1]에 나온 개발 주기의 아래쪽 절반이 이러한 역설계/코드 조사 프로세스에 해당한다. 이 프로세스에서는 이미 구현된 코드에서 OpenAPI 정의서를 뽑아내는데, 이때 OpenAPI 정의서의 주된 용도는 문서화이다. 스웨거 UI가 그러한 문서화의 좋은 예이다(이를테면 https://petstore.swagger.io/를 참고하자).

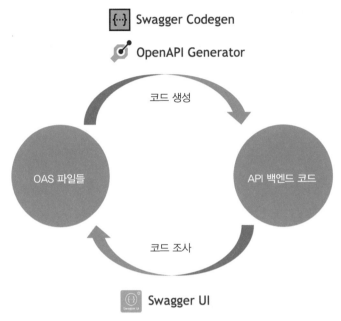

그림 10.1 OpenAPI 정의서 생성 대 조사 수명 주기.

코드 우선 접근 방식으로 만든 코드를 역설계해서 OpenAPI 정의서를 얻는 것이 가능하긴 하지만, 현대적인 API 개발 프로세스에서 사용할 만한 접근 방식은 아니다. 그보다는 설계 우선이 낫다. 설계를 먼저 하려면 추가적인 노력이 필요하지만, 설계 우선이 주는 장점이 그러한 노력보다 크다. 특히 보안에 대해 '왼쪽 이동' 접근 방식을 적용하는 경우에는 더욱 그렇다. 조직은 가능한 한 [그림 10.1]의 위쪽 절반에 해당하는 프로세스를 채택해서 설계 우선 접근 방식의 장점을 최대한 활용해야 마땅하다.

물론 현실에서는 두 접근 방식을 섞어서 사용할 때가 많을 것이다. 그렇다면 핵심적인 질문은, 설계를 개선하고 수정함에 따라 이러한 프로세스를 어떻게 관리할 것인가이다. 예를 들어 코드 우선 시나리오에서는 코드가 단일 진실 공급원이므로 설계가 바뀌면 코드만 바꾸면 되고 OpenAPI 정의서는 변경할 필요가 없다(문서화를 빼고는).

이 책에서는 설계 우선 접근 방식으로 API를 개발할 것을 권장한다. 설계 우선에서는 무엇보다도 개발 수명 주기에서 보안을 최대한 일찍부터 고려할 수 있다. 또한 OpenAPI 정의서를 미리 충실하게 만들어 두면 앞에서 이야기한 여러 가지 장점이 생긴다.

코드 생성 도구 활용

이번 절에서는 가장 인기 있는 코드 생성 도구 두 개를 이용해서 OpenAPI 정의서로부터 클라이언트 코드와 서버 코드를 생성하는 방법을 구체적으로 살펴본다. 두 도구는 다음과 같다.

- 스웨거 Codegen (https://swagger.io/tools/swagger-codegen/)
- OpenAPI Generator (https://swagger.io/tools/swagger-codegen/)

10.3.1 스웨거 Codegen

스웨거사의 **Codegen**(https://swagger.io/tools/swagger-codegen/)은 SmartBear라는 API 설계 및 테스트 도구 모음의 일부이다. Codegen은 **SwaggerHub** 웹 포털에서 사용할 수도 있고 독립적인 명령줄 도구로 사용할 수도 있다. SwaggerHub 포털은 시험 기간 동안 무료로 사용할 수 있다. 시험 기간이 지나면 유료 플랜(다양한 요금제가 있다)으로 업그레이드해야 한다. 하지만 명령줄 도구는 계속 무료로 사용할 수 있다.

먼저 SwaggerHub 포털의 기능부터 살펴보자. [그림 10.2]는 SwaggerHub의 편집기에서 작은 OpenAPI 정의서 파일을 연 모습이다.

그림 10.2 스웨거 Codegen 사용자 인터페이스.

API 설계자는 이 화면에서 다음과 같은 일을 할 수 있다.

1. 왼쪽의 OpenAPI 정의서 트리 뷰에서 종단점 이름들과 해당 동작을 확인할 수 있다.

2. 중간의 OpenAPI 정의서 편집 창에서 OpenAPI 정의서를 실시간으로 수정할 수 있다.

3. 오른쪽의 스웨거 UI에서 실제로 API에 요청을 보내고 그 응답을 확인할 수 있다.

또한, 이 화면의 오른쪽 상단에 있는 **Export** 버튼을 클릭하면 OpenAPI 정의서로부터 클라이언트 코드와 서버 코드를 생성하기 위한 링크들이 나타난다(그림 10.3).

그림 10.3 SwaggerHub의 Export 기능.

시연을 위해 이 API에 대한 파이썬 플라스크_{Flask}용 서버 스텁을 실제로 생성해 보겠다. [그림 10.3]에서 **Codegen Options**를 클릭하면 [그림 10.4]와 같이 코드 생성 옵션들을 설정하는 화면이 나온다. 여기서 서버 포트 번호라든가 파이썬 2 지원 여부 같은 여러 옵션을 설정할 수 있다.

그림 10.4 SwaggerHub의 코드 생성 옵션들.

옵션을 설정한 다음에는 원하는 언어-프레임워크 조합을 클릭하기만 하면[역주] ZIP 파일의 다운로드가 시작된다. ZIP 파일 안에 해당 조합의 서버 스텁 코드와 기타 관련 파일들이 들어 있다. [그림 10.5]는 앞의 OpenAPI 정의서에서 생성한 파이썬/플라스크용 서버 스텁 패키지의 내용이다.

그림 10.5 파이썬 플라스크 API 서버 스텁 패키지의 내용.

[그림 10.5]에서 보듯이 SwaggerHub 플랫폼은 필요한 모든 것을 갖춘 파이썬 패키지를 생성했다. 여기에는 초기화 코드, 컨트롤러, 데이터 모델을 갖춘 구현 코드 전체는 물론이고 의존성 설정을 담은 requirements.txt와 Dockerfile(도커 설정 파일)도 있다. 또한 원래의 API 정의를 담은 YAML 파일도 있다(swagger 디렉터리). [그림 10.5]는 주어진 OpenAPI 정의서를 따르는 API 서버를 시작하는 코드이다. 이 코드는 또한 /swagger URL에 스웨거 UI를 추가한다. 물론 이것으로 API 구현이 모두 끝난 것은 아니다. 데이터 모델과 컨트롤러에 커스텀 구현 코드를 추가해야 한다. 하지만 상당한 양의 통상적인 상용구 코드(boilerplate code)를 SwaggerHub가 자동으로 생성해 주었기 때문에 프로그래머의 일이 크게 줄어든다.

[역주] **Sever Stub**에 마우스를 올리면 구체적인 언어/프레임워크 조합들이 나타난다. 이 예제의 경우 python-flask를 선택하면 된다. —옮긴이

이러한 코드 생성 작업을 명령줄 도구인 swagger-codegen으로 수행할 수도 있다. 다음은 앞의 파이썬 플라스크 서버 스텁 패키지를 명령줄에서 생성하는 예이다.

```
$ swagger-codegen generate -i book_sample_1.yml -l python-flask -o ./out/server/
```

10.3.2 OpenAPI Generator

SwaggerHub의 코드 생성기가 강력하고 기능이 뛰어나지만, 로드맵(향후 개발 계획)이나 기능 추가, 버그 수정 등은 전적으로 SwaggerHub 개발팀이 결정한다. 사용자들이 원하는 것을 SwaggerHub 개발팀이 모두 들어주지는 않을 수 있다. 이런 문제 때문에 오픈소스 공동체는 스웨거 Codegen 저장소의 2.4.0-SNAPSHOT을 기반으로 오픈소스 API 코드 생성기를 만들었다. 그것이 바로 이제부터 살펴볼 **OpenAPI Generator**(https://openapi-generator.tech/)이다.

OpenAPI Generator 웹사이트의 FAQ에 따르면, 프로젝트 창립 멤버들은 "**공동체가 주도하는 버전이 있으면 혁신, 신뢰성, 공동체 소유의 로드맵이 가능하다**"라는 생각으로 이 프로젝트를 시작했다.

OpenAPI Generator는 다양한 방법으로 사용할 수 있다. 이를테면 **npm**이나 MacOS의 **Homebrew**, Windows의 **Scoop**으로 설치할 수 있다. 또한 도커 이미지나 JVM 플랫폼을 위한 JAR 파일이 제공되며, **Maven**이나 **Gradle** 같은 다양한 플러그인을 이용할 수도 있다. 다음 예제들에서는 macOS의 터미널에서 도커 이미지로 OpenAPI Generator를 실행한다고 가정한다.

서버 스텁 생성

다음은 서버 스텁을 생성하는 예이다. swagger-codegen과 옵션들이 동일하다.

```
$ openapi-generator generate -i book_sample_1.yml -g python-flask -o out/
```

스웨거 Codegen처럼 OpenAPI Generator도 모든 것을 갖춘 파이썬 프로젝트를 생성한다(그림 10.6).

그림 10.6 OpenAPI Generator로 만든 파이썬 플라스크 API 서버 스텁 패키지의 내용.

지금까지는 스웨거 Codegen과 별로 다를 것이 없었다. 그럼 OpenAPI Generator가 제공하는 흥미롭고 새로운 기능 몇 가지를 살펴보자.

스키마 생성

실무에서 API 방화벽이나 API 게이트 같은 보안 도구들을 효과적으로 활용하려면 API를 정의할 때 데이터의 스키마schema도 정의해서 관리할 필요가 있다(이를테면 API 방화벽 규칙을 시행하거나 게이트웨이 데이터를 조사하기 위해). 그런데 데이터 스키마는 백엔드 데이터베이스를 만드는 데에도 필요하다. 만일 API 정의와 데이터베이스 모델 두 군데에 각각 데이터 스키마를 두면 일관성 문제가 발생할 수 있다. 그보다는 데이터 스키마를 '단일 진실 공급원'에 두어서 일관되게 관리하는 것이 이상적이다. 그리고 그러한 단일 진실 공급원으로 적합한 것이 설계 우선 접근 방식에 따라 만들고 관리하는 OpenAPI 정의서이다.

다행히 OpenAPI Generator에는 OpenAPI 정의서에 있는 데이터 정의로부터 다양한 데이터베이스 스키마를 생성하는 기능을 제공한다. 간단한 예제로 이를 살펴보자. 다음은 사용자를 서술하는 UserItem이라는 개체(entity)를 정의하는 스키마이다(간결함을 위해 지금 논의에 필요하지 않은 세부사항은 생략했다).

```
"UsersItem": {
    "required": [
        "email", "password", "name", "_id", "is_admin", "account_balance",
"onboarding_date"
],
    "properties": {
     "_id": {  "format": "uuid",
              "maxLength": 36,
              "type": "string"  },
     "email": {  "maxLength": 32,
              "type": "string"  },
     "password": {  "maxLength": 64,
              "type": "string"  },
     "name": {  "maxLength": 50,
              "type": "string"  },
     "is_admin": {  "type": "boolean",
              "description": "is admin"  },
     "account_balance": {  "maximum": 1000,
              "type": "number",
              "format": "float"  },
      "onboarding_date": {  "maxLength": 38,
              "type": "string",
              "format": "date-time"  }
} }
```

굵게 강조된 항목은 해당 필드에 대한 특정한 제약(문자열 최대 길이나 구체적인 자료형 등등)
을 나타낸다. 다음은 이 스키마로부터 mysql-schema 형식의 스키마를 출력하도록 OpenAPI
Generator를 실행하는 명령이다.

```
$ openapi-generator generate -i Pixi.json -g mysql-schema -o out/
```

이 명령은 앞의 UserItem 스키마를 충실하게 반영한, 다음과 같은 SQL 스크립트를 출력한다.

```
CREATE TABLE IF NOT EXISTS 'UsersItem' (
    '_id' CHAR(36) NOT NULL,
    'email' TEXT NOT NULL,
    'password' VARCHAR(64) NOT NULL,
    'name' VARCHAR(50) NOT NULL,
    'is_admin' TINYINT(1) NOT NULL COMMENT 'is admin',
    'account_balance' DECIMAL(20, 9) NOT NULL COMMENT 'remaining balance',
    'onboarding_date' DATETIME NOT NULL
) ENGINE=InnoDB DEFAULT CHARSET=utf8mb4 COLLATE=utf8mb4_unicode_ci;
```

이 SQL 스크립트는 OpenAPI 정의서가 해당 데이터베이스 계층으로 얼마나 잘 번역(변환)되는지를 보여준다. 문자열 최대 길이들이 적절한 SQL 구문으로 번역되었고, `boolean` 타입은 `tinyint` 타입으로, `float`는 `DECIMAL(20, 9)`로, date-time은 `DATETIME`으로 번역되었다.

간단한 예제였지만, 개발자가 코드를 손수 작성하지 않고 OpenAPI Generator를 이용해서 데이터 스키마를 OAS 영역에서 데이터 영역으로 손쉽게 변환할 수 있음을 실감할 수 있었을 것이다.

문서화 생성

OpenAPI Generator는 OpenAPI 정의서로부터 사람이 읽기 좋은 문서화를 다양한 형식으로 만들어 내는 데에도 탁월하다. 다음은 HTML 문서를 생성하는 명령이다.

```
$ openapi-generator generate -i Pixi.json -g html -o out/
```

[그림 10.7]은 최상위 API 요약 문서의 모습이다. API에 관한 정보와 함께, 각 종단점 상세 페이지로의 링크들이 범주별, 메서드별로 정리되어 있다.

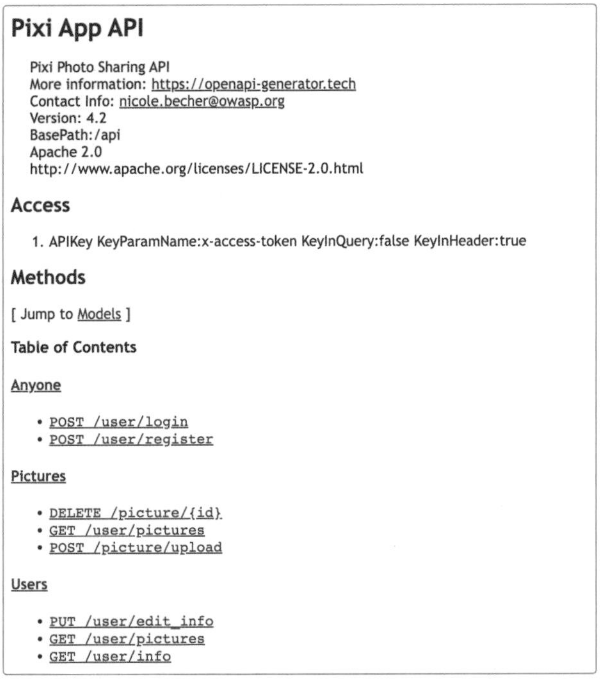

그림 10.7 최상위 API 요약 HTML 문서.

[그림 10.8]은 개별 API 종단점을 상세하게 설명하는 문서이다. user/login 종단점에 관한 상세한 정보를 제공한다.

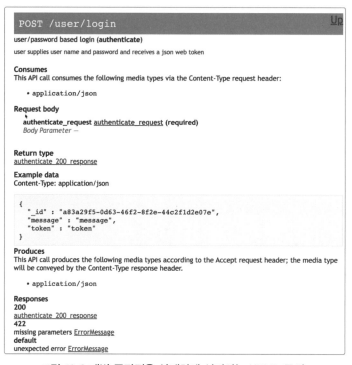

그림 10.8 개별 종단점을 상세하게 설명하는 HTML 문서.

OpenAPI Generator는 데이터에 대한 문서도 잘 만들어준다. [그림 10.9]는 앞의 스키마 생성 예제에 나온 UserItem에 대해 OpenAPI Generator가 생성한 마크다운 문서를 HTML로 렌더링한 모습이다.

UsersItem

Properties

Name	Type	Description	Notes
_id	UUID		[default to null]
email	String		[default to null]
password	String		[default to null]
name	String		[default to null]
is_admin	Boolean	is admin	[default to null]
account_balance	Float	remaining balance	[default to null]
onboarding_date	Date		[default to null]

[Back to Model list] [Back to API list] [Back to README]

그림 10.9 API 데이터 타입에 대한 마크다운 문서의 렌더링 결과.

API의 문서화가 API 보안에 필수 요소는 아니지만, 문서화가 좋으면 개발자들이 API를 좀 더 쉽게 채용하게 된다. OpenAPI Generator를 이용하면 좋은 문서화를 수월하게 만들어낼 수 있다.

템플릿과 커스텀 생성기 활용

OpenAPI Generator의 커다란 매력은 여러 서버 및 클라이언트 언어와 API 구성에 맞는 합리적인 기본값들이 잘 갖추어져 있어서 별다른 설정 없이도 괜찮은 결과를 얻을 수 있다는 점이다. 하지만 내장 기본값이 여러분의 요구에 딱 맞지는 않을 수 있다. 그런 경우를 위해 OpenAPI Generator는 코드 생성기를 다양한 방식으로 커스텀화하는 수단을 제공한다. 또한, OpenAPI Generator는 오픈소스 프로젝트이므로 여러분이 커스텀 생성기를 구현해서 프로젝트에 기여할 수도 있다.

이번 장을 준비하면서 나는 OpenAPI Generator가 API 변수 이름에 하이픈(-)을 사용한다는 문제점을 발견했다. 파이썬은 변수 이름에 하이픈을 허용하지 않으므로, 생성된 코드를 실행하면 오류가 발생한다. 이 문제를 해결하기 위해 나는 먼저 다음 명령을 이용해서 `python-flask` 코드 생성에 쓰이는 **Mustache**(인기 있는 웹 템플릿 언어이다) 템플릿들을 추출했다.

```
$ openapi-generator author template -g python-flask
```

이 명령은 [그림 10.10]에 나온 것 같은 다양한 템플릿 파일들을 생성한다.

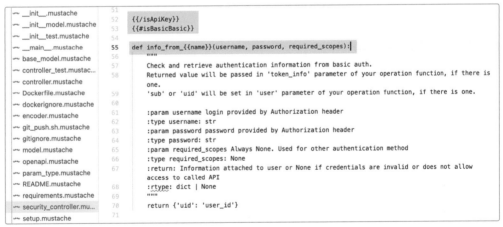

그림 10.10 `python-flask` **보안 컨트롤러용** Mustache **템플릿들.**

이 파일들을 잘 살펴보면 프로젝트 구성요소마다 Mustache 템플릿이 있음을 알 수 있다 (Dockerfile과 README 파일용 템플릿도 포함해서). [그림 10.10]은 그중 security_controller 를 위한 템플릿 파일이 표시된 모습이다. Mustache 템플릿에서 {{ }}로 감싸인 문구는 특별한 의미를 가진다. 그밖의 문구는 출력 파일에 그대로 복사된다.

이 보안 컨트롤러 템플릿 파일에는 API 정의에 지정된 보안 유형(이에 대해서는 다음 절에서 좀 더이야기한다)에 맞는 파이썬 보안 컨트롤러 함수를 생성하기 위한 여러 제어 구문이 있다. 그림에 나온 함수 템플릿 위에는 아래와 같은 두 행이 있다. 이 행들은 만일 isApiKey가 거짓이고 isBasicBasic이 참이면 그 아래에 있는 HTTP 기본 인증을 위한 함수를 생성하라는 뜻이다.

```
{{/isApiKey}}
{{#isBasicBasic}}
```

이 두 행 아래는 HTTP 기본 인증을 위한 파이썬 함수의 템플릿이다. 이 함수는 기본 인증에 필요한 사용자 이름과 패스워드에 해당하는 username과 password를 받는다. 함수 본문 부분에는 주석과 반환문만 있고 실제 코드는 없다. 기본 인증을 처리하는 실제 코드는 개발자가 직접 채워 넣어야 한다.

변수 이름에 하이픈이 들어가서 파이썬 실행 오류가 발생하는 문제를 해결하기 위해 나는 변수 이름에 하이픈을 사용하지 않도록 템플릿을 수정했다. 그런 다음 코드를 생성하자 아무 문제 없이 코드가 실행되었다. 이것은 다소 작위적인 예제였지만, 템플릿 엔진이 기본적으로 어떻게 작동하는지, 그리고 여러분의 요구에 맞게 템플릿을 수정하기가 얼마나 쉬운지를 잘 보여준다. 예를 들어 여러분의 앱에 맞게 기본 인증을 처리하는 실제 코드를 템플릿에 추가할 수도 있을 것이다.

기존 템플릿을 수정하는 것만으로는 해결되지 않는 문제라면, 커스텀 코드 생성기를 직접 구현하는 것도 고려해 보아야 할 것이다. OpenAPI Generator는 커스텀 코드 생성기를 작성하는데 도움이 되는 상용구(boilerplate) 코드를 제공한다. OpenAPI Generator의 이러한 커스텀화 기능은 대단히 강력하다. 애초에 OpenAPI Generator는 미래에 어떤 요구가 발생해도 해결할 수 있도록 확장성을 염두에 두고 설계되었다.

OpenAPI Generator 설정

마지막으로 OpenAPI Generator의 설정 옵션 몇 가지를 살펴보자. 보안 지원과 관련한 설정들 위주로 이야기하겠다.

OpenAPI Generator가 모든 클라이언트 및 서버 유형을 고르게 지원하고자 노력하긴 하지만, 좀 더 생소하고 난해한 기능(feature)은 지원 수준에 차이가 있다. 예를 들어 `python-flask`에 대한 코드를 생성할 때는 일반적인 OAuth2 흐름의 일부만 지원하지만, `java-micronaut-server`에 대해서는 모든 OAuth2 흐름을 지원한다. 특정 기능의 구체적인 지원 여부는 개별 생성기 지원 페이지를 참고하기 바란다.

▪ 전역 속성들

전역 속성(global property)들로는 호스트 이름, 기본 경로, 여러 정보 필드, 지원하는 스킴들, 문서화, 예제 등 API 프로젝트 전반에 대한 사항을 설정할 수 있다.[역주]

▪ 데이터 및 스키마 지원 기능들

데이터 타입 항목들은 해당 클라이언트/서버 유형에 대한 생성기가 지원하는 데이터 타입들을 나타낸다. 데이터 타입은 정수나 문자열 같은 단순 자료형에서부터 컬렉션이나 배열 같은 복합 자료형까지 다양하다. 스키마 지원 항목들은 해당 생성기가 지원하는 합성(composition) 기능들(이를테면 단순 합성, 복합 합성 등)과 `allOf`, `anyOf`, `oneOf` 같은 합성 연산자들을 나타낸다.

▪ 전송 형식 관련 기능

전송 형식(transport format) 기능들은 클라이언트와 API 서버 사이로 전송되는 데이터의 형식을 나타낸다. 가능한 형식으로는 JSON, XML, ProtoBuf, 기타 커스텀 형식이 있다. JSON과 XML은 거의 모든 생성기가 지원한다.

▪ 보안 기능

보안 기능들은 API가 사용할 OAS 보안 스키마를 나타낸다. OpenAPI 정의서의 보안 설정은 **제2장** 'API의 이해'를, 특히 §2.3 '접근 제어'를 참고하기 바란다.

[역주] 전역 속성을 설정하는 방법은 OpenAPI Generator를 어떻게 실행하느냐에 따라 다르다. 명령줄 도구를 사용하는 경우에는 --global-property 옵션으로 설정한다(예: --global-property generateAliasAsModel=true). Gradle이나 Maven 플러그인의 경우에는 해당 설정 파일에서 설정한다. Gradle의 경우 openApiGenerate 블록 안에서 globalProperties.set으로 설정할 수 있다. 자세한 사항은 공식 문서화(https://openapi-generator.tech/docs/configuration/ 등)를 참고하기 바란다.

[표 10.1]은 사용 가능한 보안 기능들을 정리한 것이다.

표 10.1 OpenAPI Generator 보안 기능들.

기능 이름	설명
BasicAuth	HTTP 기본 인증(사용자 이름/패스워드 조합)을 사용한다.
ApiKey	API 키를 사용한다(키를 질의 문자열이나 헤더, 쿠키에 담아서 보낸다).
OpenIDConnect	인증 표준 중 하나인 OpenIDConnect를 사용한다.
BearerToken	소지자 토큰(흔히 JWT 형식)을 사용한다.
OAuth2_Implicit	OAuth Implicit 흐름을 사용한다.
OAuth2_Password	OAuth Resource Owner Password 흐름을 사용한다.
OAuth2_ClientCredentials	OAuth Client Credentials 흐름을 사용한다.
OAuth2_AuthorizationCode	OAuth Authorization Code 흐름을 사용한다.
SignatureAuth	공식 문서화에 자세한 설명이 없다. 사용하지 말 것을 권한다.

OpenAPI Generator는 OpenAPI 정의서를 파싱해서 보안 매개변수들을 검출하고 그에 기반해서 적절한 코드를 생성한다. 다음 예제를 보자. 이것은 예제 OpenAPI 정의서의 일부로, /status라는 GET 종단점에 기본 인증을 적용해야 함을 명시했다.

```
/status:
get:
  summary: Status_get
  operationId: get-status
  responses:
    '200':
      description: OK
  security:
    - BasicAuth: []
```

[그림 10.11]은 java-micronaut-server를 생성기로 지정해서 OpenAPI Generator로 생성한, /status GET 요청을 처리하는 자바 클래스이다.

```
@Generated(value="org.openapitools.codegen.languages.JavaMicronautServerCodegen", date="2023-10-03T13:37:05.259057+01:00[Europe/London]")
@Controller
@Tag(name = "Default", description = "The Default API")
public class DefaultController {
    /**
     * Status_get
     *
     */
    @Operation(
        operationId = "getStatus",
        summary = "Status_get",
        responses = {
            @ApiResponse(responseCode = "200", description = "OK")
        },
        security = {
            @SecurityRequirement(name = "BasicAuth")
        }
    )
    @Get(uri="/status")
    @Produces(value = {})
    @Secured({SecurityRule.IS_AUTHENTICATED})
    public Mono<Void> getStatus() {
        // TODO implement getStatus();
        return Mono.error(new HttpStatusException(HttpStatus.NOT_IMPLEMENTED, null));
    }
}
```

그림 10.11 GET 요청에 대해 HTTP 기본 인증을 사용하는 API 종단점.

코드를 보면 다음과 같은 보안 관련 주해(annotation)들이 있다.

- security = {@SecurityRequirement(name = "BasicAuth")
- @Secured({SecurityRule.IS_AUTHENTICATED})

이들에 의해 HTTP 기본 인증이 시행된다. 개발자는 getStatus() 메서드의 비즈니스 로직만 구현하면 된다. 이상의 예에서 보듯이, OpenAPI Generator 같은 코드 생성기를 이용하면 개발자가 보안 관련 장식자(decorator)를 빼먹는(그러면 누구나 인증 없이 API에 접근할 수 있게 된다) 등의 실수를 저지를 위험이 크게 줄어든다.

프레임워크에서 OpenAPI 정의서 활용

이번 장 도입부의 [그림 10.1]은 전형적인 SDLC에서 OpenAPI 정의서의 수명 주기를 잘 보여준다. 이상적으로는 상단의 경로(코드 생성)를 따라 OpenAPI 정의서에서 API 코드를 생성하는 것이 바람직하다. 앞 절에서 이야기한 것처럼 코드 생성기를 활용하면 이 작업이 아주 간단해진다. 하지만 OpenAPI 정의서 없이 API 코드만 작성한 기존 프로젝트를 계속 유지해야 하는 독자도 많을 것이다. 이 경우 [그림 10.1]의 하단 경로(코드 조사)를 따라야 한다. 이를 위한 구체적인 방법은 API 개발에 사용한 프로그래밍 언어와 프레임워크에 따라 다르다. 일반적으로는 코드 조사(code introspection)를 위한 라이브러리를 API 시스템에 추가하고, 그 라이브러리의 조사 및 반영 기법을 이용해서 API 기능성을 제공하는 메서드들을 파악한다. 이때 흔히 그런 메서드들을 조사 프로세스를 지원하는 다양한 주해로 장식하게 된다(그림 10.11의 코드에서 그런 주해들의 예를 볼 수 있다).

이런 일반적인 접근 방식은 모든 언어와 프레임워크에 적용된다. 하지만 개별 언어와 프레임워크에 관해서는 좀 더 구체적인 권장 사항이나 고려 사항들이 있다. 그럼 가장 흔한 시나리오 몇 가지를 살펴보자.

자바는 API 코드를 역설계하기가 비교적 쉽다. 개발에 사용한 프레임워크가 제공하는 기능을 사용할 수도 있고, 추가적인 플러그인을 사용할 수도 있다. 자바에서 API와 마이크로서비스 개발에 가장 인기 있는 프레임워크는 스프링 부트Spring Boot이다. 그리고 스프링 부트 프레임워크용 OpenAPI 지원 라이브러리 중 사실상 표준에 해당하는 것은 **Springdoc-OpenAPI**(https://springdoc.org/)이다. API와 마이크로서비스 개발에서 스프링 부트의 아성에 도전하는 주요 도전자로는 **Micronaut**가 있는데, 이 프레임워크는 OpenAPI를 직접 지원하므로 별도의 라이브러리가 필요하지 않다(https://micronaut-projects.github.io/micronaut-openapi/latest/guide/).

.NET도 코드 조사를 잘 지원한다. 인기나 기능 면에서 우열을 가리기 힘든 두 패키지가 있는데, **NSwag**(https://github.com/RicoSuter/NSwag/wiki)와 **Swashbuckle**(https://github.com/domaindrivendev/Swashbuckle.AspNetCore)이다. 두 패키지는 기존 .NET 기반 코드 베이스에서 (심지어 컴파일된 이진 코드도 지원한다) OpenAPI 정의서를 생성하는 기능을 포함해서 비슷한 기능들을 제공한다. NSwag는 OpenAPI 정의서에서 코드를 생성하는 기능(OpenAPI Generator와 비슷한)도 어느 정도 갖추고 있으며, GUI 디자인 스튜디오까지 제공한다.

파이썬은 앞의 두 언어보다는 지원이 약하다. 사용자가 하나 이상의 외부 패키지를 설치해야 하며, 일일이 설정할 것도 많다. 가장 많이 쓰이는 패키지는 **apisec**(https://github.com/marshmallow-code/apispec)이다. 대부분의 관련 솔루션이 이 패키지에 의존한다. API용 프레임워크(플라스크나 **aiohttp** 등)에 따라서는 추가적인 지원 패키지를 설치해야 하는데, 구체적인 사항은 **apisec**의 깃허브 페이지를 참고하기 바란다.

마지막으로, **Node.js**는 파이썬과 사정이 비슷하다. Node.js에서 API 정의와 관련해 인기 있는 라이브러리로 **swagger-ui-express**(https://www.npmjs.com/package/swagger-ui-express)가 있다. 이 라이브러리는 주어진 API 명세 파일로부터 문서화를 생성하는 데 탁월하지만, 코드로부터 OpenAPI 정의서를 생성하기 위한 코드 조사 기능은 없다.

OpenAPI 정의서와 코드 베이스의 수명 주기 관리

[그림 10.1]에서 보듯이, OpenAPI 정의서와 해당 코드 베이스는 상호 보완적이다. 어쩌면 "닭이 먼저냐 달걀이 먼저냐"라는 질문을 떠올릴 수도 있겠다. 실무 프로젝트에서 개발자는 OpenAPI 정의서(이를테면 API 게이트의 입력으로 사용할)를 관리해야 한다. 또한 코드 베이스가 조직이 의도하는 비즈니스 로직과 부합하는지도 확인해야 한다. 정의가 바뀌면 코드를 갱신해야 하고, 그 역도 마찬가지이다. 이 둘을 어떻게 동기화하면 좋을까?

몇 가지 시나리오가 가능하다. [그림 10.12]는 첫째 시나리오이다. 이 시나리오에서 개발자들은 OpenAPI 정의서와 코드 베이스를 아주 밀접하게 연동해서 관리한다. 코드가 먼저 바뀔 때도 있고, OpenAPI 정의서가 먼저 갱신될 때도 있다. 개발자들이 둘을 일일이 검토하고 변경 사항에 기반해서 직접 패치한다. 변경이 작고 드물다면 이런 프로세스도 감당할 만하다.

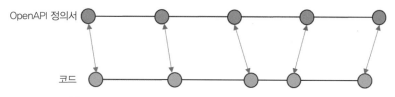

그림 10.12 OpenAPI 정의서와 코드 베이스의 지속적 개발.

[그림 10.13]은 둘째 시나리오이다. 아마도 실무에서 가장 흔한 방식일 것이다. 이 경우는 기능 개발 요구에 따라 코드 베이스가 자주 바뀐다. 그리고 가끔씩만 최신 코드 베이스에서 OpenAPI 정의서를 추출해서(**프레임워크에서 OpenAPI 명세 활용** 절에서 이야기한 코드 조사 기법을 이용해서), API 게이트웨이나 기타 관련 도구에 적용한다.

그림 10.13 코드 우선 개발.

가장 덜 쓰이는 셋째 시나리오는 [그림 10.14]처럼 항상 OpenAPI 정의서를 먼저 작성 또는 갱신하고 그로부터 코드를 생성하는 것이다(앞에서 이야기했듯이 OpenAPI Generator 같은 도구를 이용해서). 코드 베이스 전체는 아니더라도, 적어도 종단점 스텁이나 인증/권한 부여 처리부 등은 자동으로 생성한다. 이 방법은 스텁 기능 집합(stub feature set)이 잘 갖추어져 있어서 새로 개발할 코드가 많지 않은, 그리고 OpenAPI 정의서가(따라서 코드 베이스가) 그리 자주 바뀌지는 않는 프로젝트에서나 유용하다.

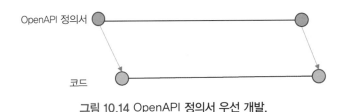

그림 10.14 OpenAPI 정의서 우선 개발.

프레임워크 보안을 위한 패턴들

마지막으로, API 프레임워크의 보안을 강화해서 좀 더 견고하고 안전한 API를 만드는 데 도움이 되는 몇 가지 일반적인 조언들로 이번 장을 마무리하겠다. 이 조언들은 특정 유형의 API 취약점에 국한된 것이 아니다(개별 취약점 유형의 방어는 **제9장** '주요 취약점 방어'에서 자세히 이야기했다). 그보다는, 안전한 API 운영을 위해 API 런타임의 보안을 강화하는 데 초점을 둔다.

▪ 보안 기본값

API 프레임워크들은 공통점이 많지만 차이점도 많다. 특히 보안과 관련된 측면들이 크게 다르다. 보안을 위해서는 프레임워크의 기본 설정들을 확실히 파악해야 한다. 다음은 꼭 파악해야 할 설정들이다(이 밖에도 중요한 설정이 더 있을 것이다).

- HTTP가 기본으로 활성화되는가? HTTP는 비활성화하고 HTTPS를 사용하는 것이 바람직하다.
- 관리 인터페이스나 진단(diagnostic) 인터페이스가 기본으로 활성화되는가? 꼭 필요한 인터페이스만 남겨두고 모두 비활성화하자.
- 기본으로 활성화되는 HTTP 메서드들이 무엇인가? 예를 들어 DELETE 연산에 대해 기본 처리부가 작동하게 되어 있는 프레임워크가 많다.
- 기본으로 활성화되는 미들웨어가 있는가? API의 인증과 권한 부여가 정확히 일어나도록 미들웨어를 구성하고 설정할 필요가 있다.

- 익명 접근이 기본으로 활성화되는가? 특별한 이유가 없다면 익명 접근은 모두 비활성화하는 것이 바람직하다.
- 존재하지 않는 종단점에 사용자가 접근할 때의 기본 행동은 무엇인가? 유효하지 않은 요청을 그냥 무시하는 것이 프레임워크의 기본 행동이면 안 된다. 그런 요청에 대해 어떤 위험한 행동이 수행되는 일이 없도록 설정해야 한다.
- Content-Type 헤더에 명시된 것과는 다른 매체 형식의 데이터가 입력되었을 때 프레임워크의 기본 행동은 무엇인가? 유효하지 않은 데이터가 입력되었을 때 프레임워크가 예상외의 결과를 산출하지는 않는지 테스트해 보아야 한다.
- 과부하가 걸리거나 엄청나게 큰 데이터 페이로드가 입력될 때 프레임워크가 어떻게 행동하는가? 그런 데이터를 안전하게 거부하는가, 아니면 처리를 시도하는가?

여러분이 사용하는 프레임워크의 기본 설정과 행동 방식을 살펴보고, 프레임워크 보안 강화를 위한 온라인 자료들(이번 장 끝의 **더 읽을거리** 절에 나온 것 같은)도 참고하기 바란다. 그리고 여러분이 사용하는 코드형 인프라(Infrastructure-as-Code, IaC) 도구를 이용해서 이러한 강화된 설정을 시행하는 것도 잊어서는 안 될 것이다. 이와 같은 기본 설정 작업은 노력이 크게 요구되지 않으면서도 프레임워크에 남아 있는 위험을 크게 줄여준다.

■ 미들웨어 활용

프레임워크의 주된 단점 하나는 너무 복잡해서 이해하기 어렵다는 것이다. 하지만 이 단점은 포괄적이고 기능성이 풍부하다는 프레임워크의 장점과 짝을 이룬다. 개발자에게 최선의 방책은 프레임워크의 미들웨어가 제공하는 기능들을 시간을 들여 공부하고, 일반적인 시나리오를 견고하게 구현하는 데 필요한 패턴들을 익히는 것이다. 바퀴를 재발명하려 들지 말고, 어려운 일들을 미들웨어에 맡기자.

잘 구현된 미들웨어 스택의 예로는 ASP.NET 프레임워크를 들 수 있다. 다음은 이 프레임워크가 제공하는 기능들이다.

- 인증(단순한 HTTP 기본 인증에서 OIDC, SNS 기반 인증, Microsoft Entra ID[역주]까지).
- 권한 부여(단순한 접근 제어에서 RBAC와 클레임 기반 권한 부여까지)
- 속도 제한
- 응답 캐싱
- 테스트 미들웨어
- 요청 및 응답 재작성(rewriting)

[역주] 예전에는 Azure Active Directory라고 부르던 서비스이다. —옮긴이

미들웨어가 제공하는 인증과 권한 부여 기능을 보여주는 예로, 다음은 간단한 ASP.NET 웹 앱의 시동 코드이다.

```
public void Configure(IApplicationBuilder app, IWebHostEnvironment env)
{
  if (env.IsDevelopment())
  {
    app.UseDeveloperExceptionPage(); }
  app.UseRouting();

  app.UseAuthentication();
  app.UseAuthorization();

  app.UseEndpoints(endpoints =>
  {
    endpoints.MapControllers();
  });
}
```

강조된 두 행은 관련 미들웨어를 주입한다. 이에 의해 이후 모든 요청에서 인증과 권한 부여가 투명하게 자동으로 처리된다.

▪ 데이터 보안의 처리

API 취약점 중에는 요청이나 응답에서 데이터를 부실하게 처리하는 것과 관련된 것이 많다. 다음은 이를 방지하기 위해 프레임워크 수준에서 시행할 만한 몇 가지 모범관행이다.

• 입력 데이터가 유효한지를 지정된 길이와 매체 형식에 근거해서 검증한다.
• 프레임워크가 타입 변환(type coercion) 기능을 제공한다면, 암묵적인 할당(implicit assignment)을 주의해야 한다(그런 할당은 대량 할당 취약점으로 이어질 수 있다).
• 예상치 못한 데이터나 유효하지 않은 데이터는 거부한다.
• 업계에서 잘 입증된 표준적인 라이브러리(OWASP가 제공하는 것 같은)를 입력 검증에 사용한다.
• 너무 큰 데이터를 담은 요청이나 비정상적으로 많은(정상 사용량을 기준으로) 데이터를 요구하는 요청을 거부한다.

▪ 오류와 예외

예외(exception) 발생 시 출력 문맥(output context)에 호출 스택 전체를 덤프하는 것이 기본 행동인 프레임워크가 많다. 그리고 API의 경우 '출력 문맥'은 응답의 본문일 가능성이 높다. 이런 덤프는 개발자의 디버깅에 유용하지만, 구현 세부사항을 파악하려는 공격자에게는 훨씬 더 유용하다. 공용 인터페이스에는 최소한의 정보만 제공하고, 자세한 로그는 안전한 위치에 저장하도록 예외 처리부를 강화해야 한다. 그리고 토큰이나 키 같은 민감한 정보는 로그에 기록하지 말아야 한다는 점도 명심하자.

▪ 반환 코드

HTTP 표준에는 클라이언트 오류에서 서버 오류에 이르는 다양한 조건을 반영하는 여러 상태 코드가 정의되어 있다. API 소비자의 편의를 위해, API가 주어진 상황을 잘 반영하는 구체적인 상태 코드를 반환하게 하자. 200이나 404 같은 일반적인 상태 코드는 그런 상태 코드가 딱 맞는 상황이 아닌 한 사용하지 않는 것이 좋다. 적절한 상태 코드를 사용하는 것은 지나치게 장황한 오류 메시지와 너무 일반적이라 도움이 되지 않는 오류 코드(400 Bad Request 등) 사이의 적절한 균형점을 찾는 것에 해당한다.

▪ CORS 처리

클라이언트가 웹 브라우저 안에서 **XMLHttpRequest** 메서드를 이용해서 여러분의 API에 접근한다면, API에 반드시 **CORS**(Cross-Origin Resource Sharing; 교차 출처 자원 공유)를 구현해야 한다. 이 역시 그냥 프레임워크의 특정 기능을 활성화하는 것으로 끝나는 문제일 수 있다. 예를 들어 Micronaut 프레임워크의 경우 다음과 같은 설정으로 충분하다.

```
---
Micronaut:
  server:
    cors:
      enabled: true
      configurations:
        ui:
          allowed-origins:
            - http://127.0.0.1:8000
```

이 예는 CORS에서 주의해야 할 또 다른 사항도 보여준다. 바로, allowed-origins는 반드시 구체적인 서버(여러분의 웹 앱)로만 한정해야 한다는 것이다. *같은 와일드카드를 사용하는 것은 여러분의 API로 들어가는 문을 활짝 열어두는 것과 같다.

▪ **보안 헤더**

마지막으로, 브라우저 기반 클라이언트의 행동을 제어하기 위한 여러 HTTP 보안 헤더들을 출력하도록 프레임워크를 설정하는 것도 잊어서는 안 된다. 이에 관한 권장 사항은 자주 바뀌기 때문에 여기서 구체적으로 제시하지는 않겠다. **더 읽을거리** 절의 훌륭한 OWASP REST 보안 치트시트를 참고하기 바란다.

이번 장 요약

이번 장의 논의는 API 개발에 사용하는 언어와 프레임워크의 보안이라는 중요한 주제에 초점을 두었다. 이 책에 나오는 아주 심각한 취약점들은 대부분 코드 구현이 취약하거나 프레임워크를 부실하게 설정한 것이 근본 원인이다. API 개발자 또는 방어자로서 여러분은 보안을 고려한 안전한 코딩과 안전한 프레임워크 사용법에 관한 모범관행들을 반드시 숙지해야 한다.

이번 장에서는 먼저 실무에서 설계 우선 프로세스를 관리하는 방법을 살펴보았다. 특히, OpenAPI 정의서를 개발 수명 주기에 도입해서 OpenAPI 정의서를 API를 위한 진실 공급원으로 삼고 모든 API 코드를 그 정의로부터 생성한다는 중요한 개념을 이야기했다. 이를 위해 스웨거 Codegen과 OpenAPI Generator라는 두 가지 코드 생성 도구를 살펴보았다. 후자의 경우에는 몇 가지 언어에 대한 안전한 서버 코드 스텁을 생성하는 방법도 예제들을 통해서 자세히 살펴보았다. API 개발자로서 여러분은 여러분이 사용하는 언어로 서버 구현 코드를 생성하는 방법에 익숙해질 필요가 있다. 코드 생성을 잘 활용하면 여러분의 코딩 시간이 절약될 뿐만 아니라, 좀 더 반복 가능하고(repeatable) 안전한 코드를 얻게 된다.

마지막으로 이번 장에서는 프레임워크의 안전한 설정 및 활용을 위한 몇 가지 일반적인 패턴도 살펴보았다. 보안 관련 기본 설정들, 미들웨어 활용, 오류 및 예외의 안전한 처리, CORS, 보안 헤더 같은 주제를 언급했다. 프레임워크 보안을 위한 이러한 기본 패턴들을 잘 이해하는 것은 API 개발자에게 중요한 일이다.

다음 장에서는 API 방어라는 주제를 좀 더 심화해서, '오른쪽 보호(shield-right)' 기법들을 이용해서 API를 더욱 강화하고 보호하는 방법을 살펴본다.

더 읽을거리

다음은 코드 생성 도구에 관한 참고자료들이다.

- Mocks vs. Stubs: Choosing the Right Tool for the Job(https://melkornemesis.medium.com/mocks-vs-stubs-choosing-the-right-tool-for-the-job-dbdbc19cf0c5)
- Hello from OpenAPI Generator(https://openapi-generator.tech/)
- Generators List(https://openapi-generator.tech/docs/generators)
- Migrating from Swagger Codegen(https://openapi-generator.tech/docs/swagger-codegen-migration)
- OpenAPI Specification v3.1.0(https://spec.openapis.org/oas/v3.1.0#security-scheme-object)

다음은 프레임워크에서 OpenAPI 정의서를 활용하는 것에 관한 참고자료들이다.

- swagger-ui-express(https://www.npmjs.com/package/swagger-ui-express)
- Serve SwaggerUI within your Golang application(https://ribice.medium.com/serve-swaggerui-within-your-golang-application-5486748a5ed4)
- Get started with Swashbuckle and ASP.NET Core(https://learn.microsoft.com/en-us/aspnet/core/tutorials/getting-started-with-swashbuckle?view=aspnetcore-7.0&tabs=visual-studio)
- Get started with NSwag and ASP.NET Core(https://learn.microsoft.com/en-us/aspnet/core/tutorials/getting-started-with-nswag?view=aspnetcore-7.0&tabs=visual-studio)
- apispec Ecosystem(https://github.com/marshmallow-code/apispec/wiki/Ecosystem)
- OpenAPI with Python — a state of the art and our latest contribution(https://blog.ovhcloud.com/openapi-with-python-a-state-of-the-art-and-our-latest-contribution/)
- springdoc-openapi – OpenAPI 3 Library for spring-boot(https://springdoc.org/)

다음은 안전한 API 개발에 관한 참고자료들이다.

- Micronaut Security(https://micronaut-projects.github.io/micronaut-security/latest/guide/)
- REST Security(https://cheatsheetseries.owasp.org/cheatsheets/REST_Security_Cheat_Sheet.html) (이번 장 끝 부분에서 언급한 OWASP REST 보안 치트시트)
- Cross-Origin Resource Sharing (CORS)(https://developer.mozilla.org/en-US/docs/Web/HTTP/CORS)

제11장
실행 시점 보호를 통한 API 오른쪽 보호

제10장에서 우리는 프로그래밍 언어와 프레임워크를 위한 모범관행들로 API의 보안을 강화하는 방법을 살펴보았다. API의 개발 및 유지보수 단계에서 그런 방법들로 API의 보안을 강화하는 것만큼이나 API를 실행하는 도중에 API를 보호하는 것도 중요하다. 이번 장에서는 API 보안을 위한 여러 가지 **오른쪽 보호**(shield right) 방법을 소개한다. 여기서 '오른쪽 보호'는 설계 시점이나 개발 시점이 아니라 실행 시점에서 API를 다양한 방법으로 보호하는 것을 말한다.[역주]

이번 장에서는 먼저 API가 실행되는 호스트 플랫폼의 보안을 강화하는 여러 모범관행을 살펴본다. 이 논의에서 호스트 플랫폼에는 바탕 운영체제뿐만 아니라 도커 컨테이너도 포함된다. 그런 다음에는 실행 시점 방어의 든든한 버팀목인 **웹 응용 프로그램 방화벽**(Web Application Firewall, WAF)을 소개하고 이를 API 보호에 적용하는 방법을 논의한다. 또한 이번 장에서는 API 보호의 두 필수 도구인 API 게이트웨이와 APIM도 이야기한다. 이들이 제공하는 여러 API 보호 기능을 살펴볼 것이다. API 방어의 최종 단계는 API 전용 방화벽이다. API 전용 방화벽은 OpenAPI 정의서에 따라 데이터를 보호하는 데 초점을 두고 개별 API 연산을 보호한다. 이러한 모든 요소를 갖추었다면, 마지막으로 챙겨야 할 것은 API의 오작동이나 공격 징후를 지속적으로 모니터링해서 필요에 따라 경보(alert)를 발생하고 신속하게 대응할 수 있는 시스템을 확립하는 것이다.

이번 장을 마치고 나면 오른쪽 보호 전략의 핵심 구성요소들과 그것들을 조합해서 API를 실행 시점에서 최적으로 방어하는 방법을 알게 될 것이다.

[역주] 제8장 도입부의 '왼쪽 이동'에 관한 역주에서 언급했듯이, 이런 용어들에 쓰이는 왼쪽/오른쪽은 소프트웨어 개발 과정을 왼쪽 끝이 시작, 오른쪽이 끝이 되도록 가로로 펼쳐 놓은 것을 기준으로 한다. 오른쪽 끝은 소프트웨어를 실제로 배포하고 실행하는 것이다. —옮긴이

이번 장의 주요 주제는 다음과 같다.

- 실행 환경의 보안 강화
- WAF 활용
- API 게이트와 APIM 활용
- API 방화벽 활용
- API 모니터링 및 경보

11.1 실습 환경 준비

이번 장의 예제를 따라 하려면 독자와 독자의 개발용 컴퓨터가 다음 조건들을 충족해야 한다.

- 도커를 실행할 수 있다.
- VS Code를 실행할 수 있고 VS 마켓플레이스에 있는 다양한 확장 프로그램을 설치할 수 있다.
- 인터넷에 연결되어 있으며, 예제들에 접근하기 위한 깃허브 계정이 있다.

이번 장에는 콩Kong API 게이트나 42Crunch API 방화벽 같은 다양한 실행 시점 보호 수단들이 등장한다. 핵심 주제에 집중하기 위해 이들의 구체적인 설치, 설정 방법을 자세히 이야기하지는 않는다. 필요하다면 이번 장 끝의 **더 읽을거리** 절과 원서 깃허브 저장소에 있는 보충 자료를 참고하기 바란다.

원서 깃허브 저장소의 `Chapter11` 폴더에 이번 장의 예제 코드가 있다. 또한, 이 책이 출간된 후에 뭔가 바뀌어서 예제가 제대로 실행되지 않는 경우 수정 방법을 이 저장소에 올리겠다. 해당 폴더의 주소는 `https://github.com/PacktPublishing/Defending-APIs/tree/main/Chapter11`이다.

11.2 실행 환경의 보안 강화

API 서버의 보안은 그것이 실행되는 환경 또는 토대의 보안만큼만 강하다. 강한 토대를 위해서는 몇 가지 모범관행에 따라 주된 약점들을 제거해야 한다. 이번 절에서는 컨테이너 이미지와 운영체제의 보안 강화를 위한 주요 모범관행을 소개한다. **더 읽을거리** 절에 좀 더 자세한 정보를 제공하는 참고자료가 있다.

컨테이너 이미지

요즘은 클라우드 네이티브(cloud-native) 방식으로 응용 프로그램을 개발하고 배포하는 경우가 많다. 이는 상당 부분 컨테이너 기술이 표준적인 응용 프로그램 배포 수단으로 쓰이게 된 덕분이다. 컨테이너 기술을 이용하면 응용 프로그램과 실행 시점 의존요소(dependency)들, 그리고 응용 프로그램의 실행에 맞추어 설정된 최소한의 운영체제를 하나의 패키지로 묶을 수 있다. 컨테이너 이미지라고 부르는 그러한 패키지는 이식성이 있기 때문에, 의존요소들이나 설정을 걱정할 필요 없이 다양한 실행 환경에 배포할 수 있다.

컨테이너 기술 덕분에 개발팀과 운영팀의 마찰이 크게 줄어들었다. 하지만 보안팀의 관점에서 컨테이너가 좋은 소식만은 아니다. 새로운 공격 벡터가 생겼기 때문이다. 컨테이너는 수많은 복잡한 요소들을 캡슐화한 것이므로, 관리를 제대로 하지 않으면 공격자가 군침을 흘릴 만한 공격 표면(attack surface)이 노출된다.

컨테이너 보안 강화를 위한 첫 권장 사항은 명백하고도 실현하기 쉽다. 바로, 응용 프로그램이 의도대로 작동하는 데 필요한 최소한의 요소들만 담은 작은 컨테이너 이미지를 사용하는 것이다. 웹에는 잘 조율된 기능성을 제공하는 컨테이너 이미지가 말 그대로 수천 개가 있다. 최소한의 우분투Ubuntu 이미지에서 실행되는 파이썬 3.9를 담은 컨테이너 이미지가 좋은 예이다. 시간을 들여서 여러분의 요구와 용도에 맞는 가장 좋은 최소 이미지를 찾아보기 바란다. 그런 이미지가 없다면, 직접 만들어서 공동체에 다시 기여하는 것도 좋을 것이다.

그다음 권장 사항은 컨테이너 이미지를 항상 최신 상태로 유지하고 모든 취약점을 제거하는 것이다. 이를 위한 훌륭한 오픈소스 도구 또는 상용 도구가 여럿 있다. **Clair**, **Docker Bench**, **Sysdig** 등이 그런 도구이다. 이런 컨테이너 이미지 스캐너를 빌드 파이프라인에 배치해서, 취약한 컨테이너 이미지 때문에 여러분의 API에 취약점이 스며드는 일을 방지해야 한다.

컨테이너 관련 취약점 중에는 컨테이너 런타임(도커 등)의 컨테이너 이미지 실행 관련 설정이 부실해서 생기는 것이 많다. 다행히, 다음과 같은 몇 가지 간단한 권장 사항을 따른다면 그런 공격 표면의 상당 부분이 제거된다.

- **컨테이너를 루트가 아닌 사용자 계정으로 실행한다**: 이는 침해 시 **폭발 반경**(blast radius)을 제한하는 데 도움이 된다. 응용 프로그램을 반드시 루트가 아닌, 특권적이지 않은 사용자 계정으로 실행해야 한다.[역주]

[역주] 실행되는 이미지와는 달리 컨테이너 이미지는 운영체제 자체의 실제 프로세스로 실행됨을 명심해야 한다. 컨테이너 실행 프로세스에서 탈출할 수만 있다면 바탕 운영체제에 직접 접근할 수 있다. 이는, 루트 계정으로 실행한 컨테이너 프로세스에서 탈출한 공격자는 시스템 전체를 장악할 수 있다는 뜻이다. ―옮긴이

- **이름공간 격리를 사용한다**: 대부분의 컨테이너 런타임은 이름공간 격리(namespace isolation) 기능을 제공한다. 이 기능은 컨테이너 간 접근(cross-container access)을 방지하는 데 도움이 된다.
- **읽기 전용 파일 시스템을 사용한다**: API가 데이터를 지역 파일 시스템에 저장할 필요가 없다면(이를테면 백엔드 데이터베이스 서버를 사용한다면), 컨테이너 파일 시스템을 읽기 전용 모드로 마운트해도 된다. 이렇게 하면 공격자가 데이터를 파일 시스템에 저장하지 못한다.
- **SETUID와 SETGID를 비활성화한다**: 이 플래그들이 켜져 있으면 실행 시점에서 컨테이너가 권한을 상승할 수 있으며, 그러면 컨테이너를 루트 사용자로 실행할 때와 마찬가지의 보안 문제가 생길 수 있다. 컨테이너 런타임의 설정에서 이들을 비활성화하자.
- **자원을 제한한다**: OWASP는 **API4:2019 - Unrestricted Resource Consumption**(제한 없는 자원 소비)을 10대 API 보안 위험 중 하나로 선정했다. 특히 컨테이너는 과도한 자원 소비에 영향을 받기 쉽다. 다행히 컨테이너 런타임들은 컨테이너 인스턴스의 CPU 및 메모리 사용량을 제한하는 기능을 제공한다. 과도한 자원 사용 때문에 운영체제 자체가 죽게 하는 것보다는 이런 **소프트 제한**(soft-limiting) 기술로 컨테이너를 제한하는 것이 낫다.
- **사용하지 않는 포트들을 비활성화한다**: 응용 프로그램에 꼭 필요한 포트들만 외부로 노출해야 한다. 나머지 포트들은 컨테이너 안에서만 볼 수 있게 하자.

또한, 컨테이너 기반 솔루션의 보안을 개선하기 위해 컨테이너 이미지를 만들 때 적용할 권장 사항들도 있다. 가장 중요한 것은 자격증명이나 비밀값을 컨테이너 이미지에 절대로 저장하지 말라는 것이다. 그런 비밀값들이 컨테이너 이미지 파일 안에 숨겨져 있어서 안전할 것 같지만, 관련 지식이 조금만 있으면 얼마든지 꺼내 볼 수 있다. 그냥 터미널에서 컨테이너 인스턴스를 실행한 후 파일 시스템을 뒤져서 찾으면 된다. 항상 다단계(multi-stage) 빌드를 이용해서 최종 이미지 크기를 줄이고, 컨테이너 이미지의 버전을 적절히 관리해야 한다(무작정 `:lastest` 태그를 사용해서는 안 된다).

이번 장 끝의 **더 읽을거리** 절에 고품질의, 보안이 강화된 컨테이너 이미지를 구축하는 데 도움이 되는 훌륭한 자료들이 있으니 참고하기 바란다.

실제 운영체제(우분투, 페도라, CentOS, 레드햇 등)의 보안을 강화하는 첫걸음은 용도에 맞는 최소한의 배포판을 사용하는 것이다. API 서버의 경우 데스크톱이나 기타 GUI가 전혀 없는 서버 이미지를 사용하는 것이 바람직하다. 또한, 설치 후에는 필요 없는 서비스(프린터 관리자 등)를 모두 비활성화하는 것이 좋다. 더 나아가서, 보안 기능들에 특화된 배포판을 사용하는 것도 생각해 보아야 할 것이다. **SE Linux**(Security-Enhanced Linux; 보안 개선 리눅스)나 **AppArmor**가 그러한 배포판의 예이다.

서버는 의심스러운 활동이나 자원 사용량, 성능 병목(bottleneck) 등을 지속적으로 모니터링해야 한다. 이와 관련한 모범관행은 로그들을 어떤 중앙 장소에 기록하는 것이다. 이를테면 조직의 **SIEM**(Security Information and Event Management; 보안 정보 및 이벤트 관리) 같은 곳이 좋다. 그러면 여러 전문팀이 일관되게 상황을 모니터링할 수 있다. 이는 특히, 사고가 발생했을 때 신속하게 핵심 패치를 만들고 적용하는 데 도움이 된다.

그다음 단계는 서버에 대한 접근을 제한하는 것이다. 첫째로, 서버에 열려 있을 수 있는 포트들과 서비스들을 보호하기 위해 방화벽을 활성화하는 것이 바람직하다. 그런 포트들과 서비스들에 대한 원치 않는 접근을 방지할 필요가 있다. 정해진 네트워크 대역에서 보안 전송 계층을 통해 API에 접근하는 요청들만 허용하는 적절한 규칙을 만들어서 적용하자. WAF는 다음 절에서 자세히 이야기하겠다. 여러분의 조직이 WAF를 사용하기로 한다면, 일단은 운영체제에 내장된 기본 WAF가 최선의 선택일 수 있다. 또한, 안전한 패스워드 정책(패스워드 복잡도와 필수 변경 요구사항을 포함한) 역시 서버에 대한 접근을 제한하는 데 꼭 필요한 요소이다. 인간 사용자들에게는 다요소 인증(MFA)을 사용하도록 설정하는 것도 고려해야 한다. 사용되지 않는 서비스 계정들은 제거하거나 비활성화하자. 특히 높은 권한을 가진 서비스 계정들을 주의해야 한다.

API 서버를 **모래 상자**(sandbox) 환경에서 실행해서 API 서버가 호스트 자체의 자원에 함부로 접근하지 못하게 하는 것도 중요하다. 예를 들어 API 서버가 파일 시스템의 임의의 파일에 접근하거나 승인되지 않은 대상에 네트워크로 연결하는 일이 없어야 한다.

API의 아키텍처나 데이터 저장소의 특성에 따라서는, 데이터 유실을 피하기 위해 정기적으로 백업을 수행할 필요도 있을 것이다.

API 서버의 운영체제를 클라우드 인프라에 두는 경우라면, 클라우드 제공업체가 미리 앞의 여러 단계를 수행해서 보안을 강화해 둔 VM 이미지를 선택하는 것이 바람직하다. 대부분의 클라우드 제공업체는 **CIS**(Center for Internet Security)[역주]가 만든 보안 강화 이미지들을 제공한다. 클라우드 제공업체들은 또한 네트워크/사용자 접근 제한과 데이터 백업, 모니터링 및 로깅을 위한 표준적이고 마찰이 적은(low-friction) 수단들도 제공한다. 여러분의 조직이 클라우드 호스팅을 사용한다면, 그런 여러 기능들을 잘 활용해서 최대한 안전한 실행 환경을 만들어 보기 바란다.

11.3 WAF 활용

WAF는 OSI 7계층 모델의 **계층 7**에 놓인다. 즉, WAF는 최상위 계층인 응용 계층(application layer)에서 작동한다. 이는 WAF가 HTTP 트래픽을 해석해서 페이로드에 위협 요소가 있는지 감지하고 필요에 따라 트래픽을 차단할 수 있다는 뜻이다. 물리적으로 WAF는 **역방향 프록시**처럼 작동한다. WAF는 말단 기기(보호 대상) 바로 앞에서 그 기기로 들어오는 모든 트래픽을 받는다. WAF는 들어오는 요청만 처리할 뿐, 서버에서 나가는 응답은 처리하지 않는다. [그림 11.1]은 API 서버 앞에 WAF를 두어서 요청들을 필터링하는 구조를 단순화한 도식이다.

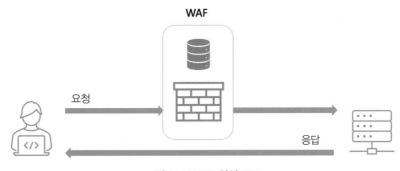

그림 11.1 WAF **위상구조.**

WAF는 요청을 처리할 구체적인 규칙과 정책이 정의된 **규칙 집합**(rule set)에 기반해서 작용한다. WAF 제조업체가 정의해 둔 규칙 집합을 사용할 수도 있고 공동체나(예를 들어 OWASP는 **ModSecurity** WAF 엔진을 위한 규칙 집합을 정의했다) 조직의 보안팀이 정의한 규칙 집합을 사용할 수도 있다.

[역주] CIS는 사이버 보안의 향상을 목표로 하는 비영리 단체로, 다양한 자료와 도구를 개발하고 배포한다. 공식 웹사이트는 https://www.cisecurity.org/이다.

WAF의 기본 사항은 **제8장** 'API 보안을 위한 왼쪽 이동'의 "양성 보안 모델 활용" 절에서 소개했다. 일반적으로 WAF는 **음성 보안 모델**로 작동한다. 즉, 규칙 집합에 정의된 알려진 악성 요청들을 차단하고 그밖의 요청은 통과시킨다. 하지만 이런 방식은 보안 결과가 그리 좋지 않다. 유효한 공격을 놓치는 거짓 음성 오류와 유효한 입력을 차단하는 거짓 양성 오류가 모두 발생할 수 있기 때문이다. 그러다 보니 보안팀은 WAF를 **탐지 모드**(detection mode; 규칙에 따라 경보를 발생하기만 하고 트래픽을 차단하지는 않는 것)로 실행할지, 아니면 **보호 모드**(protection mode; 규칙에 따라 경보를 발생하고 트래픽도 차단하는 것)로 실행할지를 두고 고민에 빠진다. 결과적으로 API 개발/운영팀과 보안팀 모두 WAF의 정확성과 보호 능력을 확신하지 못한다. 이는 상당한 스트레스 요인이다.

현대적인 응용 프로그램 아키텍처에서 WAF는 어디에나 존재한다. 다음은 WAF를 구현하는 전형적인 장소 몇 가지이다.

- 흔히 엣지edge라고 부르는 네트워크 가장자리 혹은 경계부(perimeter)(이를테면 **클라우드플레어** Cloudflare 네트워크 서비스).
- 클라우드 배포본(deployment)의 경계부.
- 호스트 기반 배포본—이 경우 WAF를 응용 프로그램과 함께 둘 수 있다(이를테면 **ModSecurity** 를 역방향 프록시로 사용하는 전용 **Nginx** 서버).
- 쿠버네티스Kubernetes 내부의 진입(ingress) 제어기(이를테면 **엔보이**Envoy 기반 **글루 에지 API 게이트 웨이**Gloo Edge API Gateway는 다른 여러 보안 기능과 함께 WAF 기능을 제공한다).

WAF는 웹 보안 업계의 주력 제품이다. 사용할 수 있다면 반드시 사용하자. 다만 잘 설정해야 하며, 한계도 잘 알아 두어야 한다.

11.3.1 **NGFW와 WAAP 제품의 이해**

전통적인 WAF는 기본적으로 OWASP의 10대 웹 앱 취약점을 처리하기 위해 설계된 것이라서 다른 용도에서는 한계가 있다. 이를 극복하기 위해 새로운 방화벽 제품이 두 종류 등장했는데, 바로 **NGFW**(Next-Generation Firewall)[역주]와 **WAAP**(Web Application API Protection; 웹 앱 API 보호)이다. 여기서는 이 두 제품군을 간단히 소개한다. 특히 기존 WAF와는 무엇이 다른지에 초점을 두겠다.

[역주] 원서는 Next-Generation Firewall의 약자를 NGWAF라고 표기하지만, Next-Generation Firewall에는 W나 A에 해당하는 단어가 없다. 웹 앱에 초점을 둔 차세대 WAF를 NGWAF라고 표기하는 예가 있긴 하나, 다음 문단의 설명을 보면 저자가 설명하는 것은 좀 더 일반적인 차세대 방화벽에 가깝다. 그래서 번역서에서는 원서의 NGWAF 대신, 좀 더 일반적으로 쓰이는 약자인 NGFW를 사용하기로 한다. —옮긴이

NGFW는 WAF보다 트래픽 조사 능력이 강력하다. 이는 NGFW가 OSI 모델의 더 하위 계층에서 작동하기 때문이다. 이 덕분에 NGFW는 페이로드 및 서명 탐지에 기반한 위협 검출 기능이나 **침입 방지 시스템**(Intrusion Protection System, IPS)이나 응용 프로그램 제어 시스템에서 볼 수 있는 추가 기능들도 제공한다. 그밖에 TLS/SSL 종료 및 트래픽 조사, 대역폭 관리, 안티바이러스 조사 같은 기능도 제공한다.

한편 WAAP는 웹 앱과 API의 방어에 특화된, WAF의 차세대 버전이라고 할 수 있다. 이 제품군은 특히 다음과 같은 기능에 초점을 둔다.

- **악성 봇 보호**: 봇 공격을 식별해서 실시간으로 차단한다.
- **DDoS 공격 방어**: 정교한 트래픽 분석을 이용해서 API와 웹 앱을 대상으로 한 DDoS(분산 서비스 거부) 공격을 방어한다.
- **고급 속도 제한**: 속도 제한을 구현해서 API와 웹 앱을 보호한다.
- **특화된 API 보호**: API와 관련한 추가적인 문맥을 제공한다. BOLA나 BFLA 같은 API 관련 취약점들을 막을 수 있다.
- **실행 시점 응용 프로그램 자기 보호**: 구현 계층에 있는 웹 앱에 보호 계층을 직접 통합시켜서 API와 웹 앱을 보호한다.
- **계정 탈취 보호**: 패스워드 목록이나 유출된 자격증명을 이용한 여러 일반적인 계정 탈취 공격으로부터 API와 웹 앱을 보호한다.

WAAP 제품을 만드는 회사들은 이토록 매력적인 여러 고급 보호 기능을 약속한다. 하지만 안타깝게도 이 글을 쓰는 현재 WAAP 기술은 초기의 약속을 지키지 못했다. 솔루션 배포에 어려움이 있고 실제 데이터에 맞게 조정하는 것도 쉽지 않은 경우가 많았다. 특히 WAAP 제품을 제공하는 업체 중 커뮤니티 버전이나 평가판을 제공하는 회사가 별로 없어서 고객으로서는 기술을 미리 평가하기가 어렵다. 그래서 이 책에서 WAAP에 관한 논의는 앞의 기본적인 소개만으로 마무리하고자 한다. 하지만 많은 것을 약속하는 유망한 분야인 만큼, API 방어자로서 앞으로 이런 부류의 제품들을 눈여겨볼 필요는 있겠다.

11.4 API 게이트웨이와 APIM 활용

이제 API를 위한 **오른쪽 보호** 기술의 핵심이라 할 수 있는 API 게이트웨이와 **APIM**(API Management; API 관리) 솔루션으로 눈을 돌리자. API 게이트웨이가 무슨 일을 하는지는 API

게이트웨이가 있을 때와 없을 때 API의 배포와 운영이 어떻게 다른지를 살펴보면 이해하기 쉽다. API 게이트웨이가 없는 경우에는 서버에서 API의 인스턴스를 생성하고, 변환 가능한 (resolvable; DNS를 통해 도달할 수 있는) 이름을 부여하고, 공용 인터넷에 연결한다. 이렇게 하면 API가 실제로 작동하게 된다. 하지만 시스템 관리자는 다음과 같은 여러 가지 문제를 떠안는다.

- 서비스의 규모를 확장하기가 어렵다(수직으로든 수평으로든).
- 아키텍처의 결합도(coupling)가 대단히 높다. 시스템의 내부 아키텍처가 클라이언트에 직접 노출되기 때문에, 시스템의 내부를 변경하면 모든 클라이언트가 오작동할 위험이 있다.
- **횡단 관심사**(cross-cutting concern; 지금 논의에서는 하나의 표준적인 방법으로 해결하는 것이 최선인, 모든 API에 공통인 문제점)에 대한 공통의 접근 방식이 부족하다. API마다 로깅, 접근 제어, 속도 제한, 부하 분산(load balancing) 등을 따로 구현해야 한다.

API 게이트웨이는 공용 인터페이스상의 외부 클라이언트와 내부 구현(일련의 API 또는 마이크로서비스) 사이의 '출입구(gateway)'로 작용해서 이러한 문제들을 해결한다. 게이트웨이는 공용 인터페이스로 들어온 요청을 분석해서 내부 구현의 어느 지점으로 그 요청을 보낼지 결정한다. [그림 11.2]에 전형적인 API 게이트웨이 솔루션의 구조가 나와 있다.

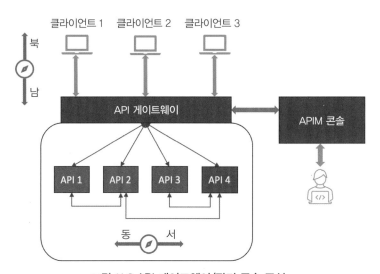

그림 11.2 API 게이트웨이/관리 콘솔 구성.

이 그림에서 세 클라이언트가 보낸 외부 트래픽은 게이트웨이를 거쳐서 내부 API 집합에 전달된다. 외부와 내부 사이의 트래픽을 흔히 **남북** 트래픽 또는 **노스-사우스**north-south 트래픽이라고 부른다. API 게이트웨이의 **남쪽**에서 내부 API들의 조합이 백엔드 서비스를 제공한다. 마이크로스서비스들의 전체 구조에 따라서는 이 API들이 내부적으로 통신하기도 한다. 그런 통신을 흔히 **동서 트래픽** 또는 **웨스트-이스트**(west-east) 트래픽이라고 부른다. 동서 트래픽의 통신은 시스템 내부에서만 일어나며, API 게이트를 통과하는 일이 없다.

다음은 전형적인 API 게이트웨이의 공통 기능 몇 가지이다. 이런 기능들을 생각해 보면 API 게이트웨이가 보안에 어떻게 도움이 되는지 이해가 될 것이다.

- **라우팅 정책**: 기능 측면에서 API 게이트웨이의 가장 중요한 기능은 라우팅 정책(routing policy)을 동적으로 적용하는 능력이다. 동적인 라우팅 정책은 클라이언트와 내부 구현의 결합도를 낮추는 효과를 낸다. 예를 들어 내부적으로는 어떤 API 종단점에 대한 요청이 API 또는 마이크로서비스 조합의 새 버전에 전달되도록 바꿔어도, 클라이언트가 보기에는 API 종단점이 바뀐 것이 없게 만들 수 있다.

- **프로토콜 변환**: 게이트웨이의 또 다른 중요한 기능은 한 프로토콜을 다른 프로토콜로 변환(번역)하는 것이다. 전형적인 예는 **SOAP**(Simple Object Access Protocol) 프로토콜로 작동하는 기존 시스템을 **gRPC**(gRPC Remote Procedure Calls)에도 대응하도록 현대화하는 것이다. 게이트웨이가 즉석에서 SOAP 트래픽을 gRPC 트래픽으로 변환하게 하면 백엔드를 완전히 다시 만들 필요가 없다.

- **캐싱**: 게이트웨이는 다수의 API로 이어지는 집결지인 만큼, 중앙 집중식(centralized) 캐싱 기능을 수행하기에 이상적이다. 캐싱 관리 기능을 게이트웨이에 맡기고 각 API가 그런 기능을 '구독'하게 만들면, API마다 캐싱을 따로 구현할 필요가 없다.

- **부하 분산**: 트래픽 캐시 관리와 같은 맥락에서, API 게이트웨이는 입력 요청들을 모든 가용 자원에 균등하게 나누는 중앙 집중식 부하 분산(load balancing) 서비스를 제공하기에도 이상적인 지점이다.

- **인증 및 권한 부여**: API 게이트웨이들은 흔히 인증과 권한 부여를 개별 API 수준이 아니라 한 곳에서 집중적으로 시행하는 기능을 갖추고 있다. 게이트웨이는 헤더나 본문에 있는 API 키 또는 토큰을 조사해서 중앙 정책에 따라 하부(downstream) API으로의 접근을 허용하거나 거부하는 기능을 제공한다. 또한, 내부 API 접근을 위한 JWT 토큰 검증(validation; 유효성 검사)이나 토큰 교환 같은 고급 기능도 제공한다.

- **여러 보안 기능**: API 정보 유출을 방지하기 위한 **CORS** 적용, 봇의 검출 및 방어, JWT 조사 및 검증, 데이터 유출 방지(특히 **PII**를 게이트웨이 수준에서 감지해서), 속도 제한 등 여러 보안 관련 기능도 게이트웨이가 제공할 수 있다.

- **로깅 및 집계**: 중앙 집중식 로깅 기능은 API 게이트웨이에 맡기면 좋은 또 다른 보안 관련 기능이다. 게이트웨이는 모든 요청과 응답을 중앙 로그 관리 지점에서 기록하고 집계(aggregation)할 수 있다. 이는 API 게이트웨이를 이용해서 횡단 관심사를 해결하는 아주 좋은 예이다. API 게이트웨이가 모든 API에 투명하고 균일한 로깅 기능을 제공하면, API들이 각자 로깅 기능을 구현할 필요가 없다.

- **분석 및 모니터링**: 로깅과 비슷하게, API 트래픽 패턴을 조사, 분석하고 그 결과를 중앙 집중식으로 표현하는(흔히 대시보드나 분석 보고 엔진을 이용해서) 기능도 게이트웨이로 수행할 수 있다.

- **속도 제한**: 게이트웨이에서 외부 API 트래픽을 차단하거나 세션을 관리할 수 있다는 점을 생각하면, 게이트웨이가 과도한 요청으로부터 API 백엔드를 보호하는 속도 제한을 시행하기에도 이상적인 지점이라는 결론이 나온다. 게이트웨이는 대량의 트래픽을 처리할 수 있도록 견고하게 설계된 만큼, 속도 제한을 시행하기에 자연스러운 지점이다.

- **접근 제어**: 마지막으로, 외부 세계와의 경계면에 있는 API 게이트웨이는 내부 API에 대한 접근을 제어하는 데 완벽한 장소이기도 하다. 일반적으로 게이트웨이의 접근 제한은 일반적으로 IP 주소(개별 IP든, TOR 출구 노드 같은 고위험 IP 주소 대역이든)와 클라이언트 지문(fingerprint)을 근거로 한다.

일반적으로 API 게이트웨이가 제공하는 여러 기능을 살펴보았으니, 구체적인 예로 들어가자. 다음 절에서는 인기 있는 API 게이트웨이인 콩 게이트웨이의 커뮤니티 버전에 있는 몇 가지 보안 기능을 자세히 살펴본다.

API 게이트웨이 대 APIM

API 게이트웨이라는 용어와 APIM이라는 용어를 같은 뜻으로 사용하는 경우가 드물지 않다. 둘의 차이를 아주 간단히 말하자면, API 게이트웨이는 API 트래픽을 처리하는 하나의 데이터 평면(data plane)이지만 APIM은 정책, 버전, 릴리스 등을 관리하는 제어 평면(control plane)에 좀 더 가깝다는 것이다.

외부망에서 온 모든 요청은 일단 API 게이트웨이에서 멈춘다. 게이트웨이는 그 요청들을 처리해서(여기에는 인증과 권한 부여 같은 보안 제약 수단들의 검증도 포함된다) 적절히 내부 서비스들에 전달한다. 내부 서비스들은 그 요청을 처리해서 클라이언트에 보낼 응답을 만든다.

APIM의 기능은 이름이 암시하듯이 API를 관리하는 것이다. 여기에는 API 버전 관리, API 사용량 및 자원 소비량 모니터링, 자원 소비 할당량 제어, API 게이트웨이 정책 통제 등이 포함되며, API 카탈로깅cataloging 같은 개발자 또는 소비자 기능들도 포함된다.

[그림 11.2]에 이러한 차이가 잘 나와 있다. API 게이트웨이는 트래픽의 중심에서 작동하지만, APIM은 측면에서 구성과 설정을 제어한다.

콩 API 게이트웨이를 이용한 보안 패턴 구현

콩 게이트웨이 Kong Gateway는 현재 가장 인기 있는 API 게이트웨이 중 하나이다. 콩 게이트웨이에는 커뮤니티 버전이 있다. 오픈소스인 콩 커뮤니티 버전(https://konghq.com/install#kong-community)은 엔터프라이즈 관리 기능을 제외한 여러 핵심 기능을 제공한다. 이번 절에서는 콩 게이트웨이의 커뮤니티 버전(이하 그냥 콩 게이트웨이 또는 콩)에 있는 몇 가지 핵심 보안 기능을 이용해서 API를 보호하는 방법을 살펴본다.

우선 콩 게이트웨이의 아키텍처부터 파악하자. [그림 11.3]은 외부 클라이언트와 **라우트**route[역주] 하나, **서비스** 하나, 그리고 백엔드로 구성된 전형적인 콩 게이트웨이 아키텍처이다.

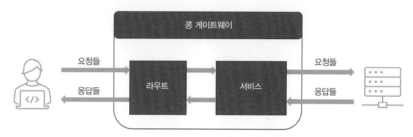

그림 11.3 콩 게이트웨이 아키텍처.

콩 게이트웨이에서 라우트는 인입 요청을 서비스들에 적절히 라우팅하는 요소이다. [그림 11.4]는 이번 예제를 위해 만든 세 라우트 /defendingapis, /mock, /pixi의 정의이다. 백엔드 서버는 http://localhost:8000/에서 실행된다고 가정한다.

Routes

A Route defines rules to match client requests, and is associated with a Service. Learn more ☐

⟳ Filter   ＋ New Route

Name ⌄	Protocols		Hosts	Methods	Paths	Tags	
defendingapis_route	http	https	-	-	/defendingapis	-	⋮
mockbin_route	http	https	-	-	/mock	-	⋮
pixi_route	http		-	-	/pixi	-	⋮

그림 11.4 콩 게이트웨이의 라우트 정의들.

[역주] 영어 단어 route는 루트[ruːt]로도, 라우트[raut]로도 발음된다. 일상에서는 흔히 루트를 사용하지만(여행 루트 등), IT 전문서에서 자주 나오는 '루트 계정'이나 '루트 노드' 등의 'root'와 구분하기 위해 이 번역서에서는 '라우트'로 표기하기로 한다. '경로'로 옮기는 것은 path와 혼동할 여지가 있고, '노선'은 문맥상 좀 어색하다. —옮긴이

이러한 설정에서 게이트웨이는 각 라우트에 정의된 경로 접미사로 시작하는 요청들만 받아들이고 그 밖의 요청은 무시한다. 예를 들어 클라이언트가 존재하지 않는 경로에 접근하려 하면 다음과 같은 오류 메시지를 받게 된다.

```
$ curl http://localhost:8000/my_bad_path
{
    "message":"no Route matched with those values"
}
```

콩 게이트웨이의 서비스 요소는 콩 게이트웨이에서 접근할 상부(upstream) 서비스를 정의한다. [그림 11.5]에 그러한 상부 서비스의 정의가 나와 있다. 이 예제의 상부 서비스는 라우트당 하나씩 총 세 개이다(이는 단순화한 것일 뿐이다. 콩에서 사용자는 경로나 프로토콜 등에 기반해 라우트 하나에 여러 개의 서비스들을 복합적으로 설정할 수 있다).

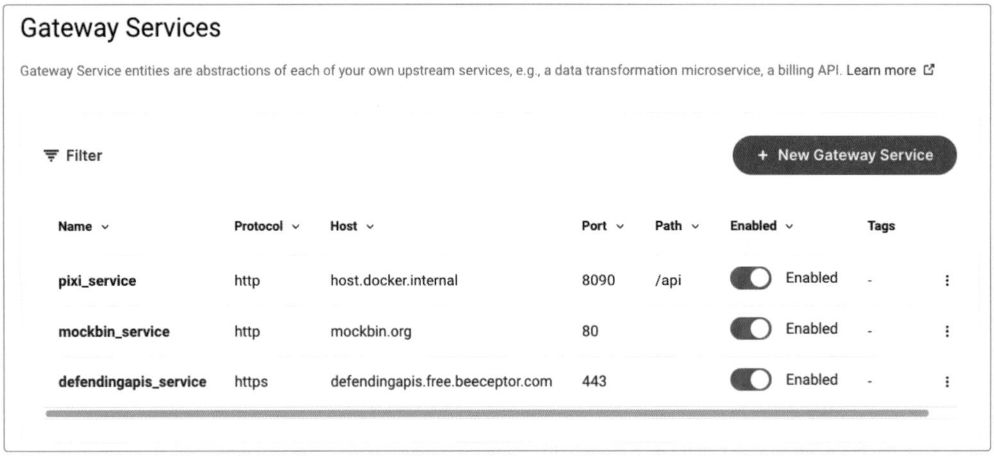

Gateway Services
Gateway Service entities are abstractions of each of your own upstream services, e.g., a data transformation microservice, a billing API. Learn more
Filter
+ New Gateway Service
Name
Protocol
Host
Port
Path
Enabled
Tags
pixi_service
http
host.docker.internal
8090
/api
Enabled
-
mockbin_service
http
mockbin.org
80
Enabled
-
defendingapis_service
https
defendingapis.free.beeceptor.com
443
Enabled
-

그림 11.5 콩 게이트웨이의 서비스 정의들.

콩 게이트웨이의 이러한 정의들이 어떻게 작동하는지를 마지막 서비스 `defendingapis_service`를 통해서 살펴보자. 이 서비스 정의는 `443` 포트에 대한 HTTPS 접근을 `defendingapis.free.beeceptor.com`이라는 호스트에 있는 상부 API 서비스로 위임한다(참고로 Beeceptor는 대단히 유용한 모의(mock) API 서비스이다. 지금 예제의 API 모의 설정은 `https://beeceptor.com/console/defendingapis`에서 볼 수 있다).

게이트웨이와 라우트가 잘 작동하는지 확인하기 위해, 지역 콩 게이트웨이 인스턴스에 요청을 보내 보자.

```
$ curl http://localhost:8000/defendingapis/info

{
    "status": "success",
    "user": {
        "name": "Colin Domoney",
        "email": colin.domoney@gmail.com,
        "active": true
        }
}
```

콩은 요청의 기본 경로 defendingapis를 라우트로 해석해서 요청을 defendingapis_service 서비스에 대응시켰다. 그 서비스는 요청을 외부 defendingapis.free.beeceptor.com으로 위임하는데, 이때 원래의 요청에 있는 경로 /info를 defendingapis.free.beeceptor.com 에 덧붙인다. 결과적으로 https://defendingapis.free.beeceptor.com/info에 대한 요청이 전송 된다. 그러면 모의 API 서비스 Beeceptor는 미리 정의된 가짜 JSON 응답을 돌려주고, 그 응답 이 원래의 요청자(위의 curl 호출)에 반환된다. 실제로 https://defendingapis.free.beeceptor.com/ info에 접속하면 위와 같은 JSON 응답을 보게 될 것이다.

이상의 예제는 게이트웨이가 요청과 응답 트래픽을 가로채고 라우트와 서비스에 기반해서 URL을 변환하는 방식을 보여준다. 이 예제에서는 변환이 그냥 일대일로 일어났지만, 경로와 프로토콜, 포트 번호에 기반한 좀 더 복잡한 대응 관계도 가능하다.

콩은 그 자체로는 그리 많은 기능을 제공하지 않는다. 콩의 진가는 다양한 플러그인을 활용할 때 발휘된다. 콩의 플러그인 마켓플레이스(https://docs.konghq.com/hub/)에는 인증, 보안, 트래 픽 제어, 서버리스, 분석 및 모니터링, 변환, 로깅을 위한 다양한 플러그인이 있다.

플러그인을 게이트웨이 전역에 설치할 수도 있고, 개별 라우트나 서비스에만 적용되게 할 수도 있다. [그림 11.6]은 앞으로 살펴볼 네 가지 플러그인이다. 넷 다 전역으로 설치되었다(Applied To 열의 Global).

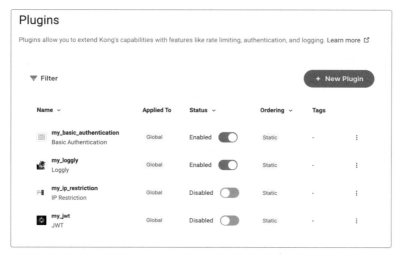

그림 11.6 콩 게이트웨이 플러그인.

이제 콩 게이트웨이의 기본적인 아키텍처를 이해했을 것이다. 그럼 보안 기능을 제공하는 콩 게이트웨이의 여러 플러그인을 살펴보자.

기본 인증을 위한 Basic Authentication 플러그인

기본 인증을 위해서는(또한 아래의 JWT 검증을 위해서도) 콩 설정 화면의 **Consumers** 섹션에 사용자 자격증명을 지정해야 한다. [그림 11.7]은 기본 인증을 위한 자격증명과 JWT를 위한 자격증명을 하나씩 지정한 예이다.

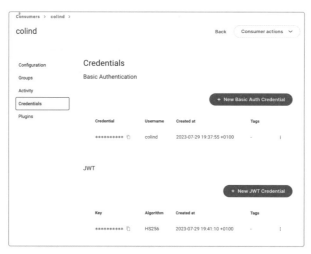

그림 11.7 콩의 사용자 자격증명들.

Basic Authentication 플러그인(https://docs.konghq.com/hub/kong-inc/basic-auth/)을 활성화한 (그림 11.6 참고) 상태에서 API에 접근하면 기본 인증이 적용된다.

```
$ curl http://localhost:8000/defendingapis/info

{"message":"Unauthorized"}

$ curl http://localhost:8000/defendingapis/info -H "Authorization: Basic
Y29saW5kOmFwaXNhcmVmdW41"
{"message":"Invalid authentication credentials"}

$ curl http://localhost:8000/defendingapis/info -H "Authorization: Basic
Y29saW5kOmFwaXNhcmVmdW4="

{
    "status": "success",
    "user": {
        "name": "Colin Domoney",
        "email": "colin.domoney@gmail.com",
        "active": true
    }
}
```

첫 시도에서는 자격증명을 아예 제공하지 않았기 때문에 "Unauthorized" 오류 메시지가 반환되었다. 둘째 시도에서는 잘못된 자격증명을 제공해서 "Invalid authentication credentials"가 반환되었다. 셋째 시도에서는 정확한 자격증명(Base64로 인코딩한 것인데, 원한다면 디코딩해 보시길)을 제공했기 때문에 접근이 허용되었다. API 자체(https://defendingapis.free.beeceptor.com/info에 호스팅되어 있다)는 이런 인증 점검 기능이 없다. 점검은 전적으로 콩 게이트웨이에서 일어난다.

JWT 검증을 위한 JWT 플러그인[역주]

JWT를 검증하려면 콩 게이트웨이에 몇 가지 항목을 설정해 주어야 한다. 먼저, JWT를 암호화하고 복호화는 데 사용할 알고리즘과 서명 키 및 비밀값을 지정해야 한다. [그림 11.8]은 이들을 설정하는 JWT 자격증명 편집 화면이다. 알고리즘으로는 대칭 알고리즘을 사용할 수도 있고 비대칭 알고리즘을 사용할 수도 있다. 그림의 HS256은 대칭 알고리즘이다. 비대칭 알고리즘을 사용하는 경우에는 개인 키(private key)도 지정해야 한다.

[역주] https://docs.konghq.com/hub/kong-inc/jwt/

그림 11.8 콩 게이트웨이의 JWT 자격증명 설정.

다음으로, JWT 플러그인(https://docs.konghq.com/hub/kong-inc/jwt/)의 설정 화면(그림 11.9)에서 다음과 같은 항목들을 지정해야 한다.

- **claims_to_verify**: 확인할 클레임들이다. 그림의 예에서는 만료 시간을 담는 exp 필드를 지정했다.
- **header_names**: 토큰을 담을 헤더 이름이다. 그림의 예에서는 authorization이라는 헤더를 지정했다.
- **key_claim_name**: 서명 키가 담긴 필드 이름이다. 그림의 예에서는 iss를 지정했다.

그림 11.9 JWT 검증을 위한 설정.

필요한 항목들을 입력해서 JWT 플러그인을 활성화하면, API 접근 시 JWT 검증이 시행된다.

```
$ curl http://localhost:8000/defendingapis/info
{"message":"Unauthorized"}

$ curl http://localhost:8000/defendingapis/info -H "Authorization: Bearer
eyJ0eXAiOi
JKV1QiLCJhbGciOiJIUzI1NiJ9.eyJyb2xlIjoiQWRtaW4iLCJpc3MiOiJ2WnhyMWpoNHROQ1pBZ04xZH
JHSmIzSGltYWk3M3l6byIsImV4cCI6MTY5MzMzMTQwMSwiaWF0IjoxNjkwNjU2NjAxLCJlc2VybmFtZ
SI6ImNvbGluZCJ9.-k3ImcHtw22G25ooVOnNiulz65hjfOyo0ou5wspR9ll"
{"message":"Invalid signature"}

$ curl http://localhost:8000/defendingapis/info -H "Authorization: Bearer
eyJ0eXAiOi
JKV1QiLCJhbGciOiJIUzI1NiJ9.eyJyb2xlIjoiQWRtaW4iLCJpc3MiOiJ2WnhyMWpoNHROQ1pBZ04xZH
JHSmIzSGltYWk3M3l6byIsImV4cCI6MTY5MzMzMTQwMSwiaWF0IjoxNjkwNjU2NjAxLCJlc2VybmFtZ
SI6ImNvbGluZCJ9.-k3ImcHtw22G25ooVOnNiulz65hjfOyo0ou5wspR9oo"
{
    "status": "success",
    "user": {
        "name": "Colin Domoney",
        "email": colin.domoney@gmail.com,
        "active": true
        }
}
```

첫 시도에서는 JWT 토큰을 아예 제공하지 않았기 때문에 "Unauthorized" 오류 메시지가 반환되었다. 둘째 시도에서는 유효하지 않은 JWT 토큰을 제공해서 "Invalid signature"가 반환되었다. 셋째 시도에서는 정확한 JWT 토큰(원한다면 디코딩해 보시길)을 제공했기 때문에 접근이 허용되었다. API 자체(https://defendingapis.free.beeceptor.com/info에 호스팅되어 있다)는 이런 JWT 점검 기능이 없다. 점검은 전적으로 콩 게이트웨이에서 일어난다.

IP 주소 제한

IP 주소 제한은 콩 게이트웨이에서 사용할 수 있는 가장 간단한 접근 제어 방식이다. 그냥 접근을 허용할 IP 주소들과 거부할 IP 주소들을 지정하기만 하면 된다. [그림 11.10]은 이를 위한 IP Restriction(https://docs.konghq.com/hub/kong-inc/ip-restriction/)의 IP 주소 설정 화면이다.

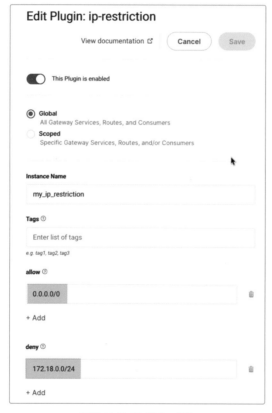

그림 11.10 IP 주소 제한.

그림의 설정은 0.0.0.0/0 CIDR 대역의 IP 주소들을 모두 허용하고 172.18.0.0/24 CIDR 대역의 IP 주소들은 모두 명시적으로 차단하는 것이다(172.18.0.0/24 대역은 내 테스트 환경이 호스팅하는 지역 도커 네트워크 대역이다. 이렇게 설정하면 테스트용 API에 대한 접근이 사실상 완전히 차단된다).

다음은 IP Restriction 플러그인을 비활성화한 상태에서 상부 API에 접근하고, 그런 다음 플러그인을 다시 활성화하고 접근한 예이다.

```
$ curl http://localhost:8000/defendingapis/info
{
    "status": "success",
    "user": {
        "name": "Colin Domoney",
        "email": colin.domoney@gmail.com,
        "active": true
        }
}

$ curl http://localhost:8000/defendingapis/info
{
  "message":"Your IP address is not allowed"
}
```

이러한 기본적인 접근 제어는 전적으로 게이트웨이에서 처리된다. 속도 제한을 위한 플러그인들도 이런 식으로 작동한다.

로깅

마지막으로, 콩 게이트웨이를 중앙 로깅 기능에 연결하는 것이 얼마나 쉬운지 살펴보자. 사용할 도구는 로깅 플랫폼 **Loggly**(https://www.loggly.com/)의 콩 게이트웨이용 플러그인(https://docs.konghq.com/hub/kong-inc/loggly/)이다.

[그림 11.11]은 이 플러그인의 설정 화면이다. Loggly 호스트, API 토큰, 원하는 로깅 수준 등을 설정한다(그림에 지정된 info는 정보 수준의 모든 사항을 기록하라는 뜻이다).

그림 11.11 Loggly 플러그인 설정.

플러그인을 활성화하면, 이후 콩 게이트웨이에서 일어나는 사건 중 설정에 부합하는 모든 사건이 Loggly 플랫폼에 기록된다. 기본 로그 형식은 **syslog**이다. [그림 11.12]에 로그 항목의 예가 나와 있다.

```
⊟ 2023-08-05 16:22:53.000
        ⧉ Copy link    ⬈ Expand Event    ⌁ Create Derived Fields    ⬭ View Surrounding Events    ⋮

   tag: kong     logtype: json     logtype: syslog
⊟ json:
    client_ip: 172.18.0.1
    started_at: 1691248973686
    upstream_status: 400
    upstream_uri: /api/user/register
    workspace: 161599c1-4999-4407-bcf1-4e23345b914a
  ⊞ latencies: { proxy: 36, request: 47, kong: 11 }
  ⊞ request: { headers: { content-length: "128", host: "host.mbm1pro.home:8000", content-type:
      "application/json", user-agent: "curl/7.88.1", accept: "application/json" }, method: "POST", size:
      299, uri: "/pixi/user/register", url: "http://host.mbm1pro.home:8000/pixi/user/register" }
  ⊞ response: { headers: { date: "Sat, 05 Aug 2023 15:22:53 GMT", content-length: "40", x-kong-upstream-
      latency: "36", x-powered-by: "Express", x-kong-proxy-latency: "11", etag:
      "W/"28-/YFCZ9Puaf3vQiVNC74ZLZGAmK4"", content-type: "application/json; charset=utf-8", connection:
      "close", via: "kong/3.3.1.0-enterprise-edition" }, size: 354, status: 400 }
  ⊞ route: { request_buffering: true, path_handling: "v0", https_redirect_status_code: 426, created_at:
      1691246101, preserve_host: false, strip_path: true, response_buffering: true, updated_at:
      1691247994, paths: ["/pixi"], service: { id: "3edba969-d76f-47ea-a655-aae52467bd26" }, name:
      "pixi_route", regex_priority: 0, id: "f3763a2e-8527-480b-8eb6-f58dad105bc2", protocols: ["http"],
      ws_id: "161599c1-4999-4407-bcf1-4e23345b914a" }
  ⊞ service: { connect_timeout: 60000, created_at: 1691245991, enabled: true, retries: 5, path: "/api",
      protocol: "http", updated_at: 1691248903, port: 8090, write_timeout: 60000, name: "pixi_service",
      host: "host.docker.internal", id: "3edba969-d76f-47ea-a655-aae52467bd26", read_timeout: 60000,
      ws_id: "161599c1-4999-4407-bcf1-4e23345b914a" }
  ⊟ tries:
    ⊞ [0]: { balancer_latency_ns: 56832, port: 8090, balancer_start: 1691248973697, ip:
      "192.168.65.254", balancer_latency: 0, balancer_start_ns: 1691248973697100000 }
⊟ syslog:
    appName: kong
    facility: user-level messages
    host: 2709b4c9e350
    priority: 14
    severity: Informational
    timestamp: 2023-08-05T15:22:53Z
```

그림 11.12 Loggly 로그 항목의 예.

이 로그에는 요청/응답 트랜잭션들이 상세하게 기록되어 있다. 침해 사고 시 지원팀이 그간의 API 트랜잭션들을 분석하기에 충분한 수준이다.

Loggly 같은 전용 플랫폼에 로그를 집중시킬 때는 이처럼 개별 API가 아니라 API 게이트웨이에서 로깅을 처리하면 API 개발자가 API에 코드를 추가할 필요가 없다. 모든 로깅이 게이트웨이에서 투명하게 처리된다. 그리고 하나의 중앙 로깅 플랫폼으로 로그를 집중시키는 자체도 바람직한 관행이다. API마다 서로 다른 로깅 라이브러리나 플랫폼을 사용한다면 관리가 어려워진다.

마지막으로, 이처럼 모든 트랜잭션을 API 게이트웨이에서 처리하면 조직이 통합된 관점에서 API 운영을 감독하기가 수월하다. [그림 11.13]은 콩 게이트웨이의 트래픽 분석 화면이다. 모든 라우트에서 접근이 허락된 요청과 차단된 요청의 시간에 따른 횟수 변화를 한 눈에 볼 수 있다. 이를 통해서 좀 더 주의해야 할 경향이나 패턴을 쉽게 파악할 수 있을 것이다.

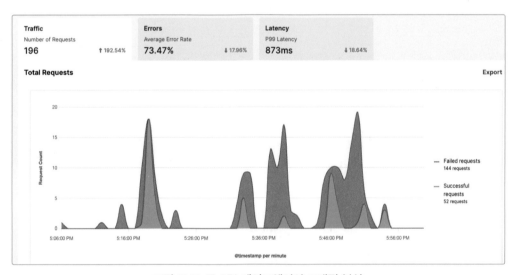

그림 11.13 콩 API 게이트웨이의 트래픽 분석.

이번 절에서 보았듯이, API 게이트웨이 제품의 오픈소스 버전조차도 다양한 API 보호 기능을 제공한다. 여러분의 플랫폼에 이미 API 게이트웨이가 작동하고 있다면, 어떤 API 보호 기능이 있는지 확인하고 적절히 활성화, 설정해서 API 보안을 최적으로 강화해 보기 바란다.

그럼 API 게이트웨이 수준의 API 방어에 관한 권장 사항 몇 가지로 이번 장의 논의를 마무리하기로 하자. 살펴볼 것은 OWASP 10대 API 보안 위험(2019년 버전)의 주요 항목에 대한 마이크로소프트의 권장 사항들이다. 이들은 기본적으로 마이크로소프트 애저Azure APIM을 위한 것이지만, 비슷한 기능을 제공하는 다른 게이트웨이들에도 적용할 수 있다. 해당 온라인 가이드(https://learn.microsoft.com/en-us/azure/api-management/mitigate-owasp-api-threats)에 API 게이트웨이 활용에 관한 수많은 권장 사항이 있으니 읽어보길 권한다.

API1:2019 – Broken Object Level Authorization

제9장의 §9.3 '권한 부여 취약점 방어'에서 **BOLA**(Broken Object-Level Authorization), 즉 손상된 객체 수준 권한 부여 취약점의 보호를 위한 모범관행들을 이야기했다. 기억하겠지만, 가장 중요한 권장 사항은 요청된 객체에 대한 권한 부여를 API 코드에서 명시적으로 수행하라는 것이다. 마이크로소프트 역시 이것을 가장 중요한 지침으로 두고 있으므로 반드시 따르길 권한다.

API 게이트웨이에서 BOLA의 위험을 완전히 피하기는 힘들지만, 변환 정책을 이용해서 요청의 식별자들을 백엔드의 식별자들로 매핑하는(그리고 그 반대로도 매핑하는) 기법을 이용해서 어느 정도 완화할 수 있다. 그런 매핑 기법은 내부 식별자가 외부로 노출되지 않게(따라서 공격자의 식별자 열거 기법이 효과가 없도록) 만든다.

이것은 부분적인 완화책일 뿐이므로 좀 더 확실한 보호 방법으로 보완해야 함을 기억하기 바란다.

API2:2019 – Broken User Authentication

§11.4.1의 콩 게이트웨이 관련 예제에서 보았듯이, API 게이트웨이를 이용하면 다양한 인증 방법을 한 장소에서 구현할 수 있다.

예를 들어 다음은 대부분의 API 게이트웨이가 처음부터(플러그인 없이) 지원하는 인증 방법들이다.

- HTTP 기본 인증
- API 키 및 토큰
- 클라이언트 자격증명
- JWT 토큰

API 게이트웨이 수준에서 이런 방법들로 사용자 인증(user authentication)을 처리하면, API 개발자가 API 백엔드에서 인증을 직접 구현할 필요가 없다. 하지만 보안 강화를 위해서는 API 백엔드에서 이차 인증을 수행하는 것이 권장된다. 이를테면 **팬텀 토큰**phantom token 패턴이나 **분리 토큰**(split token) 패턴을 사용하면 될 것이다.

API3:2019 – Excessive Data Exposure 관련 권장 사항

과도한 데이터 노출(excessive data exposure)을 피하려면 API가 최소한의 데이터만 돌려주어야 한다. 마이크로소프트는 API의 비즈니스 기능을 충족하는 데 꼭 필요한 양만큼의 데이터만 API가 돌려줄 것을 권한다.

다음은 과도한 데이터 노출을 방지하기 위해 API 게이트웨이를 활용하는 몇 가지 방법이다.

- 데이터 형식이 변했을 때 **리비전**(revision)과 **버전**(version)을 이용해 구식 기능들을 우아하게 제한(deprecation)해서 클라이언트의 오동작을 피한다.
- 일부 게이트웨이가 제공하는 페이로드 변환 기능을 이용해서 응답에 담긴 여분의 데이터를 숨기거나 제거한다.
- OpenAPI 정의서 같은 API 스키마를 이용해서 응답 내용을 검증한다.
- 응답의 헤더들을 검증해서 불필요한 헤더들을 제거한다.

API4:2019 – Lack of Resources & Rate Limiting 관련 권장 사항

API 게이트웨이는 자원 제한이나 속도 제한을 구현하기에 아주 좋은 장소이다. 실제로, API 백엔드보다는 API 게이트웨이에서 자원 제한 및 속도 제한을 구현하는 경우가 많다. 그쪽이 API 개발자의 부담이 적기 때문이다.

다음은 자원 및 속도 제한의 부재라는 취약점으로부터 API를 보호하는 데 API 게이트웨이를 활용하는 예이다.

- 장단기 제한 정책을 이용해서 클라이언트 당 API 호출 횟수를 제한한다.
- 게이트웨이의 OpenAPI 정의서 시행(enforcement) 기능을 이용해서, 페이지 크기나 응답 데이터 최대 길이, 문자열 부합을 위한 정규표현식 최대 길이 등을 점검한다.
- 게이트웨이의 캐싱 기능을 활용해서, API 백엔드의 사용량이 비정상적으로 높아지는 일을 방지한다.
- 게이트웨이에서 JWT를 점검해서, 주어진 범위 바깥의 자원을 요구하거나 토큰 또는 키를 오남용하는 클라이언트를 차단한다.

- 게이트웨이에서 CORS 정책을 구현해서, 자원이 의도치 않은 타 도메인으로 유출되는 일을 방지한다. CORS 정책에 와일드카드 연산자를 사용하는 것은 피해야 한다.

이 밖에도 여러 방법이 있을 것이다. 여러분이 사용하는 API 게이트웨이가 제공하는 자원 및 속도 제한 관련 기능들을 철저히 조사해서, API 백엔드의 보호에 유용한 기능을 활용하기 바란다.

API5:2019 – Broken Function Level Authorization

제9장의 §9.3 '권한 부여 취약점 방어'에서 **BFLA**(Broken Function Level Authorization), 즉 손상된 기능 수준 권한 부여 취약점의 보호를 위한 모범관행들을 이야기했다. 이 책이나 마이크로소프트나 제일 중요하게 추천하는 모범관행은 요청된 객체에 대한 권한 부여를 API 코드에서 명시적으로 수행하는 것이다. 여러분도 이 관행을 가능한 한 따르길 권한다.

BFLA 취약점을 방지하기 위해 API 게이트웨이 수준에서 할 수 있는 일은 라우트와 서비스를 정의할 때 와일드카드 경로를 사용하지 않는 것 정도이다. 모든 하위 경로에 대응되는 와일드카드로 라우트를 정의하는 경우가 있는데 그러면 API의 모든 종단점이 노출될 수 있다. 그보다는 /user나 /orders 등으로 경로를 명시적으로 지정하는 것이 바람직하다. 그러면 공격자가 열거 및 검색 기법으로 종단점들을 파악하기가 좀 더 어려워진다.

API6:2019 – Mass Assignment

대량 할당은 API가 필요 이상으로 많은 데이터를 받아들일 때 발생하는 취약점이다. 대량 할당을 방지하는 기본적인 방법은 제9장의 §9.4.2 '대량 할당'에서 이야기했다.

API 게이트웨이는 대량 할당의 방지에 도움이 되는 추가 기능을 제공한다.

- 일부 게이트웨이가 제공하는 페이로드 변환 기능을 이용해서 요청에 담긴 불필요한 데이터를 제거할 수 있다.
- OpenAPI 정의서 같은 API 스키마를 이용해서 요청 데이터를 검증한다.

API9:2019 – Improper assets management

API 게이트웨이는, 특히 API 게이트웨이의 API 관리 모듈(흔히 APIM이라고 부르는)은 공개적으로 배포된 API를 통제하고 제한하는 다양한 관리 기능은 제공한다. 흔히 조직들은 API 팀이 APIM이나 게이트웨이를 통해서 관리되는 API만 배포하도록 하는 정책을 시행한다. 이렇게 하면 관리자들은 어떤 API의 어떤 버전이 실제로 운영되는지를 좀 더 수월하게 통제할 수 있다. 또한 그림자 API나 좀비 API를 찾아내는 데에도 도움이 된다. 물론 이는 그러한 프로세스에 대한 거버넌스governance가 충분히 잘 수행될 때의 일이다.

API10:2019 – Insufficient Logging & Monitoring

앞에서 콩 게이트웨이를 이용한 로깅을 설명할 때 보았듯이, API 게이트웨이는 중앙 집중적이고 일관된 로깅을 구현하기에 최적의 장소이다. API 게이트웨이로 로깅을 처리한다면 부족한 로깅 및 모니터링 취약점을 피할 수 있다.

OWASP 10대 API 보안 위험의 나머지 항목들(*API7:2019 - Security Misconfiguration*과 *API8:2019 - Injection*)에 대해서는 API 게이트웨이 수준에서 딱히 할 일이 없다.

11.4.3 API 방화벽 활용

API 게이트웨이가 실행 시점 API 보호의 핵심이긴 하지만, API 게이트에만 의존하는 것은 바람직하지 않다. 다음과 같은 단점들 때문이다.

- OWASP 10대 API 보안 위험 중에는 게이트웨이 수준에서 막을 수 없는 취약점들이 있다(이를테면 주입과 보안 설정 오류).
- API 게이트웨이는 모든 API 트래픽이 집중되는 지점이므로 성능상의 병목이 될 수 있다. 특히 API 게이트웨이가 심층 패킷 조사, 필터링, 변환 같은 무거운 작업을 담당할 때 그렇다.
- 일반적으로 API 게이트웨이는 남북 트래픽(그림 11.2 참고)를 보호할 뿐 동서 트래픽, 즉 API 내부 마이크로서비스들 사이의 트래픽은 보호하지 않는다.
- 게이트웨이는 중앙 정책들을 시행하기에 이상적인 장소이다. 하지만 API 개발자가 자신의 API에 지역 정책을 적용하고 싶을 수도 있다(이를테면 과도한 클레임을 담은 JWT 토큰을 좀 더 엄격하게 검증하거나, 속도 제한을 지역적으로 수행하는 등).

다행히 이런 문제들을 해결해주는 이상적인 해법이 있다. 바로 API 방화벽이다. 현재 여러 상용 API 방화벽 제품 또는 서비스가 나와 있는데, 이를테면 **Wallarm**이나 **42Crunch**의 서비스가 유명하다. 이번 절에서는 기능이 제한된 무료 평가판을 제공하는(42Crunch 사이트 회원 가입 필요) 42Crunch API 방화벽(서비스명은 **API Protect**)을 간단하게 살펴본다.

아키텍처의 관점에서 본다면, 방화벽은 API 백엔드 바로 앞에서 일종의 역방향 프록시 역할을 한다. 시스템에 들어온 모든 요청은 일단 API 방화벽에서 멈춘다. 방화벽은 해당 API의

OpenAPI 정의서에 기초한 규칙 집합에 근거해서 그 요청들을 처리한 후 적절히 API에 넘겨준다. API의 응답 역시 방화벽이 동일한 규칙 집합에 근거해서 처리한 후 클라이언트에 돌려준다. 개념적으로 이는 API 게이트웨이가 하는 일과 상당히 비슷하다.

주된 차이점은, 방화벽은 주어진 API의 OpenAPI 정의서에 기반한 규칙을 시행하거나 JWT 토큰 검증, 지역 속도 제한 수행 등으로 특정 API에 국한된 작업을 수행한다는 것이다.

일반적으로 42Crunch 방화벽은 API 자체와 함께 배포한다. 이때 흔히 쿠버네티스의 **사이드카**sidecar 패턴이 쓰인다. 설치된 방화벽을 42Crunch PaaS(Platform as a Service; 서비스형 플랫폼)에서 설정할 수 있다(로그 수준, 차단 모드, OpenAPI 정의서 등). 그리고 원한다면 설정 후에 플랫폼과의 연결을 완전히 끊는 것도 가능하다. 또한, 방화벽의 로그를 42Crunch 플랫폼에 기록할 수도 있고 지역 파일 시스템에 기록할 수도 있다. [그림 11.14]는 42Crunch 방화벽의 구조를 단순화한 도식이다.

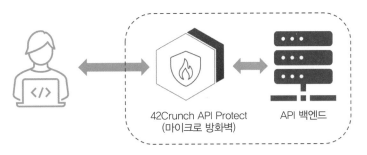

그림 11.14 42Crunch API 방화벽.

그럼 /user/edit_info라는 API 종단점을 예로 들어서 방화벽이 어떻게 API를 보호하는지 살펴보자. [그림 11.15]는 이 종단점의 OpenAPI 정의서이다.

```
"/user/edit_info": {
  "put": {
    Scan | Try it | Audit
    "tags": [
      "users"
    ],
    "summary": "edit user information",
    "description": "user supplies valid token and updates all user info",
    "operationId": "edituserinfo",
    "parameters": [
      {
        "name": "x-access-token",
        "in": "header",
        "required": true,
        "schema": {
          "maxLength": 1000,
          "pattern": "^([a-zA-Z0-9_=]{4,})\\.([a-zA-Z0-9_=]{4,})\\.([a-zA-Z0-9_\\-\\+\\/=]{4,})",
          "type": "string"
        }
      }
    ],
    "requestBody": {
      "description": "userobject",
      "content": {
        "application/json": {
          "schema": {
            "$ref": "#/components/schemas/UserUpdateData"
          }
        }
      },
      "required": true
    },
```

그림 11.15 /user/edit_info **종단점의 정의.**

이 종단점에 대한 요청의 본문은 UserUpdateData 객체이다. [그림 11.16]에 이 객체의 정의가 나와 있다.

```
"UserUpdateData": {
  "required": [
    "email",
    "name"
  ],
  "type": "object",
  "additionalProperties": false,
  "properties": {
    "email": {
      "maxLength": 320,
      "minLength": 6,
      "pattern": "^(?:[\\w\\-+!#$%&'*/=?^`|{}~]+(?:\\.[\\w\\-+!#$%&'*/=?^`|
      "type": "string",
      "format": "email",
      "example": "foo@bar.com",
      "x-42c-format": "o:email"
    },
    "name": {
      "maxLength": 30,
      "minLength": 5,
      "pattern": "^[\\w\\s\\.]{5,30}$",
      "type": "string"
    },
    "account_balance": {
      "maximum": 1000,
      "minimum": -50,
      "type": "number",
      "format": "float"
    }
  }
},
```

그림 11.16 UserUpdateData의 정의.

이상의 정의들에 담긴 API 설계자의 의도는, 이 종단점에 대한 요청의 본문은 반드시 email 필드와 name 필드가 있는, 그리고 그 밖의 필드는 없는 JSON 객체이어야 한다는 것이다.

그럼 보호되지 않는 API에 악성 요청이 들어오면 어떤 일이 발생하는지 살펴보자. 공격자가 is_admin이라는 필드가 추가된 요청을 이용해서 대량 할당 공격을 시도한다고 하겠다. [그림 11.17]은 그런 공격을 시도하는 요청과 그에 대한 API의 응답이다.

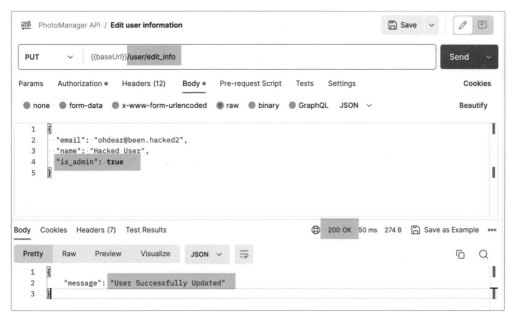

그림 11.17 방화벽으로 보호하지 않는 API의 응답.

입력이 유효하지 않음에도, API는 200 OK 상태 코드와 사용자 갱신 성공을 뜻하는 메시지를 돌려주었다. 이것은 API 구현의 버그이다. 제대로 구현했다면 해당 요청을 거부하고 오류 코드를 반환했을 것이다.

API 방화벽을 이용해서 API를 적절히 보호한다면 이와는 상당히 다른 응답이 반환된다. [그림 11.18]이 그것이다.

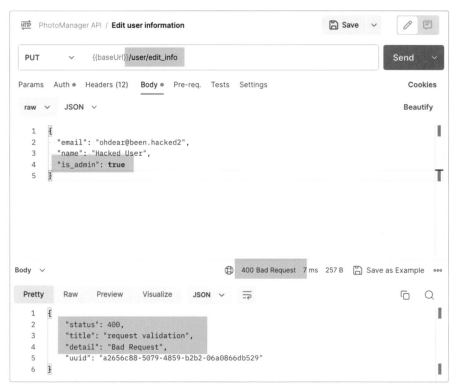

그림 11.18 방화벽으로 보호하는 API의 응답.

이번에는 `400 Bad Request` 오류 코드와 요청에 오류가 있다는 메시지가 반환되었다. API 백엔드는 수정하지 않고 단지 방화벽을 활성화한 것일 뿐인데도 응답이 상당히 다르다. 방화벽이 중간에 요청을 가로채서 여분의 필드(`is_admin`)를 검출하고는 요청을 차단하고 오류를 반환한 것이다. 해당 요청은 API 백엔드에 도달하지도 못했다.

어떤 일이 있었는지 좀 더 구체적으로 알고 싶다면 42Crunch PaaS의 오류 로그를 확인하면 된다. [그림 11.19]에서 보듯이, 어떤 오류 때문에 요청이 거부되었는지를 포함해 해당 트랜잭션에 대한 좀 더 자세한 정보를 알 수 있다.

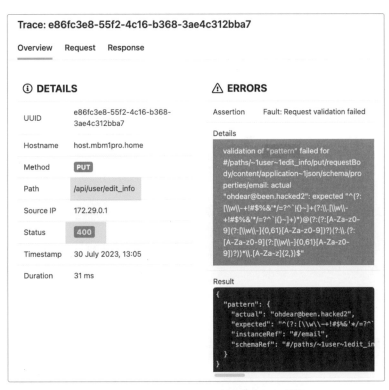

그림 11.19 42Crunch API 방화벽의 로그 항목.

이상의 예에서 보듯이, 전용 API 방화벽은 API 백엔드 바로 앞에서 OpenAPI 계약을 엄밀하게 시행하는 능력을 제공한다.

11.5 API 모니터링 및 경보

이번 장의 마지막 절인 이번 절에서는 SIEM과 **SOC**(Security Operation Center; 보안 운영 센터) 안에서 API를 모니터링하는 문제를, 42Crunch의 API 방화벽과 마이크로소프트 센티널Sentinel의 예를 들어서 설명한다. 센티널은 마이크로소프트의 SIEM(보안 사건 사고 관리자) 솔루션이다.

42Crunch 방화벽이 지역 파일 시스템에 기록한 로그들을 분석하는 한 가지 방법은, 수집된 지역 로그들을 로그 전달 도구(log forwarder)를 이용해 애저의 **Log Analytics**에 보내서 센티널이 처리하게 하는 것이다. [그림 11.20]은 이러한 구조를 단순화한 도식이다.

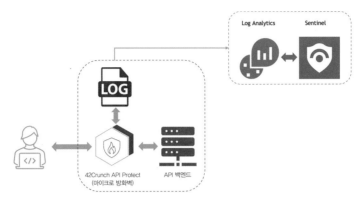

그림 11.20 42Crunch 방화벽의 로그들을 마이크로소프트 센티널로 처리하는 예.

애저 마켓플레이스에는 42Crunch 방화벽과 센티널의 연동을 위한 확장 프로그램이 있다.[역주] [그림 11.21]은 센티널에서 이 확장 프로그램을 이용해서 API 로그들을 처리하는 모습이다. 경보 발생을 위한 API 규칙 12개가 활성화되어 있다.

🏺 **12** Active rules		🛍️ More content at Content hub	**Rules by severity**			
			▮ High (5) ▮ Medium (3) ▮ Low (4) ▮ Informational (0)			

Active rules Rule templates Anomalies

🔍 Search by ID, name, tactic or technique   ▽ Add filter

	Severity	Name	Rule type	Status	Tactics	Techniques
☐	Medium	API - Kiterunne...	🕐 Scheduled	⏻ Enabled	▰ Reco... +1 ⓘ	
☐	High	API - API Scrapi...	🕐 Scheduled	⏻ Enabled	▰ Reco... +1 ⓘ	
☐	Low	API - Anomaly ...	🕐 Scheduled	⏻ Enabled	🦊 Defense Eva...	
☐	Low	API - JWT valid...	🕐 Scheduled	⏻ Enabled	🔖 Credential A...	
☐	Low	API - Rate limiti...	🕐 Scheduled	⏻ Enabled	👁 Disc... +1 ⓘ	
☐	High	API - Suspiciou...	🕐 Scheduled	⏻ Enabled	🔖 Cred... +1 ⓘ	
☐	High	API - Account T...	🕐 Scheduled	⏻ Enabled	🔖 Cred... +1 ⓘ	
☐	High	API - Password ...	🕐 Scheduled	⏻ Enabled	🔖 Credential A...	
☐	Medium	API - BOLA	🕐 Scheduled	⏻ Enabled	📁 Exfiltration	
☐	Low	API - Invalid ho...	🕐 Scheduled	⏻ Enabled	▰ Reconnaissa...	
☐	Medium	API - Rate limiti...	🕐 Scheduled	⏻ Enabled	🦊 Defense Eva...	
☐	High	Advanced Multi...	🔀 Fusion	⏻ Enabled	📁 Coll... +11 ⓘ	

그림 11.21 센티널의 API 방화벽 규칙 화면.

[역주] https://azuremarketplace.microsoft.com/en-us/marketplace/apps/42crunch1580391915541.42crunch_센티널_solution —옮긴이

특정 규칙의 조건이 충족되면 그것이 하나의 사고(incident)로서 센티널에 기록되는데, 여기에는 원본(클라이언트) IP 주소, 대상 API의 경로와 포트, 요청 본문과 응답 본문, 반환된 상태 코드 등의 자세한 정보가 포함된다. [그림 11.22]는 진행 중인 사고의 예이다.

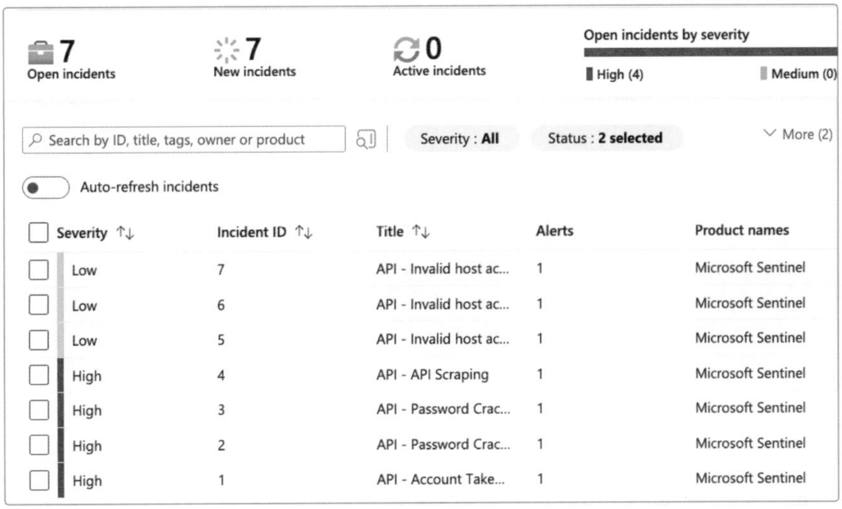

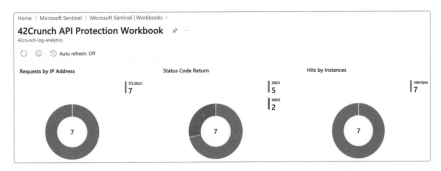

그림 11.22 센티널의 API 사고 화면.

마지막으로, API 로그 데이터를 다양한 워크북workbook 형태로 표시할 수 있다. 워크북을 요구에 맞게 커스텀화하는 것도 가능하다. [그림 11.23]에 워크북의 예가 나와 있다.

그림 11.23 42Crunch API 워크북의 예.

API 보안 로그를 센티널 같은 업계 표준 SIEM으로 집중해서 관리하는 데에는 다음과 같은 장점이 있다.

- **비용 절감**: SIEM/SOC 솔루션을 이용하면 전용 API 보안 모니터링 도구의 구매 및 운영과

관련한 비용의 중복을 피할 수 있다. 물론 그런 솔루션에도 비용이 들지만, API 로깅과 경보를 고도화해서 생기는 이점이 비용을 상쇄할 것이다.

- **정확성**: SIEM/SOC의 전용 API 마이크로 방화벽은 API 수준(OSI 계층 7)에서 API 트래픽을 조사한다. OpenAPI 정의서 검증 목적에서는 전송 계층(계층 4)에서 네트워크 트래픽을 조사하는 것보다 정확하다.
- **단순성**: API 로그들과 경보들을 기존 SOC에서 관리하면 각각을 따로 관리할 때보다 SOC 운영자와 분석가의 일이 간단해진다. 보안 운영의 가장 큰 비용은 SOC 운영자와 분석가의 임금인 만큼, 이는 비용 절감으로도 이어진다.
- **통합**: 애저의 경우, SIEM/SOC를 방화벽이나 NSGS, Azure AD와 직접 통합함으로써 API 로그 및 경보에 기반한 보호 및 탐지 기능을 구현할 수 있다.
- **핫픽스**(긴급 수정): 새로운 위협이 실시간으로 탐지된 경우, 적절한 보호 조치로 OpenAPI 정의서를 패치해서 즉시 재배포할 수 있다.

이상으로 API 모니터링을 SIEM에 통합하는 방법을 간단하게나마 소개했다. 이 주제를 좀 더 살펴보고 싶은 독자라면, 42Crunch의 방화벽 서비스(API Protect)와 마이크로소프트 센티널 둘 다 무료 평가판을 제공하니 직접 시험해 보기 바란다.

11.6 API에 적합한 보호 기능 선택

이번 장에서 여러 가지 '오른쪽 보호' 기술들을 살펴보았다. 그중 어떤 것을 여러분의 API에 사용할 것인지는 예산이나 기술 성숙도, 기량(skill) 수준, 위험 임계값(risk threshold) 등에 따라 다르다. [표 11.1]은 이번 장에서 소개한 기술들의 장단점을 요약한 것이다.

표 11.1 여러 오른쪽 보호 솔루션의 비교.

솔루션 유형	장점	단점
WAF	성숙하고 널리 사용되는 기술. 지원팀이 익숙하게 사용한다.	설정이 어려워서 거짓 양성 오탐률과 거짓 음성 오탐률이 모두 높다.
WAAP	API 트래픽에 대한 높은 정확도와 특정성(specifity)을 약속한다.	신생 기술이라 아직 업계에서 본격적으로 구현된 사례가 없다.
API 게이트웨이/APIM	널리 쓰이는 기술로, 강력하고 유용한 기능을 많이 제공한다. 소규모 조직을 제외한 거의 모든 조직이 사용한다.	구성을 위해서는 정책을 작성해야 한다. 모든 API 취약점을 보호하지는 않는다. 성능상의 추가부담이 발생할 수 있다.
API 방화벽	API 계약을 정밀하게 시행한다.	계약을 정확하게 작성해야 한다. 추가 배포 단계가 필요하다.

이번 장에서는 실행 시점에서 API를 보호하는 여러 기술을 살펴보았다. 실행 시점에서 API를 보호하는 것을 API 보안에 대한 오른쪽 보호 접근 방식이라고 부른다. 실행 시점 API 보호라는 또 다른 보호 계층을 추가하면 API 개발을 위한 보안 설계 및 구현의 토대가 더욱더 강력해진다. 이번 장에서는 먼저 API 실행 환경의 보안을 강화하기 위한 기본 기술 몇 가지를 살펴보았다. WAF는 웹 앱과 API를 보호하는 데 중요한 역할을 한다. 특히, 오래전부터 쓰인 몇 가지 공격 방법을 막는 데 탁월하다. 기본 기술들을 살펴본 다음에는 API 게이트웨이와 APIM 포털이 API 보안에서 수행하는 주요 역할을 자세히 논의했다. 특히, 속도 제한, IP 주소 제한, JWT 검증 등 오픈소스 게이트웨이가 제공하는 다양한 실행 시점 보호 기능을 소개했다.

전용 API 방화벽은 OSI 계층 7에서 API를 좀 더 구체적인 방식으로 보호한다. 핵심은 실행 시점에서 OpenAPI 계약을 시행하는 것이다. 마지막으로는 API 모니터링과 경보를 살펴보았다. 실행 시점에서 API를 모니터링해서, 다른 실행 시점 보호 기능으로는 방어할 수 없는 이상 징후를 식별하는 것은 API 보안에 매우 중요한 문제이다.

다음 장에서는 API의 기능성을 제공하는 마이크로서비스들의 보안을 강화하는 방법을 살펴본다.

다음은 도커 및 OS 컨테이너 이미지의 보안 강화에 관한 참고자료들이다.

- Tips for hardening your container image security strategy(https://snyk.io/blog/tips-for-hardening-container-image-security-strategy/)
- How to Layer Secure Docker Containers with Hardened Images(https://www.cisecurity.org/insights/blog/how-to-layer-secure-docker-containers-with-hardened-images)
- Docker Security(https://cheatsheetseries.owasp.org/cheatsheets/Docker_Security_Cheat_Sheet.html)
- CIS Hardened Images on Amazon Web Services (AWS)(https://www.cisecurity.org/cis-hardened-images/amazon)

다음은 WAF에 관한 참고자료들이다.

- How to protect your APIs by installing and configuring ModSecurity in Nginx(https://

www.chakray.com/how-protect-your-apis-installing-configuring-modsecurity-nginx/)

- OWASP ModSecurity Core Rule Set(https://owasp.org/www-project-modsecurity-core-rule-set/)

- Including OWASP ModSecurity Core Rule Set(https://www.netnea.com/cms/apache-tutorial-7_including-modsecurity-core-rules/)

- WAF framework measures WAF effectiveness(https://www.fastly.com/blog/the-waf-efficacy-framework-measuring-the-effectiveness-of-your-waf)

- 깃허브 coreruleset/coreruleset: OWASP CRS (Official Repository)(https://github.com/coreruleset/coreruleset)

- Next-generation firewall(https://en.wikipedia.org/wiki/Next-generation_firewall)

다음은 API 게이트웨이와 APIM에 관한 참고자료들이다.

- Mitigate OWASP API security top 10 in Azure API Management(https://learn.microsoft.com/en-us/azure/api-management/mitigate-owasp-api-threats)

- API Gateway: Why and When You Need It (https://www.altexsoft.com/blog/api-gateway/)

- Installation Options - Kong Gateway(https://konghq.com/install#kong-community) (§11.1에서 언급한 콩 게이트웨이 설치/설정 참고자료)

- API Management vs API Gateway and where does API Analytics and Monitoring fit?(https://www.moesif.com/blog/technical/api-tools/API-Management-vs-API-Gateway-and-where-does-API-Analytics-and-Monitoring-fit/)

- Beeceptor - Rest/SOAP API Mocking, HTTP Debugger & Proxy(https://beeceptor.com/)

- Securing APIs with The Phantom Token Approach(https://curity.io/resources/learn/phantom-token-pattern/)

다음은 API 방화벽과 모니터링에 관한 참고자료들이다.

- API Firewall(https://docs.42crunch.com/latest/content/concepts/api_firewall.htm) (§11.1에서 언급한 42Crunch API 방화벽 참고자료)

- Actively Monitor and Defend Your APIs with Azure Sentinel(https://42crunch.com/actively-monitor-and-defend-your-apis-with-42crunch-and-the-azure-sentinel-platform/)

- Microsoft Azure Marketplace(https://azuremarketplace.microsoft.com/en-us/marketplace/apps/42crunch1580391915541.42crunch_sentinel_solution?tab=Overview&OCID=AIDcmm549zy227_aff_7794_1243925)

제12장
마이크로서비스 보안

이 책의 끝에서 두 번째 장인 제12장에서는 마이크로서비스microservice 아키텍처 내부의 API 보안을 강화하는 방법을 다룬다. 마이크로서비스 아키텍처가 점점 인기를 얻고 있다. 그런 만큼 마이크로서비스 내부 API 방어라는 주제도 점점 더 중요해진다. 그래서 이렇게 개별적인 장을 마련했다. 그렇다고 지금까지 API 보안에 관해 배운 교훈이 마이크로서비스에 적용되지 않는다는 뜻은 아니다. 시스템을 구성하는 마이크로서비스들 사이에서 API를 보호하는 것은 지금까지 배운 기본 원칙을 새롭고 흥미로운 방식으로 응용하는 것에 해당한다.

이번 장에서는 먼저 마이크로서비스가 배포 모델(deployment model)로 주목받게 된 이유부터 살펴본다. 이를 통해서 사람들이 이 새로운 아키텍처를 사용하는 동기를 좀 더 잘 이해할 수 있을 것이다. 그런 다음에는 마이크로서비스의 기본 사항을 소개하고 마이크로서비스의 보안을 유지하는 방법을 논의한다. API는 결국 '연결' 혹은 '연동'을 위한 것이다. 마이크로서비스 아키텍처에는 상호 연결이 필요한 구성요소가 엄청나게 많다. 따라서 연결의 보안이 특히나 중요하고 까다롭다. 그와 비슷하게, 클라이언트 환경(client landscape)의 증가 때문에 마이크로서비스 아키텍처 안의 접근 제어 역시 새로운 난제를 개발자에게 던져준다. 마지막으로 이번 장에서는 클라우드 네이티브 도구들을 이용해서 현대적인 마이크로서비스 스택을 배포하는 방법을 살펴보면서 마이크로서비스 아키텍처에서 우리가 어떤 일을 해낼 수 있는지 가늠해 본다.

이번 장을 다 읽고 나면 마이크로서비스 아키텍처에서 안전한 API를 구축하는 데 필요한 핵심 요소를 잘 이해하게 될 것이다.

이번 장의 주요 주제는 다음과 같다.

- 마이크로서비스의 이해
- 마이크로서비스의 토대 보호

- 마이크로서비스의 연결성 보호
- 마이크로서비스에 적합한 접근 제어 방법
- 실제 환경에서 마이크로서비스를 안전하게 실행하는 방법

12.1 실습 환경 준비

이번 장의 예제를 따라 하려면 독자와 독자의 실습용 컴퓨터가 다음 조건들을 충족해야 한다.

- 도커를 실행할 수 있다.
- VS Code를 실행할 수 있고 VS 마켓플레이스에 있는 다양한 확장 프로그램을 설치할 수 있다.
- 쿠버네티스에 익숙하며 기본 명령들을 실행하는 데 어려움이 없다.
- 인터넷에 연결되어 있으며, 예제들에 접근하기 위한 깃허브 계정이 있다.

이번 장에는 글루 에지 같은 다양한 실행 시점 보호 수단들이 등장한다. 핵심 주제에 집중하기 위해 이들의 구체적인 설치, 설정 방법을 자세히 이야기하지는 않는다. 필요하다면 이번 장 끝의 **더 읽을거리** 절과 원서 깃허브 저장소에 있는 관련 자료를 참고하기 바란다.

원서 깃허브 저장소의 Chapter12 폴더에 이번 장의 예제 코드가 있다. 또한, 이 책이 출간된 후에 뭔가 바뀌어서 예제가 제대로 실행되지 않는 경우 수정 방법을 이 저장소에 올리겠다. 해당 폴더의 주소는 https://github.com/PacktPublishing/Defending-APIs/tree/main/Chapter12이다.

12.2 마이크로서비스의 이해

우선 마이크로서비스가 무엇인지부터 짚고 넘어가자. 특히, 마이크로서비스가 어떤 문제점들을 해결하려고 하는지를 살펴보겠다. 또한 마이크로서비스가 제공하는 고유한 장점과 마이크로서비스를 사용할 때 생기는 단점도 소개한다.

마이크로서비스가 무엇인지 이해하는 데에는 마이크로서비스가 해결하고자 하는 근본적인 문제를 살펴보는 것이 도움이 될 것이다. 대형 소프트웨어 프로젝트에 참여한 경험이 있는(개발자로든, IT 운영자로든) 독자라면, 프로젝트가 성장하고 진화하면서 어떤 관성(inertia)이 생기는지 잘 알 것이다.

그런 대형 프로젝트는 모놀리스monolith에 해당할 때가 많다. 원래 모놀리스는 **하나의 커다란 블록 또는 구조물**을 뜻하는 단어이다. 소프트웨어의 문맥에서 모놀리스는 주어진 비즈니스 기능을 제공하는 데 필요한 모든 소프트웨어 구성요소와 서비스, 인터페이스가 한 덩어리로 뭉쳐진 결과물을 가리킨다. 모놀리스 시스템은 **3층 구조 응용 프로그램**(three-tier application)일 때가 많다. [그림 12.1]은 3층 구조 응용 프로그램을 도식화한 것이다.

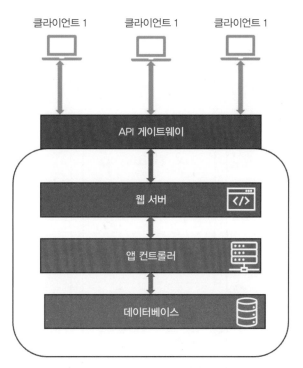

그림 12.1 전형적인 3층 구조 모놀리스 아키텍처.

이런 아키텍처에서는 모든 구성요소를 동기적으로 릴리스해야(release) 한다. 이는 모든 개발팀이 납기(delivery) 일정을 일치시켜야 한다는 뜻이다. 게다가 이런 아키텍처를 지원하는 인프라(API 게이트웨이, 데이터베이스 등)를 준비하고 갱신하는 작업 역시 그러한 일정에 맞추어야 한다.

이런 모놀리스 개발에는 릴리스 주기(release cylce)가 길고 느리고, 시스템이 취약하고(fragile), 새로운 기술을 적용하기 힘들고, 의존성이 높다는 단점이 있다. 이런 단점들은 아키텍처 자체에서 비롯하는 필연적인 단점이다.

보안의 관점에서 모놀리스 응용 프로그램들의 공통적인 문제점 하나는 릴리스 주기이다. 모의 침투 테스트를 이용해서 취약점이 있는 구성요소들을 식별할 수는 있다. 하지만 결합도와 상호 의존성이 높기 때문에, 식별된 구성요소의 핫픽스만 릴리스하는 것으로는 응용 프로그램 전체의 보안 문제가 해결되지 않을 수 있다. 결과적으로, 응용 프로그램이 공격에 노출되는 기간이 길어진다.

12.2.2 마이크로서비스를 이용해서 규모가변성과 성능이 좋은 응용 프로그램 만들기

모놀리스 응용 프로그램이 가진 문제점들을 살펴보았으니, 이제 마이크로서비스의 장점들로 넘어가자. 이해를 돕기 위해 현실적인 마이크로서비스의 예를 들기로 한다. 마이크로서비스의 성공 사례로 흔히 승차 공유 서비스들을 꼽는다. [그림 12.2]는 설명을 위해 만들어낸 가상 승차 공유 서비스인 **유바**Yuba의 모바일 앱이다.

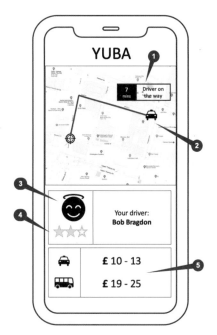

그림 12.2 승차 공유 서비스 유바 앱의 홈 화면.

이 마이크로서비스 기반 아키텍처의 가치를 파악하려면 앱에 표시된 다음 요소들에 주목할 필요가 있다.

1. 운전자의 예상 도착 시간
2. 운전자 위치를 보여주는 지도
3. 운전자 정보(이름 및 연락처)
4. 운전자 평점 및 피드백
5. 예상 운임

이런 요소들을 잘 생각해 보면, 각각은 고유하고 개별적인 기능을 제공함을 알 수 있다. 예를 들어 운전자의 예상 도착 시간은 운전자의 평점에 의존하지 않는다. 또한, 운전자의 현재 위치는 예상 운임에 의존하지 않는다. 이처럼 개별 구성요소들이 서로 의존하지 않는다는 것이 바로 **느슨하게 결합된**(loosely coupled) **아키텍처**, 즉 결합도가 낮은 아키텍처의 핵심이다.

결합도 낮은 아키텍처의 장점을 실감할 수 있는 예로 이런 시나리오를 생각해 보자. 유바의 운전자 위치 추적 팀이 위치의 정밀도를 높여서 서비스를 개선하려고 한다. 그런 경우 위치 추적 팀은 그냥 자신의 마이크로서비스만 다시 릴리스하면 된다. 모든 개발팀의 일정을 조정해서 앱 전체를 다시 빌드할 필요가 없다. 운전자 평점 서비스에 장애가 발생했다고 해도 앱 화면에 평점이 일시적으로 표시되지 않을 뿐이다. 앱의 나머지 부분은 잘 작동한다(즉, 치명적인 장애가 아니라 우아한(graceful) 고장일 뿐이다). 운임 팀이 백엔드 데이터베이스를 다른 데이터베이스로 바꾸기로 했다면, 역시 앱 전체의 작동에 영향을 거의 미치지 않고 전환 작업을 진행할 수 있다.

이러한 장점은 보안의 관점에서도 매우 중요하다. 어떤 서비스에서 취약점이 발견되었다면(이를테면 운전자 상세 정보 위젯에 XSS 취약점이 있음을 알게 되었다면), 일단 해당 서비스를 비활성화하고 핫픽스를 준비하면 된다.

마이크로서비스 아키텍처에는 이처럼 다양한 장점이 있다. 하지만 중요한 단점들도 있다. 그럼, 주로 보안의 관점에서 마이크로서비스의 단점들을 살펴보자

12.2.3 **마이크로서비스의 위험과 난제**

마이크로서비스 아키텍처의 가장 명백한 단점은 분산된 설계에서 오는 복잡성이다. 모놀리스 아키텍처에서는 전체 시스템이 어떻게 작동하는지를 파악하기가 쉽다. 그냥 소스 코드를 보면 된다. 하지만 마이크로서비스 아키텍처에서는 여러 서비스가 (API들을 통해서) 어떻게 연결되는

지, 어떤 식으로 상호작용하는지를 따져 봐야 한다. 마이크로서비스들의 배포 역시 쉽지 않다. 배포 시 다른 서비스들과의 연결성과 의존성을 고려해야 하기 때문이다.

보안의 관점에서는 상황이 더 복잡하다. 보안상의 핵심 난제 몇 가지를, [그림 12.3]에 나온 단순화된 마이크로서비스 앱을 예로 들어서 설명해 보겠다([그림 12.3]은 제11장의 [그림 11.2]를 바탕으로 한 것이다. 동, 서 등은 제11장의 설명을 참고하자).

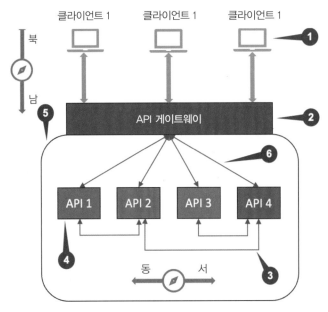

그림 12.3 단순화된 마이크로서비스 아키텍처.

이러한 구조에서, 보안의 관점에서 고려해야 할 사항들은 다음과 같다(이 밖에도 더 있을 것이다).

- **클라이언트와 사용자의 인증 및 권한 부여**: 클라이언트와 최종 사용자가 게이트웨이에 자신을 인증하는 방법은 무엇인가? 인증 정보가 백엔드 마이크로서비스들에는 어떻게 전파되는가? 권한 부여는 어떻게 관리되는가?
- **API 게이트웨이 내부의 보안 제어**: API 게이트웨이는 수많은 백엔드 마이크로서비스들과의 복잡한 남북 트래픽을 통제하고 제어하는 데 핵심적인 역할을 한다. 마이크로서비스들이 복잡하게 배치된 구조에서는 API 게이트웨이가 모든 공용 종단점(public endpoint)을 균일하게 제어하게 만드는 것이 쉽지 않다.
- **시스템 내부 API 보안**: 시스템 안에서 개별 마이크로서비스 간 통신의 보안은 어떻게 보장해야 할까? 예를 들어 어떤 마이크로서비스가 어떤 마이크로서비스에 접근할 수 있는지를 어떻게 관리해야 할까?

- **개별 마이크로서비스의 API 보안**: 각 마이크로서비스가 자신의 API 보안을 관리하는 방법은 무엇인가?
- **마이크로서비스 주변 경계의 보안**(진출(egress) 트래픽 보안): 마이크로서비스의 주변 경계(perimeter) 안에서 외부 연결성(external connectivity)을 어떻게 관리하는가? 외향(outbound) 연결성의 보안은 어떻게 보장하는가?
- **서비스 간 API 보안**(진입 트래픽 보안): API 게이트웨이에서 마이크로서비스로의 연결에 대한 보안은 어떻게 보장하는가?

이상은 마이크로서비스 아키텍처의 API 보안에 따르는 난제들의 극히 일부일 뿐이다. 그럼 마이크로서비스들을 지탱하는 토대(foundation) 또는 기반 구조의 보안에서 시작해서 이 주제들을 좀 더 자세히 살펴보자.

12.3 마이크로서비스 기반 구조의 보안

모든 시스템은 그 토대만큼만 강하다. 마이크로서비스 아키텍처도 예외는 아니다. 사실 마이크로서비스들은 매우 이질적인 토대들 위에 구축되는 경우가 많은 만큼, 이 점이 특히나 중요하다. 다음은 일반적인 기반 구조 몇 가지와 그것을 보호하는 방법이다.

12.3.1 컨테이너

컨테이너를 사용하는 시스템에서 컨테이너의 보안은 필수적인 고려 사항이다. 컨테이너가 핵심 배포 단위인 마이크로서비스 아키텍처에서는 특히나 그렇다.

제11장의 §11.2.1 '컨테이너 이미지'에서 우리는 보안을 강화해서 컨테이너 이미지를 만드는 것의 중요성을 이야기했다. 혹시 그 절을 건너뛰었다면, 지금 바로 그 절로 가서 권장 사항들을 읽고 다시 돌아오기 바란다.

컨테이너를 안전하게 사용하려면 실행 시점에서 컨테이너 이미지를 보호하는 것도 중요하다. 특히, 미인가 접근이 허용되거나 컨테이너가 예상과는 다르게 작동하는 일이 없게 해야 한다. 사실 컨테이너는 그냥 하나의 프로세스에 지나지 않는다. 소위 **감옥**(jail) 안에서 실행된다는 점이 다른 프로세스와 다를 뿐이다. 이상적으로 컨테이너 프로세스는 감옥 바깥에 있는 자원에 접근하지 못해야 한다. 하지만 안타깝게도 공격자가 컨테이너를 **탈옥**시키는(jailbreak) 것도 불가능한 일이 아니다. 탈옥한 컨테이너는 호스트의 파일들에 접근하거나, 외부 인터넷에 연결하거나, 기타 시스템에 해가 되는 작업을 수행할 수 있다.

다행히도 시장에는 컨테이너 런타임의 행동을 상세하게 감시하고 미리 설정된 규칙에서 벗어나는 행동을 보이면 경보를 발생하는 기능을 제공하는 솔루션이 다양하게 나와 있다. 그럼 CNCF[역주]의 인기 프로젝트 중 하나인 Falco(https://falco.org)를 살펴보자. Falco는 커뮤니티 버전을 제공한다.

Falco는 호스트 운영체제에 직접 설치해서 사용할 수도 있고 쿠버네티스의 클러스터에 배치할 수도 있다. Falco는 유연한 규칙 집합을 이용해서 다양한 관심 이벤트를 감지한다. 이벤트 감지 시 다양한 채널로 경보를 발생할 수 있다. 그런 경보들을 중앙 모니터링 시스템으로 감시할 수도 있고, 필요하다면 문제가 발생한 컨테이너를 직접 종료하는 것도 가능하다.

간단한 예로, 컨테이너 안에서 셸이 실행되는 상황을 감지하는 규칙을 생각해 보자. 셸 실행은 침해의 초기 징조로 간주할 수 있다. 공격자가 컨테이너에 대한 접근 권한을 얻고 셸을 통해서 새로운 공격을 시도하려는 것일 수 있기 때문이다.

다음의 예제 규칙에서 굵게 강조된 부분이 핵심 감지 조건이다. 이 조건은 컨테이너 안에서, 지정된 진입점(entry point) 이외의 지점에서 셸(bash)이 실행되는 상황을 감지한다.

```
- macro: container
  condition: container.id != host
- macro: spawned_process
  condition: evt.type = execve and evt.dir=<
- rule: run_shell_in_container
  desc: a shell was spawned by a non-shell program in a container. Container
entrypoints are excluded.
  condition: container and proc.name = bash and spawned_process and proc.pname
exists and not proc.pname in (bash, docker)
  output: Shell spawned in a container other than entrypoint (user=%user.name
container_id=%container.id container_name=%container.name shell=%proc.name
parent=%proc.pname cmdline=%proc.cmdline)
  priority: WARNING
```

이 규칙은 이벤트 감지 시 심각도가 WARNING(경고)인 경보 메시지를 표준 출력으로 출력한다. Falco에는 합리적인 기본값을 갖춘 다양한 규칙이 내장되어 있으며, 플러그인이나 gRPC API를 이용해서 기본 규칙들을 확장하는 것도 가능하다.

[역주] CNCF는 Cloud Native Computing Foundation(클라우드 네이티브 컴퓨팅 재단)을 말한다. 공식 웹사이트는 https://www.cncf.io/이다. —옮긴이

필수는 아니지만, 마이크로서비스 아키텍처에 기반한 대형 시스템에서는 쿠버네티스Kubernetes를 오케스트레이터orchestrator로 활용하는 경우가 대단히 많다. 복잡한 배포 관리를 간소화해서 대규모 마이크로서비스 기반 프로젝트를 현실화한 공로는 (컨테이너와 함께) 쿠버네티스에 있다. 하지만 보안의 관점에서 쿠버네티스는 공격 표면을 키워서 보안의 복잡성을 높이는 요인이다.

이번 절에서는 쿠버네티스의 보안을 위한 기본적인 권장 사항 몇 가지를 살펴본다. 쿠버네티스의 관리를 책임지는 독자라면 이번 장 끝의 **더 읽을거리** 절에 있는 좀 더 상세한 자료들도 꼭 참고하기 바란다.

보안 연구자이자 API 보안 뉴스레터의 큐레이터로서 나는 쿠버네티스 API의 과도한 데이터 노출과 관련한 보안 문제를 거의 매주 보고한다. 과도한 데이터 노출 취약점은 쿠버네티스 클러스터에 대한 가장 일반적인 공격 벡터이다. 특히, 만일 공격자가 기본 관리자 역할(default admin role)에 대한 접근 권한을 획득한다면 치명적인 결과가 발생할 여지가 있다. 피해를 줄이려면 클러스터의 마스터 노드master node와 워커 노드worker ndoe들에서 **모든 민감한 API 포트에 대한 네트워크 접근을 제한해야 한다.**

관련된 주제로, 관리자는 반드시 **클러스터에 대한 네트워크 접근을 제한**해서 공격자가 워커 노드나 제어 평면(control plane)에 접근하지 못하게 해야 한다. 노드들과 워커들 사이의 모든 통신은 **TLS**(Transport Layer Security; 전송 계층 보안)로 보호해야 한다. 쿠버네티스의 핵심 구성요소 중 하나로 **etcd**가 있다. etcd에는 클러스터의 상태 및 비밀값이 저장된다. 그런 만큼, **강력한 인증 또는 네트워크 제어를 통해서 etcd에 대한 접근을 적절히 제한해야 한다.**

쿠버네티스는 세밀한 단위로 접근 권한을 제한할 수 있는 종합적인 **역할 기반 접근 제어**(role-based access control, RBAC) 기능을 제공한다. 클러스터에 항상 **적절한 RBAC 제어를 적용**하는 것이 바람직하다.

쿠버네티스에서 흔히 볼 수 있는 또 다른 보안 위험은 쿠버네티스 관리 대시보드에 대한 접근을 제한하지 않고 열어 두는 것이다. 공격자가 클러스터를 임의로 제어할 수 있게 된다는 점에서, 이는 마스터 API에 대한 접근을 개방하는 것만큼이나 위험한 일이다. 침해 위험을 최소화하려면 반드시 **관리 대시보드 자체를 아예 비활성화하거나, 아니면 접근 제어를 엄격하게 구현해야 한다.**

컨테이너 보안을 위한 모범관행은 앞에서 이야기했다. 그 모범관행들 외에, 관리자는 반드시 노드에서 실행되는 컨테이너의 **특권**(previlege)**과 자원 접근을 제한해야 한다.** 특히, 루트 실행 권한을 비활성화하고 읽기 전용 파일 시스템을 사용하게 해야 한다.

이상의 권장 사항들은 여러분이 따라야 하는 모범관행의 일부일 뿐이다. 쿠버네티스 공식 문서화나 OWASP 같은 권위 있는 출처의 현재 권장 사항들을 반드시 확인하기 바란다. 복잡성에는 위험이 따르기 마련이다.

12.3.3 관측 가능성

보이지 않는 것은 지킬 수 없다는 격언이 있다. 이 말은 고도로 분산된 수많은 구성요소들의 연결로 이루어진 마이크로서비스 아키텍처에 특히나 잘 적용된다. 마이크로서비스 아키텍처의 성능과 가용성을 보장하려면 반드시 시스템의 내부를 속속들이 살펴보고 시스템 전체의 행동을 측정, 파악하기 위한 관측 가능성(observability)을 확보해야 한다.

측정항목

측정항목(metric) 혹은 척도는 대상 시스템의 여러 구성요소의 상태와 특성을 파악하기 위해 측정하는 어떤 수치나 양을 말한다. 흔히 요구되는 측정항목으로는 CPU 사용량, 메모리 사용량, 네트워크 처리량 및 잠복지연(latency), 파일 시스템 통계치, API 요청 수, 기타 성능 관련 자료가 있다. 측정항목 중에는 **개수**나 **횟수**(count)로 표현되는 것도 있고(이를테면 API 요청 같은 이벤트의 발생 횟수) **양**이나 **값**으로 표현되는 것도 있다(이를테면 가용 메모리 용량). 시계열 데이터(time series data)에 해당하는 측정항목은 **히스토그램**histogram으로 표현하기도 한다

측정항목을 수집하고 모니터링하는 데 흔히 쓰이는 도구로는 Prometheus, New Relic, Dynatrace, Datadog 등이 있다.

추적

추적(tracing)은 시스템의 행동을 이해하기 위해 일련의 요청들이나 연산들, 반응들을 이름 그대로 '추적'하는 활동이다. 그런 만큼 추적은 지원팀이나 개발팀이 시스템에 있는 문제점을 디버깅하는 데 유용하다. 적절한 수준의 메타데이터(이를테면 요청 매개변수와 응답 본문)가 마련되어 있다면, 지원팀은 실패한 요청을 추적 자료를 바탕으로 재현함으로써 근본 원인을 파악할 수 있다. 하지만 추적을 위해 지나치게 상세하고 장황한 정보를 캡처하면 성능이나 보안에 나쁜 영향이 미칠 수 있음을 주의해야 한다.

마이크로서비스 아키텍처에서 추적 기능을 구현할 때 흔히들 사용하는 도구로는 Datadog, Honeycomb, Jaeger, Zipkin, New Relic, Splunk 등이 있다.

로깅

로깅은 가장 흔히 쓰이는 관측 가능성 확보 방법이다. 프로그램을 디버깅해 본 사람이라면 로깅이 얼마나 유용한지를 잘 알고 있을 것이다. 로깅 시스템은 로그 항목(로그 메시지 자체와 함께 날짜 및 시간, 심각도 수준, 기타 메타데이터를 포함한)을 지역 또는 중앙 로그 시설에 기록한다. 이를테면 *syslog* 서버가 중앙 로그 시설(central log facility)이다. 지원팀은 기록된 로그들을 분석해서 일련의 이벤트를 파악하고 비정상적인 행동을 식별한다. 로그 항목들은 감식(foresic) 자료를 충분히 제공할 수 있을 정도로 상세해야 하지만, 성능이나 저장 공간에 부담이 될 정도로 장황해서는 안 된다. 이 두 요구의 균형을 잘 맞추어야 한다.

프로파일링

관측 가능성의 마지막 기둥은 프로파일링profiling이다. 프로파일링을 통해서 지원팀이나 개발팀은 시스템의 성능에 대한 통찰을 얻는다. 이를 위해서는 다양한 성능 데이터(주로는 어떤 활동을 수행하는 데 걸린 시간)를 수집해야 한다. 충분한 데이터를 수집한 후 시각적으로(그래프 등) 표현해 보면 시스템의 어떤 구성요소가 성능이 나쁜지, 병목으로 작용하는지에 대한 통찰을 얻게 된다. 예를 들어 실행 시간을 프로파일링해 보면 시간이 가장 많이 걸리는 실행 경로(이를테면 병목 현상을 일으키는 비효율적인 데이터베이스 질의)를 알아낼 수 있다.

12.4 마이크로서비스 연결성의 보안

이제부터는 마이크로서비스 보안의 핵심 측면 중 하나인 연결성(connectivity)을 논의하겠다. 외부 연결성(소위 남북 트래픽)과 내부 연결성(소위 동서 트래픽)을 모두 고찰하기로 한다.

12.4.1 어디서든 TLS를 사용하라

여러 구성요소가 연결된 시스템의 보안을 보장하는 문제에 대해 첫째 가는 권장 사항은 바로 안전한(보안) 전송 계층을 사용하라는 것이다. 현실적으로 이는 안전한 TLS에 기반한 HTTPS 프로토콜을 사용하는 것에 해당한다.

클라이언트 연결성

[그림 12.3]의 단순화된 마이크로서비스 아키텍처를 다시 보자. 이번에는 외부 클라이언트와의 연결에 대한 보안 문제(5번)에 주목하기 바란다. 현대적인 API 게이트웨이에서는 이런 연결의 보안이 간단하다. API 게이트웨이들이 HTTP 및 보안 HTTPS 클라이언트 종료(접근 차단)를 잘 지원하기 때문이다. 보안 클라이언트 채널을 활성화하려면, API 게이트웨이에 적절한 인증서를 설치하고 모든 클라이언트가 보안 연결을 사용하게 만들면 그만이다. 이러한 채널의 보안이 제대로 작동하려면 클라이언트 쪽에서 서버의 인증서를 제대로 확인해야(인증서가 유효하지 않거나 만료되지는 않았는지 등) 하고, MitM 공격(중간자 공격)을 방지하는 보호책도 필요하다. MitM 공격 방어에는 흔히 인증서 고정(certificate pinning) 기법이 쓰인다. **이 연결의 신뢰 관계는 단방향이다.** 클라이언트는 서버의 출처를 확인할 수 있지만, 그 반대는 아니다.

실질적인 예로, **제11장**의 §11.4 'API 게이트웨이와 APIM 활용'에서 본 콩 API 게이트웨이를 생각해 보자. 콩에서 HTTPS 연결을 활성화하려면 **ACME 플러그인**[역주]을 설치하고 몇 가지 매개변수(관리자 이메일 주소 등)를 설정하기만 하면 된다. Let's Encrypt 같은 서비스에서 인증서를 가져오고 이후 모든 트래픽에 보안을 적용하는 작업은 플러그인이 알아서 처리한다.

서비스 연결성

다음으로, 서비스들 사이의 연결을 보호하는 문제를 살펴보자. 이것은 [그림 12.3]의 3번과 6번 항목에 해당한다. 이 연결의 양 끝은 둘 다 배포 시점에서 고정된다. 따라서 공개 키 암복호화를 이용해서 두 종단점의 신뢰 관계를 확립할 수 있다. 그러면 **mTLS**, 즉 **상호 TLS**(mutual TLS)를 사용할 수 있게 된다. 상호 TLS에서는 연결의 두 당사자가 상대방의 인증서를 확인해서 양방향 신뢰 관계를 확립한 후 통신을 시작한다. 클라이언트와 서버 둘 다 처음에는 상대를 신뢰할 수 없다. 따라서 mTLS에서 처음으로 상호 신뢰 관계를 맺는 것은 닭이 먼저냐 달걀이 먼저냐를 연상케 하는 난제이다. 상호 신뢰 관계를 확립하려면 클라이언트와 서버가 공개 키/개인 키 쌍을 인증서의 형태로 안전하게 주고받아야 한다. 이를 위해서는 **인증 기관**(certificate authority, CA)이 필요하다. 마이크로서비스 아키텍처의 경우에는 흔히 마이크로서비스 환경에 지역 CA 서버를 설치하고, 클러스터 시동 시 그 서버가 적절한 인증서를 생성하고 배포하게 한다.

이런 처리 때문에 시스템에 상당한 부담이 추가될 것 같지만, mTLS의 장점들이 그런 부담을 상쇄한다. 다음은 상호 TLS의 여러 장점이다.

[역주] 구체적인 설치, 설정 및 사용 방법은 https://docs.konghq.com/hub/kong-inc/acme/를 참고하기 바란다. —옮긴이

- 중간자 공격이 방지된다.
- 스푸핑 공격이 방지된다. 서버와 클라이언트의 신원이 보장되기 때문이다.
- 자격증명 기반 공격의 위험이 사라진다. 자격증명을 어딘가에 저장해서 사용할 필요가 없기 때문이다.
- 무차별 대입 공격이 방지된다. 애초에 무차별 대입 기법으로 추측할 자격증명이라는 것이 없다.
- 악성 API 요청도 방지된다. 클라이언트와 서버가 서로의 신원을 확인하고 상호 신뢰 관계를 맺은 상태에서 통신이 일어나기 때문이다.

이처럼 다양한 공격 벡터를 제거해 준다는 점에서, 모든 마이크로서비스 시스템에서 mTLS를 사용할 것을 반드시 고려해야 할 것이다.

12.4.2 적정(just enough) 서비스 메시

이번 장 도입부에서 나는 마이크로서비스 아키텍처가 인기를 끌면서 생겨난 최신 기술 몇 가지를 살펴볼 거라고 말했다. 이번 절에서는 그중 가장 주목 받는 기술인 서비스 메시service mesh를 간단하게나마 소개하겠다.

서비스 메시 기술은 복잡하고 빠르게 변화하는 첨단 분야인 만큼, 제한된 지면에서 제대로 설명하기가 쉽지 않다. 여기서는 서비스 메시가 왜 나왔고 어떤 문제를 해결하고자 하는지에 초점을 두겠다.

[그림 12.4]를 보자. **API 1**과 **API 2**라는 두 가지 마이크로서비스가 있다. 흔히 마이크로서비스들은 각각 독립적으로 개발되며, 서로 완전히 다른 기술 스택에 기반하기도 한다. 지금 예시에서 API 1은 스프링 부트Spring Boot를, API 2는 FastAPI를 사용한다. 각 마이크로서비스는 고유한 비즈니스 기능을 가지고 있지만, 네트워크와 로깅 계층에서는 기능이 상당히 많이 겹친다. 둘 다 유사한 프로토콜을 구현하고, 네트워크 장애를 처리하고, 서비스 발견(service discovery)을 수행하고, 재시도 및 실패를 처리하고, 장애 복구(failover)를 수행해야 한다. 예전(서비스 메시를 사용하지 않던)에는 이 모든 기능을 각 마이크로서비스 개발팀이 모두 구현하고 유지보수했다. 그러다 보니 각 개발팀의 전체 개발 시간에서 마이크로서비스 고유의 핵심 비즈니스 로직을 개발하는 데 드는 시간은 비교적 비중이 작았다. 또한, 마이크로서비스마다 코드 베이스와 의존 라이브러리들을 따로 두어야 하므로 공격 표면이 넓었다.

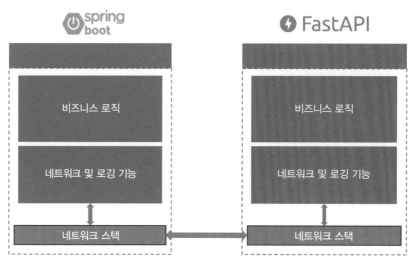

그림 12.4 전통적인 마이크로서비스 아키텍처.

서비스 메시는 그러한 문제점을 해결한다. [그림 12.5]는 **Istio** 같은 서비스 메시 위에 앞의 두 마이크로서비스를 얹은 모습이다. 앞에서 살펴본 아키텍처와의 주된 차이점은 다음과 같다.

• 네트워크 기능과 로깅 기능을 담당하는 계층이 완전히 제거되었다.
• 이제는 서비스들이 네트워크를 통해서 직접 통신하지 않는다.
• 서비스 메시의 구성요소들(주로는 엔보이 같은 역방향 프록시)이 비즈니스 로직과 서비스 메시 오버레이 네트워크 사이의 인터페이스로 작용한다.

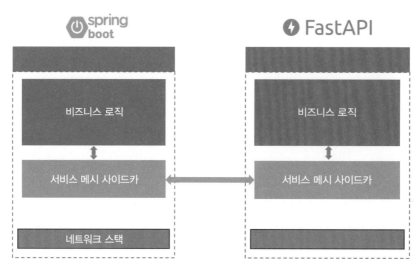

그림 12.5 서비스 메시 기반 마이크로서비스 아키텍처.

서비스 메시 사이드카sidecar는 모든 외부 연결성 처리를 책임진다. 서비스 메시의 사이드카(보통은 엔보이 기반이다)는 다음과 같은 기능을 제공한다.

- **통신 복원력(resiliency)**: 재시도, 시간 만료, 부하 분산, 장애 복구 등.
- **서비스 발견**: 의존성 정보를 하드코딩하지 않고도 서비스가 다른 서비스를 발견하는 능력이다.
- **접근 제어**: 차단 목록과 허용 목록.
- **관측 가능성**: 네트워크 연산들의 측정, 로깅, 추적.
- **보안**: TLS 적용 및 키 관리.

개발의 관점에서 서비스 메시 기반 접근 방식의 주된 장점은 앞에서 언급한, 상당한 분량의 저수준 네트워크 코드를 완전히 제거할 수 있다는 것이다. 해당 기능은 서비스 메시의 잘 관리되는 전용 구성요소가 담당한다.

하지만 서비스 메시에도 단점이 있다. 다음은 주요 단점 몇 가지이다.

- 서비스 메시의 구성요소와 설정 사항이 추가됨에 따라 전체적인 복잡도가 높아진다.
- 메모리와 CPU 같은 자원의 소비가 늘어난다.
- 비교적 최신 기술인 탓에 얼리 어댑터로서 겪는 어려움이 있다.

서비스 메시는 점점 더 인기를 끌고 있다. 이번 장 마지막 절에서 좀 더 현실적인 예를 살펴볼 것이다.

12.4.3 CORS(교차 출처 자원 공유)

제10장에서 우리는 CORS를 제대로 설정하는 것의 중요성을 논의했다. 마이크로서비스 환경에서 API들을 보호하려면, CORS를 정확하게 적용해서(다양한 미들웨어를 통해) 주어진 API에 대한 접근을 제한하는 것이 필수이다. 대체로, mTLS나 네트워크 분리(network segregation) 같은 다른 제어 수단들은 공격자가 시스템 안에서 수평으로 움직이면서 시도하는 공격을 방어하는 데 효과적이다. 반면에 엄격한 CORS 정책은 그와는 다른 보호 계층을 추가한다.

12.5 마이크로서비스의 접근 제어

제2장의 §2.3 '접근 제어'에서 인증과 권한 부여가 API 보안의 핵심이라고 말했다. 그럼 인증과 권한 부여에 초점을 두고 마이크로서비스의 접근 제어 문제를 살펴보자.

12.5.1 핵심은 '제로 트러스트'

마이크로서비스의 접근 제어를 이야기하려면, 제로 트러스트zero trust 컴퓨팅의 원칙을 개괄적이나마 이야기할 필요가 있다. 이름에서 짐작하겠지만 제로 트러스트 컴퓨팅은 **절대로 신뢰하지 말고 항상 확인하라**를 기본 원칙으로 삼는다. 주어진 장치나 클라이언트가 서버나 자원과 같은 네트워크에 있어도 신뢰하면 안 된다. 항상 철저하게 확인해야 한다. 사실 이 책을 여기까지 읽었다면, 장치나 클라이언트를 절대로 신뢰하지 말고 항상 신원과 권한을 완전히 확인해야 한다는 제로 트러스트 원칙이 당연하게 느껴질 것이다. 이 책에서 나는 손상된 객체/기능 수준 권한 부여 취약점을 방지하려면 항상 명시적으로 권한을 확인해야 한다는 점을 여러 번 강조했다. 클라이언트와 서버의 밀도가 높은, 그래서 네트워크 트랜잭션이 훨씬 빈번하게 발생하는 마이크로서비스 아키텍처에서는 제로 트러스트 원칙을 철저하게 따르는 것이 더욱더 중요하다.

NIST SP 800-207에 따르면(**더 읽을거리** 절 참고) 제로 트러스트에는 일곱 가지 '교리(tenet)'가 있다. 다음과 같다.

1. 모든 데이터 원본(data source; 또는 데이터 출처)과 컴퓨팅 서비스를 자원으로 간주한다.

2. 모든 통신에는 네트워크의 위치와 관계없이 보안을 적용한다.

3. 개별 기업(엔터프라이즈) 자원에 대한 접근은 세션 별로 허용한다.

4. 자원에 대한 접근 허용 여부는 동적인 정책으로 결정한다.

5. 기업은 모든 소유 자산 및 관련 자산의 무결성과 보안 태세(security posture)를 모니터링하고 측정한다.

6. 모든 자원은 동적이고 엄격한 인증 및 권한 부여를 거친 후에만 접근하게 한다.

7. 기업은 자산(asset)들과 네트워크 인프라, 통신에 관한 정보를 최대한 많이 수집해서 보안 태세를 개선하는 데 사용한다.

2번 교리는 이번 장의 §12.4.1 '어디서든 TLS를 사용하라'에서 다루었고 5번과 7번은 §12.3.3 '관측 가능성'에서 다루었다. 그럼 3번, 4번, 6번 교리와 관련해서 마이크로서비스 아키텍처의 인증과 권한 부여, 토큰 관리를 간단히 짚어 보자.

API 게이트에서 외부 클라이언트(웹 또는 모바일 앱을 통해 접근하는)를 인증하는 것은 마이크로서비스의 인증에서 가장 중요한 과제이다. 이를 위해서는 OAuth2의 적절한 흐름(**제2장** 'API의 이해' 참고)을 적용하는 것이 권장된다.

OAuth2에 기반한 클라이언트 종료는 API 게이트웨이 자체에서 시행할 수도 있고(예를 들어 콩 게이트웨이에는 OAuth2의 모든 흐름을 지원하는 플러그인이 있다), 개별적인 ID 공급자(identity provider, IdP; 또는 신원 제공자)를 이용할 수도 있다. 어떤 쪽인지는 서비스의 구체적인 용례나 목적에 따라 결정해야 한다. [그림 12.6]은 ID 공급자를 따로 두는 경우이다.

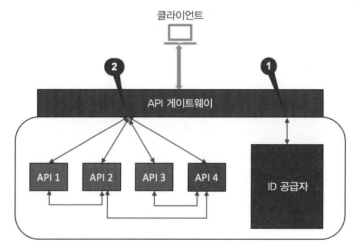

그림 12.6 게이트웨이와 개별적인 ID 공급자.

마이크로서비스 앱에 접근하려는 클라이언트는 다음과 같은 요청을 보낸다.

1. 먼저 ID 공급자에게 인증 요청을 보내서 토큰을 받는다(이때 토큰은 이를테면 OpenID Connect 토큰이나 클레임을 포함한 JWT이다).
2. 그런 다음에는 마이크로서비스 앱에 대한 접근을 API 게이트웨이에 요청하는데, 이때 단계 1에서 받은 토큰을 신원 확인용 ID 또는 클레임으로서 요청에 포함시킨다.

일반적으로 현대적인 마이크로서비스 아키텍처에서는 OpenID Connect를 OAuth2 위에 얹는다. 이는 클라이언트를 위한 강한 신원을 획득하기 위한 것이다. **Curity**[역주]의 API 보안 성숙도 모델에서 이는 첫 단계인 **토큰 기반 인증**(token-based authentication)에 해당한다(자세한 사

[역주] Curity는 API 보안 및 ID 연계(Identity Federation) 솔루션을 제공하는 업체이다. 웹사이트는 https://curity.io/이다. —옮긴이

항은 **더 읽을거리** 절의 자료를 참고하자). 이 성숙 단계에서 서버는 클라이언트의 신원을 알지만 클라이언트의 접근 권한들은 알지 못한다. 이 단계에서 게이트웨이 뒤의 서비스들은 그저 클라이언트가 게이트웨이의 인증 과정을 통과했다는 점(클라이언트가 소지한 토큰이 그 증거이다)만 믿고 모든 접근을 허용한다. 즉, 클라이언트가 누구인지는 확인했지만, 클라이언트가 하고자 하는 일을 정말로 하게 해도 되는지는 아직 확인하지 않은 것이다.

12.5.3 권한 부여 시행

성숙도 모델의 제2 단계(Curity가 **토큰 기반 권한 부여**(token-based authorization)라고 부르는)로 넘어가려면 시스템 설계자는 API 게이트웨이에서 어떤 형태로든 권한 부여 서버를 구현해야 한다. 그 서버는 클라이언트의 신원을 유효한 권한 집합과 부합해서 권한들을 확인해야 하는데, 이때 흔히 토큰에 담긴 클레임들이 확인에 쓰인다.

권한 부여 서버 또는 인가 서버는 중앙 집중화할 수도 있고(이것이 가장 쉬운 접근 방식이지만, 단일 장애점(single point of failure)이 되기 쉽다), 분산할 수도 있다(가장 복잡하지만 복원력이 좋다). 권한 부여 서버로 흔히 쓰이는 것은 **Open Policy Agent**(OPA, https://www.openpolicyagent.org/)이다. 클레임은 JWT에 내장된다. 마이크로서비스 백엔드에서 JWT와 클레임을 서명하고 검증해서 요청자의 접근 권한을 확인한다.

권한 부여 서버의 위상구조(topology) 설계에서 핵심적인 결정 사항 하나는 다대일(many-to-one) 위상구조를 사용할 것인지 아니면 일대일 위상구조를 사용할 것인지다. 다대일은 모든 마이크로서비스가 하나의 중앙 권한 부여 서버와 통신하는 구조이고 일대일은 마이크로서비스마다 따로 권한 부여 서버를 두는 방식이다.

다대일 위상구조가 구현하기 제일 간단하고 실제로도 가장 흔히 쓰이지만, 다음과 같은 단점이 있다.

- 모든 권한 부여 결정이 각 서비스와 가까운 서버가 아니라 단일한 중앙 서버에서 일어나므로 서비스들 사이의 경계가 흐려진다.
- 권한 부여 서버가 침해될 수 있다. 그러면 모든 서비스에 영향이 미친다.
- 권한 부여 서버가 모든 마이크로서비스에 대한 단일 장애점이 된다.

일대일 위상구조에서는 이런 단점들이 완화된다. 대신에 전체적인 복잡도와 설정 난이도가 높아진다.

12.5.4 **토큰 관리 전략**

마이크로서비스 아키텍처에서 클라이언트의 인증과 권한 부여를 처리할 때 토큰(주로는 JWT)이 중요하다는 점은 이야기했다. 인증과 권한 부여에 쓰이는 토큰에는 클라이언트의 신원에서부터 저수준 접근 권한에 이르기까지 수많은 세부 정보가 담겨 있다. 따라서 서비스 외부에 있는, 잠재적으로 위험한 참여자가 토큰 원본에 접근하는 것을 반드시 막아야 한다. 이를 위해서는 API 게이트웨이의 바깥쪽, 즉 공용(public) 인터페이스에서 그런 토큰을 볼 수 없게 하는 것이 좋다. 클라이언트가 트랜잭션마다 자신을 다시 인증하게 만드는 것은 바람직하지 않으므로, 공용 인터페이스에서 토큰을 읽지 못하게 만들어야 한다.

그러한 토큰 난독화(obfuscation)에 유용한 수단으로 **불투명 토큰**(opaque token; 또는 불명료 토큰)이 있다. 참조 토큰(reference token)이나 팬텀 토큰(phantom token)이라고도 부르는 불투명 토큰은 실제 토큰에 담긴 신원 정보나 클레임 같은 내부 세부사항을 밖에서 쉽게 알아보지 못하도록 '불투명하게' 만든 것이다. 불투명 토큰과 실제 토큰을 교환하는 작업은 외부 클라이언트가 내부 서비스에 접근할 때마다 API 게이트웨이가 수행한다. 클라이언트가 자신의 불투명 토큰을 제공하면 API 게이트웨이는 그에 대응되는 실제 토큰을 조회해서 내부 서비스에 전달한다. 이렇게 하면 내부 세부사항을 공용 인터페이스에서 볼 수 없게 된다. 대신, 성능에 부담이 생기고(교환에 시간이 걸리므로), API 게이트웨이가 단일 장애점이 된다는 단점이 있다.

이와는 다른 방식으로, 소위 **토큰 분리**(split token) 접근 방식에 따라 토큰을 교환할 수도 있다. 이 방식에서는 토큰(JWT)을 두 부분으로 분리한다. 하나는 서명이고 다른 하나는 헤더/본문 쌍이다. 서명은 공용 인터페이스에서 클라이언트를 식별하는 용도로 쓰인다. API 게이트웨이의 캐시 서버는 주어진 서명을 이용해서 그에 해당하는 전체 토큰을 조회한다. 내부 마이크로서비스들은 그 전체 토큰을 이용해서 인증과 권한 부여를 진행한다. 불투명 토큰처럼 이 방식에도 공용 인터페이스에서 토큰의 내부 세부사항을 보지 못하게 한다는 장점이 있다. 그러면서도 성능 부담이 덜하다.

이번 장의 마지막 절인 이번 절에서는 실제로 마이크로서비스를 보호하는 데 사용할 수 있는 현행 기술들을 살펴본다. 주로 쿠버네티스에 기반한 현대적인 기술 스택을 소개할 것이다.

이전 논의에서 실감했겠지만, 현대적인 마이크로서비스 아키텍처에서 최적의 인증/권한 부여/네트워크 아키텍처를 선택하기란 쉽지 않다. 시스템의 복잡도와 규모가 증가함에 따라 보안 엔지니어가 직면하는 선택의 폭이 감당하기 어려울 정도로 넓어진다. 다행히 이 분야의 서비스 제공업체들이 혁신을 이루고 있다. 여러 제공업체는 마이크로서비스 아키텍처에 보안 기능성을 높은 수준으로 통합해서 서비스를 처음부터 안전하게 만들어 주는 솔루션들을 제공한다. 그리고 그 정도는 아니라도, 적어도 보안을 나중에 추가하면 되는 고려 사항이 아니라 처음부터 핵심적인 고려 사항으로 두게 하는 제공업체들이 많다.

이 글을 쓰는 현재 이 분야에서 주목할 만한 제공업체들은 다음과 같다.

- **Traefik Labs**: 주요 제품/서비스는 **Traefik Hub**(https://traefik.io/traefik-hub/)이다.
- **Ambassador Labs**: 주요 제품/서비스는 **Edge Stack**(https://www.getambassador.io/products/edge-stack/api-gateway)이다.
- **Nginx**: 주요 제품/서비스는 **Ingress Controller**(https://www.f5.com/products/nginx/nginx-ingress-controller/)와 **Gateway Fabric**(https://www.f5.com/products/nginx/nginx-gateway-fabric)이다.
- **Solo.io**: 주요 제품/서비스는 **글루 에지**(https://www.solo.io/gloo-edge-1-16/)이다.

여기서는 **Solo.io**의 **글루 에지** 플랫폼을 좀 더 자세히 소개하지만, 다른 제품과 서비스도 이와 비슷한 기능을 제공한다. 대부분은 고기능 커뮤니티 버전 또는 시험판을 제공하므로, 비용 부담 없이 기능을 시험해 볼 수 있다.

먼저, 마이크로서비스 아키텍처와 관련해서 글루 에지가 구체적으로 어떤 기능을 제공하는지부터 살펴보자. 그런 다음에는 몇 가지 핵심 보안 구성요소들을 좀 더 자세히 들여다볼 것이다. 글루 에지는 역방향 프록시 구성요소인 **엔보이**envoy를 위한 하나의 제어 평면(control plane)을 제공한다. 간단히 말해서, 글루 에지를 이용하면 프록시를 대상 아키텍처에 맞게 다양한 방식으로 제어할 수 있다. 쿠버네티스는 진입 제어기(ingress controller)를 위한 API를 제공한다. 이 덕분에 엔보이 같은 역방향 프록시로 클러스터에 대한 기본적인 진입 및 진출(egress) 트래픽 관리를 수행할 수 있다. 하지만 이 API는 기본적인 네트워크 라우팅 기능만 제공한다. 반면에 글루 에지는 엔보이에 기반한 훨씬 더 강력하고 유능한 관리 기능을 제공한다.

그럼 글루 에지가 제공하는 보안 기능들을 좀 더 자세히 살펴보자.

CSRF 방지: 글루 에지는 엔보이에서 CSRF(교차 사이트 요청 위조) 규칙을 시행함으로써 요청에 적절한 **출처**(origin) 헤더들이 설정되게 한다. CSRF 규칙을 로깅 모드로 시행할 수도 있고 차단 모드로 시행할 수도 있다.

- **네트워크 암호화**: 클라이언트와의 연결에는 TLS를, 클러스터 안의 서비스들 사이의 통신에는 mTLS를 적용해서 통신 보안을 관리한다.
- **인증과 권한 부여**: 글루 에지는 인증과 권한 부여와 관련해서 이 책에서 논의한 거의 모든 내용을 포괄하는 다양한 옵션을 제공한다. 단, **일부 기능은 엔터프라이즈 버전에서만 사용할 수 있음을 주의하자.**
- **속도 제한**: 상세한 속도 제한 기능을 제공하도록 엔보이를 설정할 수 있다.
- **활성 연결 제한**: 속도 제한과 비슷하게, 활성 연결(active connection) 수 제한은 서비스들에 과부하가 걸려서 장애를 일으키는 사태로 가지 않도록 보호해 준다. 활성 연결 제한 역시 프록시 수준에서 처리할 수 있다.
- **접근 로깅**: 다양한 대상에 대한 상세한 로깅을 지원한다.
- **데이터 유출 방지**(DLP): API가 출력하는 민감한 데이터를 정규표현식 패턴을 이용해서 검출하고 차단한다.
- **WAP**(웹 앱 방화벽): 프록시 안에서 **ModSecurity** WAF의 기능들을 제공한다.
- **CORS 관리**: 프록시 안에서 다양한 CORS 제어 헤더들을 트래픽에 주입하는 작업을 자동화한다.
- **OPA**: 글루 에지의 설정을 임의로 변경하는 공격을 OPA(Open Policy Agent)를 이용해서 방어한다.

보안과 관련한 기능만 이 정도라는 점을 생각하면, 글루 에지 같은 현대적인 기술 스택의 능력이 얼마나 대단한지 짐작할 수 있을 것이다. 글루 에지는 엔보이 프록시를 통해 다양한 보안 제어 수단을 시행하는 능력을 갖추었다. 이 책에서 논의한 여러 주요 보안 문제가 그런 능력으로 해결된다. 그럼 글루 에지가 제공하는 새로운 보호 기능 중 하나인 DLP(Data Loss Prevention), 즉 데이터 유출 방지 기능을 살펴보는 것으로 이번 절을 마무리하자.

다음은 글루 에지 문서화(더 **읽을거리** 절 참고)에 기반한 예제이다. 주어진 요청을 (거의) 그대로 돌려주는 메아리 서버(echo server)의 한 API 종단점에 다음과 같은 요청을 보낸다고 하자.

```
$ curl $(glooctl proxy url)/ssn/123-45-6789/fakevisa/4397945340344828
```

예제 서버는 다음과 같이 요청의 매개변수들로 이루어진 JSON 응답을 돌려준다.

```
{
    "fakevisa": "4397945340344828",
    "ssn": "123-45-6789"
}
```

이 예제 응답에는 SSN(미국 사회보장번호)과 신용카드 번호가 포함되어 있다. 이는 부적절한 데이터 유출 사고의 전형적인 예에 해당한다. 기억하겠지만, **과도한 데이터 노출**은 OWASP 10대 API 보안 위험의 하나로 선정될 만큼이나 흔한 API 취약점이다.

글루 에지를 이용하면 응답에 담긴 이런 데이터를 프록시가 명시적으로 걸러내게 하는 것이 가능하다. 다음은 이를 위한 설정이다.

```
$ kubectl apply -f - <<EOF
apiVersion: gateway.solo.io/v1
kind: VirtualService
metadata:
  namespace: gloo-system
spec:
  virtualHost:
    domains:
    - '*'
    routes:
    - routeAction:
        single:
          upstream:
            name: json-upstream
            namespace: gloo-system
      options:
        dlp:
          actions:
          - actionType: SSN
          - actionType: ALL_CREDIT_CARDS
EOF
```

여기서 핵심은 options 항목의 dlp 필드이다. 하위 필드 actions에 지정한 SSN과 ALL_
CREDIT_CARDS는 SSN과 다양한 형식의 신용카드 번호를 검출하는, 미리 정의된 정규표현식
패턴과 연결된다. 프록시는 그 패턴들을 이용해서 응답을 필터링한다. 예제 API 종단점에 앞
에서와 동일한 요청을 보내면 이제는 다음과 같은 응답이 반환된다.

```
{
    "fakevisa": "XXXXXXXXXXX4828",
    "ssn": "XXX-XX-X789"
}
```

API 자체는 이전과 동일한 응답을 돌려주지만, 프록시가 응답에 있는 민감한 데이터를 가렸
다. 전형적인 데이터 유출 사고를 방지하는 대단히 강력한 보호 장치가 단 세 줄의 설정으로
활성화되었다. API 코드는 전혀 수정하지 않았다. 그저 글루 에지를 이용해서 새로운 정책을
시행했을 뿐이다. 물론 실제 상황이라면 여기서 멈추는 것이 아니라, 이 취약점을 개발팀에게
알려서 소스 코드를 수정하게 한다. 최고의 보호책은 다층 방어(defense in depth)임을 기억하자.

앞 문단의 마지막 문장은 이번 장을 마무리하기에 적절한 교훈이 아닐까 한다. 쿠버네티스 같
은 최신 클라우드 네이티브 구현 기술은 강력하긴 하지만, 배포가 매우 복잡해진다는 것이 문
제이다. 배포가 복잡해지면 잠재적으로 공격 표면이 증가할 수 있다. 다행히 서비스 제공업체
들은 인프라 패브릭에 고도로 통합되는, 뛰어난 성능의 보안 기능을 제공하기 위해 노력하고
있다. 글루 에지의 경우에는 Helm 명령 하나와 설정 세 줄로 문제가 해결된다. 이런 플랫폼이
라면 API 보안의 미래를 낙관할 수 있을 것이다.

이번 장 요약

이제 여러분은 마이크로서비스 환경에서 API를 보호하는 데 따르는 주요 난제를 충분히 이해
했을 것이다. 마이크로서비스 아키텍처의 가장 큰 골칫거리는 모놀리스 방식보다 시스템이 훨
씬 복잡하다는 것이다. 하지만 새롭고 강력한 기능에 대한 요구가 증가하는 만큼, 마이크로서
비스 아키텍처는 이후에도 계속 쓰일 것이다. 따라서 보안을 담당하는 우리는 그러한 변화하는
환경을 수용해야 한다. 권장되는 접근 방식은, 마이크로서비스를 담은 개별 컨테이너의 보안
은 물론이고 그 컨테이너들의 실행 환경을 제공하는 쿠버네티스 클러스터의 보안도 강화해서
견고하고 안전한 토대를 구축하는 것이다. 이번 장에서 보았듯이 클라이언트와 게이트웨이 사

이의 중요한 연결은 TLS를 이용해서 보호할 수 있고, 마이크로서비스들 사이의 연결을 mTLS를 이용해서 보호할 수 있다. 더 나아가서, 이번 장에서는 연결과 통신을 매끄럽게 보호하면서도 통합된 추적 및 모니터링 기능을 제공하는 서비스 메시도 소개했다.

이번 장의 후반부에서는 제로 트러스트의 기본 원칙을 배웠다. 제로 트러스트는 복잡한 분산 아키텍처에서 강력한 접근 제어를 보장하는 핵심 철학이다. 또한 이번 장에서는 이전 장들에서 살펴본 인증 및 권한 부여 패턴들을 마이크로서비스에 적용하는 방법과 도구들도 이야기했다. 마지막으로, 완전히 통합된 보안 플랫폼을 제공하는 글루 에지를 간단하게나마 소개했다. 이런 현대적인 클라우드 네이티브 솔루션을 이용해서 마이크로서비스 앱을 구현하는 것이 얼마나 흥미로운 일인지 가늠할 수 있었길 바란다.

이 책의 기술적인 내용은 이번 장에서 끝난다. 이 책의 마지막 장인 다음 장에서는 API 보안 전략을 구현하는 방법을 살펴본다.

더 읽을거리

다음은 마이크로서비스의 기초에 관한 참고자료들이다.

- What are microservices?(https://microservices.io/)
- Monolithic vs Microservices Architecture: Pros and Cons(https://www.openlegacy.com/blog/monolithic-application)

다음은 마이크로서비스의 토대 보호에 관한(특히, §12.1.2에서 언급한 쿠버네티스 보안 관련) 참고자료들이다.

- Falco(https://falco.org/)
- Kubernetes Security Best Practices: 10 Steps to Securing K8s(https://www.aquasec.com/cloud-native-academy/kubernetes-in-production/kubernetes-security-best-practices-10-steps-to-securing-k8s/)
- Kubernetes Security(https://cheatsheetseries.owasp.org/cheatsheets/Kubernetes_Security_Cheat_Sheet.html)
- Kubernetes Security Best Practices in 2024(https://www.practical-devsecops.com/kubernetes-security-best-practices/)
- Tesla cloud resources are hacked to run cryptocurrency-mining malware(https://

arstechnica.com/information-technology/2018/02/tesla-cloud-resources-are-hacked-to-run-cryptocurrency-mining-malware/)

- Four Pillars Of Observability in Kubernetes(https://blog.kubesimplify.com/four-pillars-of-observability-in-kubernetes)

다음은 마이크로서비스들의 연결 보호에 관한 참고자료들이다.

- Building Secure Microservices-based Applications Using Service-Mesh Architecture(https://nvlpubs.nist.gov/nistpubs/SpecialPublications/NIST.SP.800-204A.pdf)
- Security Strategies for Microservices-based Application Systems(https://nvlpubs.nist.gov/nistpubs/SpecialPublications/NIST.SP.800-204.pdf)
- What is mutual TLS (mTLS)?(https://www.cloudflare.com/en-gb/learning/access-management/what-is-mutual-tls/)
- How Certificate Pinning Helps Thwart Mobile MitM Attacks(https://approov.io/blog/how-certificate-pinning-helps-thwart-mobile-mitm-attacks)
- ACME – Plugin(https://docs.konghq.com/hub/kong-inc/acme/)
- Service Mesh for Microservices(https://medium.com/microservices-in-practice/service-mesh-for-microservices-2953109a3c9a)
- mTLS Best Practices for Kubernetes(https://tetrate.io/blog/mtls-best-practices-for-kubernetes/)

다음은 마이크로서비스의 접근 제어에 관한 참고자료들이다.

- An Introduction to Identity and Access Management(https://curity.io/resources/learn/introduction-identity-and-access-management/) (§12.1.4에서 언급한 토큰 기반 인증 관련 자료)
- The API Security Maturity Model Explained(https://curity.io/resources/learn/the-api-security-maturity-model/) (§12.1.4에서 언급한 Curity API 보안 성숙도 모델)
- 8 Ways to Secure Your Microservices Architecture(https://www.okta.com/resources/whitepaper/8-ways-to-secure-your-microservices-architecture/)
- Reference Tokens(https://identityserver4.readthedocs.io/en/latest/topics/reference_tokens.html)
- Zero Trust Architecture(https://nvlpubs.nist.gov/nistpubs/SpecialPublications/NIST.SP.800-207.pdf) (§12.1.4에서 언급한 제로 트러스트 자료)

- Zero Trust Maturity Model(https://www.cisa.gov/sites/default/files/2023-04/zero_trust_maturity_model_v2_508.pdf)

다음은 마이크로서비스의 실제 실행 및 운용에 관한 참고자료들이다.

- Gloo Edge Docs(https://docs.solo.io/gloo-edge/latest/) (§12.1.5에서 언급한 글루 에지 문서화)
- Traefik Hub: Kubernetes-Native API Management(https://traefik.io/traefik-hub/)
- NGINX Plus(https://docs.nginx.com/nginx/)
- Edge Stack Kubernetes-Native API Gateway(https://www.getambassador.io/products/edge-stack/api-gateway)
- Reverse Proxy vs. Ingress Controller vs. API Gateway(https://traefik.io/blog/reverse-proxy-vs-ingress-controller-vs-api-gateway/)
- Deployment Patterns(https://docs.solo.io/gloo-edge/latest/introduction/architecture/deployment_arch/)

제13장
API 보안 전략 구현

이 책의 마지막 장인 이번 장의 주제는 API 보안 전략의 계획 수립 및 실행이다. 이번 장에서는 지난 열두 장에서 배운 지식을 통합해서, 여러분의 조직을 위한 상세한 API 보안 전략을 만들어 본다. 수립할 수 있는 API 보안 전략은 조직 내에서 여러분의 지위에 따라, 그리고 보안 목표에 따라 달라진다. 보안 전략에는 조직의 구조가 크게 영향을 미치는데, 특히 API와 보안의 '소유자'가 누구인지가 중요한 요인이다. 이번 장의 첫 번째 절에서는 일반적으로 조직에 어떤 이해관계자들이 있는지, 그 이해관계자들의 역할과 책임을 보안 전략의 일부로서 정렬(조정)시키려면 어떻게 해야 하는지 살펴본다. 그런 다음에는 42Crunch사의 API 보안 성숙도(maturity) 모델을 살펴본다. 이를 통해 API 보안의 여섯 영역이 무엇이고 각 영역의 성숙도가 어떤 모습인지 이해하게 될 것이다. 다음으로는 API 보안 전략의 구현으로 들어간다. 먼저 현재 상태와 역량에 맞게 목표를 정해서 API 보안 계획을 수립하는 방법을 이야기하고, 그 계획을 일상적인 프로세스의 일부로서 실행하는 방법을 논의한다. 마지막으로는 API 보안 전문가로서 여러분의 향후 여정에 도움이 되는 정보 몇 가지로 이 책을 마무리한다.

이번 장의 주요 주제는 다음과 같다.

- API 보안의 소유권
- 42Crunch 성숙도 모델
- 보안 계획 수립
- 보안 계획 실행
- API 보안 전문가로서의 향후 여정

API 보안 전략은 조직의 API 비즈니스와 개발 전략과 별개로 존재할 수 없다. 보안 책임자로서 여러분은 API 전략 수립 및 실행을 책임지는 다른 이해관계자들을 파악하고, 보안 전략이 그들의 목표와 어긋나지 않도록 정렬(alignment)시켜야 한다.

API의 소유권(ownership)은 조직마다 다르다. 누가 API를 소유하고 책임지는 것이 좋은지에 대한 어떤 확고한 규칙은 없다. 이번 장의 논의는 MuleSoft의 블로그(이번 장 끝의 **더 읽을거리**)에 나온 API 소유권의 일반적인 패턴을 기준으로 한다. [그림 13.1]은 그 글에 나온, 이번 장이 기준으로 삼는 API 소유권 모델을 도식화한 것이다.

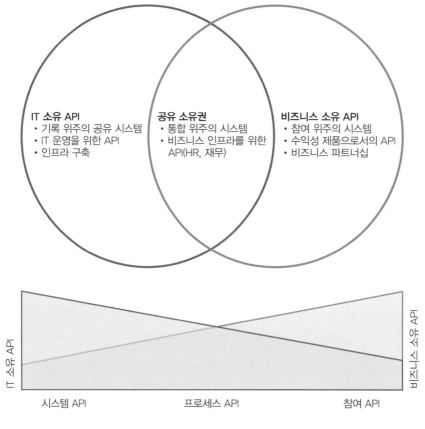

그림 13.1 API 소유권 모델들.

이 도식의 세 가지 API 소유권 모델은 다음과 같다.

- **IT 소유 API**(IT-owned API): 이 소유권 모델은 IT 부서가 관련 자원 전체를 소유하는 전통적인 IT 시스템에 가장 잘 부합한다. 이 모델에는 인프라 제공(infrastructure provisioning) 같은 핵심 서비스들과 ServiceNow나 Salesforce 플랫폼 같은 운영(operation) 작업을 위한 API가 있다. 이들을 **기록 위주 시스템**(system-of-records, SoR) API라고 부른다. 이 모델은 기능성보다는 안정성과 정확성을 중요시한다.

- **비즈니스 소유 API**(business-owned API): 이 소유권 모델은 요즘 유행하는 '제품형 API(APIs-as-a-product)' 조직들을 반영한 것이다. 그런 조직들(전형적인 예는 API를 제품으로 판매하는 Twilio)은 API를 통해서 자신의 비즈니스 가치를 추구한다. 이들이 판매하는 API는 **상호작용 위주 시스템**(system of engagement; 또는 참여 위주 시스템) API에 해당한다. 이런 조직들이 기존 서비스를 새로운 시장으로 옮겨서 수익을 창출하거나 새로운 비즈니스 파트너십을 제공하는 데 있어 핵심은 혁신과 민첩성이다. 이런 조직들에서는 흔히 API를 사업부(business unit; 또는 비즈니스 단위)가 소속 개발팀과 함께 소유한다.

- **공유 소유권 API**(shared ownership API): 앞의 두 모델의 중간에 해당하는 것이 공유 소유권이다. 이 모델은 HR(인사)이나 재무, 재고 시스템 같은 시스템들을 API로 통합하는 데 주로 쓰인다. IT 부서가 해당 API들의 운영을 어느 정도까지는 통제하지만, 최종 소유권은 조직의 다른 부서가 가지고 있을 수 있다.

API 보안 계획을 착수할 때는 API의 소유권을 잘 파악하는 것이 중요하다. 이는 소유권에 따라 비즈니스 위험 성향이 결정되기 때문이다. 데이터 무결성을 가장 중요시하는 **기록 위주 시스템**에서는 API 소유자가 가급적 위험이 낮은 방향을 선호하기 마련이다. 따라서 API 보안 계획에 적극적으로 참여할 가능성이 크다. API 보안 계획은 API를 좀 더 안전하게 만들어준다. 안전한 API는 이런 유형의 API 소유자의 목표에 부합하므로, 보안 계획을 높게 평가하게 된다. 그리고 기록 위주 시스템을 사용하는 조직에서는 IT 보안팀이 IT 책임자의 직속 단위이고 IT 책임자가 곧 API 소유자일 때가 많다. 그런 경우라면 API 보안 계획이 좀 더 쉽게 채택될 수 있다.

하지만 **상호작용 위주 시스템**을 사용하고 API를 사업부가 소유하는 조직에서는 상황이 다르다. 이 경우 조직의 초점은 혁신과 민첩성이다. API 보안 계획은 빠른 혁신이나 짧은 릴리스 주기를 방해하는 요인으로 간주될 수 있다. 이런 조직은 안전을 추구하기보다는 위험을 감수하는 성향일 가능성이 크다. 많은 경우 조직은 범위가 제한적인 '개념 증명(proof of concept)'을 빠르게 구현하는 쪽을 선호한다. 속도를 중시하다 보니 보안이 느슨해서 생기는 문제는 별로 신경

쓰지 않는다. 따라서 API 보안 계획을 추진하기가 쉽지 않을 수 있다. 이런 경우에는 사업부와의 협력 관계를 잘 형성하고, API 보안 계획이 사업부의 속도를 늦추는 것이 아니라 오히려 혁신을 촉진하면서 포트폴리오의 보안 태세를 개선하는 데 도움이 된다는 점을 이해시키는 것이 바람직하다. 협업이 잘 진행되기만 한다면, 혁신과 보안이 반드시 상충하는 목표들은 아니다.

13.1.1 이해관계자 파악

여러 소유권 모델의 이해를 바탕으로, 이제부터는 IT, API, 운영, 보안, 비즈니스 등 조직의 여러 부서에 존재하는 다양한 이해관계자(stakeholder)들이 API 보안을 어떻게 바라보는지 파악해 보자.

[표 13.1]은 보안 분야의 전형적인 역할(직책)과 핵심 책임을 정리한 것이다.

표 13.1 보안 분야의 전형적인 역할들.

역할	설명
CISO(최고 보안 책임자)	조직의 정보 보안을 책임진다.
앱 보안 책임자	조직 내 앱 보안(AppSec) 계획 및 활동을 책임진다.
데브섹옵스 팀	데브섹옵스DevSecOps(개발 · 보안 · 운영) 팀은 자동화된 SDLC(소프트웨어 개발 수명 주기) 환경 안에서 보안 도구들의 통합 및 운영을 담당한다.
침투 테스트/레드팀	이 팀은 제품 릴리스들에 대한 공격적 테스트(블랙박스 기법들을 이용한)를 담당한다.
위험 및 준수 팀	이 팀은 해당 운영 환경에 기반해서 조직의 위험 및 규제 준수를 담당한다.

[표 13.2]는 비즈니스 또는 개발 분야의 전형적인 역할과 책임이다.

표 13.2 비즈니스 또는 개발 분야의 전형적인 역할들.

역할	설명
CIO(최고 정보 책임자)	사업부의 IT 운영을 책임진다.
제품 소유자	사업부가 제공하는 제품의 관리를 담당한다.
기술 리드	주어진 제품을 맡은 기술팀의 관리를 담당한다.
솔루션 아키텍트	제품의 고객 지원 및 홍보를 담당한다.
데브옵스 팀	데브옵스 팀은 자동화를 통한 빌드 및 릴리스 프로세스의 운영을 담당한다.

[표 13.3]은 API 제품 분야의 전형적인 역할과 책임이다.

표 13.3 API 제품 분야의 전형적인 역할들.

역할	설명
API 제품 소유자	제품으로 제공되는 API 집합의 제작 및 관리를 책임진다.
API 플랫폼 소유자	중앙 API 플랫폼(API 게이트웨이와 관리 포털)과 API PaaS 인프라를 책임진다.
API 아키텍트	조직의 전체적인 API 전략(인증, 권한 부여, 아키텍처)을 책임진다.

이렇게 다양한 이해관계자들을 일일이 명시적으로 나열한 것은, API 보안의 소유권과 책임이 다수의 조직 단위에 걸쳐 있을 수 있음을 말하기 위해서이다. 예를 들어 적절한 API 게이트웨이 정책을 적용하는 것은 API 플랫폼 소유자의 책임이고, 전반적인 인증 전략을 책임지는 것은 API 아키텍트의 몫이다. 또한 앱 보안 책임자는 SAST/DAST 스캐닝을 책임져야 한다. 그리고 API 보안에 대한 모든 책임은 궁극적으로 CISO가 지게 된다.

책임의 중복을(더 나쁘게는 책임 '회피'를) 피하려면 정확한 업무 분장을 통해서 역할과 책임을 명확히 정의해야 한다.

13.1.2 역할과 책임(RoR)

제1장 'API 보안이란?'의 [그림 1.3]에 일반적인 데브옵스 주기가 나왔었다. 그 주기는 SDLC의 여덟 단계로 구성된다. 바로, 계획, 코딩, 빌드, 테스트, 릴리스, 배포(deployment), 운영, 모니터링이다. 이상적인 세상이라면, 이 책 전체에 깔린 '왼쪽 이동, 오른쪽 보호'라는 원칙을 적용해서 SDLC의 여덟 단계 전체에 걸쳐서 보안 접점(security touchpoint)들을 완벽하게 캡슐화할 수 있을 것이다.

안타깝게도 현실은 그렇지 않다. 아직도 보안 프로세스가 미성숙한 조직이 많다. 미성숙한 보안 프로세스의 전형적인 특징은 IT 시스템을 데브옵스 주기의 후반부에 와서야 SIEM이나 SOC로 모니터링하는 것이다. 일반적으로 그런 모니터링은 그저 이미 발생한 공격이나 위협을 식별할 뿐이다. 즉, 사후 대응 위주의 보안 관행이다. 보통의 경우 이런 모니터링을 IT 보안팀이 수행하며, 설명책임성(accountability), 즉 무슨 일이 왜 일어났는지를 설명할 책임은 CISO에게 있다. [그림 13.2]가 이러한 모니터링을 도식화한 것이다.

SDLC 단계	계획	코드	빌드	테스트	릴리스	배포	운영	모니터
책임							IT 보안팀	
설명책임							CISO	

그림 13.2 SDLC의 모니터링.

하지만 앱 보안을 미리 능동적으로 제어할 필요가 있다는 인식이 높아지면서, 릴리스 및 배포 주기에 SAST/DAST 스캐닝을 도입한 좀 더 성숙한 조직도 많다. 그런 도구들을 통합하는 작업은 일반적으로 데브섹옵스 팀이 주도한다. [그림 13.3]은 앞의 모니터링에 스캐닝 프로세스를 추가한 모습이다. 그림에서 보듯이, 이 프로세스에서 탐지한 위험을 관리하는 책임은 여전히 CISO에게 있다.

SDLC 단계	계획	코드	빌드	테스트	릴리스	배포	운영	모니터
책임					데브섹옵스 팀		IT 보안팀	
설명책임					CISO			

그림 13.3 SDLC의 모니터링과 스캐닝.

지난 10년간 이 업계는 보안을 이처럼 왼쪽으로, 즉 SDLC의 초기 단계 쪽으로 옮기는 것이 유리하다는 점을 받아들였다. 일반적으로 이러한 왼쪽 이동은 보안에 관한 논의에 개발팀을 직접 참여시킴으로써 이루어진다. 개발팀은 보안 라이브러리 활용, 위험 및 위협 파악, 안전한 코딩 패턴 적용, 개발 단계에서의 보안 취약점 테스트 등을 통해서 좀 더 안전한 코드를 작성한다. 또한 이러한 왼쪽 이동에서는 보안에 대한 설명책임이 CISO에서 비즈니스 소유자 또는 제품 소유자로 이동하게 된다. 제품의 보안 강화가 곧 제품의 시장 경쟁력 강화임을 받아들이는 비즈니스 소유자/제품 소유자가 점점 늘고 있다. [그림 13.4]는 보안이 상당히 왼쪽으로 이동한 SDLC의 모습이다.

SDLC 단계	계획	코드	빌드	테스트	릴리스	배포	운영	모니터
책임		개발팀			데브섹옵스 팀		IT 보안팀	
설명책임		제품 소유자			CISO			

그림 13.4 보안이 왼쪽으로 이동한 SDLC.

이러한 왼쪽 이동이 좀 더 안전한 코드 작성으로의 큰 발전임은 분명하다. 하지만 더 왼쪽으로 갈 수 있다. 코드를 작성하기 전에, 제품이나 서비스를 기획하고 설계할 때부터 보안을 고려하는 것이다. API 보안의 경우 이는 API 제품 내의 ID 및 역할 관리에 관한 결정과 관련된다. [그림 13.5]는 이 점까지 고려한, 보안이 완전히 왼쪽으로 이동한 SDLC의 모습이다.

SDLC 단계	계획	코드	빌드	테스트	릴리스	배포	운영	모니터
책임	아키텍트	개발팀			데브섹옵스 팀		IT 보안팀	
설명책임	제품 소유자				CISO			

그림 13.5 보안이 완전히 통합된 SDLC.

이상의 예는 API의 소유권과 API 보안의 소유권 둘 다 복잡한 주제임을, 그리고 그러한 소유권들이 둘 이상의 조직 단위에 걸쳐 분산될 수 있음을 잘 보여준다. 분산된 소유권 모델에는 나름의 장점이 있다. 무엇보다도, 각 분야(도메인) 전문가가 자신의 전문 분야에 집중하게 된다는 점이 중요하다. CISO는 SIEM과 SOC에서 API들이 최적으로 모니터링되는지에, 제품 소유자는 API의 구조가 적절한지, 설계부터 안전한지에 집중한다.

13.2 42Crunch의 성숙도 모델

42Crunch에서 기술 전도사(technical evangelist)로 일하면서 나는 여섯 영역(domain)으로 이루어진 API 보안 성숙도 모델을 만들었다. 그 모델은 꽤 인기를 끌었는데, 특히 세관들이 현재 보안 태세를 확인하고 더 안전한 상태로 가는 로드맵을 만드는 데 유용하게 쓰였다.

이 성숙도 모델에는 보안팀이 수행하는 여러 활동을 여섯 영역으로 나눈다. 각 영역의 API 보안 성숙도는 여러 수준으로 평가되는데, 이번 절의 논의에서는 성숙도 수준이 단 세 가지, **없음**(non-existent), **형성 중**(emerging), **확립됨**(established)이라고 하겠다. 그럼 여섯 영역을 간단하게나마 살펴보자.

13.2.1 재고(보유 목록) 관리

노출된 위험과 공격 표면에 대한 가시성(visibility)을 확보하려면 API 재고(inventory), 즉 보유 목록을 최신 상태로 정확하게 갱신하고 유지하는 것이 중요하다.

"보이지 않는 것은 지킬 수 없다"라는 격언은 API 보안에 특히나 잘 적용된다. 비즈니스 수요에 힘입어 API가 기하급수적으로 증가함에 따라 API 보안의 가시성이 낮아진다. 즉, 조직에 어떤 API가 있는지, 그 API들이 어떤 위험에 노출되어 있는지를 보안팀이 파악하기가 점점 어려워진다.

API 보안의 관점에서 재고 관리의 핵심 활동은 다음 세 가지이다.

- 조직에 새 API가 도입되고 추적되는 방식을 점검한다.
- 숨겨진 API를 정적으로 발견한다(소스 코드 저장소를 훑어서, 숨겨진 API 산출물을 찾아내는 등).
- 숨겨진 API를 동적으로(실행 시점에서) 발견한다(네트워크 트래픽 조사 등).

최저 성숙도 수준('없음')은 원시적인 보유 목록을 스프레드시트나 사람의 기억에 의존해서 관리하는 것이다. 이 경우 그림자 API나 좀비 API는 전혀 관리되지 않는다.

중간 성숙도 수준('형성 중')은 보유 목록을 APIM이나 중앙 집중식 플랫폼으로 관리하는 것이다. 이 수준에서는 새 API를 개발할 때 어떠한 표준 프로세스를 따른다. 최고 성숙도 수준('확립됨')에서는 중앙 집중식 플랫폼을 이용해서 보유 목록을 능동적으로 추적한다. 그림자 API나 좀비 API는 비권장(deprecated)으로 처리하거나 업그레이드한다.

13.2.2 설계

보안 문제들을 설계(design) 단계에서 처리하는 것이 수명 주기의 후반 단계에서 처리하는 것보다 비용 대비 효과가 좋다. 간단히 말하면, 핵심은 '왼쪽 이동' 접근 방식이다.

견고한 API 설계 관행은 사용하기 좋고, 규모 확장이 쉽고, 문서화하기 좋고, 안전한 API의 토대이다. 다음은 안전한 API 설계에서 고려해야 하는 핵심 요소 몇 가지이다.

- 다양한 인증 방법
- 권한 부여 모델 및 접근 제어
- 데이터 개인정보보호 요건
- 데이터 노출(명시적, 최소 내용, 목적에 부합) 요건

- 규제 준수 요건
- 계정 재설정 메커니즘
- 의도된 용례(use case)와 오남용 사례
- 키와 토큰의 발급 및 무효화 방법
- 속도 제한 및 사용량 제한

그밖에 API 설계팀은 위협 모델링을 통해서 위협 환경과 공격 표면을 파악해야 한다.

최저 성숙도 수준은 공식 API 설계 프로세스 자체가 없는 것이다. '코드 우선' 접근 방식에 따라 그냥 개발팀이 코드부터 작성한다. 코드 작성 전에 보안 고려 사항이나 위협, 규제 준수, 개인정보보호 등을 미리 고려하지 않는다.

중간 성숙도 수준에서는 OpenAPI 정의서에 기반해서 설계 우선 접근 방식에 따라 API를 개발한다. 하지만 보안 고려 사항들은 특별한 공식 프로세스 없이 임시방편적으로 처리한다. 최고 성숙도 수준에서는 보안의 API 설계를 최우선 요소로 둔다. 위협 모델링 같은 표준적인 패턴이나 관행을 따른다.

13.2.3 개발

개발(development) 단계야말로 실질적인 성과가 나오는 지점이다. 이 중요한 단계에서 개발팀은 보안 모범관행들을 준수해서, API에 취약점이 생기지 않게 해야 한다.

안전한 API의 관건은 명세를 실제 API로 구현하는 개발 프로세스에서 보안 문제를 철저하게 처리하는 것이다. 다음은 이 단계의 핵심 고려 사항 몇 가지이다.

- 적절한 언어, 라이브러리, 프레임워크 선택.
- 보안 모범관행들을 철저히 따르기 위한, 프레임워크의 정확한 설정.
- 방어적 코딩—사용자 입력은 절대로 믿지 말아야 하고, 예상하지 못한 모든 실패를 처리해야 한다.
- 중앙 집중적인 인증과 권한 부여 시행—'스파게티 코드'를 피해야 한다.
- 공격자처럼 생각하라!

최저 성숙도 수준에서 개발자는 API 개발의 보안 문제를 거의 신경 쓰지 않는다. 애초에 코드의 보안이라는 개념 자체가 없을 때도 있다.

중간 성숙도 수준에서 개발자는 보안 고려 사항들에 익숙하고 안전한 코딩 관행을 따르지만, 철저하지는 않다. 가끔은 안전하지 못한 코딩 관행을 사용한다. 최고 성숙도 수준의 개발자는 안전한 코드와 API 보안 주제들을 확실하게 이해하며, 모범관행들과 방어적 코딩을 적극적으로 추구하고 실천한다.

13.2.4 테스트

API 보안을 제대로 테스트하지 않으면 안전하지 않은 API가 배포될 위험이 있다. 일찍 테스트하고, 자주 테스트하고, 모든 곳을 테스트하자.

API 보안 테스트는 API를 배포하기 전에 안전을 확인하는 데 필수적인 활동이다. 보안 테스트는 CI/CD 프로세스에 긴밀하게 통합되어야 하며, 수작업이 필요하지 않아야 한다. 또한, 테스트 실패를 '빌드 실패'로 간주해서 릴리스 과정을 중단할 수 있어야 한다. 다음은 반드시 테스트할 사항이다.

- 인증 및 권한 부여를 우회할 가능성이 있는가?
- 데이터나 정보가 과도하게 노출되지는 않는가?
- 유효하지 않은 요청 데이터를 제대로 처리하는가?
- 성공과 실패에 부합하는 응답 코드를 반환하는가?
- 속도 제한과 사용량 제한을 제대로 구현했는가?
- 실무(production) 환경이 바람직한 상태로 구성/설정되었는가?(소위 구성 드리프트[역주] 문제)

최저 성숙도 수준에서는 별다른 API 보안 테스트가 없다. 그냥 기능 테스트만 수행한다.

중간 성숙도 수준에서는 API 보안 테스트를 주로 수동으로 수행한다. 자동화와 CI/CD 통합은 부족하다. 최고 성숙도 단계에서는 API 보안 테스트가 SDLC의 모든 단계에 긴밀하게 통합된다. 테스트 실패 시 릴리스를 차단할 수 있다.

13.2.5 보호

다층 방어(defense in-depth) 접근 방식은 위험 감소(risk reduction)의 토대이다. API를 아무리 잘 설계한다 해도, 집요하고 숙련된 공격자들은 API를 계속해서 공격할 것이다.

[역주] 구성 드리프트(configuration drift) 또는 설정 드리프트는 시간이 지남에 따라 시스템의 구성과 설정이 원래 의도한 상태에서 벗어나는 현상을 뜻한다. —옮긴이

SDLC의 앞 단계들에서 최선의 노력을 기울인다고 해도 API는 여전히 공격받을 수 있다. 따라서 API 보호(protection)에 특화된 수단과 메커니즘으로 API를 보호해야 한다.

다음은 꼭 필요한 API 보호 메커니즘들이다.

- JWT 검증
- 보안 전송 옵션
- 무차별 대입 방지
- 유효하지 않은 경로 또는 연산에 대한 접근 거부
- 유효하지 않은 요청 데이터 거부
- 응답 데이터 필터링

API 보안 운영의 가시성을 보장하려면 보호 로그를 표준 SIEM/SOC 플랫폼으로 수집해야 한다.

최저 성숙도 수준에서는 구체적인 실행 시점 API 보호 조치가 아예 없다. 그냥 표준적인 방화벽이나 WAF로 API를 보호할 뿐이다.

중간 성숙도 수준에서는 보호 메커니즘을 부분적으로 적용한다. 주로는 API 게이트웨이를 이용해서 속도 제한이나 토큰 검증 등을 시행한다. 최고 성숙도 수준에서는 전용 API 방화벽을 두어서 API 트랜잭션 수준에서 지역화된 보호 조치를 시행한다.

13.2.6 거버넌스

"신뢰하되 확인하라(trust but verify)!" API 보안의 마지막 영역은 전체적인 거버넌스governance이다. 안전한 API 운영을 위해서는 강력한 거버넌스 프로세스가 꼭 필요하다.

거버넌스 프로세스는 API가 조직의 정책과 방법론에 따라 설계, 개발, 테스트, 보호되는지 확인하고 바람직한 방향과 지침을 제시한다.

거버넌스는 다음과 같은 원칙들을 점검하고 보장한다.

- API들에 일관성이 있다. 예를 들어 모든 API가 표준적인 패턴에 따라 인증과 권한 부여를 처리한다.
- API를 새로 개발하거나 갱신할 때 항상 표준 프로세스(테스트 및 수정 요구사항 포함)를 따른다.
- 데이터 개인정보보호 및 규제 준수 요건들을 충족한다.

- 안전하지 않은 좀비 API가 없다(수명이 다한 API에 대한 프로세스를 관찰해서 좀비 API를 제거해야 한다).
- 이해관계자들이 API 보안 주제들을 잘 이해한다.
- 새로운 위협에 대응해서 활성화(enablement; 또는 가용화)를 갱신한다.

이 글을 쓰는 현재, 대체로 API들은 별다른 거버넌스 없이 개발된다. 그냥 각 사업부가 중앙 통제 없이 자체적인 개발 프로세스를 사용한다.

최저 성숙도 수준에서는 기본적인 규제 준수 요건에 대한 거버넌스가 이루어지는 정도이다.

중단 성숙도 수준에서는 거버넌스가 능동적(사전 예방적)으로 수행된다. 조직은 표준 프로세스에 따라 API를 개발한다. 최고 성숙도 수준에서는 기준에서 이탈한 사항들을 추적해서 불일치를 해결한다.

13.3 계획 수립

앞에서 우리는 API 소유권과 API 보안 소유권의 주요 주제를 살펴보고 성숙도 모델의 기본 사항들도 이해했다. 이를 바탕으로 API 보안을 위한 실질적인 작업을 착수하자. 우선 할 일은 보안 계획을 수립하는 것이다.

13.3.1 목표 확립

사이먼 시넥Simon Sinek의 유명한 TED 강연인 *Start with Why*는 조직과 리더들에게 '왜?'의 중요성을 강조한다. 특히, 이 강연은 자신이 어떤 일을 왜 하는지를 고찰하게 만든다. API 보안 계획을 수립할 때도 '왜?'가 중요하다. 뚜렷한 목표와 목적이 없는 보안 계획은 중구난방으로 진행되다가 실패할 수 있다. 목표는 보안 계획의 **존재 이유**(raison d'etre)라고 할 수 있다. 일정 규모 이상의 변화를 유발하는 어떤 계획을 구현하려면 설득력 있는 이유가(또는 이유들이) 필요하다. 예를 들어 의료 기록을 처리하는 기업이라면 API 침해 사고로 환자의 데이터가 공개되는 일을 반드시 막아야 한다. 결제 업무 처리 업체(PG사)라면 엄격한 관련 규제 요건을 준수하는 것이 주된 목표일 수 있다. 또는, API 자체가 제품인 'API 우선' 기업에서는 API의 보안이 얼마나 강하냐가 사업의 성공과 직결된다.

여러분 조직의 '왜?'를, 즉 보안이 필요한 이유를 찾아보자. 이유를 찾았다면, 그것을 바탕으로 요구사항을 결정하고, 그에 따라 보안 계획을 작성한다.

소프트웨어 보안 계획을 시작할 때 가장 어려운 점은 첫 발을 떼는 것이다. 특히 여러분이 대규모 자산을 책임지고 있다면, 여정의 첫 단계를 설정하는 것만으로도 엄청난 압박감을 받을 것이다. 앱이나 API가 너무 많아서 어디서부터 시작해야 할지 그저 막막하기만 하다. 안타깝게도 이런 주저함 때문에 계획을 시작하지도 못하는 경우가 많다. 시작하더라도 덜 중요한 자산에 노력을 허비해서 결국은 무산되기도 한다.

제1장 'API 보안이란?'에서, 비즈니스의 보안 목적에 기반해서 가장 중요한(우선순위가 높은) API부터 먼저 만들어 나가는 **위험 기반 방법론**을 소개했다. 그 방법을 보안 계획에도 적용할 수 있다. 즉, 먼저 우선순위가 가장 높은 API 집합을 식별해서 보안 계획을 적용하고, 그런 다음 우선순위가 그다음으로 높은 API 집합에 적용하는 식으로 나아가면 된다. 모든 API를 한꺼번에 처리하려는 유혹에 빠지지 말기 바란다.

13.3.2 현황 파악

API 보안 수단이 전혀 없는 '허허벌판'에서 시작해서 처음부터 모든 것을 만들어 나가야 하는 독자도 있겠지만, 그보다는 API 보안 수단들이 어느 정도 갖추어진 상황에서 그 수단들을 개선하거나 고도화해야 하는 독자들이 더 많을 것이다. 그런 경우 뭔가를 바꾸기 전에 먼저 현재 상태부터 정확하게 파악해야 한다.

가장 시급한 것은 보유 목록을 평가하는 것이다. 방법은 여러 가지이다.

- 깃Git 저장소들에서 API 코드(OpenAPI 정의서, 라우트 컨트롤러 구현 코드 등)를 암시하는 식별자들을 찾아본다.
- 적절한 도구로 네트워크 트래픽을 조사해서 API에 특징적인 트래픽을 탐지한다.
- API 게이트웨이를 사용한다면, 프록시 목록을 추출해서 출발점으로 삼아도 좋을 것이다.

API들을 찾아냈다면 조직의 지식을 활용해서 API 소유권을 파악한다. 그리고 발견 회의 (discovery meeting)를 통해서, 현재 역량을 적절한 성숙도 모델(이를테면 42Crunch의 API 보안 성숙도 모델 또는 좀 더 범용적인 **OpenSAMM**이나 **NIST SSDF** 등)로 평가한다.

마지막으로, 보안 요구사항을 달성하는 데 필요한 제어 수단과 프로세스, 절차를 결정한다. 모든 이해관계자와 이를 공유 · 합의하고, 지속성과 유관성(relevance)을 보장하기 위한 검토/갱신/활성화 일정을 확립한다.

13.3.3 API 랜딩 존

최근 몇 년 동안 데브섹옵스DevSecOps 분야에 등장한 유용한 개념으로 소위 가드레일 또는 랜딩 존landing zone이 있다. 개념은 간단하다. SDLC의 여덟 단계를 구성하는 요소들에 각종 보안 도구를 긴밀하게 통합해서 하나의 안전한 영역(zone) 또는 환경을 만든 것이 랜딩 존이다. 앱 개발팀은 그냥 코드만 작성하면 된다. 환경의 나머지 부분은 이미 개발 프로세스에 맞게, 그리고 당연한 말이지만 안전한 개발 및 배포에 맞게 구성되어 있다.

여러 가지 언어와 도구 모음, SDK, 환경 등을 필요로 하는 크고 복합적인 앱을 만드는 경우에는 이러한 랜딩 존들을 다루는 것 자체도 복잡하고 버거운 일이 될 수 있다. 하지만 API 개발에서는 상황이 좀 더 단순하다. 조직이 랜딩 존 한두 개를 표준화해 두고, 개발팀이 그러한 안전한 랜딩 존들을 활용하도록 유도해서 API 보안을 강화한다는 시나리오가 충분히 현실적이다. 이는 개발팀뿐만 아니라 보안팀에게도 매력적인 제안이다. [그림 13.6]에 안전한 API 개발을 위한 랜딩 존의 예가 나와 있다.

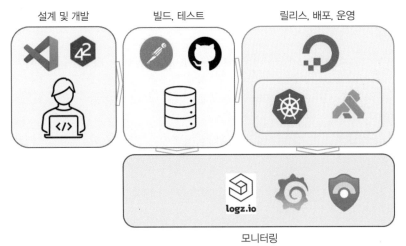

모니터링

그림 13.6 안전한 API 개발 랜딩 존의 예.

다음은 [그림 13.6]에 나온 예제 보안 API 개발 랜딩 존의 핵심 구성요소들이다.

- VS Code의 편집 및 확장 기능에 기반한 설계 및 개발 영역. OpenAPI 정의서 감사 및 즉석 API 테스트 기능을 제공하는 42Crunch의 VS Code 확장 프로그램을 활용한다.
- 깃허브에 기반한 빌드 및 테스트 영역. 각종 작업을 깃허브 액션을 이용해서 자동화한다. API 테스트는 포스트맨의 **CLI**(command line interface; 명령줄 인터페이스)를 이용해서 자동화한다.
- DigitalOcean(또는 그와 비슷한 클라우드 서비스)에 기반한 릴리스, 배포, 운영 영역. 배포 오케스트레이터(deployment orchestrator)로는 쿠버네티스를 사용한다. 외부 세계와의 주된 통로는 콩 API 게이트웨이이다.
- 마이크로소프트 센티널을 SIEM으로 사용하는 모니터링 영역. 원격 측정(telemetry) 및 계장(instrumentation) 대시보드로는 Grafana를, 로깅 설비로는 Logz.io를 사용한다.

이것은 전적으로 예시일 뿐이다. 구체적인 세부사항은 조직에 따라 다를 수 있다. 핵심은, 이 예에 나온 것 같은 필수 요소들로 랜딩 존을 구축한 다음 기본 보안 설정들을 적절히 변경해서 보안을 좀더 강화하라는 것이다. 그렇게 구축한 환경에서 개발팀은 그냥 API 코드를 구현하기만 하면 된다. API 보안과 관련된 중간 단계들이 자동으로 적용되어서 안전한 API가 만들어진다.

13.4 계획 실행

API 보안의 목표를 확립하고 현황과 이해관계자들을 파악해서 보안 계획을 수립했다면, 이제 그 계획을 실행할 수 있다. 이때 제일 시급하고도 중요한 일은 계획 실행에 적합한 사람들로 팀을 꾸리는 것이다. 그런데 적합한 사람을 찾는 게 쉬운 일은 아니다. 그럼 팀 구축을 위한 접근 방식 몇 가지를 살펴보자.

13.4.1 팀 구축

보안 계획을 실행하려면 목표 달성에 노력할 팀부터 만들어야 한다. 애덤 쇼스택Adam Shostack 이 이 주제에 관한 훌륭한 블로그 글을 작성했다(**더 읽어보기** 절 참고). 쇼스택의 관점은 다수의 대규모 앱 보안 계획을 만들고 실행하면서 내가 경험한 현실과도 잘 부합한다. 그 글의 요점은 사실 언뜻 이해하기가 쉽지 않다. 바로, 앱 보안팀에 앱 보안 전문가들이 꼭 필요한 것은 아니라는 점이다. 쇼스택은 앱 보안 전문가들로만 팀을 꾸리는 기존 관행을 "**과도한 전문화**(over-specialization) 때문에 뛰어난 인재들이 낭비되는" 방식이라고 완벽하게 표현했다. 소프트웨어 보안에 기술적인 요소가 있는 것은 분명한 사실이다. 하지만 가장 큰 과제는 인적 요소이다. 무엇보다도, 개발팀의 동의와 협조가 필요하다. 어차피 보안을 개선하기 위해 프로세스를 변경하거나 코드를 수정하는 주체는 개발팀이기 때문이다. 따라서 보안팀에 가장 필요한 인재는 공감을 이끌어내고 변화를 협상할 수 있는 '외교관'이다. 심오한 전문 지식을 지닌 기술 전문가들은 다른 사람들이 문제를 해결하는 데 힘을 실어주기보다는 그냥 자신이 문제를 해결해 버리려는 경향이 강하다. 그런 기술 전문가들로 이루어진 팀은 규모가변성(scalability: 비즈니스나 조직의 규모 변화에 따른 확장/축소 능력)이 떨어진다.

쇼스택의 주장은 내 경험과도 부합한다(더 읽어보기의 유튜브 강연 동영상 참고). 처음으로 API 보안팀을 맡게 되었을 때, 나는 정보 보안(InfoSec) 역량이 있는(이를테면 CISSP 자격증을 보유한) 인원들과 침투 테스트 역량이 있는 인원들로 꾸려진 팀을 기대했다. 하지만 실제로 나에게 배정된 인원들은 역량과 배경이 아주 다양한 '제너럴리스트generalist'들이었다. 이들과 함께 나는 아주 성공적인 앱 보안팀을 만들었다.

앱 보안팀의 규모가변성 문제에 대한 또 다른 접근 방식은 앱 보안 관련 일상 활동의 상당 부분을 앱 개발팀의 구성원 중 보안에 관심이 있는 사람들에게 위임(또는 외주)하는 것이다. 이것이 현재 널리 쓰이는 **보안 챔피언**(security champion) 접근 방식이다. 이 방식에서 챔피언은 보안 전도(evangelizing), 보안 표준 및 정책 개발, 이벤트와 행사 주최, 위협 모델링, 코드 검토, 보안 테스트 도구 활용 같은 다양한 활동을 담당한다. 이런 보안 챔피언들을, 여러분이 직접 관할하는 보안팀의 지역 확장판이라고 생각하면 될 것이다.

13.4.2 진척 추적

보안 계획을 진행하다 보면, 진척 상황을 이해관계자들에게 보여줄 필요가 생긴다. 그런 목적으로 제일 좋은 방법은 계획의 목표를 반영하는 다양한 **핵심성과지표**(key performance indicator, KPI)들을 선택해서 제시하는 것이다.

KPI 파악

보안 계획과 관련한 각 측정항목(metric)에는 그 측정항목의 성격을 잘 나타내는 여러 메타데이터 속성이 있다. 그런 속성들이 KPI가 될 수 있다. 다음은 주요 메타데이터 속성이다.

- **데이터 출처**(data source; 또는 데이터 원본): 해당 측정항목을 어떻게 측정하는지를 말해준다. 측정 데이터를 얻을 수 있는 출처로는 42Crunch 플랫폼, 깃허브 등의 CI/CD, SIEM/SOC, API 게이트웨이, 설문조사 등이 있다. 단, 설문조사는 주관적일 때가 많아서 정확도가 가장 낮다.
- **분류**(classification): 주어진 측정항목의 값이 증가하는 것이 보안 개선에 해당하는지, 아니면 감소하는 것이 보안 개선에 해당하는지를 나타낸다. 예를 들어 0이 더 이상 개선이 필요 없다는 뜻인 측정항목은 감소가 보안 개선이다. 반면에 조직의 목표와 목적에 얼마나 가까워졌는지를 퍼센트로 나타내는(100%는 목표 달성) 측정항목이라면 증가가 보안 개선이다. 특정한 상한, 하한이 없는 열린 측정항목의 경우에는 조직의 목표와 목적에 따라 적절한 기준선을 정해 두어야 한다.
- **측정 단위**: 가능한 측정 단위로는 개수/횟수(수치), 퍼센트 비율, 기간(시간 또는 날짜), 부울(예/아니오) 등이 있다.
- **추세**(trend): 주어진 측정항목이 어떻게 변하고 있는지를 나타낸다. 예를 들어 결함 개수가 감소한다면 보안이 개선되는 것이다. 반대로 테스트 포괄도(test coverage)가 감소한다면 보안이 나빠지는 중일 수 있다.
- **신뢰성**(reliability): 해당 측정항목을 어느 정도나 신뢰할 수 있는지를 나타낸다. 플랫폼(42Crunch, 깃허브 등)에서 측정하는 일부 측정항목들은 신뢰성이 높지만, 검출된 위협 개수 같은 측정항목은 신뢰성이 그보다 덜하다. 개선 비용(remediation cost)처럼 전적으로 주관적인 측정항목들도 있다.
- **선행 또는 후행**: 주어진 측정항목이 상관관계에 기반한 미래 예측에 관한 것인지, 아니면 과거 활동의 영향을 반영하는 것인지를 나타낸다. 전자가 선행(leading), 후자가 후행(trailing)이다. 예를 들어 교육, 활성화(enablement), 참여도(engagement) 등은 선행 지표이고 스캔 결과나 버그 바운티 보고서 등은 후행 지표이다.

진척 추적을 위해서는, 선택한 KPI의 특성을 잘 파악해서 목표 달성에 필요한 합리적인 목표 수치와 기간을 결정해야 한다.

KPI 선택

기술 전도사로서 나는 여러 연구를 수행했다. 그 과정에서 API 보안을 위한 KPI를 200개 정도 수집했다. 그 KPI들을 스프레드시트로 만들어서 원서 깃허브 저장소에 올려 두었으니 참고하기 바란다.

그 KPI들은 SDLC 단계별로 분류되어 있다. 다음은 단계별 주요 KPI 범주들이다.

- **계획**: 보안 정의, 전송 보안, 입력 검증 및 매개변수 보안, 출력 및 응답 보안, 오류 처리 및 정보 노출, 규제 준수, 위협 모델링.
- **코드**: PR(pull request; 풀 요청) 검토, PR 통합, 코드 검토, 코드 스캐닝, 동적 테스트.
- **빌드**: 의존요소 및 구성요소 보안, 도구 활용 및 자동화, 개발 및 개선 효율성.
- **테스트**: API 보안 테스트.
- **운영**: 취약점, 위협 정보, 성능, 보안 사고.
- **모니터링**: 보안 모니터링, 트래픽, 비용.

이러한 여러 범주의 다양한 측정항목에서, 여러분의 요구와 목표에 맞는(그리고 개선할 만한) 핵심 측정항목을 일단은 대여섯 개 정도만 선택하자. 그것들을 하나의 기준척(yardstick)으로 삼고, 보안 계획이 탄력을 받아서 진행됨에 따라 차츰 확장해나가면 된다. 내 경험에 따르면, 개발 단계에서 인증과 권한 부여의 현황을 파악해서 적절한 측정항목을 몇 개 선택하고, 그런 다음에 테스트 현황을 파악하기 위한 테스트 포괄도 관련 측정항목을 몇 개 선택하면 좋다.

13.4.3 기존 앱 보안 계획과 통합

§13.1.2 '역할과 책임(RoR)'에서 언급했듯이, 대부분의 조직은 어떤 형태이든 앱 보안팀 또는 데브섹옵스 팀을 두어서 보안 테스트와 스캐닝 활동을 수행한다(그림 13.3 참고). API 보안 계획을 추진할 때는 기존 보안팀에 맞추어서 작업을 진행하는 것이 현명한 처사이다.

API 테스트 방법의 통합

기존 보안팀이 통상적으로 수행하는 보안 테스트 유형들 각각에 대해, API 보안에 적용할 수 있는 구체적인 접점을 찾아서 협업하면 좋을 것이다. 이를테면 구체적인 규칙들을 제시하거나, 심각도 범주를 조정하거나, 개선을 위한 조언을 제공하는 등의 방법이 있겠다. 다음은 몇 가지 제안 사항이다.

- **SAST**(static application security testing; 정적 앱 보안 테스트): SAST 스캐닝에서는 주입 취약점과 관련된 것으로 식별된 문제점들에 특별히 주의를 기울여야 한다. API들이 대체로 외부 페이로드를 통한 주입 공격에 취약하기 때문이다. 또한, XML 외부 개체(XML external entity, XXE) 기반 공격 같은 데이터 처리 관련 문제점도 주목할 필요가 있다.
- **DAST**(dynamic application security testing; 동적 응용 프로그램 보안 테스트): DAST 스캐닝에서는

TLS가 제대로 설정되어 있지 않은 종단점들과 과부하 조건이나 큰 페이로드에 대해 장애를 일으키는 종단점들을 식별해야 한다. 그런 종단점들은 DoS(서비스 거부) 공격에 취약할 수 있으므로 보안을 강화하거나 속도 제한 솔루션으로 보호해야 한다.

- **SCA**(software composition analysis; 소프트웨어 구성 분석): SCA 테스트에서는 API에 꼭 필요한 패키지나 구성요소(예를 들어 파이썬의 경우 **Connexion**이나 **FastAPI** 같은 프레임워크)를 식별하고, 혹시 아직 해결되지 않은 취약점은 없는지 확인해야 한다.

기존 앱 보안팀과 긴밀히 협력해서 그들의 노력을 활용하기 바란다. 특히, 그들이 힘들게 얻은 교훈을 배우는 것이 중요하다.

API 의존요소 파악

이전에 설명했듯이, 취약한 기존 소프트웨어에 있는 위험이 API까지 넘어오게 하지 않으려면 API의 의존요소(dependency)들, 즉 API가 의존하는 라이브러리들과 패키지들을 식별하고 관리하는 것이 중요하다. 그리고 상부(upstream) API들, 즉 여러분의 API에게 입력을 제공하는 API들의 출처(provenance)를 파악하는 것도 중요한 문제이다.

- 상부 API들이 안전한 소프트웨어 개발 방법론으로 개발되었는가?
- 상부 API들이 취약점 테스트를 거쳤는가?
- 상부 API에서 취약점이 발견되었을 때 해당 공급업체가 취약점을 해결해 준다는 계약을 맺었는가?

API 인프라의 의존관계를 트리 형태로 작성해서, API에 기여하는 모든 요소(소프트웨어 구성요소뿐만 아니라 타사 API도 포함)를 파악할 것을 강력히 권한다. 그러한 의존성 트리는 위험 프로파일(risk profile)을 시각화하는 데에도 유용하다.

13.5 여러분 자신의 API 보안 여정

이제 이 책의 마지막에 이르렀다. 하지만 여러분 자신의 API 보안 여정은 끝나지 않는다. 오히려, 지금 막 시작되었다고 해야 할 것이다. API와 API 보안은 빠르게 진화하는 분야이며, GraphQL 같은 새로운 기술이 등장해서 조직에 새로운 위험을 초래하고 있다. 아무쪼록 이 책을 통해 API 보안의 기본과 API 공격 방법, 그리고 가장 중요하게는 API 방어 방법에 대한 탄탄한 기초를 다졌길 바랄 뿐이다.

API 보안에 관한 최신 소식을 원한다면, 내가 큐레이션하는 격주 단위 뉴스레터 APISecurity. io(https://apisecurity.io/)를 구독하길 권한다. 최근 침해 사고 소식뿐만 아니라 관점과 의견, 도구, 기술 등 API 보안과 관련한 다양한 최신 정보를 편하게 받아볼 수 있다.

좀 더 실질적인 실습 위주의 학습 방식을 선호하는 독자라면, 다양한 API 보안 주제에 관한 여러 온라인 교육 과정을 제공하는 APISecurity University(https://www.apisecuniversity.com/)를 살펴보기 바란다.

즐거운 배움의 길이 여러분 앞에 펼쳐지길!

이번 장 요약

길지 않은 이번 장에서는 API 보안 전략 구현이라는 중요한 주제를 다루었다. 또한, 지금까지 API 보안에 관한 배운 이론이 실제 API 개발에 어떻게 적용되는지도 엿볼 수 있었다. API 보안의 필요성을 설득력 있게 전달하려면 API와 API 보안을 누가 소유하는지를 파악하는 것이 중요하다. 바람직한 접근 방식은 API 제품 개발팀에 CISO나 IT 보안팀과 그 동료들도 참여해서, SDLC의 모든 단계에 API 보안 접점을 포함시키는 것이다. 그러면 최상의 결과가 나올 가능성이 크다.

이번 장의 초반부에서는 API 보안 계획을 수립하는 방법을 이야기했다. 먼저 목표('왜?')를 이해하고 현재 상태를 파악해야 함을 설명했다. 그런 다음에는 수립한 계획을 실행하는 방법으로 넘어갔다. 특히, 팀을 잘 구축하는 문제와 진척 정도를 측정하기 위한 KPI들을 잘 선택하는 문제에 초점을 두었다.

마지막으로는 여러분의 향후 여정과 관련해서, 새로운 위협과 기술 환경의 변화를 파악하기 위한 지속적인 학습에 도움이 되는 정보를 제공했다.

이번 장으로 여러분과 내가 함께 한 여정이 끝을 맺는다. 돌이켜 보면, 내가 거의 18개월 전에 첫 장을 쓰기 시작하면서 예상했던 것보다 훨씬 많은 내용을 다루었다. 여정의 시작인 제1부에서는 HTTP를 사용하는 API 요청의 아주 기초적인 사항을 살펴보았다. 그리고 API의 핵심 구성요소들을 설명하고 API에 영향을 미치는 주요 취약점들도 살펴보았다. 제2부에서는 공격자처럼 생각하라는 조언에 따라 다양한 API 공격 기법을 소개했다. 이를 통해 우리는 API가 어떻게 공격받는지 이해할 수 있었다.

마지막 부인 제3부에서는 API 방어라는 이 책의 핵심 주제를 집중적으로 다루었다. SDLC 전반에 걸쳐 사용할 수 있는 여러 방법과 기법을 소개했다. 좋은 API 보안 전략은 SDLC의 시작에서부터(소위 '왼쪽 이동' 접근 방식) API를 실행하는 시점까지(소위 '오른쪽 보호' 접근 방식) 모든 API 보안 접점을 포괄한다. 이 책을 여기까지 읽었다면, 여러분의 조직에서 API 보안 계획을 시작할 영감과 동기가 생겼을 것이다.

앞에서 언급했듯이 여러분의 학습 여정은 이제 막 시작했을 뿐이다. 원서 깃허브 저장소나 유튜브의 "Code in Action" 채널[역주]에서 향후 학습에 도움이 되는 자료를 찾을 수 있을 것이다. 이 책을 마무리하면서, 이 책을 교재로 사용하는 첫 번째 전일(full-day) 워크숍이 매우 성공적이었다는 기쁜 소식을 전한다. 언젠가 여러분이 사는 지역에서 워크숍을 개최할 수도 있으니 항상 귀를 열어 두시길!

더 읽을거리

다음은 API 보안의 소유권에 관한 참고자료들이다.

- API ownership for the modern enterprise(https://blogs.mulesoft.com/api-integration/strategy/api-ownership-enterprise/) (§13.1에서 언급한 MuleSoft 블로그 글)
- Without an API Product Owner, Your APIs Have a Limited Lifespan(https://medium.com/apis-and-digital-transformation/without-an-api-product-owner-your-apis-have-a-limited-lifespan-6df98d6ad281)
- What Is API Ownership & How Can It Help Your Team?(https://www.traceable.ai/blog-post/what-is-api-ownership)

다음은 42Crunch API 보안 성숙도 모델에 관한 참고자료이다.

- API Security: A guide to design and improve your API security posture(https://42crunch.com/ebook-api-security-blueprint/)

다음은 보안 계획 수립에 관한 참고자료들이다.

- How great leaders inspire action(https://www.ted.com/talks/simon_sinek_how_great_leaders_inspire_action?language=en)

[역주] "Code in Action"은 본 번역서의 원서를 출판한 Packt사가 운영하는 채널로, 소프트웨어 개발과 관련한 다양한 동영상을 제공한다. —옮긴이

- SP 800-218, Secure Software Development Framework (SSDF) Version 1.1(https://csrc.nist.gov/pubs/sp/800/218/final)
- The Open Software Assurance Maturity Model(https://www.opensamm.org/)
- Implement Security Guardrails Into AppSec Program(https://dzone.com/articles/how-to-bring-the-power-of-security-guardrails-to-y)

다음은 보안 계획 실행에 관한 참고자료들이다.

- Building an Application Security Team(https://shostack.org/blog/application-security-team/)
- OWASP Security Culture(https://owasp.org/www-project-security-culture/v10/4-Security_Champions/)
- What is XXE (XML external entity) injection?(https://portswigger.net/web-security/xxe)
- How does a traditional security team cope with a move to DevOps?(https://www.youtube.com/watch?v=gEDjtsgun1k) (§13.4.1에서 언급한 강연 동영상)

다음은 여러분 자신의 API 보안 여정에 관한 참고자료들이다.

- APIsecurity.io(https://apisecurity.io/)
- APIsec University(https://www.apisecuniversity.com/)

찾아보기